金砖国家

金融风险防范
及其对中国的启示

一种公共管理与系统论视角

徐长春◎著

BRICS

中国经济出版社
CHINA ECONOMIC PUBLISHING HOUSE
·北京·

图书在版编目（CIP）数据

金砖国家金融风险防范及其对中国的启示：一种公共管理与系统论视角 / 徐长春 著．
北京：中国经济出版社，2017.10
ISBN 978-7-5136-4956-8

Ⅰ.①金… Ⅱ.①徐… Ⅲ.①金融风险防范—研究—世界 Ⅳ.①F831.1

中国版本图书馆 CIP 数据核字（2017）第 267925 号

责任编辑　闫明明
责任印制　马小宾

出版发行　中国经济出版社
印 刷 者　北京九州迅驰传媒文化有限公司
经 销 者　各地新华书店
开　　本　710mm×1000mm　1/16
印　　张　25.25
字　　数　353 千字
版　　次　2017 年 10 月第 1 版
印　　次　2017 年 10 月第 1 次
定　　价　78.00 元
广告经营许可证　京西工商广字第 8179 号

中国经济出版社　**网址** www.economyph.com　**社址** 北京市西城区百万庄北街 3 号　**邮编** 100037
本版图书如存在印装质量问题，请与本社发行中心联系调换（联系电话：010-68330607）

内容摘要

金砖国家是当今世界最具增长潜力的国家，能否在可预见的未来改变世界经济地图，很大程度上取决于这些国家能否保障自己的金融安全，实现可持续发展。

本研究依托现代系统论和公共管理的分析工具，通过研究发现，巴西、俄罗斯、印度、南非金砖四国防范的金融风险只有三类：微观金融风险、系统性金融风险和外源性金融风险；各国根据本国金融系统的发展阶段和面临的实际问题构筑了各具特色的针对这三类金融风险的“防火墙”，采取措施防范各种潜在金融风险。这四个金砖国家的金融风险防范经验为中国完善金融风险措施、推进金融系统健康发展，提供了很好的参照坐标。

现阶段，中国应当立足国际环境的新变化，根据实体经济的发展状况，借鉴四国金融风险防范经验，采取以金融系统国际化为目标的金融发展战略，抓住时机加速推进人民币国际化，在生产国家公共产品的同时，力所能及地参与区域或国际公共产品的提供，积极推动国际金融系统朝有利于人类整体的方向发展。在推进人民币国际化战略过程中，中国要注重夯实根基，全力推进国民经济又好又快发展；要注重科技先行，强化跨境资本流动监测和预测；要注重安全为先，统筹推进资本项目可兑换；要注重加强国际合作，互利共赢推进人民币国际化；要注重破解瓶颈，夯实人民币国际化贸易投资基础。

推荐序

众所周知，金砖国家和金砖合作是2008年全球性金融危机的产物，维护金融稳定、健康发展，是金砖国家保持经济增长，参与全球经济治理的前提和基础。2008年，随着雷曼兄弟、美林、AIG等美国大型金融机构的相继倒下，美国次贷危机在经历了国内跨市场的传染发酵之后溢出国门，在不到一个月的时间内就蔓延到了欧洲、拉美、亚洲等地区，迅速演变成席卷西方主要市场经济体的全球性金融危机。如何防范金融风险，维护金融稳定，由此提上金砖国家的重要议事日程。2009年6月，出于对金融危机蔓延的忧虑，在俄罗斯的推动下，金砖国家领导人在俄罗斯叶卡捷琳堡举行第一次峰会，在正式启动金砖国家合作机制的同时，大声呼吁国际金融机构改革，明确要求建立更加多元化的货币体系，提高新兴市场和发展中国家在国际金融体系中的发言权和代表性，以体现世界经济格局的新变化。以此为发端，一直为西方发达国家所垄断的国际金融体系出现一系列积极变化：国际货币基金组织、世界银行等既有的国际金融机构迈出了实质性改革的步伐，提高了金砖国家以及其他新兴经济体的股权比例，扩大了它们参与国际金融体系的代表性和发言权。亚洲基础设施投资银行、金砖国家新开发银行、金砖国家货币互换机制等新型国际金融机构和机制安排开始发挥作用。

具有同样重要意义的是，金砖国家本身对金融体系的改革和完善也取得重要进展。巴西、印度、俄罗斯和南非4个金砖国家的金融体制各具特色，面对国际金融危机，都在积极采取措施防范金融危机，谋划保持本国金融系统的稳定和健康发展。现在看来，金砖国家的上述努力取得了许多宝贵的经验，也积累了不少值得吸取的教训。作为原生市场经济金融系统的代表，巴西和南非沿着自由市场的发展逻辑，探索建立了金融风险分业监管模式，发展出了基于自由市场的市场预期监测电子系统、跨境资本流动的电子预警系统，发展出一系列诸如现场监管、数据上报等针对金融市场主体的审慎监管体制机制，还形成了基于信息技术进步的事后监管体制和机制。但是，巴西多次因跨境资本流动而处于金融危机的漩涡之中，这成为其挥之不去的梦魇，其中的教训是值得深入玩味的。南非在应对2008年全球金融危机中，出现了本国经济金融监管部门不协调的漏洞。具有鲜明的国家资本主义特征的印度，一方面推进金融市场化、自由化的改革，另一方面又牢牢把握国家对金融的控制。印度人把这种做法称为“在平衡中推进金融改革”。同样，莫迪政府通过废除大额货币来谋求国家经济的稳定和公正，却遭到了严重的挑战。近年来，俄罗斯饱经金融市场风险的磨难。它们应对每一场金融危机的经历都是金融风险防范的经典案例，既饱含值得吸取的教训，又积累了许多有价值的经验。可以毫不夸张地说，其他金砖国家的金融风险防范经验和教训给中国做了一个全谱系的展示，给中国金融系统的发展和改革提供了全方位的参照坐标。无论对世界经济的回暖，还是对发展中国家经济的健康发展，这都是一笔宝贵的财富。对中国，对世界，都是如此。

中国按照中共十九大提出的建设现代化经济体系的伟大目标，成立了国家金融稳定与发展委员会，将全面深化金融改革，加速推进人民币国际化。巴西和南非的市场架构和管理体制机制的经验和教训、印度和俄罗斯外汇市场的管理经验和教训、印度渐进推进外汇市场转型的驾驭经验和教训，对中国金融事业的发展和人民币国际化都是十分重要的宝贵财富，都值得借鉴，需要认真研究。特别是对中国这样实行混业经营、分业监管的金融系统，其他金砖国家金融监管系统建设的经验和教训更是值得借鉴和学习，如何随着金融市场的发展变化而不断调整国家金融稳定与发展委员会的职责和职权行使方式至关重要。

本书作者徐长春先后在复旦大学攻读学位和进行博士后研究，先是在国际关系与公共事务学院攻读硕士，而后又来公共管理博士后流动站从事博士后研究。期间，大家都认为他既是一个刻苦认真的学生，又是一个对重大问题十分敏锐的研究人员。他在公共管理博士后流动站从事研究时的选题就是金砖国家金融风险防范问题。虽然出站已经8年多了，但是他一直在关注这个问题，并不断以他在国家外汇管理局和中国国际经济交流中心工作的实际经验，进一步深化对金砖国家金融风险防范的研究。还要指出的是，本书运用公共管理理论和视角来研究金融问题，与其他同类研究成果的角度有所不一样，具有鲜明的特色，观察到了一些传统金融研究理论不一定能体现的东西。希望他继续努力，做出新的成绩。

樊勇明

2017 年 11 月 9 日

CONTENTS 目 录

绪 论 公共管理中的金融风险防范 …… 1
一、公共管理学是研究公共问题的有效工具 …… 1
二、金融风险防范问题是影响巨大的公共问题 …… 8
三、金砖国家崛起的历程 …… 16
四、金砖国家金融风险问题研究的意义 …… 28
小 结 …… 31

理论篇 金融风险及其防范 …… 33
第一章 国家金融系统与国际金融系统 …… 35
一、国家金融系统的要素组成 …… 36
二、国家金融系统的结构 …… 39
三、国家金融系统的环境 …… 42
四、国际金融系统 …… 45
五、国家金融系统与国际金融系统 …… 55
小 结 …… 56
第二章 国家金融风险及种类 …… 58
一、金融风险的内涵和种类 …… 58
二、布雷顿森林国际金融系统下的国家金融风险及其种类 …… 70
三、牙买加国际金融系统下的国家金融风险及其种类 …… 76
小 结 …… 82

第三章　金融监管与风险防范 …………………………………… 83
一、金融监管演化的历史 …………………………………… 83
二、政府金融监管理论的历史演进 ………………………… 85
三、金融监管的目标和原则 ………………………………… 89
四、政府金融监管的模式 …………………………………… 91
五、政府金融监管的具体措施 ……………………………… 94
小　结 ………………………………………………………… 100

比较篇　金砖国家金融系统与风险防范 ………………… 101
第四章　巴西金融系统及其风险防范 ……………………… 103
一、巴西经济发展基础概况 ………………………………… 103
二、巴西金融系统的结构 …………………………………… 111
三、巴西金融系统要素间的作用模式 ……………………… 123
四、巴西金融风险防范的经验教训 ………………………… 125
小　结 ………………………………………………………… 131
第五章　俄罗斯金融系统及其风险防范 …………………… 132
一、俄罗斯发展资源概况 …………………………………… 132
二、俄罗斯金融系统的组成 ………………………………… 138
三、俄罗斯金融系统要素间的作用模式 …………………… 156
四、俄罗斯金融风险防范的经验教训 ……………………… 159
小　结 ………………………………………………………… 167
第六章　印度金融系统及其风险防范 ……………………… 168
一、印度发展资源概况 ……………………………………… 168
二、印度金融系统发展历程 ………………………………… 174
三、印度金融系统的组成 …………………………………… 181
四、印度金融系统要素间的作用模式 ……………………… 191
五、印度金融风险防范的经验教训 ………………………… 194
小　结 ………………………………………………………… 200

第七章 南非金融系统及其风险防范 …… 201
一、南非经济发展基础概况 …… 201
二、南非金融系统发展历程 …… 208
三、南非金融系统的组成 …… 211
四、南非金融系统要素间的作用模式 …… 218
五、南非金融风险防范的经验教训 …… 222
小 结 …… 226
第八章 中国金融系统的建立与发展 …… 227
一、中国经济发展基础概况 …… 227
二、中国金融系统的发展过程 …… 233
三、中国金融系统结构组成 …… 249
四、中国金融系统要素间的作用模式 …… 251
小 结 …… 253

借鉴篇 中国金融系统的金融风险及其防范 …… 255
第九章 金砖其他四国金融风险防范比较 …… 257
一、金融风险防范比较原则与指标选择 …… 257
二、金砖其他四国实体经济结构的比较 …… 259
三、金砖其他四国金融系统结构比较 …… 264
四、金砖其他四国金融风险防范机制比较 …… 269
小 结 …… 275
第十章 中国金融风险防范的经验借鉴 …… 277
一、四国金融系统设计与风险防范机制的启示 …… 277
二、中国金融系统发展的基础 …… 279
三、中国金融系统功能结构与风险防范实践 …… 282
四、中国金融风险防范的经验借鉴 …… 291
小 结 …… 294

第十一章　当前人民币国际化的战略环境 …… 296
一、全球信息基础设施加速互联网化 …… 296
二、全球经济正加速信息化转型升级 …… 301
三、本轮美元指数周期反转突破是小概率事件 …… 318
四、全球治理正朝公平正义方向转变 …… 326
小　结 …… 340
第十二章　新时期人民币国际化战略前瞻 …… 341
一、人民币国际化战略的重要地位 …… 341
二、人民币国际化不断取得新进展 …… 346
三、国际环境变化对人民币国际化的影响 …… 349
四、新时期推进人民币国际化的对策 …… 354
小　结 …… 357

附　录 …… 359
参考文献 …… 381
后　记 …… 389

当前，运用公共管理学的原理分析金融风险防范问题变得越来越重要。作为一个新兴的分析工具，公共管理学正在加速向各种边缘领域和交叉领域渗透，为各种公共问题的解决提供了极为有效的分析工具。这也反过来推动了公共管理学突飞猛进地发展，日益成为学界和社会治理界普遍关注的显学。而随着其对国家和社会的危害不断加大，金融风险已经从仅涉及投资者得失的小问题上升为全社会不得不关注的公共安全问题。所以，从公共管理学的角度审视金融风险防范问题变得越来越有价值。

绪论　公共管理中的金融风险防范

从学科发展的角度看，公共管理学因其对涉及社会生存和发展公共问题的关注而天生就是分析金融风险形成机制及其防范措施的利器。从历史的角度看，当代金融风险问题也由历史上涉及投资者盈亏的小问题变为能够通过“蝴蝶效应”引发国家乃至全球经济危机的巨大力量，成为影响国计民生的公共安全大问题。金融风险问题已经不再是经济学金字塔尖——金融学独家关注的问题，而变为社会经济公共安全问题，成为公共管理关注的重大核心问题之一。

一、公共管理学是研究公共问题的有效工具

公共管理是由政府、非政府公共组织和民众所组成的管理体系，共同管理社会公共事务的活动。[①] 因此，公共管理是不以营利为目的，旨在有

① 陈庆云，鄞益奋，曾军荣，刘小康．公共管理理论研究：概念、视角与模式[J]．中国行政管理，2005(2)：15.

效地增进和公平分配社会公共利益的调控活动。公共管理学既脱胎于行政学，又远高于行政学，是分析和解决现代公共问题的有效工具。

（一）公共管理理论的来源

当代公共管理学的理论来源由两个部分组成，一是基于政府组织管理的行政学，二是基于企业经营的企业管理学。两大理论的深度融合构成了今天既关注效率又关注公平，既关注管理主体又关注管理目标的公共管理理论。

首先，公共管理理论的主要来源之一是行政学。公共管理学，特别是新公共管理学，是在公共行政学的基础上产生的。20 世纪 60—70 年代，传统公共行政学研究过于局限于预算、人事管理、组织管理等范畴，过于狭窄并具有过于组织内部化倾向，而且空洞。基于对这种局限性的认识，乔治·弗雷德里克森等人提出了新公共行政学研究范式，取代传统的行政学分析范式。他们把政府的目标从政体价值保护扩大到所有的公民，赋予公共组织更为广阔的内涵、更为宽泛的社会服务使命。从此，公共行政学被推向历史的审判台，批判传统公共行政学的理论越来越多。其中，最有影响的是新公共行政学、政策科学和公共选择学派。

新公共行政学一反以往过于偏重效率的价值观，提出一种新的组织理论。它认为，在公共组织中存在四种基本过程，即分配过程、整合过程、边界交换过程和社会动机过程，[①] 在传统公共行政学重视效率的目标中加入了“社会公平”，围绕“分权”“参与”“沟通”等民主行政的若干问题展开讨论；主张政府把公共事务，特别是公共产品生产民营化；推进社区主义，建立政府、市场、社区三足鼎立的公民社会；加强公共部门与私营部门的合作，发展非政府、非营利性组织；用企业精神再造政府，把企业管理中的组织文化注入政府组织，提高政府部门的竞争力。新公共管理学本质上是把公共事务管理范式由政治学范式转换成管理学范式。同时，他

① H. George Frederickson. Towards New Public Administration, in Jay M. Shafritz & Albert C. Hyde (eds.), Classics of Public Administration, Moore Publishing Company, Inc. , Oak Park, Illin ois, 1978, p. 395. 转引自：陈振明，薛澜．中国公共管理理论研究的重点领域和主题[J]．中国社会科学，2007(3)：147.

们反对文官中立，认为在不平等竞争中，这种角色本质上是欺负弱势群体的帮凶。[①] 一定意义上讲，政策科学针对传统公共行政学过于重视政府层级组织、割裂政策制定与政策执行等弊端，明确提出要对政策制定的全过程进行研究，即要对政策问题提出、政策方案制定、政策执行和政策评估进行全面研究。公共选择理论则从社会微观客体出发，以个体选择为出发点，证明市场机制的有效性，提出减少政府的管理范围，把部分公共产品和服务交由市场提供。

可见，延续公共行政学研究传统的新公共行政学、政策科学、公共选择学派，通过反思传统公共行政学摆脱了凯恩斯主义的影响，立足与“市场失灵”相伴随的“政府失灵”现象（一是政府对社会、市场的管理不仅使政府所承担的任务越来越多，成为“万能政府”，而且使对外管理的实际效率十分低下，负面影响越来越大；二是官僚机构膨胀，效率低下，财政支出庞大），重构了公共行政管理组织，有力地推动了重塑政府的运动。这些新生的理论碎片都成为公共管理理论的重要组成部分。

总之，公共管理理论是行政学理论的新发展、新途径和新范式。作为行政学理论的新范式，公共管理具有区别于传统公共行政的两个根本特征：公共管理主张将市场文化引入公共组织管理，重建公共组织文化；公共管理主张由政府提供核心公共产品，由非政府组织与私人部门参与提供混合公共产品，建立政府与社会、企业的合作伙伴关系。[②] 即，公共管理学脱胎于行政管理学，是管理学在公共事务管理领域的具体应用，突破了行政管理学限制，是面向全社会和市场的开放式管理体系，是适应现代经济社会复杂化发展现实的公共事务管理指南。

其次，企业管理研究的深入发展也为公共管理学的产生提供了新鲜血液。20 世纪 70 年代，经济学范畴的“理性人假设”“交换范式”“公共选择”等概念逐步融入了公共行政的话语体系，将公共行政的组织理论引向

---

① 黄荣护．公共管理[M]．台北：台湾商鼎文化出版社，1999：20.

② 李军鹏．公共管理：政府权力与公民权利关系的新范式[J]．北京行政学院学报，2002(4)：26.

了公共管理的组织观。① 许多美国企业管理学院将管理学研究范围由企业内部管理扩展到外部社会管理，产生了被人们称为“企业管理型”的公共管理模式。它不同于那种“政策科学型”的公共管理模式，是从企业的角度来研究公共管理，认为公、私部门的管理实质上并无大的差异，企业管理的技术与方法完全可以运用到公共部门。人们为了统一这两种模式，因而就诞生了新公共管理学这个学科。② 与以往公共行政学相比，这个阶段的公共管理更注重公共组织的政策目标选择和公共服务运作方法、效率和回应性等现实层面，由静态的组织机构、过程和程序研究转到动态的项目、结果与绩效的研究，并探讨公共组织如何高效率地运用公共资源为社会提供更有效的公共服务，强调用私人组织的管理技术来改进政府绩效。③

从大管理的角度看，公共管理理论是管理学在公共事务管理方面的进一步延伸，既有管理的共性，也有基于“公共”的特殊性。法约尔等早就指出，为实现管理的高效，需要通过“计划、组织、指挥、协调、控制”等手段，达到资源的有效配置。“管理是通过计划、组织、控制、激励和领导等环节来协调人力、物力和财力资源，以期更好地达到组织目标的过程。”因而，公共管理就需要研究计划、组织、控制等问题，即公共管理具有管理性。同时，对社会公共事务实施管理的主体（政府与非政府公共组织）拥有公共权力，承担着与企业不同的管理目标。这些目标是有效、公平地向民众提供公共产品，维护公共秩序，即公共管理具有公共性。为实现公共管理目标，公共组织需要不断制订与实施计划，以期有效增进和公平分配社会公共利益。因此，公共管理是公共性与管理性的统一体，是政府与非政府公共组织，在运用所拥有的公共权力，处理社会公共事务的过程中，在维护、增进与分配公共利益，以及向民众提供所需的公共产品（服务）过程中所进行的管理活动。

---

① 陈振明，薛澜．中国公共管理理论研究的重点领域和主题[J]．中国社会科学，2007(3)：147.

② 黄荣护．公共管理[M]．台北：台湾商鼎文化出版社，1999：24.

③ 陈振明，薛澜．中国公共管理理论研究的重点领域和主题[J]．中国社会科学，2007(3)：147.

总而言之，公共管理学是一门研究社会公共事务管理活动规律的科学。具体来讲，公共管理学是以那些拥有公共权力的公共组织在维护、增进与分配公共利益以及向民众提供所需的公共产品（服务）过程中所进行的管理活动为基本研究对象，以提高公共组织公共服务效率为目标的科学。它来源于实践，也服务于实践，是一门实践性、综合性与操作性很强的新学科。

（二）公共管理的理论体系

截至目前，经过一个多世纪的探索，传统公共行政管理向更为广泛的公共管理领域发展，其理论与实践呈现出公共部门组织变革系统化、注重公共组织绩效管理和文化建设、以提高公共服务效率为目标的组织再造以及公共组织研究途径多元化等特征。

首先，就管理主体来讲，公共管理主体不仅包括政府，而且还包括非政府公共组织。政府自古以来就是公共事务的管理主体。但由于现代社会的复杂化，政府已经无法包揽种类和数量都不断增加的公共事务管理活动，在某些领域出现了“政府失灵”现象。于是，基于市场的主体开始介入公共事务的管理，比如一些行业协会、非政府组织等。公共管理学就是在这种社会经济背景下产生的，是包括政府管理在内的全社会开放式管理体系。政府是公共管理的主角，但社会公共事务的管理还有许多其他配角。

其次，就公共管理的对象来讲，社会公共事务的管理，并不仅仅是对社会性公共事务的管理。社会公共事务应该包括政治性公共事务、经济性公共事务和社会性公共事务，等等。毋庸置疑，教育、科技、卫生、体育等公共事业，社会服务、社会公用事业以及维持社会秩序、保护环境等社会性公共事务都属于公共管理的客体。但是，不可否认，公民参与政治活动、选举国家或地方政府的领导人，国家制定和修改宪法、法律，中央政府对经济的宏观调控，这些政治性公共事务和经济性公共事务同样是社会公共事务的重要组成部分。①

① 陈庆云，鄞益奋，曾军荣，刘小康．公共管理理论研究：概念、视角与模式[J]．中国行政管理，2005(2)：15.

最后，就公共管理的研究内容来讲，主要围绕管理主体和客体的研究，包括方方面面的延伸内容。具体主要包括公共管理的基础理论、公共管理系统、公共利益、公共权力、公共责任、公共问题、公共决策、公共产品（服务）、公共资源管理、公共项目管理、公共监督、公共道德、法与公共秩序、战略管理、公共管理的基本职能（计划、组织、控制、协调、激励等）、公共管理的改革与发展，等等。

（三）公共管理理论在我国的发展

在引进、消化和吸收国外公共管理理论和方法成果，跟踪该领域最新趋势的基础上，中国的公共管理学研究已经取得了阶段性成果，在政策系统及其运行、中国现实政策，尤其是经济社会政策问题等方面的研究上取得了显著的进展。

与行政学相似，中国的公共管理学是舶来品，是从引进开始起步的。在梳理国外研究成果的基础上，中国学界翻译出版了一大批国外优秀论著，并取得很大成绩。1998 年，张良等出版了《公共管理导论》；2000 年，夏书章出版了《现代公共管理导论》；复旦大学樊勇明教授则进一步推进了公共管理的研究，出版了《公共经济学》。李长武于 1991 年出版的《近代西方管理思想史》，贺强等于 1993 年出版的《西方管理思想宝库》，徐国华于 1997 年出版的《管理学》，从管理学的角度都不同程度地介绍了公共管理学的知识。厦门大学陈振明教授，在其主编的《公共管理学》一书中介绍了西方政府管理学理论的发展与演变历程中所出现的三次范式转换，即从公共行政学到新公共行政学，再到新公共管理学的三次重大突破。[①] 国家行政学院季明明教授在《当代公共行政的改革实践与公共管理学的崛起》一文中指出，当代“再造政府”的行政改革浪潮极大地冲击了传统公共行政学体系，为公共管理学科的崛起做了铺垫；公共行政、公共

① 陈振明．公共管理学[M]．北京：中国人民大学出版社，1999：2.

事务、公共政策构成了公共管理学科的三大支柱。① 对于新公共管理运动的研究目前仍处于起步阶段，以介绍国外研究的现状为主。我们能看到的有关这方面的专著有4本，一是我国行政学界元老夏书章先生的《现代公共管理概论》，二是陈振明教授主编的《公共管理学》，三是张良教授等所著的《公共管理导论》，四是樊勇明教授的《公共经济学》。

目前，中国公共管理研究呈现欣欣向荣的局面。许多大学设立了公共管理专业，许多名校还建立了公共管理学院，有的学校还设立了公共管理博士后流动站，有关方面论文的发表呈逐年上升趋势。同时，中国学界取得了许多创新性成果，提出了公共管理五种模式，即把公共管理分为以政府为本位、民众和非政府公共组织依附于政府的三种政府管理模式，即政府管理的集权化模式、民主化模式、社会化模式；以社会为本位，政府、民众和非政府公共组织平等合作的两种社会治理模式，即社会治理的自主化模式、多中心模式。② 在理论应用方面，也取得了可喜的进步。公共管理理论已经成为指导中国政治体制改革的主流理论。但公共管理理论在公共经济领域的研究多集中于预算等方面，在公共财政等实际应用领域的研究还不多，金融领域的研究更是少之又少。但公共财政，特别是金融领域的公共问题，尤其是如何避免金融风险等社会危害性巨大的公共问题，既应是公共管理学研究的重要内容，也应是公共经济管理的核心内容。

总之，作为一种研究工具，公共管理学围绕影响全局的公共问题解决不断拓展应用领域，提供整体解决方案，即通过政府与市场主体合作提供公共产品，有效维护公共安全，是解决公共问题的有效工具，受到各方的普遍欢迎，影响力越来越大，世界各国争相引进这个理论。

---

① 季明明．当代公共行政的改革实践与公共管理学的崛起[J]．北京行政学院学报，1999(3)：5.

② 陈庆云，鄞益奋，曾军荣，刘小康．公共管理理论研究：概念、视角与模式[J]．中国行政管理，2005(2)：17.

二、金融风险防范问题是影响巨大的公共问题

在西方的学术传统中，金融（Finance）包括财税和金融两方面内容。在历史的早期，金融是财税的附庸，扮演财税簿记和出纳无足轻重的角色，对整个社会的影响不大。发展到今天，金融才由原来的附庸变为现代市场经济体制的中枢，变成对国民经济影响巨大的宏观调控工具。与此相适应，金融风险也随着金融系统的复杂化而由无足轻重的小问题变为对社会影响深远的公共问题。

（一）金融风险以小问题身份存在的早期阶段

随着人类经济活动从产品生产到商品生产的不断复杂化，人类社会的金融系统从无到有、从简单到复杂地逐渐发展起来，并正处在不断复杂化进程中。随着金融系统的日益复杂，金融风险对社会的影响力日益增强。

在 18、19 世纪的前古典时期，人类逐步摆脱了蒙昧状态，开始步入资本主义社会的早期，金融系统最大的发展是金银被确定为世界通行货币，金融风险几乎为零，不被社会各界重视。当人类刚从蒙昧状态摆脱出来时，人类的经济活动只是还不能自给自足的小生产，几乎没有剩余产品可用于交换。随着科技的进步，人类社会终于出现了剩余产品。剩余产品的出现为人们彼此之间的产品交换准备了基本条件，但国家金融系统的出现还有漫长的路要走。在漫长的物物交换过程中，制度选择的最终结果是确立了金银的一般等价物地位，即出现了货币。在相当长的历史时期内，货币只是充当一般等价物角色，国家金融系统只是国民经济大系统无关紧要的附属物。这个时期，人类处于金本位或金银本位时期，货币是自身具有价值的贵金属金或银，不是以国家信用为担保的纸币，国家金融系统十分简单，其有形存在就是钱庄等私人银行机构，并没有监管机构。国家间的金融联系也是通过金银的跨境搬运实现的，最著名的就是西方殖民者的“淘金热”，拼命在世界各地寻找和占有黄金。这个时期的金融风险多发生在微观主体层面，对国家层面的风险是通过金融对实体经济的影响来体现的，可以忽略不计。对于货币持有者来讲，金融风险就是货币重量因磨损

而减轻；对于银行来讲，金融风险就是货币持有量对银行利润最大化的影响；对国家来讲，风险就在于流动性的不足会影响国民经济的发展。为了规避由此造成的金融风险，各货币持有者争相把分量不足的货币花出去，而把分量足的货币留下来收藏，于是就出现了劣币排斥良币的“格雷欣现象”，银行则尽量持有适量的货币，既不会因货币过多而没有放贷完毕造成积压性金融风险，也不会因货币持有不足，不能满足贷款需要而失去贷款盈利的机会。因此，政府对金融的公共管理就表现为提供金银等贵金属货币的铸造服务，并统一货币单位，以“守夜人”的身份维护金融市场的秩序。由于金银等贵金属本身具有价值，货币分量的变化是自然磨损的结果，所以一般不会影响货币的流通，甚至可以转化为其他价值形态。而且，在市场经济不发达的状态下，由于流动性不足对国民经济的影响不大，所以许多学者认为这个时期是没有金融风险的时期。

19 世纪末至 20 世纪前期的古典时期，虽然许多国家出现了纸币流通现象，但并没有失去定值之“锚”，普遍规定货币的含金量；国际金融体系中出现了各种货币集团，如英镑集团、法郎集团等，但国际货币体系多实行金块本位制或金本位制，各国币值都有含金量，汇率是固定的。所以，与前古典时期相似，这时的金融风险也十分微小，对社会的危害不大。也正因如此，这个时期对金融风险的理论认识多停留在对货币本质的认识层面，其表现形式就是古典金融理论。在凯恩斯主义出现之前，古典金融理论侧重于货币的研究，以“货币与实物经济相分离”的古典经济学“两分法”为手段，从实物经济的层面出发，金融学家对货币的职能、银行的流动性、信用机制、货币与经济的关系、国际收支平衡、汇率的决定等问题进行探讨，回答现实金融活动中遇到的问题。该阶段影响较大的理论成果有：甘末尔学说（1907 年）、费雪的现金交易数量理论（1911 年）、庇古的剑桥方程式（1917 年）、莫尔顿的银行可转换性理论（1918 年）、卡塞尔的购买力平价理论（1922 年）、马歇尔的现金余额数量论（1923 年）、阿夫塔里昂的汇兑心理理论（1927 年）、凯恩斯与爱因齐格的利率平价理论（1930 年）、哈耶克的中立货币理论（1931 年）、勒纳等的弹性理论（20 世纪 30 年代）等。这些理论都是围绕现实中存在的金融风险问题展开，从理财的角度为人类金融风险防范提供理论指导。凯恩斯主义出现之后，还有一些学者在研究古典金融学问题。比如，希克斯与汉森创立了商品市场与货币市场相结合的 IS－LM 模型（1949 年），鲍莫尔提出了平方根定律（1952 年），弗里德曼提出了现代货币数量论（20 世纪 50 年代）。这些理论延续了古典金融理论研究传统，虽然没有自己回答如何减少由货币供应引发的金融风险问题，但为人们认识和分析金融风险提供了理论基础和逻辑分析框架，也为下一步对金融风险防范认识的突破奠定了坚实的基础。

总之，在人类金融体系迈入信用货币时代之前，由于货币含金量的存在，币值大幅波动的情况很少，金融风险较小，对社会经济的冲击也较小，因而不被社会各界所重视。

（二）金融风险逐步变身公共大问题的阶段

在 20 世纪三四十年代之后的传统时期和现代时期，全球金融系统先是进入布雷顿森林时代，各国货币通过“双挂钩”机制与美元联系起来，美元规定一定的含金量。但布雷顿森林国际金融系统本质上是金块本位制。由于布雷顿森林国际金融系统有其固有的天生缺陷——“特里芬难题”，最终在美元接连不断的货币危机中崩溃，美元不再以黄金定值，各国货币币值也不再钉住美元，浮动汇率制代替固定汇率制，以国家主权担保的信用货币代替定值货币。由此，世界进入了牙买加国际金融系统，货币失去定值之“锚”成为有国家信用软约束的信用货币，浮动汇率代替固定汇率。这样一来，国际金融体系进入更加动荡的时代，金融风险成为威胁各国经济社会稳定的常态性重大因素，既可以摧毁一国多年的建设成果，也可以引发社会剧烈动荡，成为世界各国都不得不防范的重大公共问题。也就是说，20 世纪中期以后，国家金融系统经过几个世纪的蛰伏后，实体经济与虚拟经济的关联被逐渐淡化，金融在国民经济中的作用越来越强，逐渐摆脱了简单的交换媒介角色，迅速朝复杂的系统方向发展，并呈现出摆脱从属地位、逐渐成为国民经济核心的发展态势，甚至给人一种错觉，似乎虚拟经济超越了实体经济而居于主导地位。国际金融体系的动荡也成为颠覆一国经济社会的重要因素。

学者们一般认为，这个时期是金融系统最为复杂的时期，也是金融风险跻身各国不得不面对的重大公共问题的时期。首先，这个时期不仅出现了中央银行，而且其功能不断完善，变成政府部门。在 18、19 世纪的前古典时期，企业规模较小，经理人和所有者合二为一，由私人银行发展而来的中央银行主要向政府提供优惠融资以换取银行券发行的垄断权。随后，随着企业规模的扩大，逐渐出现了经理人和所有者分离的趋势。这推动了金融业，特别是中央银行职能的变迁。“19 世纪末—20 世纪前期的古典时期，中央银行的主要职责是保持金融稳定，包括维持货币和黄金的可兑换性、履行金融监管职责等。在 20 世纪 30、40 年代至 80 年代的传统时期，中央银行主要关注于可调节的货币管理；在 20 世纪 80 年代至今的现代时期，中央银行的主要目标是保持价格稳定。”① 可见，金融系统的复杂化迫使金融风险成为各国不得不设立专门的央行来防范的对象。其次，金融主体也出现了多样化趋势，处于一般储户与生产性企业之间的融资中介机构不再仅为银行一种类型，还出现了替代银行职能的机构，如基金和股票市场。再次，在这种浮动汇率国际金融体制下，社会资金链条发生了结构性变化。原来由储户到各种银行再到生产性企业的资金链条的中间环节出现了新的形式，资本市场兴起，股票公司产生，部分取代了银行的融资功能，在融资企业和社会资本之间搭起了另一座桥梁，建立了金融系统另一条资金链条。直接融资迅速发展，国际金融市场迅速发展，新的金融机构不断涌现，金融创新不断出现，各种套期保值工具日益多样化，金融机构的业务向纵深发展。跨境资本流动的日益频繁，触发了西方股灾、拉美债务危机、欧洲货币危机、东南亚金融危机。

---

① Bruni, F. 2003. Financial Stability Policies as Challenges for Modern Central Banking [C]. ONB28th Economics Conference, June 15 - 16, Vienna. 转引自：段小茜. 金融稳定界说：定义、内涵及制度演进[J]. 财经科学，2007(1):7.

与国际金融系统的复杂化相适应，为应对可能出现的金融风险，人们对金融风险的认知也取得了突破性进展，对金融风险防范的能力进一步提升。马柯维茨提出证券组合理论（1952 年）之后，人类对金融系统的认识进入现代金融理论时期，以风险—收益理论、期权定理、有效市场理论（EMH）与公司理论为四大支柱，构建了现代金融理论体系①，并推进金融理论研究由定性分析向定量分析转变。第一，随着直接投资的发展，有关金融市场的微观理论群产生。比如，普鲁克诺的银行预期收入理论（1949 年）、莫迪利亚尼与米勒的资本结构理论（1958 年）、夏普等的资本资产定价模型（CAPM）（1958 年）、托宾的资产选择理论（1958 年）、银行负债管理理论（20 世纪 60 年代）等。同时，由于欠发达地区发展问题突出，关注于发展中国家金融发展问题的理论群也相继产生。如孟德尔的国际收支与货币分析法（60 年代）、纳克斯的国际资本流动理论、戈德史密斯的金融结构理论（1969 年）、麦金农的金融压制论（1973 年）、爱德华·肖的金融深化论（1973 年）以及布莱克的发展中国家汇率理论（20 世纪 70 年代）等。第二，牙买加国际金融系统下利率和汇率波动增强也推动了规避金融风险的工具不断推陈出新。市场对利率波动性的增大所做出的反应，就是创造大量的新的工具以对这些风险进行交易②。于是，有关金融工具定价、风险评估及规避等方面的理论群产生。如，汤姆与齐曼的股市风潮理论（1975 年）、罗斯的套利定价模型（APT）（1977 年）、多恩布茨的资本市场理论（20 世纪 70 年代）、布朗逊·库礼的汇率资产组合平衡模式（20 世纪 70 年代）、商业银行资产负债管理理论（20 世纪 70 年代）、布兰查与沃森的投机泡沫理论（1982 年）。更为重要的是，这个时期，金融工程学（20 世纪 80 年代）兴起，人们开始从系统的角度规划金融系统，规避金融风险的冲击。第三，有关金融体系稳定、危机成因、防范、监管

① 现代金融学，以投资者完全理性、金融市场线性均衡、资产收益率服从正态分布为理论前提。

② 米歇尔·科罗赫，丹·加莱，罗伯特·马克．风险管理[M]．北京：中国财政经济出版社，2005：6.

等方面的理论群也产生出来。如，克鲁格曼的国际收支模型（1979 年）、奥布斯特菲尔德的危机预期理论（1994 年）、克鲁格曼的道德风险模型（1998 年）。[①] 第四，应对非正态分布情况的金融风险防范理论不断取得新进展。近年来，金融风险防范在微观方面取得了巨大成功，但国际金融市场出现了诸如金融资产收益率呈“胖尾分布”特征、股票市场普遍存在规模溢价和价值溢价；股市存在周末效应、一月效应等非正态分布的异常现象，主流金融理论已无法做出合理解释。所以，新金融学应运而生。新金融学主要有行为金融学和经济物理学两大流派。新金融学研究针对风险管理的金融风险的测度问题，对现代金融风险防范提出了挑战，从而对非有效市场条件下的风险防范问题开始了进一步的探索。第五，在宏观金融风险防范方面，学界多徘徊在过去的辉煌里，但也取得了一定的进步，当前，金融危机模型由原来的第三代（克鲁格曼、弗洛德和加伯等的货币危机模型，M. Obstfeld、B. Eichengreen、C. Wypolz、R. Flood、N. Marton 等的预期自我实现的冲击模型、杜利和克鲁格曼的基于资本内流/危机交替模型[②]）衍生出了总结转型国家金融危机经验和教训的第四代金融危机模型——热若尔·罗兰的转型经济学[③]。同时，鉴于各国金融自由化的进一步深化，各国（包括中国）开始注重金融脆弱性的研究，加强了对跨境资本流动的监测和监管。这表明，人们对金融风险防范的认识已由对微观金融风险的防范发展到了对系统金融风险的防范，并已对跨境资本流动引发的金融风险防范问题有了极为充分的认识。

（三）公共管理学和系统论适用于金融风险防范问题研究

首先，从上述金融风险防范理论的发展情况可以看出，当前金融风险防范理论更注重微观金融风险的防范，对系统性金融风险防范不足。现代金融系统形成以后，金融风险防范理论先是从满足理财实务需求出发，更

① 参阅：王爱俭，主编．国际金融理论研究：进展与评述[M]．北京：中国金融出版社，2005.
② 国家外汇管理局．金融脆弱性分析[M]．北京：中国商务出版社，2005：28－31.
③ 国家外汇管理局．金融脆弱性分析[M]．北京：中国商务出版社，2005：31－32..

关注微观个体投资盈利需求。人们对金融系统认识的提高也就是人们对相应金融风险防范认识的提高，怎样的投资模式对应着怎样的金融风险防范认知以及建立其上的防范措施。所以，现有的现代风险防范理论多是基于投资者个体金融风险微观防范需要的机制。从上面提到的理论群来看，除部分理论（道德风险模型、套利定价模型）直接探索金融风险的形成机制、防范机制之外，其他理论至少从表面上看多是探讨投资盈利问题的，而顾及宏观系统性金融风险防范的理论较少。因为，投资的核心要素是金融风险防范，投资理论也就是风险防范理论，如证券组合理论。纵观整个人类金融风险防范认知史，从对金融原意理解的角度看，人们对金融风险防范的认识是沿着金融的第一层意思：私人金融的角度，即“个人和企业理财”的角度衍生的，而非第二层意思：公共财政的角度，即“政府收入与支出”的角度衍生的。这是一种从微观开始的金融学研究传统。直到今天，我们的金融学研究依然沿着这种传统路径在不断延伸。

其次，对宏观系统性金融风险防范的认知是满足投资者个人投资需要的副产品。当国家金融系统中出现了限制其发展的因素时，人们就会进行对策性研究，直到找出解决问题的临时对策。比如，金融危机的出现，使人们认识到金融监管的重要性，研究者就致力于中央银行制度的研究。于是，防范系统性风险和微观风险的中央银行制度就发展起来。可见，对宏观系统性金融风险防范的认知只是我们投资需要的副产品。

第三，虽然微观风险防范认知带动宏观金融风险防范认识的模式通过金融主体的变换切入了系统性金融风险的领域，但由局部治理整体的缺陷却极其明显。这无法立足全局拿出一个整体解决方案，使我们难以摆脱“头痛医头，脚痛医脚”地疲于应付的困境，既影响了金融监管的效率，带来了许多无谓的损失，更无法兼顾人类的主体利益，使零和博弈结果出现的可能日益增多，白白浪费人类整体的大好资源，只是在玩老鼠搬家的游戏，财富从一个财富主体转到另一个财富主体，并没有增加人类财富的整体数量。这为公共管理学的介入提出了要求。这种局面很大程度上是由认识模式造成的。当然在人类知识积累没有达到一定程度，新的认识工具还没有出现、认识对象的全貌也还没有完全展现的时期，只能沿着从微观到宏观的认识路径，逐个突破。随着认识工具的进步，在金融系统已经高度复杂化的今天，在国家金融系统的面目几乎尽数暴露的情况下，现代系统论的发展成熟为我们按照从整体到部分的方式认识金融系统提供了条件，为我们按照公共管理的认识模式从整体上把握整个金融系统，从一个全新的视角研究国家金融风险防范，得出全新的结论，提供了条件。

第四，公共管理学和系统论适宜于金融风险防范问题研究。金融风险不仅影响一个行业，而且也涉及千家万户的利益得失。金融风险的管理主体不仅包括政府机关，比如中国的银监会、英国的银监局等，同时还包括各种金融市场主体和个人，比如银行和非银行金融机构、证券公司、行长、储户等。金融风险的管理模式因各国的具体国情不同而不同，其监管也涉及效率和成本的问题。如何规避金融风险，保证金融资产安全，既是各个金融主体关注的内容，更是各级政府所关注的问题。也就是说，在防范金融风险、维护金融安全上，各相关主体的目标是一致的。所以，金融风险防范是公共管理学的重大课题，而且是更有现实意义的课题。

与此同时，系统论是现代科学进步的结晶，最先由出身生物学、成功于理论物理学的奥地利科学家贝塔兰菲提出。这种认识方法的最大长处在于立足于由各个要素组成的事物整体，在认识事物各个组成部分的基础上，把握事物各个组成部分之间的相互联系，从而把握事物整体，与系统论有异曲同工之妙。这种方法的优势在于便于把握复杂事物的整体发展变化规律，为在整体规律指导下进行改造世界的活动提供支持。当前条件下，通过西方市场制度的实践，国家金融系统已经十分发达，其全貌已初步显现。这为我们通过系统论方法从整体上认识国家金融系统风险防范问题提供了有利条件。

因此，本研究就以系统论为工具，从现代金融系统发展现实出发，从公共管理的视角解构国家金融系统的组织结构，立足公共管理学和金融学的交叉地带，以金砖国家为标本，为我国金融风险防范和金融系统发展提供参照坐标，在搞清楚国家金融系统组织系统的基础上，研究金融风险防范的目标确定、决策机制、政策传导机制；研究金砖国家金融风险防范的机理，认识国家金融系统要素之间的关联性，尽力寻找国家金融系统发展变化的规律，提出中国金融系统风险防范战略建议，为中国和平发展战略的顺利实施提供支持。

三、金砖国家崛起的历程

2003 年 10 月，美国高盛公司的经济分析和投资计划专家小组共同撰写了题为《与 BRICs 共同梦想——通往 2050 之路》（Dreaming with BRICs: the Path to 2050）的报告书，BRICs 是巴西、俄罗斯、印度和中国的开头字母，是国际关系专家间使用的新造词。① 由于 BRICs 在英文中有“砖”的意思，因而，中国学界常常把 BRICs 称为“金砖四国”。高盛集团经济学家认为，它们是当今世界最具增长潜力的国家，是继亚洲“四小龙”之后最有可能，在可预见的将来改变世界经济地图的国家，被赋予了崛起中的“新兴大国”的称号②。然而，从历史深处走来的金砖国家也有软肋，金融风险就是其发展的重要限制因素之一。

（一）金砖国家的发展历程

二战之后，在东西方的对垒中，第三世界国家经过民族独立浪潮走向独立并不断发展；新兴经济体又于 21 世纪初从广大发展中国家中产生。随后，金砖国家作为“领头羊”又从新兴经济体中脱颖而出。作为发展中国家的“领头羊”，随着二战后国际体系结构的变迁，金砖国家的发展经历了三个阶段。

1. 金砖国家发展的第一个时期：新兴经济体原始资本积累期

冷战结束之前，东西方对垒，用技术和经济禁运构筑起彼此之间的篱

---

① 宋玉华，江振林，等．新兴大国——历史性崛起的博弈与前景［M］．北京：人民出版社，2004：21.

② 宋玉华，江振林，等．新兴大国——历史性崛起的博弈与前景［M］．北京：人民出版社，2004：21.

笆，互不往来，严重阻碍了世界经济的增长。西方发达经济体依托经济存量优势，借助市场经济体制，取得了经济领域的竞争优势，在西方掀起了以工业化为主导的现代化高潮，即欧洲工业社会的重建。但这种优势没保持多久，马上就遇到了市场空间限制问题。基本上来讲，西方市场经济体系本身是一个开放体系，但西方各个经济体的技术和产业落差比较小，是个统一的市场，技术扩散和产业转移速度快。市场容量的确定性，既没有给技术提供更大的拓展市场，也没有给产业的转移提供更多空间。所以，经历了以“马歇尔计划”为主的大规模欧洲重建之后，西方市场基本饱和。西方世界由此进入了单引擎——信息技术创新产业化拉动经济增长的时代。

东方世界多是二战的战场。战后，为尽快实现国强民富，东方各国迅速进行了国家经济基础的重建工作，纷纷步入工业化发展道路，创造了经济增长奇迹。但是，东方国家多实行计划经济制度，长期靠计划分配的方式满足各方面需求，几乎没有市场。而且，由于创新机制被计划所压制而难以自主发挥作用以及科技人才的流失，东方世界出现了科技方面的相对落后。

20 世纪 70 年代末 80 年代初，席卷全球的市场化改革使东方世界先后走上了市场化改革之路，建立起自己的市场。苏东国家以激进方式实现了由计划经济向市场经济的转型，并实行对外开放政策。中国则按照循序渐进的方式逐步实现了由计划经济向市场经济的转型。其他社会主义国家也以适合本国国情的方式完成了市场化改革。市场经济体制成为全球通行的经济体制，世界建立了统一的大市场。新生市场的融入，极大地扩大了世界市场的容量，其效应类似于一个国家或地区经过复关入世谈判加入国际贸易组织，经济增长拉动作用十分明显。

各经济体对外开放政策的执行，打通了新生市场与发达国家市场之间的通道，完成了新生市场与固有市场的耦合与谐振。集聚已久的势能促使原来彼此隔离的两个世界连接起来，实现耦合，为西方资金、技术和先进管理经验流入东方市场提供了基础条件，完成了一个合作共赢的过程——

发达国家技术、资金和先进管理经验与发展中国家廉价劳动力、资源和市场的结合。

东方国家以重归世界经济体系的方式，通过改革经济体制、开放市场，在与发达经济体的谐振耦合中开始了自己的原始资本积累过程，为今后经济起飞奠定了基础。

双方市场连接的通道打通之后的初期，原市场经济国家利用东方国家的市场获得了巨大收益，是最大的受益者，并从相对落后的资本主义国家中产生出首批新兴经济体国家。与东方对峙期间，发达国家依托科技革命积聚了大量的技术和资金，并通过产业发展锻炼了优秀的管理团队。但是，随着产业规模的扩大，市场空间越来越小，面临产品生命周期的终结，经济危机的风险不断积聚。然而，东方国家敞开国门之后，在利益驱动下，原市场经济国家先是产品进入东方国家市场，然后是产业转移进来，自己的资金、技术和管理优势与东方国家的廉价劳动力相结合，绕过海关就地开拓市场，以疯狂的速度聚敛超额利润。这样，原本早该终结的产业链由于新市场的开拓得以进一步延展，原本即将寿终正寝的技术在新的国家变成了高新技术。发达国家的技术、资金在技术平台期又找到了焕发生机活力的机会，并进一步积累了巨额财富，改变了资本主义经济周期的表现形式，推迟了资本主义经济危机爆发的时间。所以，在这个过程中，原市场经济体制国家获取了巨大收益，是世界经济一体化的最大受益者。同时，处于发达国家和转型国家交叉地带的部分原资本主义国家，成为西方国家技术和资金的“二传手”。一方面，利用技术和产业转移从转型国家市场获取巨额收益，另一方面，利用转型国家价格低廉的劳动力生产物美价廉的产品打入发达国家市场，谋取一部分高额利润。因此，从原资本主义国家内部产生出首批新兴经济体国家，如亚洲“四小龙”。

东方国家也是从中受益的重要一方，并孕育出另一批新兴市场国家。通过敞开国门，发展中国家利用发达国家的资金、技术和先进管理经验，依托自己丰富的资源、廉价劳动力承接相对发达的产业转移，为世界生产发达国家不愿意生产的商品，以市场换取闲置劳动力的低廉报酬，换取资源的低价收益，盘活了存量资产，进一步谋求未来更多的增量。在这个结合过程中，作为后来者和实力相对较弱的一方，东方国家获得的全球化红利相对微薄，远低于各要素的真实价值，与发达国家得到的红利相比简直是九牛一毛，不值一提。但随着技术的扩散，发展中国家逐渐承接了相应的产业，转变为该产业的生产主体，提升了国民经济结构。所以，通过这种结合，发展中国家获得了生产收益的一小部分。虽然额度很小，但为发展中国家盘活存量资产提供了第一桶金。这是发展中国家逐渐做大做强的资本，是追赶和超越发达国家的资本，相当于资本主义的原始积累。同时，在这个过程中，发展中国家获得了发达国家转移过来的技术，为技术进步注入了动力；锻炼了产业工人，为本土工业的进一步发展准备了基础条件；承接了相对先进的产业，为本国参与国际分工大循环准备了条件；如此等等。所以，与发达国家依靠血与火的掠夺方式积累原始资本相比，东方的新兴经济体通过汗水和廉价变卖自己的资源来积累资本金，积累速度虽然极其缓慢，但通过一点一滴的积累完成了由小到大的积累过程，获得了发展所需的启动金，摆脱了低速增长的困境，成为受益的一方。与此同时，部分这种转型国家依托国家主权的保护，把用血汗钱积累的原始资本投入资本运转过程，如同滚雪球一样，利用源源不断的低价劳动力资本和资源、能源越做越大，完成自身现代市场经济体的重建，成为国际市场上强有力的竞争者。这批新兴经济体主要是些规模较大的经济体，如中国、俄罗斯等国。另外，像巴西、印度、墨西哥、南非等国，则是在全球经济一体化过程中，随着世界市场的扩大，从整个全球市场获益的新兴经济体。这些国家既从发达国家获取技术和资金，又借助国际市场获取利润，逐渐完成了本国经济起飞。而越南、马来西亚等国则是继周边国家经济起飞之后，沿着融入世界经济体系的路子跟进而发展起来的新兴经济体。这些新兴经济体中潜藏着金砖国家选手。

总之，全球化带来的国际分工合作规模扩大和价值链延长给参与国提供了新的发展机会，即全球化红利。正是由于全球化红利的存在，随着冷战坚冰的不断消融，新兴经济体才借助分割全球化红利的契机逐渐崛起。

可见，新兴经济体的崛起不仅得益于世界市场化改革潮流，而且得益于发达经济体资金、技术及先进管理经验等生产要素与新兴经济体廉价劳动力和丰富资源的结合。新兴经济体借助发达国家市场盘活了自身资源，积累了国家发展所需的第一桶金，跻身于发达经济体平等竞争轨道，实现了跨越式发展，并使世界经济进入新兴经济体市场进一步开发的新阶段。

2. 金砖国家发展的第二个时期：新兴经济体的自主发展期

经过一段时间的积累之后，21 世纪初，新兴经济体国家经济起飞，快速走向自主发展阶段，出现了与发达国家的解耦合现象，展现出自主发展的态势，以致被国际投资界注意，出现了“金砖四国”“展望五国”等不同发展前景的国家组合。早在 1994 年，《经济学家》周刊曾以专门篇幅介绍新兴市场经济指标，以说明“世界经济对比中出现的一种根本的、显著的快速变化”。① 在原始资本积累期，新兴经济体国家在与发达国家的耦合状态下获得的合作红利十分微薄。但是，新兴经济体国家积累率较高，随着时间的推移，其积累的财富越来越多。并且，在这个时期，参与国际经济大循环的新兴经济体国家实力迅速增强，借助与发达国家合作所获得的收益，逐渐拥有了自己的产业；通过技术贸易逐渐向产业链高端领域进军；在某些领域甚至拥有了自己的知识产权，利润分配逐渐朝有利于发展中国家的方向发展。曾经唯唯诺诺的小伙计正在转变为与发达国家平起平坐的竞争者，呈现加速自主发展的态势；与发达国家的解耦合现象日渐明显，呈现出摆脱发达国家牵制而独立前行，世界经济引擎易位的态势。

正是在这种背景下，金砖国家的概念脱颖而出。2001 年 11 月底，美国高盛集团首席经济学家吉姆·奥尼尔在该机构发表的编号为第 66 期的全球经济报告《全球需要更好的经济之砖》中，首次提出“经济之砖”的概念。② 2003 年 10 月，高盛集团发表了题为《与 BRICs 一起梦想：通往 2050 年的道路》（*Dreaming with BRICs*：*The Path to* 2050）的全球经济报

① 终于兴起：新兴经济体发展势头良好[J]. 经济导刊，2006(11)：16.

② 高祖贵，魏宗雷，刘钰. 新兴经济体的崛起及其影响[J]. 国际资料信息，2009(8)：1.

告，正式提出“金砖四国”（BRICs）的概念。新兴经济体的地位和作用迅速被国际投资界所认可，造词运动一浪高过一浪。高盛提出“金砖四国”的概念之后，国际投资界先后出现了以巴基斯坦、埃及、印度尼西亚、伊朗、韩国、菲律宾、墨西哥、孟加拉国、尼日利亚、土耳其、越南为组合的“新钻十一国”，即 Next－11，简称“N－11”；以越南、印度尼西亚、南非、土耳其和阿根廷五国英文名称首字母为组合的“展望五国”（VISTA）；以中国和印度为组合的“中印大同”（CHINDIA）；以中国、印度、越南、印度尼西亚、土耳其及南非为主体的“灵猫六国”；等等。这些新提法所表达的意思都是投资潜力巨大，能够取得丰厚投资回报的经济体。2007 年，英国《经济学人》对此进行了归纳，将这些国家统称为新兴经济体，并将“金砖四国”概括为第一梯队，“新钻十一国”为第二梯队。后来，《经济学人》将新兴经济体的统计范围扩大到 30 多个国家。这些源于国际投资界造词运动的国家群体内涵远远超出了原来 15 国的概念，不仅包括上面提及的国家，而且进一步延伸到东亚的新加坡、马来西亚、南美的阿根廷、委内瑞拉以及中亚和非洲的部分国家。

表 0－1 新兴经济体内涵的演变

时间	名称	缩写	范围
20 世纪 70—80 年代	新兴工业化国家（地区）	NIES	拉美四国、亚洲“四小龙”、东盟五国
20 世纪 90 年代	新兴市场国家	EMCS	原苏东国家等由计划经济向市场经济转轨的国家
2001 年	金砖四国	BRICs	巴西、俄罗斯、印度、中国
2003 年	新钻十一国	Next－11	巴基斯坦、埃及、印度尼西亚、伊朗、韩国、菲律宾、墨西哥、孟加拉国、尼日利亚、土耳其、越南
2007 年	展望五国	VISTA	越南、印度尼西亚、南非、土耳其、阿根廷
2009 年	灵猫六国	CIVITS	中国、印度、越南、印度尼西亚、土耳其及南非

3. 金砖国家发展的第三个时期：国际组织化期

自新兴经济体走上独立自主发展道路之后，作为新兴经济体的“领头羊”，金砖国家从新兴经济体脱颖而出，继万隆会议、七十七国集团之后成为发展中国家利益的又一代言人，并呈现不断国际组织化倾向。以金砖国家峰会为主要载体，金砖国家不仅探讨彼此合作问题，还越来越深地介入到国际问题的解决中来，越来越国际组织化，成为国际政治经济舞台上具有举足轻重作用的新兴力量。

截至目前，金砖国家已经召开9届峰会。2001年11月底，美国高盛集团首席经济学家吉姆·奥尼尔首次提出“经济之砖”的概念，2003年，奥尼尔又首次提出“金砖四国”的概念。2006年9月，经俄罗斯倡议，“金砖四国”于联合国大会期间首次举行了金砖国家外长会晤，此后每年依例举行外长会晤。2009年6月，在俄罗斯的推动下，四国领导人在俄罗斯举行首届峰会，并发表《“金砖四国”领导人俄罗斯叶卡捷琳堡会晤联合声明》。2010年4月，第二届“金砖四国”峰会在巴西召开。发表了有关世界经济形势的《联合声明》，并商定了推动“金砖四国”合作与协调的具体措施，金砖国家合作机制初步形成。2010年11月，南非在二十国集团首尔会议上提出加入“金砖四国”的申请。2010年12月，“金砖四国”合作机制轮值主席国中国与俄罗斯、印度、巴西一致商定正式吸收南非加入金砖国家合作机制，与此同时，“金砖四国”更名为“金砖国家”(BRICS)。2011年4月，第三届金砖国家峰会在中国三亚举行，发表了《三亚宣言》，首次推出本币贸易结算，正式签署《金砖国家银行合作机制金融合作框架协议》。2012年3月底，第四届金砖国家峰会在印度首都新德里举行，发表了《新德里宣言》和行动计划，推动了金砖国家间的务实合作，强化了维护新兴国家和发展中国家利益的特征，并把金砖国家间的合作拓展到全球经济治理领域。2013年3月，第五届金砖国家峰会在南非德班举行，决定建立金砖国家开发银行并筹备建立金砖国家外汇储备库。2014年7月15日，第六届金砖国家峰会在巴西福塔莱萨举行，发表了《福塔莱萨宣言》，宣布金砖国家新开发银行初始资本为1000亿美元，由5

个创始成员平均出资，总部设在中国上海，签署了《关于建立金砖国家应急储备安排的条约》。2015 年 7 月，第七届金砖国家峰会在俄罗斯乌法举行，围绕“金砖国家伙伴关系—全球发展的强有力因素”主题，探讨全球政治经济领域重大问题以及金砖国家合作，发表了《乌法宣言》及其行动计划，通过了《金砖国家经济伙伴战略》文件。2016 年 10 月，第八届金砖国家峰会在印度果阿举行，发表了《果阿宣言》，签署了农业研究、海关合作等方面的谅解备忘录和文件，探讨设立一个金砖国家评级机构的可能性，认为当今世界正向着以联合国发挥中心作用、尊重国际法为基础，更加公平、民主、多极化的国际秩序转变。2017 年 9 月 3 日至 5 日，第九届金砖国家峰会在中国福建厦门举行，发表了《金砖国家领导人厦门宣言》，强调了人文交流在金砖国家合作发展中的地位和作用，为金砖合作奠定了更广泛的民意支持基础。可见，金砖国家已经化身为一个国际组织，成为联合国、G20 等国际政治舞台上一支重要积极力量，成为推动南南合作、南北合作的重要推手，成为广大发展中国家利益的有力维护者及全球利益的推动者。

总之，二战后，金砖国家是经济市场化和一体化的产物，是世界市场扩大和技术分散化的产物，是在一定的技术平台上后发国家生产要素价格低廉而产品具有成本竞争优势的产物。在全球市场化的空间已经基本被开发殆尽的情况下，中国领导人提出了“一带一路”倡议，世界经济的结构空间开发时代到来，人类进入了一个全球富裕的时代。在新的历史时期，作为世界市场的主要参与者之一，金砖国家将以维护世界和平和推进世界各国的共同发展为核心，在国际结构的调整中迈向新的征程。

（二）金砖国家发展的原因及发展前景

自 2006 年第一届金砖峰会以来，金砖国家走过了金色十年。十年间，金砖国家经济总量在全球经济中的占比从 12% 提升到 23%，贸易总额的占比从 11% 升至 16%，对外投资比重从 7% 上升到 12%，对世界经济增长率的贡献达到50%。金砖国家在贸易和投资领域具有广阔的合作前景。①

首先，金砖国家之所以取得如此引人瞩目的成绩，主要有以下三个基础支撑：

一是各国参与全球经济大循环的基础是各自具有独特竞争优势的资源。国际金融危机之前，世界经济的发展模式是欧美发达经济体依靠金融加杠杆消费、以中国为核心的东亚依靠廉价的劳动力生产、广大发展中经济体提供能源资源的“大三角”模式。金色十年中，俄罗斯、巴西主要依靠能源资源参与了世界经济大循环；中国主要以廉价劳动力和环境为代价参与了世界经济大循环；印度、南非的发展则既有廉价劳动力的贡献，也有能源资源的贡献。这样，金砖国家通过自己独特的资源，依托开放市场，在参与资源全球市场配置、世界经济大循环过程中，完成了原始资本积累，获得了经济发展甚至腾飞的、属于自己的第一桶金。

二是世界科技发展停留在既有发展平台，是存量科技革命成果消费期。全球信息技术革命以来，世界科技由于没有出现原创性重大突破，因此也就不可能生发出由原创技术带动的新产业。在没有新产业技术突破的前提下，发达国家无法再像过去那样依托垄断技术获取超额利润，只能在局部应用创新上寻求利润增长点。而且，信息技术基础设施的大规模应用也导致信息传播的加速。这给应用型创新技术成果扩散带来极大便利，技术创新很难被任何一个经济体所垄断。所以，发达国家和新兴经济体国家等于在同一个技术平台上竞争，制造领域的成本优势转化为国家层面的优势。借助全球几乎共享的科技资源，后发的新兴经济体借助成本竞争优势进入快速增长期，金砖国家也就依托庞大的内部市场和成本竞争优势快速从新兴经济体中脱颖而出，崛起为第三世界经济体利益的维护者。

三是发达经济体金融加杠杆导致的庞大消费市场。在国际技术平台期的环境下，在第一桶金的基础上，按照国际通行的市场法则，新兴经济体国家依托自己的优势资源参与世界经济大循环获得了竞争优势，在与发达

① 刘慧．开启“金砖”新未来[N]．中国经济时报，2017－08－28.

国家的平等竞争中脱颖而出。而世界经济的正常运作是以市场的不断扩大为前提的，因为市场是国家经济循环完成和经济剩余实现必不可少的环节。在过去的金色十年中，欧美国家特别是美国的货币政策都是加杠杆的政策，这导致国际产业链下游经济体生产的产品都能够卖出去，并拉动整个国际产业链的发展，推动整个世界经济的正常运作。所以，欧美发达经济体加杠杆的货币政策实际上造就了一个庞大的消费市场。这个庞大的消费市场的存在保证了世界商品价值能够实现，保证了金砖国家生产机器能够加速运转，保证了金砖国家的经济剩余能够实现。说到底，欧美发达经济体金融加杠杆的金融政策所造就的庞大市场是金砖国家之所以取得骄人发展成绩的一个极其重要的原因。

总之，金砖国家发展的金色十年，既有金砖国家优势资源参与世界经济大循环的原因，也有信息技术应用加快了技术扩散的原因，还有发达国家金融加杠杆政策所造就的巨大消费市场的原因，是多方面因素共同作用的结果。

其次，基于以上金砖国家发展基础支撑的分析，未来金砖国家的经济发展大致表现为如下三个特征：

一是金砖国家在世界经济中的地位将继续保持上升态势。金色十年中，世界经济发展主要有三大趋势：科技进步整体处于平台期，信息技术应用快速发展；经济全球化和一体化，尤其是世界市场的全球扩展；全球金融自由化。金砖国家主要是顺应了这三大趋势而迅速崛起的。在这种大环境下，金砖国家依靠自然资源丰富、年轻劳动人口比重大、国内政经稳定、消费人口庞大等优势，采用积极引进外资的政策，经过多年发展，经济实力和抗风险能力明显增强。经历了国际金融危机的洗礼之后，金砖国家已经成为世界经济中一支举足轻重的力量。根据世界银行统计数据，2016 年金砖国家人口总数约为 31.1 亿人，占全球总人口的比重为 42%，为金砖国家提供了较充足的劳动力保障。中国、俄罗斯、巴西、印度四个国家就业人口占比都比较高，中国、印度劳动力人口为经济增长提供了巨大的红利。① 可见，金砖国家人口红利优势仍能延续。当前，世界经济“大三角”运作模式正在向“三足鼎立”的模式转化。已经获得第一桶金的金砖国家不仅拥有原来就有的具有国际竞争力的生产要素，而且开拓出了资本要素、科技创新要素参与国际竞争的新领域。如图0－1所示，金砖国家外汇储备规模即使在国际金融危机期间以及后国际金融危机时期，始终保持较大规模储备节余。截至2017年8月，俄罗斯官方储备资产由2007年9月的55.31亿美元增至2017年8月的4239.78亿美元，巴西由2007年9月的8.14亿美元增至2017年8月的3818.43亿美元，南非由2007年9月的1.75亿美元增至2017年8月的469.21亿美元，印度的官方储备由2007年9月的16.82亿美元增至2017年8月的3945.50亿美元。而中国的外汇储备一直维持3万亿美元的规模，近期又出现大幅增加的趋势。可见，在新的历史时期，金砖国家已具备了参与多领域国际竞争的优势资源，为其在世界经济中的地位继续保持上升奠定了基础。所以，在其他资源禀赋没有发生大的变化的条件下，已经站稳脚跟的金砖国家成为世界经济增长的重要引擎，将继续保持持续上升的态势。

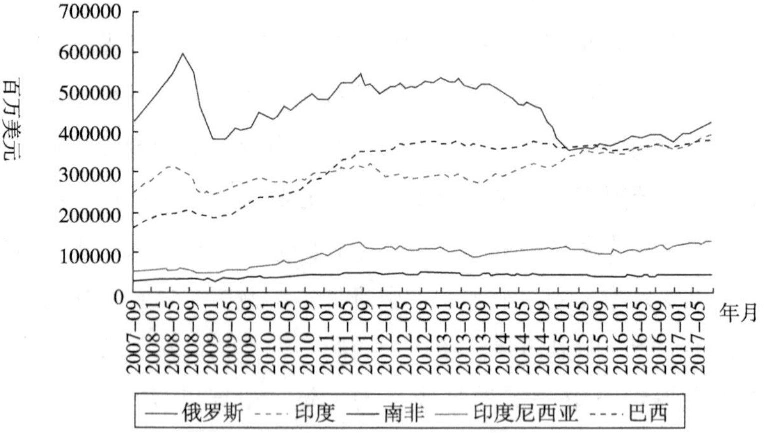

图0－1　主要新兴国家外汇储备发展趋势

数据来源：Wind资讯。

① 刘勇，沈继奔，王伟，邵峥．金砖国家可持续发展的机遇、挑战及建议[OL]．人民网，2017－10－12. http://theory.people.com.cn/n1/2017/1012/c40531－29583876.html.

二是后金融危机时代金砖国家将继续扮演拉动世界经济增长的角色。如图0－2所示，国际金融危机之后，2014年3月之前，金砖国家GDP始终保持一定增速，为带动世界经济企稳回升做出重要贡献。2014年3月之后，巴西、南非和俄罗斯的经济增长速度先后跌入负增长区，但中国和印度经济仍保持较高的增长速度。当前，巴西、南非和俄罗斯的经济增长速度都已经重新进入正增长区。可见，金砖国家经济增长的态势依然是向上的。全球经济复苏仍然缺乏“内生性”，考虑到金砖国家由工业化、城镇化带来的巨大基础设施建设市场，由于庞大的人口带来的巨大消费市场，以及消费力量也正从美国等少数几个发达经济体向金砖国家转移，未来全球经济资源更多地流向金砖国家的可能性较大，经济重心继续向东亚转移的态势明显。所以，后金融危机时代，金砖国家经济将继续较快增长，继续保持危机前的相对优势，继续扮演拉动世界经济增长的角色。2017年2季度，印度尼西亚GDP同比增长5.01%，与上季度持平；墨西哥同比增长1.77%，较上季度放缓1.01个百分点；印度同比增长5.72%，较上季度放缓0.4个百分点；巴西同比增长0.27%，为近13个季度以来首次转正；俄罗斯同比增长2.49%，较上季度加快2个百分点。中国经济更是取得6.9%的增速。可见，金砖国家经济增速在快速恢复，在后国际金融危机时代继续扮演拉动世界经济增长的角色。

三是金砖国家出口导向型经济发展模式将加速向创新引导型调整。国际金融危机的爆发，宣告了以发达经济体通过金融加杠杆消费、以中国为中心的东亚依靠廉价劳动力生产、广大发展中经济体提供能源资源的世界经济运作模式的终结。当前，世界经济正向以欧盟、北美和东亚三足鼎立的模式转化。在未来相当长的一段时期，发达经济体过度消费模式的逐步终结将打破原有国际经济循环，发达经济体市场持续萎缩将成为必然趋势，大多数新兴经济体出口导向型经济发展模式将难以为继，这进一步增加了新兴经济体发展模式转变的紧迫性。作为新兴经济体的“领头羊”，金砖国家更是面临发展模式调整的课题。每一次国际经济结构的大调整，都会引起一些国家和地区在世界政治经济格局中相对地位的巨大变动。因

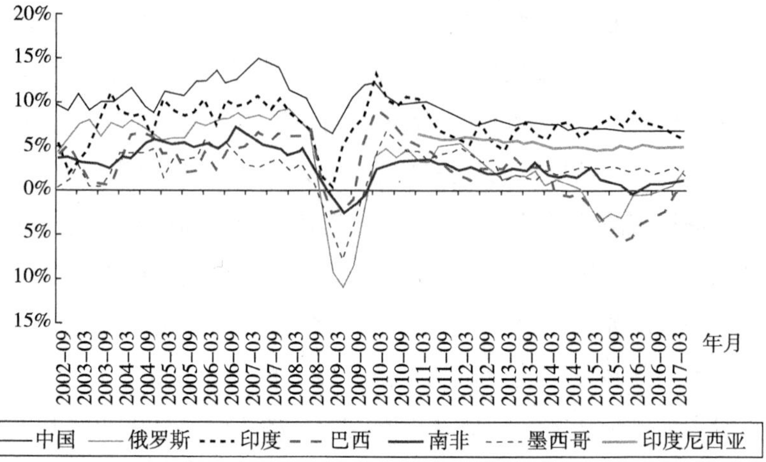

图 0－2　主要新兴经济体 GDP 增速发展趋势

数据来源：Wind 资讯。

此，金砖国家如不及时转变发展模式，就有可能在新一轮竞争中落伍。金砖国家只有及早调整粗放的出口导向型发展模式，才能应对资源短缺和生产过剩的问题；只有主动推进产业结构升级，主动纠正产业结构的单一性、片面性和低水平重复问题，才能为本经济体市场空间的扩大打开出路，才能从根本上摆脱后续危机的堆积。所以，随着世界经济运作模式的转变，金砖国家的经济发展模式将加速转型，以创新为先导的经济发展模式将成为金砖国家的首选。未来很长一段时期内，出口导向型经济发展模式向创新引导型经济发展模式转变将成为金砖国家经济发展的主基调。

总体来看，面向未来，金砖国家经济发展模式转变将成为金砖国家发展的主基调，仍将保持较快发展速度，扮演世界经济发动机的角色，与发达国家经济总量的差距会继续缩小。

四、金砖国家金融风险问题研究的意义

任何经济体的发展都有其软肋，金砖国家也是如此。总体来讲，金砖国家的先天不足不是表现在实体经济上，而是主要表现在金融系统发育滞后上，特别是金融风险防范上。这也正好体现出研究金砖国家金融风险问

题的重要意义。

（一）金融风险是金砖国家发展的最大软肋

首先，部分金砖国家金融系统的后发性导致国内局部风险高发。一是部分金砖国家不是原生的市场经济体，金融发展是由政府主导而非市场主导的，缺少基本的金融生态基础。比如，俄罗斯是转型经济体，其金融系统也都是从计划经济体制下的一元体制转化过来的。但是，这种转变形式还是重于实质。虽然其监管部门和市场主体都在按照市场的逻辑运作，但是这些部门和市场主体更习惯于计划经济体制下的行为方式，政府不是服务型政府，而是发号施令的衙门；市场主体的信用多是迫于外在压力，而非基于市场的自觉，基于信用的约束力较弱。二是体制机制建设落后，市场基础设施不健全，金融系统发育滞后。虽然金砖国家都在大力推进金融市场建设，但有的金砖国家因市场转型不到位，连条靠谱的市场基准利率曲线都找不到。这种市场基础设施的缺位，为金砖国家金融系统埋下了许多金融风险的种子。三是法律执行力不足。作为后发经济体，金砖国家有法不依现象较多。这严重妨害了金融系统运作的安全和效率，导致金融市场运作失灵。根据中国国家开发银行研究院的研究，金砖国家融资成本、不良贷款率相对较高。受资本供求、通胀水平及各国政策等影响，金砖国家利率水平普遍高于发达国家，融资成本较高。2016 年，巴西年贷款利率为 52.1%，俄罗斯为 12.6%，南非为 10.5%，印度为 9.7%，中国为 4.4%，均远高于同期美国的 3.5%。从不良贷款率情况来看，2016 年 12 月，巴西不良贷款率为 3.7%，俄罗斯为 9.4%，印度为 7.5%，中国为 1.7%，南非为 3.4%，同期美国为 2.1%。① 这些因素交织在一起，容易导致金砖国家金融风险频发，直接危及国家金融安全。

其次，金砖国家金融系统的脆弱性较大。当前，国际金融体系是浮动汇率制的牙买加国际金融系统。在这种体系下，美元是第一世界货币，美

① 刘勇，沈继奔，王伟，邵峥．金砖国家可持续发展的机遇、挑战及建议[OL]．人民网，2017－10－12. http://theory.people.com.cn/n1/2017/1012/c40531－29583876.html.

元回流机制决定了外围经济体跨境资本流动规模和方向，汇率变动幅度很大，跨境资金流动导致的金融风险时刻成为威胁各国经济安全的主要因素。金砖国家的货币虽属于外围经济体货币，但也受美元回流机制的制约。从2006—2016年金砖各国兑美元汇率来看，除人民币对美元升值约16.7%外，受地缘政治、大宗商品价格低迷、美元走强、资本流出以及国内经济下行等影响，其他金砖国家兑美元汇率均大幅贬值，其中，俄罗斯卢布对美元贬值约147%，南非兰特贬值117%，巴西雷亚尔贬值约60%，印度卢比贬值48%。① 这说明，金砖国家货币汇率波动较大，对美元利率变化反应敏感，对美元依赖性强，金融系统的脆弱性大。回顾二战之后的金融危机史，我们不难发现，除本次国际金融危机之外，金融危机多发生在外围经济体。如何规避金融危机对经济发展的威胁，仍是摆在金砖国家面前的重要问题。金砖国家经济发展时刻都有被各种金融危机打断的危险。

（二）金砖国家金融风险防范问题研究的重要意义

作为推进世界经济发展的生力军，金砖国家经济发展对世界经济复苏和发展具有极为重要的意义。而金融风险是影响金砖国家发展的最大变量。所以，研究金砖国家的金融风险防范问题具有极其重要的意义。

第一，研究金砖国家金融风险防范问题对推进金砖国家经济持续健康发展具有重要意义。在现代经济体制下，金融已由可有可无的交换中介演变为各国经济的轴心，成为影响各国经济发展的最有力杠杆，是影响国家未来发展的最重要因素。研究金砖国家金融风险防范问题有利于为金砖国家的健康成长提供智力支持，能够及时发现金砖各国存在的金融风险，及时消除可能发生的金融风险，为金砖国家持续健康发展保驾护航。另外，金融风险防范属于公共经济管理问题，事关各国民众的福祉。研究金砖国家金融风险防范问题有利于消除金砖国家风险隐患，保证相关国家民众的

① 刘勇，沈继奔，王伟，邵峥．金砖国家可持续发展的机遇、挑战及建议[OL]．人民网，2017－10－12. http://theory.people.com.cn/n1/2017/1012/c40531－29583876.html..

福利保障，提升民生保障水平。

第二，研究金砖国家金融风险防范问题有利于推进我国经济持续健康发展，意义重大。对这一问题的研究，有利于及时发现我国经济发展中的风险隐患，并及时加以排除，保障我国经济又好又快发展；有利于借鉴其他金砖国家金融风险防范的经验和教训，促进我国金融系统健康稳定地发展，推进我国和平崛起，实现中华民族复兴的伟大“中国梦”。

第三，研究金砖国家的金融风险防范问题对世界经济复苏和持续健康发展具有重要意义。当前，世界经济正处在运作模式的转型期，也是世界政治的敏感期。作为已取得立足之地的“经济上的发展中国家”①，金砖国家经济能否持续健康发展事关世界经济发展的引擎是否正常输出动力，事关世界经济复苏是否能够持续。如果金砖国家因金融风险处置不当而导致金融危机爆发，势必会引发全球性金融危机，甚至加剧业已十分严重的全球安全危机，比如全球恐怖主义、欧洲或美国内部族群撕裂等。

第四，研究金砖国家的金融风险防范问题对于理论创新具有重要意义。金融风险防范问题是公共管理的重大课题，除金融企业和个人，政府也深深地卷入金融风险防范之中。金融风险防范的效果如何，直接影响整个社会的发展前景，以金融风险防范为代表的公共经济管理水平代表了一个国家的公共管理能力和水平。从公共管理学和系统论的角度研究金砖国家的金融风险防范问题，有利于另辟蹊径，推进公共经济管理学工具在金融问题研究中的应用，丰富发展金融学研究方法、金融问题研究工具箱，进而推进理论创新。

小 结

金融风险防范的主体不仅包括政府机构，还包括个人、金融企业和行业协会等非政府组织。而且，金融风险不仅会给特定的个人和企业带来损

---

① 宋玉华，江振林，等．新兴大国——历史性崛起的博弈与前景［M］．北京：人民出版社，2004：21.

失，还会给整个社会带来深刻的影响，可以说涉及千家万户。所以，金融风险防范问题是一个多主体参与的公共管理问题。透过金融风险防范实践的对应面——金融理论的发展史，我们可以看到，整个金融发展史就是人们如何利用金融工具尽可能多地获得利益的历史，也就是尽可能地规避金融风险、防范金融风险的历史，是金融风险防范的认知历史。这份历史既显示了从微观到宏观的认识途径的优点，也暴露了“头痛医头、脚痛医脚”，无法通过系统规划防范金融风险的缺陷。随着金融全球化的发展，金融风险的深刻变化要求公共管理和系统论认识工具介入金融风险防范研究，以期全面认识金融风险的来源及各风险防范主体，整合多主体的力量，系统治理金融风险。

二战之后，在第三世界国家独立浪潮的基础上，新兴经济体经过原始资本积累、自主发展两个阶段，金砖国家从中脱颖而出；在此基础上，金砖国家进一步由商业投资概念变为国际组织，成为广大发展中国家的“领头羊”。面向未来，金砖国家经济发展模式转型将成为金砖国家发展的主基调，其仍将保持较快发展速度，扮演世界经济发动机的角色，与发达国家经济总量的差距会继续缩小。

金砖国家金融风险防范问题研究具有重要意义。有利于为规避金砖国家发展软肋——金融风险提供智力支持，对推进金砖国家经济持续健康发展、推动我国经济持续健康发展、促进世界经济复苏和持续健康发展具有重要意义。同时，将公共管理理论应用于金融风险问题研究领域，极大地推动了学术界、理论界研究方法的创新。

理论篇

金融风险及其防范

在牙买加国际金融系统下金融日益市场化、复杂化的今天，各国的金融调控系统和市场日益整合成为彼此相互联系、相互依赖又相对独立的统一整体，即国家金融系统；与此同时，各国金融系统又通过外汇市场构成一个遍布全球的有机统一整体，即国际金融系统。这样，前者成为后者的子系统，后者为前者的生存发展提供了环境，彼此之间通过日益增多的跨境资金流动连接起来。作为各国金融系统的环境，牙买加国际金融系统通过国际游资的流动对各国经济产生深远影响，是各国金融决策时不可忽略的因素。因此，各国要在相互联系、相互制约的现代经济体制下做出正确的金融决策，谋求国家金融发展的竞争优势，仅了解本国金融的实际操作状况是远远不够的，还必须洞悉本国金融系统和国际金融系统发展变化的内在规律。这就需要借助系统论对两大金融系统进行理论概括，认清其运作机制。

第一章　国家金融系统与国际金融系统

在高度发达的现代经济体制下，各国经济已发育成独立的系统，并在全球范围内形成统一的世界经济系统。作为实体经济的影子，金融这种虚拟经济成为现代经济不可忽视的重要组成部分，并因日渐增强的独立性而受到社会各界的高度关注。在全球经济一体化大潮的推动下，各国金融系统相互连接而形成统一的国际金融系统。作为世界实体经济的影子，国际金融系统反映世界实体经济的发展而又强烈地反作用于世界实体经济。

人们常说，金融是经济金字塔的塔尖。而且，由于金融学研究术语的抽象性和深奥性而带来的人为隔阂，经济学也一直把它奉为学科研究金字塔的塔尖。受历史条件和金融系统真实面目展露程度的限制，人们对国家金融系统的认识就像盲人摸象得出的结论一样，可谓五花八门，莫衷一是。比如，有关金融体系功能的争论就没有停止过。银行主导论（bank－based view）、市场主导论（market－based view）在早期有关金融系统优劣的争论中居于核心地位。而今天，随着金融系统与经济增长之间关系的不断深入，争论的焦点已转移到金融服务和法律制度建设上来，从而形成了金融服务论（financial services view）、法律和金融论（law and finance view）两个互相对立的阵营。作为人们认识金融系统的阶段性成果，无论其真理性成分有多少，都无可厚非，其求索精神值得赞赏。但是，对于国家金融系统的认识是我国治理国家金融系统的行动指南，直接决定了我国金融监管和风险防范的成败，对国家发展和国民福利的影响是深远的。所以，全面弄清国家金融系统的本质至关重要。

一、国家金融系统的要素组成

现代金融系统是高度复杂的巨系统。要认清国家金融系统的本质，我们不妨尝试应用集现代科学之大成的现代横断科学之一，即系统论的研究成果。利用系统论方法研究事物，一般要经过三个步骤。一是要认清研究对象的组成要素；二是要厘清各要素之间的关系；三是把握事物整体的运动规律。总而言之，就是要把握好系统要素及彼此之间的关系，把握好环境要素及彼此之间的关系，把握好系统与环境之间的关系，抽象出所研究客体运动、变化的规律。

（一）现代国家金融系统的组成要素

从现代系统论的角度看，各国金融业是一个极其复杂的系统。系统是"'相互作用的'部分构成的实体，是'有组织的复合体'，各个组成部分之间存在'非线性的相互作用'。"[①] 也就是说，"系统是相互联系、相互作用的诸元素的综合体"，是"由相互制约的各个部分组成的具有一定功

① ［奥］L. 贝特兰菲．一般系统论［M］．北京：社会科学文献出版社，1987：16.

能的整体”①。总而言之，系统是由相互联系、相互作用、相互影响的诸要素构成的，具有一定功能的综合体。现代金融业就是一个系统，具有系统所有的特征。随着人类经济活动日益复杂，国家金融系统各个组成部分作为金融主体先后出现，并逐渐形成金融市场。这些金融主体进一步整合，与其赖以生存的环境一起构成一个相互依赖的整体，即国家金融系统（见图1-1）。

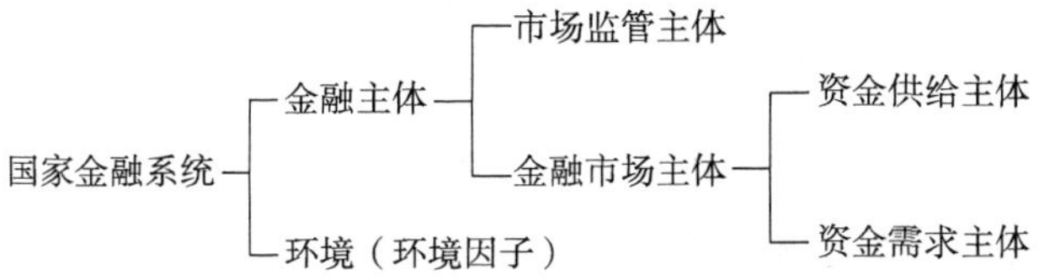

图1-1　国家金融系统组成结构

就现代系统论观点而言，系统由主体子系统及环境子系统两部分组成。因此，国家金融系统由金融主体子系统及其赖以生存的环境子系统两部分组成。金融主体子系统有一个产生发展的过程，其结构和功能都在不断复杂化、高级化。从不同的历史横断面上来看，我们会发现存在不同结构的金融主体子系统组成。从目前存在的国家金融系统来看，金融主体子系统主要包括由银行、证券公司、保险公司等构成的资金供给主体，由企业、政府和个人等构成的资金需求主体，以及由中央银行（主要在亚洲国家）或其他金融监管机构（如英国的金融监管局）构成的金融监管主体三大类，前两者又称金融市场主体。严格意义上讲，监管主体并不是资金链条的组成部分，不能算是金融主体。但由于其与资金流动息息相关，主导着金融系统的发展方向，所以本研究就把它列为三大金融主体之一。这同政府与市场的关系理论也是吻合的。

（二）国家金融系统主体

在金融主体子系统内，各种资金供给主体、资金需求主体前后连接构

---

① 苗东升．系统科学精要[M]．北京：中国人民大学出版社，1998：26.

成价值链条，为国内资金流动和保值增值提供通道，故称为价值链。比如，银行贷款给企业作为生产资金，使企业的生产开展起来；通过企业的生产，产品转化为商品，从而实现产品价值的增值，同时，企业通过还贷活动，使资金以增值的形式回归银行，构成一个从银行到企业，再由企业到银行的价值链。当然，这是最简单的价值流动，如果加上银行吸纳存款、企业的生产采购等过程，我们将会看到一个更加复杂的价值流动网络。也就是说，各种金融主体连接而成的价值链相互交织，彼此连接就构成价值网。金融主体系统内存在许多价值链和价值网，其把国家金融市场的各个主体联系起来，彼此相互联系、相互影响。监管主体实际上就是立足全局调控资金供需主体两者的关系，监控整个价值网，使由资金供给主体和资金需求主体组成的价值链和价值网能够对外界环境的变化做出适应性调整，而不致断裂，进而保证金融安全、提高效率，促进整个金融系统健康发展。国家金融系统的各个主体依托资金流联合成一个整体，并通过资金在不同资金链条中的不平衡分布而相互作用、相互影响，最终形成一个动态的资金流动网络。

（三）国家金融系统的环境因子

国家金融系统的环境是指金融主体系统赖以存在的外部环境，包括自然环境、金融环境和政治环境等环境因子。通过一定的资金流通渠道，环境对国家金融系统的发展产生相应的影响。同时，国家金融系统也对环境产生反作用。比如，国家内部的平原和丘陵山地是该国的自然环境。这些自然环境的不同会影响资金供给主体和需求主体的分布，平原地区经济发达，资金供给主体和需求主体相对较多，从而导致平原地区资金供给相对充裕。再比如，国内政治形势也会对金融主体产生影响，资金会从政治动荡地区向政治稳定地区流动。另外，国际金融市场也会通过一国金融系统的内环境对国内金融主体产生不同影响。比如，国际热钱通过一国经常项目或资本项目进入该国金融系统，增加该国的流动性；反过来，这些资金也可以通过同样的渠道迅速撤离该国。如果短期内撤离规模较大，超过了该国金融系统的承受力，就会导致该国金融系统资金链断裂，引发金融危机。同样，该国的资金也可以进入国际金融市场追逐利益，引发国际金融市场流动性的变化，甚至改变国际金融市场的结构和性质。这就是国家金融系统对环境产生的反作用。正因为跨境资金流动对国家金融系统的影响如此之大，各国特别是新兴市场国家在后牙买加国际金融系统的金融自由化潮流中更加关注跨境资金流动带来的风险，都不同程度地利用现代信息技术加强资金流动监测和预警，防范跨境资金流动可能导致的金融风险。

总之，从现代系统论的观点来看，国家金融系统以各外汇指定银行为代表的载体构成的外汇交易系统为金融边界，各金融主体通过资金网络相互作用、相互影响，从而构成一个统一的有机整体。这个虚拟经济系统根据实体经济系统的需要在空间和时间上展开自己的生命存在。通过金融边界，各个国家金融系统向环境排出自己的熵，吸取并维护自己赖以生存的有序性。

二、国家金融系统的结构

通过价值链和价值网，金融市场主体相互依赖、相互联系、相互影响，构成金融系统的结构。依据现代系统论的研究成果，金融系统的结构分为两种：功能结构和空间结构。前者反映金融主体系统整体与环境之间的作用与反作用关系，反映的是金融系统的生存能力，后者反映的是金融主体系统各组成部分为完成自己的功能在空间上的分布格局。

（一）国家金融系统的功能结构

金融主体子系统的各个组成部分相互作用、相互影响，形成能够实现一定功能的结构，即价值链和价值网。资金供给主体和资金需求主体通过价值流动建立的相互联系、相互作用、相互影响的价值链和价值网就构成金融系统的功能结构。

金融系统的功能结构具有一定的融通资金、供给资金的功能。通过这种功能结构，金融系统主要完成社会闲散资金的收集功能和打包资金社会投放功能。资金需求主体从资金供给主体获得资金，并通过生产经营实现资金的增值。金融市场监管主体在这个过程中主要完成监督金融主体、制定国家金融政策、基础货币发行和金融市场秩序维护的功能。理论上讲，在国家信用货币条件下，中央银行根据国家经济发展情况发行基础货币，保持虚拟经济与实体经济相适应，通过市场操作维护本国币值稳定。中央银行发行的所有货币都要通过各种渠道汇集到金融供给主体。金融供给主体则把这些资金根据市场需要进行打包贷款给个人、政府或企业等资金需求主体。资金需求主体依靠资金通过市场实现生产资源的社会化配置，使资金流向为其提供原材料的下一级资金需求主体，并在各个生产环节实现增值。资金需求主体在生产过程中的闲置资金则通过存款的形式流向金融主体，重新进入下一轮循环。在新的资金循环时段，中央银行根据国民经济发展的新情况，根据货币乘数决定新的货币投放量或回收量，维持国民经济价值增量与货币增量的平衡。在实际经济发展过程中，由于多个金融主体并存，多个资金需求主体并立，资金由金融主体流出后，进入一个资金需求主体，经过一个生产周期之后，由资金需求主体流出的资金可能不会流向同一个金融主体，而是流向另一个金融主体或多个金融主体，甚至流向另一国家资金需求主体，形成一个资金由 A→B→C→D→……的价值流动链条。由于这样的资金链条很多，并且彼此交叉，因此价值流动链条最终会形成价值网。

在整个国家内，资金供给主体和资金需求主体之间、资金供给主体之间以及资金需求主体之间正是通过复杂的借贷关系形成更为错综复杂的价值网，最终完成资金的社会配置功能。

（二）国家金融系统功能

所谓功能就是系统对环境的作用和影响。金融系统的价值链或价值网构成的功能结构，是国家经济系统价值流动的渠道，起到价值流动、分配社会资金的功能，是社会再生产资源有效配置的物质基础，也就是说，金融系统具有价值流动的功能。无论是自然演化出来的价值链或价值网，还是人为建立的，都起到为价值流动提供通道的作用，即功能。这个功能可以具体分为支付、财富储藏、交易等部分，最终落脚点为促进经济增长。①

（三）国家金融系统的空间结构

国家金融系统不仅在自身内部结构上表现为复杂化、高级化的倾向，而且随着实体经济的发展，其在空间上也表现为不断地扩展。随着国民经济的发展和产业布局的调整，即实体经济的布局，国家金融系统的空间结构不断发生变化。一方面，实体经济的发展会拉动虚拟经济进行调整以适应自己发展的需要；另一方面，国家会主动对国家金融系统的各个组成部分在国土范围内的空间分布进行战略配置，包括资金供给主体和金融监管主体的空间配置。这样，就会形成国家金融系统各个组成部分在国土范围内分布的格局，即金融系统的空间结构。这种空间结构反映的是与实体经济对应的虚拟经济相应的空间分布，是对国民经济发展战略的综合反映。在经济发达地区，资金需求主体较多，金融网点的分布就相对较密，而经济相对落后、人口流动性较小的地区，资金需求主体较少，金融网点的分布就会相对较稀疏。比如，我国东部沿海地区经济发达，银行网点就相对较多；而西部边远地区经济相对落后，银行网点就相对较少。金融系统的空间结构对国家经济发展的资源配置、资源的地区间优化、实现优势互补具有重大影响，对局部区域的发展影响深远，是国家经济发展规划中一个极其重要的问题。

国家金融系统沿着空间和时间两大坐标轴进行自我展开，并在金融主体相互作用和影响的基础上形成自己的稳定结构，在一国范围内自成系统，以应对外在环境变幻不定带来的压力。

（四）国家金融系统的监管机构

在国家金融系统的演化过程中，为应对金融风险带来的冲击，国家金

① 埃德温·H. 尼夫. 金融体系：原理和组织[M]. 曲绍光，等，译. 北京：中国人民大学出版社，2005：9－15.

融系统逐步演化出金融市场的监管机构，扮演国家金融市场发展“指挥棒”的角色，维护国家金融市场的安全和效率。

这些监管和调节机构有的是私人机构，有的是政府机关。例如，全球最大的央行美联储就是股份制的私人银行；而绝大多数国家的中央银行则是政府机关，如中国的人民银行、英联邦国家的储备银行等。

国家金融系统的监管机构负责国家金融市场的监管，推动国家金融市场的发展。在银行主导的金融系统中，监管机构通过发展规划等计划手段推进国家金融市场的发展。而在市场主导的金融系统中，国家金融系统的监管机构主要通过市场手段引导市场发展，维护国家金融市场的稳定，规避金融危机，保证金融资源配置的效率和安全。

总之，国家金融系统总体由资金供给主体、需求主体组成的金融市场和金融监管机构两部分组成，前者形成金融系统的结构，后者指引市场发展方向，二者共同完成国家资金和生产资源配置的功能。

三、国家金融系统的环境

除金融主体系统之外，环境也是国家金融系统组成结构的重要组成部分。所谓国家金融系统的环境是指金融主体赖以存在的外部环境，包括自然环境、政治环境、金融环境、实体经济环境等内部环境和国际政治、金融、实体经济等外部环境等诸多环境因子。也就是说，国家金融系统中除金融主体之外的其他部分都可称为国家金融系统的环境。

（一）几种主要的环境因子

国家自然环境是指一国内部的自然地理等环境。国家自然环境是一国发展的基础，决定了该国的人口分布和实体经济布局，进一步决定了金融主体的空间分布，最终会影响国家金融系统的空间结构和功能结构。例如，我国黑龙江黑河和云南腾冲的连线就是我国经济地理的分界线，这条线以东是我国经济发达区域和人口稠密区，以西则相反。可见，国家自然环境对一国金融系统的影响之大。

国家的金融环境是指国家金融形势的优劣程度。国家金融环境优越，资金充裕，金融主体安全感强，就会促进金融业发展，经济繁荣，人民生活幸福。否则，金融主体安全感不强，借贷意愿低，生产积极性差，就会导致实体经济不振，金融业凋敝。

国际政治环境是指由国际政治力量的分化而导致的国际政治格局。由于国际政治是上层建筑，不仅影响国家间资金的流动和国际资金的全球分布，而且影响国家间的资源配置，进一步影响国家金融系统的发展。二战结束之后，东西方的政治分野，导致东西方的金融系统各自独立发展。美国通过“马歇尔计划”给西欧国家注入发展资金，而东方国家则被迫通过计划手段在小范围内配置生产资源，形成了一级国家金融系统。由于这种金融系统无法适应经济系统复杂化的需要，最终导致东方国家在后来的国际竞争中处于劣势地位。

国际金融环境是指国际金融系统各主体博弈形成的国际金融市场的历史与现状。各国金融系统都是独立发展的，在物物交换的发展阶段，不同社会组织之间的交换对象是各种商品，国家间流动的还是物质流。但货币发展到贵金属阶段之后，随着资本主义在全球的扩展，国家间开始了货币流动，国际系统的价值流逐渐形成。在国家金融系统发育的基础上，国际金融系统形成。作为国际金融系统的一部分，国家金融系统在国际金融系统中生存和发展，其命运与国际金融系统的发展联系在一起。国际金融系统的变化会直接或间接地影响国家金融系统的发展。一个国家金融系统的变化会通过价值流动影响其他国家金融系统的发展。比如，在东南亚金融危机中，泰国金融危机由于日本国际套利资金的抽逃而通过国际价值流动渠道传递给其他东南亚国家，甚至远涉重洋引发了俄罗斯的汇率危机。

国际实体经济环境和国家实体经济环境也是影响国家金融系统发展的重要环境因素。在古典金融理论时期，各国金融学家对本国实体经济有利于推动国家金融系统的发展给予了高度重视，对本国实体经济对国家金融系统的决定性影响没有任何疑义。但是，当金融理论进入现代金融理论阶段之后，人们似乎不再认可实体经济对金融系统的决定性作用。但是，实体经济从来没有脱离对国家金融系统的决定地位，新兴市场国家如果没有实体经济的飞速发展是不可能崛起的。此外，国际实体经济的状况也会通过国际物流对各国生产资源的配置产生影响，从而进一步影响国家金融系统的发展。

当然，影响国家金融系统发展的环境因素还有很多，比如技术环境、自然环境、社会环境等，它们都会通过不同的渠道直接或间接地影响国家金融系统的发展。

（二）环境因子的存在形式

国家金融系统的环境部分也是以系统形式存在的，并由很多环境因子构成。这些环境因子相互作用、相互影响，形成环境系统。这些环境因子都能够对金融主体产生影响，只是影响力有大有小，有的是金融主体发展的限制因素，有的则无足轻重。同时，这些环境因子又能够共同对金融主体的发展产生影响，产生综合作用。环境因子与国家金融主体的相互作用是通过金融主体进行的。金融主体（监管主体除外）都是市场主体，有自己的利益追求，同时也与国际上的经济主体和政治主体存在千丝万缕的联系和利益纠葛，特别是在国际化和一体化的国际大背景下，情况更是如此。国际上的变化必然会给国内的金融主体带来这样那样的影响，为了追逐自己的利益，国内金融主体也会采取相应的措施，从而把环境因子的影响传导到国家金融系统中。而监管主体则由于国际环境的变化会影响国家金融系统，必然对环境变化以及由此引发的国内金融主体与国际金融主体的联动进行监管，从而卷入环境的影响之中。比如，跨国银行或跨国公司，它既可以把国内的资金调往国外，也可以把国外的资金调往国内，建立了环境与国家金融主体相互作用、相互影响的渠道。在这个过程中，国家金融监管部门根据国家金融系统整体面临的不同风险介入这个跨境资金流动过程，通过监测跨境资金流动的流量和流向，选择调控对策，采取相应的防范金融风险的应对措施。

（三）环境因子的发展趋势

在现代社会条件下，经济全球化和一体化的发展趋势使国家放松了经济管制，开放了经常项目，还要开放资本项目，国家经济边疆的界限越来越模糊，国家金融系统的边界也面临不断模糊的考验，不同国家的金融系统通过国际贸易、国际投资等端口彼此接入对方的金融系统，出现了金融跨国融合的趋势。这些新变化加强了国内外金融主体和资金需求主体的联系，拓宽了金融主体和资金需求主体与环境相互作用的渠道，使环境与金融主体之间的联动更加明显。比如，与其他环境因子相比，国际金融市场的流动性对国家金融主体系统的影响更大。由于金融自由化改革的不断深入，各国对跨境资金流动的管制越来越松。所以，国际游资既可以迅速地进入一个经济体，也可以迅速地撤离。这种流动性的迅速变化给投机带来了很大便利。所以，金融危机爆发的频率迅速提高，成为各国关注的焦点。与此同时，金融国际化已是摆在各国面前的重要课题。所有这一切表明，环境对国家金融主体和资金需求主体的影响力越来越大，越来越成为研究国家金融系统时不可忽略的部分。

总之，国家金融系统由金融主体和环境两大部分组成。前者通过金融主体之间的相互作用和影响形成自己的功能结构和空间结构，凝聚自己影响环境和改造环境的实力，其规模大小和结构合理性决定了国家金融系统对环境冲击的承受力。后者是前者赖以生存的基础，并通过金融主体这个渠道对国家金融系统产生影响，环境变化的程度决定了其影响国家金融系统的能力大小。随着金融自由化的不断深入，环境系统和金融主体系统之间的互动会更加频繁，并由此引发新的问题，比如，跨境资金流动就是这种发展的产物。当然，这也从另一个角度表明，环境和金融主体系统之间互动的存在。

四、国际金融系统

金融系统在国家范围内发育起来之后，随着国家间经济联系的加强（主要是国际贸易、国际投融资等），国家金融系统之间的作用也就开始了。这也意味着国际金融系统的降生。同国家金融系统一样，国际金融系统是国家金融系统在世界范围内进一步整合的结果，是以国家金融系统为基本组成单位的金融系统，同样也具有自己的内部结构和相应的功能。而国际金融系统的组成要素则是各国金融系统赖以存在和发展的重要环境要素。

（一）国际金融系统的演化过程

当代国际金融系统是在各国金融系统演化及国际博弈的基础上逐步演化而来的全球性金融系统，各国金融系统是其子系统。时至今日，国际金融体系共经历了三个发展阶段，每个阶段均有具有一定特点的、占主导地位的国际金融体系。

第一阶段是国际金本位制时期。金本位制发端于 18 世纪初的英国。在金银复本位的基础上，1717 年英国首次将 1 盎司黄金的价值固定为 3 英镑 17 先令 6 便士，第一次确定了英镑与黄金之间的联系。由于定价偏低，英国白银大量流向欧洲大陆，致使英国流通领域的白银越来越少，最终退出流通。这样一来，黄金占据流通货币的主导地位，金本位事实上在英国确立。英国成为世界上第一个实行金本位的国家。1816 年，英国议会通过《金本位法案》，将事实上运行了 100 年的金本位从法律上确定下来。金本位的自由铸造、自由兑换和黄金自由进出口使英国物价和汇率相对稳定，便利了国际贸易和经济发展，推动英国于 19 世纪中期登上世界霸主宝座。这起到了很好的示范作用，在 1914 年第一次世界大战爆发以前，主要资本主义国家都实行了金本位制，而且是典型的金本位制——金币本位制，形成了遍布资本主义世界的国际金本位制。第一次世界大战爆发后，各国为筹集军费纷纷发行不兑现的纸币，禁止黄金自由输出，金本位制随之告终。

第二阶段是布雷顿森林体系时期。布雷顿森林体系是在二战后综合国力格局的基础上人为设计出的国际金融体制。两次世界大战期间，由于黄金存量在各国的分配不平衡，金币流通的基础已经遭到削弱，典型的金本位制已无恢复可能。除美国外，绝大多数国家都只能实行没有金币流通的金本位制。1945 年，美国召集布雷顿森林会议，立足黄金在各国分布极度不平衡的现实，建立了以美元为中心的国际金融体系——布雷顿森林国际金融系统。在该国际金融体制下，实行“美元与黄金挂钩，其他国家货币与美元挂钩”的“双挂钩制”，以解决各国货币间的汇率问题，美元通过与黄金挂钩成为主要国际储备资产；同时，成立了国际货币基金组织和世界银行，维护国际货币体系的稳健运行，促进世界经济增长。布雷顿森林国际金融系统本质上是金汇兑本位制。由于世界经济发展不平衡规律的作用，该体制存在先天的“特里芬难题”缺陷，美国黄金因其他国家不断兑换而日益减少，最终导致美元货币危机频发。1973 年，美国被迫放弃美元与黄金挂钩的原则，不再承兑黄金，宣告布雷顿森林国际金融系统瓦解。

第三阶段是牙买加货币体系时期。牙买加国际金融系统是布雷顿森林体系崩溃后，对市场化运行的浮动汇率加以追认的结果。由于布雷顿森林体系的崩溃，货币失去了定值之“锚”，各国纷纷实行信用货币的浮动汇率制。1972 年 7 月，国际货币基金组织（IMF）成立了具体研究国际货币制度的改革问题专门委员会。1974 年 6 月，该委员会提出一份“国际货币体系改革纲要”，对黄金、汇率、储备资产、国际收支调节等问题提出了原则性建议，奠定了国际货币改革的基调。1976 年 1 月，国际货币基金组织理事会“国际货币制度临时委员会”在牙买加首都金斯敦讨论国际货币基金协定的条款，达成了“牙买加协议”，4 月，国际货币基金组织理事会通过了《IMF 协定第二修正案》，标志着牙买加国际金融系统形成。“牙买加协议”正式确认了浮动汇率制的合法性，推行黄金非货币化；修订特别提款权的有关条款，准许参加特别提款权账户的国家可用特别提款权偿还国际货币基金组织的贷款，为偿还债务担保，各参加国也可用特别提款权进行借贷，增强特别提款权的国际储备地位；IMF 继续作为调节国际收支平衡的机构。

当前，受国际格局变化和科技进步的影响，牙买加国际金融系统仍在进一步演化过程中。牙买加国际金融系统实现了储备货币的多元化，汇率安排的多样化，解决了储备货币不足的问题，有助于各国保持国内经济政策的连续性与稳定性，有助于各国保持国际收支平衡，但也存在美国等储备货币发行国享有“铸币税”征收特权，国际经济活动具有极大不平等和不公正性，汇率体系极不稳定等缺陷。国际货币协调机构仍然是国际货币基金组织和世界银行这两个布雷顿森林体系的国际机构，是当前正在运行的国际金融体系。国际金融危机后，国际金融体系监管缺位、美元作为国际储备货币地位自身存在的不足以及发展中国家和新兴市场经济体在国际金融体系治理结构中缺乏发言权等问题更加凸显。为适应国际格局变化和科技进步的要求，G20 领导人峰会不断讨论国际金融改革问题，增加新兴经济体在国际金融组织中的代表权和发言权，推动国际金融体系改革、构筑国际金融新秩序。这一切都表明，牙买加国际金融系统仍处在演化过程中。

总之，围绕货币定值、汇率确定等问题，国际金融体系沿着市场化的道路将变得更加公平公正。

（二）国际金融系统

国际金融系统就是在国家金融系统彼此之间相互作用、相互影响的基础上形成的由各国金融系统组成的具有一定结构和功能的统一体。用系统论的语言表述就是以国家金融系统为子系统的系统，是建立在国家金融系统基础上的金融系统。国际金融系统不是国家金融系统的简单相加，而是各个国家的金融系统通过国际金融机制组合在一起的有机统一体。国际金融系统的核心部分是“国际交易结算时所采用的货币制度，即国与国之间进行支付的一套规定、做法和制度”①。也就是说，国际社会对在贸易交往、债务清偿、资本移动等国际金融活动中的货币定值、兑换、比价、国际收支的调整以及储备资产的供应等方面所做出的制度安排和规定。

---

① 樊勇明．西方国际政治经济学[M]．上海：上海人民出版社，2001：224.

国际金融系统的基本组成单位是各国的金融系统。如前所述，各个国家的金融系统是由各种金融主体、资金需求主体和监管主体在相互作用、相互影响的基础上构成的。国际金融系统就是由各个国家的金融系统、国际金融组织在相互作用的基础上共同构成的。国际金融组织是在国家金融系统互动的基础上形成的管理和服务于国际金融系统的政府间组织，如IMF和世界银行。与国家金融系统相比，国际金融系统的最大特点在于国际金融系统是国家层面的互动。借助国际金融组织的协调和管理，国家金融系统在国际层面上整合成一个有机统一的整体。

国际金融系统各个组成部分的互动是依据国际金融机制进行的。目前，国际社会仍然处于无政府状态，没有比国家更高的权威机构来有效地管理各个国家。国际金融组织虽然站在人类社会整体的利益上对国际金融提出管理建议，但由于没有国家强制力做后盾，无法强制各国执行自己的决议。各国都以自己国家利益为最高目标展开国际行动，而很少受到其他因素的约束。所以，国际金融组织的权威性与国家金融系统中的金融监管主体无法相提并论，其管理效力相对要弱得多。但是，这并不是说，国际组织在国际金融事务中的作用无足轻重，恰恰相反，其作用不仅十分重要，而且还表现出日益增强的趋势。一般来讲，国际金融组织是在国家协调的基础上为执行特定功能而建立起来的。比如，国际货币基金组织和世界银行是二战以后在布雷顿森林国际会议决议的基础上建立起来的，负责执行国际会议赋予的任务。这两个国际金融组织根据布雷顿森林会议的授权对国际金融系统进行管理，其作用的发挥是通过国际机制的建设而实现的。其中，在布雷顿森林会议基础上建立起来的国际货币基金组织就是依据会议的授权负责对国家间货币金融事务进行协调，通过贷款和金融援助发挥自己的管理职能，是一种软约束。而且，国际货币基金组织还是某个金融领域国际机制的倡议者，批准准立法性质的活动。国际货币基金组织站在世界的高度能够使国际行动秩序化、有效化，规避由国家“个体理性与全球集体理性悖论”而产生的危害，使各国的金融集体行动更加有利于人类整体发展。

（三）国际金融系统的结构

与国家金融系统的结构相似，国际金融系统的结构包括功能结构和空间结构两种。前者是指各国金融系统之间通过汇率机制构成的前后相连的价值链，以及各个链条相互交织而成的价值网，起到为国际金融系统价值流动提供渠道的作用；后者是指各国金融系统在全球范围内的空间分布，为局部经济发展提供与之需求程度相适应的资金支持。

1. 国际金融系统的功能结构

第一，各国金融系统的存在是国际金融系统存在和发展的第一前提。世界各国的金融系统自成体系，每个国家金融系统都有与本国实体经济相适应的功能结构和空间结构，都在为本国实体经济发展完成资源配置的功能。每个国家的金融系统都有本币，只是不同国家金融系统的单位本币含金量不同，即购买力不同。各国之间价值的联系需要货币兑换来实现。

第二，汇率的产生和发展是国际金融系统得以形成的前提。在国际金融系统中，由于国际贸易和国际投融资活动的进行，而物物交换又存在诸多不便，所以，国与国之间就产生了进行价值交换的需要。在国际金融史上，金银是各国都认可的国际通用货币，人们以金银为媒介把一国货币表示的价值转换成用另一国货币表示的价值。这种传统即使在普遍使用信用货币的今天依然有效，比如，人们经常提到的货币贬值、“含金量”减少等。当然，随着牙买加货币体系的建立以及金银非货币化措施的实施，“含金量”一词正逐渐被“购买力”一词所替代。但是，各国货币间兑换的机制已经建立起来，这就是今天我们常说的“汇率”。

第三，价值的国际流动促使国际金融系统功能结构形成。一个国家与另一个国家进行贸易，必然会产生价值由一个国家流向另一个国家，而使用价值反向流动的现象。而如果任何一个国家再同第三个国家进行贸易，就又会出现价值向第三国流动的现象。依此类推，由于国际贸易的普遍性，产生了价值在国家间流动的现象。当然，这种流动也可以由国际投融资活动引发，通过汇兑机制来实现。这样，通过价值的跨境流动，国际金融系统就会形成从一个国家到另一个国家，再到第三个国家的价值链，即国际金融系统的价值链。这些链条彼此交错形成国际金融系统的价值网，而这些国际价值链或价值网就是国际金融系统的功能结构。作为世界实体经济的影子，国际金融反映了世界经济的虚拟层面、价值层面，折射出国际经济的内部结构，反映出国家之间的金融价值关系。

第四，作为各国金融系统融合的产物，国际金融系统结构与国家金融系统结构有着很大不同。国家金融系统的基本组成单位是金融主体，包括资金供给主体、资金需求主体和监管主体。而国际金融系统的基本组成单位是国家金融系统。国际金融系统的功能结构与国家金融系统的结构有很大差别。这种差别主要表现为，在国际金融系统的功能结构基础上国家实力出现分层现象。一般来讲，在一条价值链中，产业结构先进、实力较强的国家处于价值链的前端，是资金的输出者，而发展程度相对落后的国家则处于价值链的后端，是资金的输入者。当然，也存在一些极特殊的情况，如中东产油国虽然其产业结构和实力算不上极为发达，但它们依靠石油的输出积累了大量石油美元，成为资金输出国。但是，这种情况并不妨碍得出前面的一般性结论。所以，从整个国际金融系统来看，各国由于经济发展程度不同而处于价值链的不同层面上，越发达的国家，越排在价值链的前端，成为资金的输出者。这种国际金融系统内各国分层排列的现象，就是国际金融系统的功能结构。在这种结构中，各国金融系统不仅在价值链中具有自己的位置，而且，由于各国经济的发展程度不同而处于价值网的不同层次，整体呈现分层态势。

二战以后，20 世纪 90 年代中期以前，国际金融体系呈明显的金字塔形分布。美国处于价值链的顶端，是第一层。而西方发达国家的金融系统处于第二层，是资本的输出者。随着外向型国家发展战略的实施，一些新兴市场国家也正逐渐加入这一层。第三世界国家则处于价值链的底端，成为资本输入者。进入 21 世纪以后，由于石油美元的收入，石油输出国积累了大量的货币财富，成为资本输出国；而亚洲新兴市场国家伴随经济的飞速发展也跻身资本输出国之列。这些情况就是学者们描述的“国际经济失衡”，新兴国家大多面临对内不平衡和对外不平衡问题，标志着国际金融系统进入扁平化时代，各国金融系统的核心竞争力在拉近，金字塔形分布格局逐渐呈现被平面网状结构代替的趋势。

国际金融系统的功能结构的作用或者说功能，就是为价值的国际流动提供渠道，即借助汇率机制实现不同国家货币间的转换，使价值由一国进入另一国，实现价值在国家间的流动，为生产资源全球再配置的实现提供基础。

2. 国际金融系统的空间结构

各国金融系统由于国家地理位置原因而处在地球的不同方位，使国际金融系统的组成成分在地球表面伸展开来。这种国际金融系统各组成成分的空间分布状况或在地理空间上的分化组合就是国际金融系统的空间结构。国际金融系统的空间结构对各国国家发展战略的制定和实施具有巨大影响。

由于各国金融系统发达程度不同，意味着金融资源在世界各国的分布不均衡，融资难易程度也不同，从而对各国融资成本和国民经济发展速度将产生不同的影响。接近世界金融中心的国家由于融资相对容易，而且易于接受扩散的金融技术，发展得就相对快些。而远离世界金融中心的国家，则会呈现相反的状况。

但是，这种结论也不是绝对的，政治分野对融资成本的影响也十分巨大。由于地理位置的不同和国际政治势力的分化，各国不仅在空间上处于地球的不同角落，而且也分处于不同的政治集团之中。政治集团边界不仅导致各国的金融系统出现了地理空间上的分化，也使得一些空间距离较远的国家的金融系统更加容易接近和融合，而另一些空间距离较近的国家的金融系统则渐行渐远而难以融合发展。比如，受政治分野的影响，苏联东欧国家与西欧国家虽然距离较近，但金融系统泾渭分明，而且两地国家间金融系统的结构也出现分化，强势的一方是二级金融系统结构，弱势的一方是一级金融系统结构，从而形成结构性篱笆墙；而美国和西欧国家的金融系统虽然远隔大洋，但却日益接近。

国际金融系统在演化过程中逐渐形成了自己的功能结构，同时也架构了自己的空间结构，并依靠这种结构实现了自己的功能。

（四）国际金融系统的功能

国家金融系统向国际金融系统的演化，是建立在国家之间经济交往的基础之上的，是建立在资金剩余国资金输出的需求和资金贫乏国资金输入的需要基础之上的。所以，国际金融系统赖以存在的基础就是满足国家这个巨大经济体效率提高的需要。因此，国际金融系统主要具有价值流动的功能。

国际金融系统的功能是国际价值流动。在国际贸易等经济交往的基础上，国家之间首先要就贸易交往、债务清偿、资本流动中对货币的定值、兑换、比价问题形成的潜规则加以肯定，形成国家之间的金融机制，然后再对后续产生的国际收支调整、储备资产供应等问题做出制度性安排和规定。这样，以资金流动为表现形式的国家间价值流动渠道就建立起来，国际金融系统也就具备了价值流动的功能。

从微观层面来讲，当国家由于国际贸易产生价值流动需要，或国家金融系统资金剩余产生对外投资需要时，国家就会通过国际金融系统把本币转换为其他国家的货币，从而实现价值由本国向其他国家的转移，也就是价值流动。从宏观的角度看，国际金融系统里的价值总体表现为从经济结构发达、经济实力强的国家流向经济实力相对较弱的国家，这是由各国生产率水平决定的。劳动生产率越高的地方，创造价值的能力越强，积累的资金也越多。国际金融系统的存在就是给这种流动提供了一个实现渠道。所以，从系统论的角度看，国际金融系统的基本功能就是价值国际流动。

在国际金融系统产生的早期，国际金融系统的价值流动是由国际贸易推动的；而在生产力高度发达的今天，价值流动通过市场的中介作用带动了生产资源的配置，即反过来带动了国际贸易的发展，带动了国际产业的转移，带动了科技的扩散，如此等等。总之，国际金融系统的价值流动已成为推动人类社会经济进步的核心动力、世界经济一体化的主要推动力、影响人类发展前途的重要杠杆。

（五）国际金融系统的运行调节

截至目前，国际金融历史上出现过自主调节和国际组织协调两种国际金融系统的运行调节方式。前者出现在货币有定值之“锚”之称的金本位时期，后者出现在布雷顿森林体系和牙买加国际金融系统中。

在金本位国际金融体系下，由于各国货币都有一定的含金量，各国货币间的汇率是稳定的，因此，不需要国际机构进行调节，市场自己就能解决。所以，金本位制下的国际金融系统运行是依靠市场进行自主调节而运行的。

在布雷顿森林体系和牙买加国际金融系统下，由于各国货币购买力是由国家主权信用来担保的，各国货币只有购买力而没有含金量，货币购买力是各国国际经济合作政策的结果。所以，各国货币间的汇率需要第三方来协调国家间的经济政策，避免各国为谋求国际贸易利益而实行竞相贬值的货币政策，以维护国际金融体系的稳定。因此，在信用货币主导的国际金融体系下，国际社会在通过国际经济框架会议设定国际金融体系时，就由国际条约授权设立的国际组织来负责国际金融领域政策的协调工作。布雷顿森林体系就是通过布雷顿森林会议决定设立国际货币基金组织和世界银行来负责国际金融体系下各国经济政策的协调，前者依靠设立的国际货币基金代表成员国行使国际经济政策的协调工作，后者通过向发展中国家贷款促进其发展。牙买加国际金融系统继承了布雷顿森林体系下的国际经济协调机构——国际货币基金组织和世界银行，并通过牙买加会议进行了确认，并写进了国际条约性质的《IMF 协定第二修正案》。

总之，一般来讲，与国家金融系统相似，国际金融系统既有各国金融系统组成的国际金融市场，也有其运行协调机构。所不同的是，国际金融系统的运行协调机构的约束力没有国家金融系统的调节机构约束力强，是一种协调结构。另外，金本位国际金融系统是没有国际金融系统运行协调机构的，而是依靠市场的力量实现自主运行。

五、国家金融系统与国际金融系统

经过演化，国家内部自然演化出国家金融系统，为国内生产资源的有效配置提供支持。在各国金融系统的基础上，随着国家间经济联系的不断增强，各国金融系统在金本位的支持下联合成一个统一的国际金融系统。金本位国际金融系统之后是各国金融信用货币时代，国际金系统又进入人为设计阶段，产生了有国际组织协调运行的布雷顿森林国际金融系统。在布雷顿森林国际金融系统基础上，汇率机制由固定汇率制走向市场决定的浮动汇率制，当今世界已进入国家金融系统和国际金融系统强相互作用的并存时代。

国家金融系统和国际金融系统两者相互作用、相互依赖，本质上是系统和子系统、整体和局部的关系。首先，国家金融系统是国际金融系统的基本细胞。国家金融系统通过市场和调控机构的有机耦合形成有机整体，事实上是一个动态的有机系统。国际金融系统是国家金融系统的集合，通过国家金融系统间的相互作用或联系而形成统一的有机整体。所以，国家金融系统和国际金融系统都是完整存在的系统，只是后者是前者的联合体，是更大范围的系统，前者是后者的子系统。其次，国家金融系统和国际金融系统都是资金和资源配置的渠道。国家金融系统通过以汇率机制为依托构成的资金流通渠道实现更大范围的整合，形成国际金融系统，在全球范围内支持资金的有效配置，支持生产资源的有效配置，扩大了资金配置的范围。再次，国际金融系统是国家金融系统的环境，通过汇率机制影响国家金融系统的运行。国际金融市场上的资金通过汇率机制进出国家金融系统，对国家金融系统的内部金融环境产生影响，影响国家金融系统的运行状态，甚至引发金融危机。例如，在牙买加国际金融系统下，美元回流机制就是影响国家金融系统运行的重要因素。美元加息往往会引发国家金融系统的紊乱，导致国家爆发金融危机。最后，国家金融系统的变化也影响国际金融系统的运行。国家金融系统的运行紊乱有时也会导致国际金融系统的紊乱，甚至引发全球性金融危机。2008 年，美国的次贷危机就是由于债权债务关系向其他经济体传递，最终引发的全球性金融危机。所以，国家金融系统和国际金融系统是整体与部分、系统与子系统的关系，彼此之间相互影响、相互作用。

在汇率体系极不稳定的牙买加国际金融系统下，各国不得不高度关注美元回流机制的影响。在牙买加国际金融系统下，由于国家金融系统和国际金融系统间的相互影响及相互制约关系，国际金融市场上的任何风吹草动都会给国家金融系统的运行带来巨大压力。美元指数是反映美元汇率综合变化的指标，表征美元对“一揽子”货币的汇率变化程度，是美元利率变化的晴雨表，与美元流向相对应，美元指数上升，对应着美元回流美国，美元指数下降对应着美元流出美国。根据经验性统计研究结果，截至目前，如图 1－2 所示，自 1973 年以来，美元指数已大致经历了 5 个阶段的升贬周期，即总体表现为长度约为 10 年的贬值周期和长度为 6 年的升值周期相互交替。观察发现，在美元指数的上升期，外围国家总是表现为货币紊乱现象的集中爆发期，货币大幅贬值，甚至爆发金融危机。历史上，拉美债务危机和东南亚国际金融危机都是在美元指数的上升期爆发的。而美元指数的下降期都对应着外围经济体市场的通货膨胀期，外围经济体不得不为抑制通货膨胀而付出巨大成本。

所以，牙买加国际金融系统的美元指数成为国际金融系统变化的表征性指标，美元回流机制也成为牙买加国际金融系统运行的基础机制，成为外围经济体制定经济金融政策不得不关注的重要环境因素。

总之，当前，在牙买加国际金融系统下，国家金融系统和国际金融系统紧密相连，相互影响和制约，国家金融系统的调控决策不得不考虑国际金融系统变化的影响。

小　结

根据现代系统论的研究成果，系统是系统要素通过非线性相关作用构成的具有一定功能的有机统一体，由主体子系统和环境子系统两部分组成。国家金融系统是在一定环境条件下由金融主体（资金供给主体、资金需求主体和监管主体）通过资金链连接而成的统一体，分为功能结构和空间结构两大结构，承载资金流动的功能。截至目前，国际金融历史上出现过自主调节和国际组织协调两种国际金融系统的运行调节方式。国际金融系统则以国家金融系统为基本要素，通过汇率机制形成国际资金链构成一个统一体，为国际资金流动提供渠道，并成为国家金融系统赖以生存发展的环境。国家金融系统和国际金融系统两者相互作用、相互依赖，本质上是系统和子系统、整体和局部的关系。美元指数是牙买加国际金融系统价格变化的表征性指标，美元回流机制是牙买加国际金融系统运行的基础机制，是外围经济体制定经济金融政策不得不关注的重要环境因素。

在当今的牙买加国际金融系统下，金融经营活动不仅受制于本国国内环境，还通过外汇传导机制间接受到来自国际金融市场的压力，跨境资金流动越来越成为重大威胁。所以，经营过程中，金融主体面对的风险是多种多样的。金融系统是现代国民经济系统的核心，研究金融风险防范具有举足轻重的意义。

第二章 国家金融风险及种类

金融风险受外部和内部因素的共同影响，导致金融经营活动结果产生不确定性。金融风险防范的主体不仅包括个人，而且也包括金融市场中的组织，还包括政府，是多层次防范主体。本研究的主体是承担金融公共安全的主体，主要是指政府。

一、金融风险的内涵和种类[①]

要研究金融风险就必须首先厘清金融风险的相关概念和理论。目前，学术界对于风险的内涵并没有统一的界定。基于风险把握程度或解读角度不同，不同学者对风险内涵有着不同的解释。

（一）学术界对金融风险的研究情况

概括起来，学术界有关风险的代表性看法主要有以下六种：

一是把风险看作事件未来结果的不确定性。C. A. Williams（1985）将

① 参阅：[美]米歇尔·科罗赫，丹·加莱，罗伯特·马克．风险管理[M]．曾刚，罗晓军，卢爽，译．北京：中国财政经济出版社，2005.

风险定义为给定条件和某一特定时期，未来结果的变动；A. H. Mowbray（1995）称风险为不确定性；March 和 Shapira 认为风险是事物未来结果的不确定性，可由收益分布的方差测定；Brnmiley 认为风险是公司收入流的不确定性；Markowitz 和 Sharp 等从证券投资的角度将风险定义为该证券资产所有可能收益率的分布，并用收益率的方差来度量证券投资的风险大小，从而通过对风险的数量化改变了投资者对风险的认识。由于方差计算方便，这种风险的定义在实际中得以广泛应用。

二是立足于保险业的现实，将风险定义为损失发生的不确定性。美国学者海恩斯（Haynes）最早提出风险的概念，对风险进行分类并探讨了风险的内涵，认为风险是损失发生的可能性，为风险管理和保险相结合奠定了理论基础。J. S. Rosenb（1972）认为风险是损失的不确定性；F. G. Crane（1984）将风险定义为未来损失的不确定性；Biokett、Charnes、Cooper 和 Ruefli 等将风险定义为不利事件或事件集中发生的机会。佩费尔（Peffer）将风险定义为可测度的客观概率；F. H. 奈特则将风险定义为可测定的不确定性。

三是立足于保险业的实际需要，将风险定义为可能发生的损害程度。风险可引申定义为预期损失的不利偏差。若实际损失大于预期损失，则此偏差对保险公司而言即为不利偏差，即保险公司所面临的风险（胡宜达等，2001）。Markowitz 在辩证总结前人研究成果的基础上，排除可能收益率高于期望收益率的可能，提出了下方风险（Down Side Risk）概念，即实际收益率低于期望收益率的风险，并用半方差（Sernivaviance）计量该风险（周刚 等译，1999）。

四是对上述第二种和第三种情况进行总结，将风险定义为损失大小和发生的可能性。朱淑珍（2002）在总结各种风险描述的基础上，把风险定义为：风险是指一定条件下和一定时期内，由于所有结果发生的不确定性而导致的行为主体遭受损失的大小及这种损失发生可能性的大小。风险是一个二位概念，以损失的大小和损失发生的概率这两个指标进行衡量。王明涛（2003）认为，所谓风险是指在决策过程中，因为各种不确定性因素的影响，决策方案实施过程中出现不利结果的可能性及可能损失的大小，包括损失的概率、可能损失的程度及损失的易变性三方面内容，其中可能损失的程度处于最重要的位置。

五是利用系统论观点，将风险定义为风险组成要素相互作用的结果，由风险因素、风险事件、风险结果三个因素相互联系而呈现的一种可能性。① 风险因素是风险形成的客观条件，是风险产生和存在的前提。风险事件是外界环境变量发生始料不及的变动而导致的风险结果，是风险发生的充分条件，是连接风险因素与风险结果的桥梁，是风险由可能性转化为现实性的中间媒介。根据风险的形成机理，郭晓亭、蒲勇健（2002）等将风险定义为：风险是在一定时间内，以相应风险因素为必要条件，以相应的风险事件为充分条件，有关行为主体承受相应的风险结果的可能性。叶青、易丹辉（2000）认为，风险的内涵在于它是在一定时间内，由风险因素、风险事故和风险结果递进连接而呈现的可能性。

六是从技术层面的角度出发，将风险定义为对可能损失的标准统计测量方法。1993 年，30 国集团发表的《衍生证券的实践与原则》报告中，将已知头寸或组合的市场风险定义为：经过某一时间间隔，具有一定公信区间的最大可能损失，并将这种方法命名为“Value at Risk”，简称 VaR 法。1996 年，国际清算银行在《巴塞尔协议修正案》中允许各国银行使用自己内部的风险估值模型建立应对市场风险的资本金。1997 年，P. Jorion 把金融风险定义为，正常市场环境下，在给定时间区间和置信度水平内，最大损失预期的测度方法，并将这种方法简称为 VaR 法（P. Jorion，1997）。

概言之，虽然有关风险的学说纷繁复杂，但本质上分为主观学说和客观学说两派，并且都是沿着从理论到应用的路径进行演化的。主观学说认为，不确定性是主观的、个人心理上的一种观念，是个人对客观事物的主观估计，而无法用客观尺度衡量。这种不确定性是全方位的，包括发生与

① 戎生灵．金融风险与金融监管[M]．北京：中国金融出版社，2007：2.

否、发生时间、发生状况以及发生结果等方面的不确定性。客观学说以风险客观存在为前提，以风险事故观察为基础，用统计学和其他数学方法进行量化处理，建立数学模型，来实现对风险的客观度量。可以说，前者代表了风险研究的初级和低级阶段，后者代表了风险研究的高级阶段，也是达到实际应用的阶段，但主要应用于保险领域。

（二）金融风险的特征

从现实主义视角看，风险与人类谋求生存和发展的所有活动都有关，是人类活动产生的结果与人类期望结果之间偏离的可能性，涉及人类的利益。如同其他任何现象一样，风险不是无中生有的，而是由一定动力推动的结果。

首先，风险是在其内外因素作用下导致的活动结果对人类所期望的结果偏离的可能大小，即风险是活动结果对人类预期结果的偏差。人类活动是风险存在的第一个前提，没有蕴含于人类活动中的价值诉求，也就没有风险。但是，活动本身是一个复杂的系统，其运行方向受到来自内部和外部多种因素的影响，而这些影响因素又随着活动的展开而处在不断变化之中，不仅存在出现的先后次序的变化，而且还存在对活动作用力大小的变化。因此，活动一旦被发动起来，人们就很难控制其发展方向，也就产生了向背离人类利益方向发展的可能。所以，从认知的角度看，风险是人类主观认识和客观存在之间的差异，是阻碍事物向人类期望的方向发展的客观存在，总是表现为一定程度的不确定性。

其次，风险是可测的。人类活动本身承载着人的利益诉求，活动的成败自然会引发人的利益得失，风险随着运动赖以存在的内外条件的变化也就必然表现为利益得失的不确定性。所以，风险的本质是偏离人类行动目标的可能性，其存在受制于影响人类行动的内在因素和外在因素，是其内外因素的函数。人类活动的客观性必然带来与此活动相关联的人类利益得失的客观性，也就必然带来风险的可测性。风险发生的可能性一般可用数理统计的概率进行测算，即风险发生的概率，即可能性在 0 至 1 之间。概率越接近于1，风险发生的可能性就越大，越接近于0，则风险发生的可能性就越小。而风险的预期大小就是风险发生的概率与损失的乘积。所以，控制风险的钥匙就在这个函数的自变量，即影响活动发展方向的因素里面。要控制风险，就要控制引发风险的因素。

（三）金融风险的分类和内涵①

虽然风险的分类方法有很多，但根据风险产生的原因而进行的分类才是最根本的。风险是人类从事各种活动的结果。而活动是自然因素和社会因素、各种组织和控制活动进程的人等要素共同作用的结果，其中的任何因素都能导致风险的发生。根据这个标准，风险分为以下两类：实质风险和人的风险，前者包括自然风险和社会风险，后者可分为心理风险和道德风险两种类型。实质风险是由客观的自然和社会因素引发的风险，如暴雨引发山区的泥石流、国家政治动乱引发的国际投资损失等。心理风险是由心理原因引起行为上的疏忽和过失，从而引发的风险，如酒后驾驶易引起交通事故。道德风险是人们的故意行为或者不作为引发的风险，比如故意放火引起火灾等风险。

从系统论角度看，金融风险是由各种小风险组成的，分为宏观金融风险或系统性风险和微观金融风险两类。前者一般是由后者累积而成的。根据由小到大的顺序，金融主体包括自然人、金融机构和政府。如果按照风险主体进行分类，金融风险可分为私人金融风险、金融机构金融风险和国家金融风险。前两者属于微观金融风险，后者属于系统性金融风险，或者称为宏观金融风险、公共金融风险。但是，这两种风险在风险主体、形成机理、经济社会影响以及风险管理等方面都有明显的区别。

微观金融风险是微观主体（个人和金融机构）在从事与金融相关的活动时所承担的风险，如因利率变化而产生的利率风险，因汇率变化而产生的汇率风险，因交易对象失信而产生的信用风险，因资金不足而造成的流

① 参阅：戎生灵．金融风险与金融监管[M]．北京：中国金融出版社，2007．李成，主编．金融监管学[M]．北京：高等教育出版社 2007.

动性风险，如此等等。微观金融风险是传统金融学研究的主题。对于金融机构来讲，微观金融风险属于个体风险，由其内控部门来测评和管理，与政府的财政责任无直接的关联性，其防范和化解也主要由市场主体来完成。由可能性转化为现实性后，微观金融风险将导致个人或金融机构的财产损失，如资产缩水、投资损失、收益减少、严重亏损等；严重者就会导致相关主体破产。损失性风险经常发生，如出现呆账、坏账等，而破产类风险出现的概率则相对较低。只有微观金融风险向宏观金融风险转化时，才会与政府的财政责任产生逻辑联系。微观金融风险研究主要是为金融机构等微观主体决策服务的。

金融风险就是风险概念在金融领域的具体应用，是在金融活动过程中产生的风险，本质上只是风险中的一种，是人类金融活动结果对人类经济预期的偏离性，是各种层次金融系统要素运行结果对各层次金融活动主体经济预期的偏离，是金融运动中存在以经济损失为主体的经济风险。文献资料显示，金融风险定义有 50 多种。虽然说法各异，但都不同程度地涉及发生的“不确定性”和损失的“不确定性”，涉及的主体有自然人和法人。而且，这些定义都是继承了金融学的学术传统，沿着从微观到宏观的逻辑思路，以人类经济活动的得失为标准对活动结果和经济损失的易变性进行的理论总结。

（四）微观金融风险的种类

从事金融投资的人经常遇到的是微观金融风险。根据风险产生的原因，微观金融风险可进一步细分为信用风险、市场风险、流动性风险、清算风险、操作风险、法律风险和其他金融风险。

信用风险（Credit Risk）是指因交易对象或所持金融产品的发行者无法支付承诺资金，或信用度发生变化而导致的金融风险。一般情况下，信用风险的分析对象分为交易对象和金融商品的发行者。信用风险是一种历史悠久的传统风险，属于微观金融风险。对于金融机构来说，信用风险不仅是一种重要的风险，而且是一种始终存在的风险。当然，信用风险也包括由于国家信用变化而导致的国家风险（Country Risk）。

市场风险（Market Risk）是由利率、有价证券价格、汇率和股票价格等市场交易商品价格变化而引起的风险。市场风险可进一步划分为利率风险、汇率风险、股票风险和期货商品风险等。其中，汇率风险是布雷顿森林体系崩溃，牙买加体系兴起，浮动汇率替代固定汇率制的产物。1973年，主要发达国家先后实行浮动汇率制，各国法币对外汇率开始大幅度波动，汇率风险业就成为跨国经营金融机构和个人的业务。

流动性风险（Funding and Liquidity Risk）分为市场流动性风险和资金筹措风险两种类型。市场流动性风险，是在相对不利或异常条件下对所持金融产品变现、对金融交易余额清算所要应对的风险。金融产品变现和金融交易清算必然带来资金的流动，这就是流动性。变现和金融结算容易，称为流动性高；反之，则称为流动性低。资金筹措风险，是在相对不利或异常条件下，为持有金融产品、维持金融交易规模进行资金筹措而带来的风险。由于利率的升高，再借贷资金以维持贷款和持有债券的行动就会变得困难，从而形成风险。如银行虽可通过存款来筹措贷款和持有债券资金，但如果定期存款到期而不能吸收相应的存款，就无法兑现债务承诺，从而形成风险。

清算风险（Settlement Risk）是指在有价证券交易和外汇交易结算过程中，因交易对象支付能力或业务处理等问题造成不能按合同结算而形成的风险，具体包括交易对象的信用风险、流动性风险和业务风险等。

操作风险（Operational Risk）一般包括业务风险和业务系统风险两种。业务风险就是指金融交易中进行资金结算、证券交割和担保管理等业务时，因工作失误或非法操作而形成的金融风险。业务系统风险就是指因业务处理系统不完善或者无法应对灾害而形成的金融风险。

法律风险（Legal Risk）是指在金融交易中，因合同不健全、法律解释的差异以及交易对象是否具备正当的法律行为能力等法律方面因素而形成的风险。当然，除了法律漏洞等灰色区域内隐藏着金融风险外，由于人们机会主义倾向的存在，有时遵守法律法规、行业习惯和公司制度等也会给自己带来经济损失。这种法律风险有人也称为顺从风险（Compliance Risk）。

其他金融风险包括损失风险（Liability Risk），即因损失赔偿要求而造成的风险；信息管理风险（Security Risk），即因机密泄露、虚假信息以及信息不透明、信息丢失等造成的风险；税务风险（Tax Risk），即税务当局与金融机关税务主管人立场变化而导致的损失及由于实施了当初未能预料的税务措施而受损的一种风险；舆论（传闻）风险（Reputation Risk），即谣言等使金融机构信用评级降低，业务遇到障碍而带来的风险。

总之，微观金融风险可以根据不同的标准进一步细分，从而形成种类繁多的金融风险。但是，这类风险都是微观金融主体所能承受的金融风险，并可以通过群体的方式向系统性金融风险转化。

（五）微观金融风险向系统性金融风险转化的渠道

系统性金融风险（System Risk）是相对于微观金融风险或局部性金融风险而言的，是金融系统陷入危机的风险。美国经济学家克罗凯特很早就提出了金融系统性风险的概念，即“由于金融资产价格的异常、剧烈波动，或由于许多经济主体和金融机构负担巨额债务及其资产负债结构趋于恶化，使得它们在经济冲击下极为脆弱，并可能严重影响国民经济的健康运行”。[①] 有些国内学者将系统性金融风险定义为由经济制度缺陷或宏观调控偏差所导致的金融风险，是整个金融系统面临的风险。

系统性金融风险的防范主体是公共管理机构——国家政府，或者说系统性金融风险的主体是整个社会公众；系统性金融风险表现为整个金融体系稳定性的紊乱，如银行危机、货币危机、债务危机、资产价格泡沫化等国民经济整体性经济状态；系统性金融风险属于公共风险，与政府的财政责任有内在的关联性，是财政风险的重要诱因。系统性金融风险是公共风险，需要政府来承担相应的责任，即作为最后贷款人承担相应风险；对政

---

① 马宏建，龚鸣．后金融危机形势下我国高校资金风险探析[J]．会计之友，2011(33)：87.

府、公众而言，金融危机直接来自于系统性金融风险。防范和化解系统性金融风险，就是为了避免金融危机的爆发。研究系统性金融风险主要是为政府决策服务的。

微观金融风险和系统性金融风险并不是孤立的，而是紧密相连，通过一定的渠道由微观风险向系统性金融风险转化。微观金融主体所面临的金融风险构成金融市场的基本风险，也是系统性金融风险的基本组成单位。这些基本风险单位相互作用、相互影响，一旦失控就会通过一定途径向系统性金融风险转化。

微观金融风险向系统性金融风险转化通过两个渠道。

第一，微观金融风险引发的“多米诺骨牌效应”。单个金融机构，特别是单个规模相当大的金融机构的破产，由于各微观金融主体之间资产的连带性，使关联金融主体陷入破产的可能性急剧增加。这种局面就会引发社会预期改变，进而引发连锁反应，产生存款挤兑风潮、资产价格急剧波动、外资大规模流出、货币大幅贬值等连带效应。单个金融机构的微观金融风险迅速波及关联金融机构，最终酿成系统性金融风险。这种由微观金融风险向系统性金融风险转化是从金融市场的一个点开始的，我们不妨称之为点式传导方式。由于单个金融机构破产引发许多利益相关者的破产，“多米诺骨牌效应”明显，并且单凭一个金融主体根本无法摆脱风险困境，如果放任不管，微观金融主体的破产就会酿成巨大的公共风险。因此，政府除了出面救援别无选择。美国次级债危机就是经营美国信用不高的房地产债券的金融企业因贷款人由美国联邦利率提高而导致到期贷款无法偿还而引发的连锁反应，单个金融企业的努力已经无法阻止美国银行的大面积倒闭，美联储不得不采取降低利率和向银行注资等双管齐下的措施出面救市。

第二，由多个微观金融主体的风险集中爆发引发系统性金融风险。如果金融风险均质分布在大多数金融微观主体中，即多数主要微观金融主体感染了大致相同的金融风险，同时面临金融危机，那么，这种金融风险在局部积累到一定程度，当超过这些金融主体的承受能力时，就会在一定时间内集中爆发，从而引发系统性风险，危害整个社会。这种由线到面的金融风险转化方式依靠的是微观金融风险的渐进积累，金融风险要经过一定时间的积累发酵阶段，单个微观金融主体虽然短期内没有达到破产地步，但是都面临程度不同的损失性风险。如果这些风险没有得到控制，而是长期在行业内积累，当逐渐达到许多微观金融主体的破产临界点时，就会引爆系统性金融风险一发而不可收拾。在金融体制转型过程中，我国银行业积累了大量的不良资产，包括各种坏账、呆账等，各银行依靠自身力量已无法化解，甚至部分银行已被逼到了破产边缘，特别是在金融市场日益开放的情况下，所面临的外部压力日益增大。为了避免微观金融风险酿成系统性金融风险，国家成立了以华融金融资产管理有限公司和中国投资有限公司为代表的四大国有金融公司，对国有商业银行的不良资产进行剥离，集中进行管理，保证微观金融主体正常运营，减小微观金融风险向系统性金融风险转化的可能性。再如，证券业如果大量挪用客户保证金，形成全行业大面积巨额亏损的局面，多数证券企业甚至面临倒闭风险，那么，微观金融风险转变成系统性金融风险的临界点也就到来，政府就不得不出面实施大规模关闭、重组措施，阻止系统性金融风险的发生。实际上，现实中也存在两种情况交织的现象，即一方面金融市场中的金融主体都已经感染金融风险，另一方面部分大金融主体的资产已临近爆发金融危机的程度，两者的相互作用就会形成国家金融系统的全面危机。比如，东南亚金融危机中的泰国就基本属于这种情况，一方面固定资产投资占用了大量流动资金，许多金融机构不得不依靠国际金融市场融资，导致外债比例急剧增多，特别是短期外债增多，而且坏账增多，部分金融机构面临巨大金融风险，绝大部分小金融机构则面临生存危机。而少部分国际资金的抽逃就会导致流动性紧张，甚至是国家整个资金供应链断裂。由此导致的商品资产的贬值又会急剧加剧这种局面，形成正反馈效应，最终酿成国家金融系统的彻底崩盘，爆发系统性金融危机，从而对社会各主体形成巨大冲击，给全社会带来巨大损失。

上述渠道的基本条件一旦具备任何一个，就意味着微观金融风险转化为宏观金融风险成为现实，即第二类风险——系统性风险。表明金融风险的性质发生了质的变化，个体（私人）风险转变为公共风险，风险承担主体也相应地从微观主体（个人或金融机构）转变为政府或人民大众。如果政府不能迅速扑灭酝酿、涌动中的风险，其发展到一定程度就会形成危及全社会的金融风险。

从世界各国的教训来看，金融危机不管是由什么原因引起的，最终都表现为支付危机，表现为流动性的极度紧缩。开始的时候要么表现为无法清偿的到期国际债务（国际收支风险），要么表现为银行系统无法满足国内存款者的普遍提存要求（流动性风险）。然后，形成“羊群效应”，人们蜂拥挤提，无法平息市场信用危机，最终导致银行破产。正是因为流动性有如此巨大的重要性，不少国外货币金融论著都将系统性风险定义为由支付链条遭到破坏或中断导致的危局，即国家金融系统功能结构的破坏。走出困境的办法只能是政府从幕后控盘手变为台前指挥者，采取救援行动，强制修复金融系统功能结构。

（六）外源性金融风险

以上两种金融风险都是来自一个国家金融系统内部的风险。其实，除此之外，还存在第三类来自国际金融系统的金融风险，我们不妨称为外源性金融风险，包括跨境资金流动引发的系统性金融风险、外债引发的系统性金融风险和汇率变化引发的系统性金融风险，等等。

外源性金融风险是由于国际金融系统的变化，即国际金融市场的变化而产生的国家金融风险。国际金融系统是国家金融系统赖以生存发展的环境，环境隐含的风险会通过各种渠道转换为国家内部金融主体的风险，在国内风险积累到一定程度就会爆发系统性国家金融风险。国际金融市场是没有国家强制力制约的市场，国际机制是其运行的软约束，即国际金融系统依靠国际金融组织维持国际金融系统的正常运转。但是，国际金融市场的力量是巨大的，其主体会利用国际金融系统的运行机制牟利并危及国家金融系统安全。在经济全球化的今天，由国界分割开的各国内部市场通过国际贸易和国际投融资逐渐形成一个全球统一的大市场。各国为了扩大“蛋糕”而倾向于实行自由贸易和自由竞争的政策，实现资源在全球范围内的合理、有效配置，即要求各种资源（包括金融资源）在世界范围内自由流通，由市场调节其供求和分配。如果资源在某一地区、某一时点出现供求失衡或价格与价值明显背离，市场力量就会很快做出反应，加以纠正。但事实上，国际金融市场正处在向全球化方向发展的过程中，还远没达到一体化的程度，并不存在全球意义上的市场。市场不仅被分割成以国家或地区为单位的条块，各种资源也未达到自由流通的程度。而且，每个国际金融系统都有自己的金融系统功能结构为国际资金流动提供渠道。国际资金流动渠道的存在使各国金融系统处在受利益驱使的国际游资的包围之中，并受其冲击。在布雷顿森林国际金融系统下，国际资金流动依靠黄金美元体制、固定汇率制来进行，外源性国家金融风险多来自国家的政策失误；当今的牙买加国际金融系统，实行浮动汇率制，依靠市场自发的逐利动力推动国际资金的流动，在各国资产价格存在很大扭曲的情况下，国际资金不停地在世界各国之间跨境流动，追逐汇率差或利率差带来的收益。正是国际金融市场的这种存在状态，才给国际游资提供了生存空间。所以，外源性国家金融风险的根源在于国际金融市场的价格扭曲。虽然金融炒家用少量资金以四两拨千斤的手法推动了某些国家金融危机的爆发，但这并不是国家金融危机爆发的真正原因。金融炒家不过是立足于国际金融市场的态势驱动了“羊群”，扮演了国际金融市场平衡手的角色而已。不然，市场的不平衡调节也会以其他的方式出现，金融危机并不会避免。目前，许多国家把治理由跨境资金流动带来的金融风险的重点放在跨境资金流动的监测上，依靠国家强制力来遏制这种金融风险。实际上，这是一种舍本逐末的做法，并不能从根本上消除跨境资金流动带来的系统性金融风险，我们要转变治理的思维方式，从纠正市场扭曲入手，彻底消除浮动汇率下的特殊国家金融风险。

当然，就现实而言，各国又不得不采取符合现实的渐进式治理策略，在国家管制下逐步过渡到市场的平衡。随着金融国际化和自由化的不断深入，各国金融系统对资金跨境流动管制逐渐放松，有些国家在国力还没有达到所需要的程度时就不合时宜地开放了资本项目的管制。当这个国家的资产价格扭曲或汇率高估之后，国际游资就会蜂拥而至，追逐由各种扭曲带来的盈利机会，推高资产价格，然后又迅速地大规模撤离，谋求自己的利益。当金融监管当局应对措施出现失误或错误时，就会引发金融危机。例如，东南亚金融危机时，泰国为抑制通胀而实行紧缩政策，把利息率提高到不恰当的程度，而资本项目已经开放，资本可以自由流动，致使境外游资大规模涌入进行套利活动。然后，游资又瞬间撤离，导致泰国陷入金融危机之中。所以，各国对导致跨境资金快速流动的资本项目开放都采取了审慎的态度，加强对外债、间接投资和直接投资的监管。比如，印度和中国，在国内资产价格逐步平衡中渐进式开放资本项目。恐怕这也是“北京共识”逐渐被国际社会接受的根本原因所在。

总之，金融风险是风险的一类，在当前国际金融系统下又分为三种（见图2－1）。有源于构成国家金融系统各组成部分的风险，按照从微观到宏观的次序表现在金融系统的各个层面，分为微观金融主体面临的、存在于整个系统层面、危及社会全体的风险；有源于国家金融系统之外，通过符合国际金融系统运行规则的跨境资金流动而导致的国家系统性金融风险。不同层面的风险还可以依据一定条件，通过一定的渠道进行转化。所以，金融风险防范要针对不同的风险明确不同的责任主体，加强金融监管，对症下药，实行公共管理的策略。

二、布雷顿森林国际金融系统下的国家金融风险及其种类①

在市场经济条件下，各金融市场主体面临的国内市场条件是相似的。所以，各国微观金融主体面临的风险以及由此转换而来的国家系统性金融风险也大致一样。但是，由于国际金融条件的不同，特别是运行机制的质

① 参阅：张振江．从英镑到美元：国际经济霸权的转移［M］．北京：人民出版社，2006：220－270．韩世隆，等，主编．世界经济简明教程［M］．成都：四川大学出版社，1992：319－337．

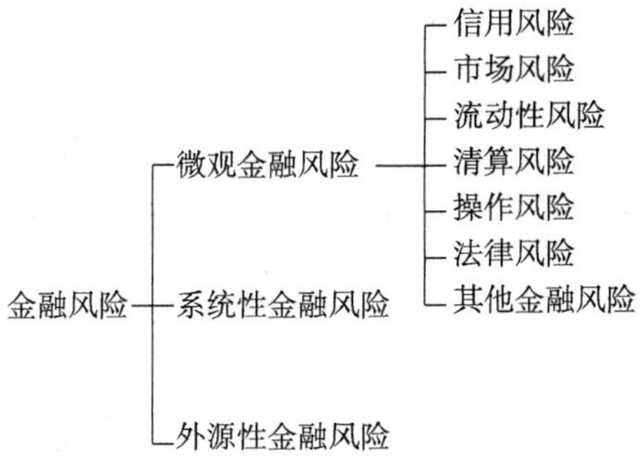

图 2－1　金融风险种类

变，国家面临的外源性金融风险则有很大差别。国际金融系统是以国家金融系统为基本单位的，由国际金融系统带来的金融风险主要表现为国家系统性金融风险。在布雷顿森林国际金融系统和牙买加国际金融系统下，国家面临的系统性金融风险是不同的。接下来，我们就考察两种国际金融系统下国家面临的外源性金融风险。

（一）布雷顿森林国际金融系统

一战爆发后，欧洲各国便开始发行不兑现的纸币，走上了通货膨胀的道路，存在了 35 年左右的金币本位制崩溃、解体。只有凭借两洋天险、奉行“光荣独立”对外政策而大发战争财的美国还继续维持了一段时间的金币本位制。

由于金块本位制可以节省国内黄金，金汇兑本位制则既能节省国内黄金，又能节省国际黄金。所以，在黄金进一步向美国集中，绝大多数国家黄金紧缺的情况下，在两次世界大战期间，多数国家开始实行两种没有金币流通的金本位国家金融制度，即金块本位制（“生金本位制”）与金汇兑本位制（“虚金本位制”）。这一时期，除美国继续实行金币本位制外，英、法两国开始实行金块本位制，德国、奥地利、意大利、丹麦、挪威等 30 多个国家则先后实行金汇兑本位制。这样一来，一种以美元、英镑、法郎等储备货币占主要地位的、不受单一货币统治的、金汇兑本位的国际金融系统出现。但是，这是被削弱了的金本位制度，实行金汇兑本位制的国家在对外贸易和财政金融方面易受与其联系的金本位制国家的控制和影响，是一种极不稳定的货币制度。所以，当1929—1933年资本主义世界经济危机猛烈冲击整个国际金融系统时，各国为防止黄金大量外流，普遍停止银行券兑换黄金，纷纷宣布放弃金汇兑本位制和金块本位制，从而导致金本位制度的彻底崩溃，以黄金为世界货币的统一的国际金融系统彻底解体。

实际上，国际金融系统本质上是价值流动的渠道，其核心问题是货币系统问题，而货币系统的核心问题，一是寻找充当国际清偿力的本位货币并保持其适度增长，二是形成围绕本位货币的国际收支协调机制。国际金本位制崩溃后，各国先后实行纸币流通的国家信用货币制度。为了自身利益，世界各国纷纷组成了相互对立的货币集团，货币战接连不断，世界金融市场动荡加剧。直到第二次世界大战爆发时，整个资本主义世界金融货币关系一直陷于混乱之中。在二战的硝烟中，美国凭借在世界政治和经济领域的霸权地位，在英美金融外交的拉锯战中，建立了布雷顿森林国际金融系统，国际金融系统步入布雷顿森林系统时期。

战后的国际金融系统是各国立足本国利益而博弈的结果，特别是英美两国博弈的结果，是根据公共经济管理理论进行金融制度设计的结果。二战后期，美国政府建立了直属于国务院的“和平与重建问题委员会”，后更名为“对外关系问题顾问委员会”，负责规划战后国际政治经济秩序，谋划战后有利于美国的世界秩序，并依托经济发展带来的国际金融体制的决定权，利用资本主义各国对其形成的经济依赖，依靠金融外交成功地从英国手中“和平”地夺得世界霸权，在没有硝烟的以“存款”原则为核心的“怀特计划”和以“透支”为原则的“凯恩斯计划”的角逐中主宰了国际金融秩序和国际贸易秩序。1944年7月1—22日，通过布雷顿森林会议，美国凭借强大的经济实力，迫使与会国通过了《联合国货币金融协议最后决议书》以及《国际货币基金协定》和《国际复兴开发银行协定》，建立了布雷顿森林国际金融系统。该国际金融系统的运作机制如下：

一是国际货币基金组织和世界银行两大国际金融管理组织是负责该系

统运行的调控机构，前者负责维护国际金融市场的稳定，后者负责向成员国提供战后重建资金和发展援助。二是美元与黄金挂钩，通过黄金确定美元的固定币值。各国确认 1934 年 1 月美国规定的 35 美元 1 盎司的黄金官价，美国则承担向各国政府或中央银行以美元按官价兑换黄金的义务；各国政府需协同美国政府干预市场的金价，以维护黄金官价不受国际金融市场金价冲击。三是其他国家货币币值与美元挂钩，即各国货币与美元保持稳定的汇率。各国货币与美元的汇率可按各国货币的含金量确定，或不规定含金量而只规定与美元的汇率。四是实行固定汇率制。各国货币不得轻易改变其含金量，如果含金量的变动超过 10%，就必须得到货币基金组织的批准。而且，各国政府之间在进行即期外汇交易或黄金买卖时，其汇率和金价变动幅度不得超过法定汇率和黄金官价的 1%。各国政府有义务干预金融市场的外汇市场和黄金价格，以确保汇率和金价的稳定。

布雷顿森林国际金融系统的本质是美元与黄金直接挂钩的国际金汇兑本位制，是一种固定汇率制。美元与黄金挂钩，各国货币对美元实行固定汇率，是布雷顿森林国际金融系统的两大支柱。在这种体系下，黄金为基础货币，美元成为最主要的国际储备货币，故又称为黄金—美元本位制。该货币体制的建立，结束了二战前国际金融体系的混乱状态；美元弥补了国际清偿能力的不足；国际货币基金组织为各成员国提供的各种贷款一定程度上也暂时缓和了部分成员国国际收支的紧张状况；固定汇率制保持了汇率的相对稳定，给国际贸易、国际信贷和投资活动提供了有利条件，有利于世界经济的稳定和增长，促进了战后世界经济的发展。

（二）布雷顿森林国际金融系统下的系统性金融风险

对除美国之外的国家而言，布雷顿森林金融系统给各国带来的系统性金融风险主要有以下几个方面：

第一，布雷顿森林国际金融系统是一种建立在不平等关系基础上的、不合理的货币制度。在这种制度下，基准货币国家美国享有特权，可以获取巨大利益，而其他国家则处于附庸地位。一是美元本来是美国一国货币，但通过布雷顿森林国际金融系统的制度设计却变成国际基准货币，成为世界主要储备货币和国际清算与支付手段。所以，美联储实际上也就成为世界各国的“中央银行”，这使美国在不动用本国黄金储备的情况下就能通过滥发美元和信用扩张、收缩来操纵世界各国的贸易和金融，并可利用美元进行资本输出，通过贷款、投资和“援助”等手段向世界各国进行扩张，谋取巨大利益。除美国之外的世界各国都面临着美国转嫁金融风险，国家金融系统被操纵，经济利益被剥夺的金融风险。二是美元定值偏高。35 美元/盎司黄金的价格是1934 年美国规定的法定含金量，为促进出口，当时定价偏高，经过两次大战和战后的通货膨胀，美元购买力不断下降，美元的“法定含金量”早已降低了很多，但却通过布雷顿森林国际金融系统的确立得到世界各国的确认。这有利于美国从国外搜刮更多黄金，用定值偏高的美元从世界各国搜刮更多的物质财富，收购各国企业；在当时各国物资奇缺的历史条件下，还有利于美国用定值偏高的美元销售自己的商品，谋取暴利。除美国之外的世界各国都面临美元贬值而被掠夺的货币兑换风险以及经济资源被掠夺的经济风险。三是在布雷顿森林国际金融系统下，各国货币钉住美元，为维持本国货币兑美元的汇率，各国必须储备美元，以便维持对美元汇率的稳定。而基准货币国家美国却可以直接开动印钞机即可弥补国际收支逆差。除美国之外的世界各国都面临汇率调控成本风险以及汇率调控带来的金融风险。

第二，布雷顿森林国际金融系统不稳固。一是该系统本质上是一种国际金汇兑本位国际金融系统，继承了金汇兑本位制的弱点，即基准货币国家与依附国家相互牵连。该系统的汇率制度是“可调整的钉住汇率”制，汇率定得过死。一般情况下，各个钉住国家不能调整法定汇率，为了纠正对外收支失衡往往会引起国际经济失衡；国际收支逆差国往往因采取紧缩性货币政策而引发经济衰退，顺差国则会因采取扩张性货币政策而导致通货膨胀。这样，世界各国金融就与美国金融系统牵连到一起，美国金融系统一旦存在风险，世界各国就会卷入其中，引发世界性金融风险。二是该系统要求“美元与黄金挂钩”，但因汇兑条件的要求使得这种联系并不紧密。除美国之外的世界各国既要承担汇率调整的义务，又要保证与美元的汇率保持不变，这实际上是国内政策与国际政策的悖论，增加了国家宏观经济调控的成本，国家面临宏观调整带来的巨大金融风险。三是该系统过分强调汇率的稳定，忽视了国际收支调节。所有国家都争取国际收支盈余，而不愿采取措施保持收支平衡，造成有些国家不断积累盈余，而有些国家又不断积累赤字，最终必然导致各国收支失调。除美国之外的许多国家都面临巨大的债务危机风险。四是该系统最致命的弱点是无法对付“特里芬难题”①，即基准货币国美国的国际收支无论出现顺差还是逆差都会给该系统的正常运行带来困难。世界各国储备的增加，要靠美国国际收支的赤字，美国国际收支长期赤字则会造成美元大量过剩，从而降低美元的信用甚至引起美元危机。反之，美国如果力求保持国际收支平衡，稳定美元，则又会造成国际清偿能力不足。随着国际贸易的增长，各国对国际储备的需求日益增加，但其来源不外乎黄金、基金组织的贷款和美元，黄金供应不足，基金组织的贷款也有一定的限度，那么，剩下的就只有美元了。因此，随着各国储备的增加，必然会引发美元供不应求，国际清偿难以进行，严重到一定程度就会引发美元危机，触发世界性金融危机。

布雷顿森林国际金融系统给该系统的核心国美国也带来了金融风险。随着系统内部矛盾的不断深化，布雷顿森林国际金融系统很快就摇摇欲坠，陷入全面危机。由于国家发展的不平衡性，欧洲国家和日本战后发展较快，逐渐改变了对美逆差的格局。所以，自20世纪50年代后，美国的黄金开始大量外流，黄金储备急剧下降，短期外债规模不断扩大，对美国能否实现按官价兑换黄金的担心也就不断增加，最终必然形成抛售美元、提取黄金的风潮，即引发布雷顿森林国际金融系统的核心国美国的美元危机。美国无法承担按照官价兑换黄金的义务，世界各国也不再承担维持美元汇率的义务，美元也不再是各国货币的中心，布雷顿森林系统最终

① 即20世纪50年代末，美国耶鲁大学教授罗伯特·特里芬(Robert Triffin)发现的现象：基准通货国美国的国际收支无论是顺差还是逆差，都会造成布雷顿森林金融系统运行困难。

解体。

总之，除了微观金融风险和由此引发的系统性风险之外，布雷顿森林国际金融系统还给各国带来了外源性金融风险。这是由金汇兑制固有的弱点决定的，是核心国与周围国家之间金融国际博弈的结果。

三、牙买加国际金融系统下的国家金融风险及其种类①

在布雷顿森林国际金融系统解体之后，以“牙买加协议”为基础的牙买加国际金融系统已经运行了近 30 年，但它并不是十全十美的国际金融系统，给国家带来的金融风险也是十分明显的。

（一）牙买加国际金融系统

“牙买加协议”涉及汇率制度、黄金、扩大国际货币基金组织对发展中国家的资金融通，以及增加会员国在国际货币基金组织的份额等问题，主要包括以下四个方面的内容：一是实行浮动汇率制。固定汇率制与浮动汇率制暂时并存，但会员国的汇率政策必须接受国际货币基金组织的监督，以防各国采取损人利己的货币贬值政策。在世界经济恢复稳定后，国际货币基金组织经过 85% 的总投票权同意，可以再恢复“稳定的但可调整的平价制度”。二是黄金非货币化。国际货币基金组织成员国央行按市价从事黄金交易，取消会员国之间、会员国与国际货币基金组织之间以黄金清偿债权债务的义务，降低黄金的货币作用，逐步处理国际货币基金组织所持有的黄金，按市价出售其黄金总额的 1/6（约 2500 万盎司），另有 1/6按官价归还各会员国，剩余部分（约 1 亿盎司）根据总投票权 85% 的多数做出具体处理决定。三是确定特别提款权作为主要储备资产（耐人寻味的是，这似乎是对“凯恩斯计划”的回归）。确定在今后的货币系统中，以特别提款权作为主要储备资产，将美元本位改为特别提款权本位。为了增强特别提款权的地位，一方面增加国际货币基金组织会员国缴纳的基金

① 参阅：韩世隆，等．主编．世界经济简明教程[M]．成都：四川大学出版社，1992：319－337.

份额，由原来的292亿特别提款权单位增加到390亿特别提款权单位，增加33.6%。通过扩大特别提款权的发行量来提高国际货币基金组织的清偿能力；另一方面，做出规定，允许参加特别提款权账户的国家用特别提款权来偿还国际货币基金组织的债款，使用特别提款权作为偿还债务的担保，各参加国也可以用特别提款权进行借贷。以此来扩大特别提款权的作用，最终使特别提款权成为主要的国际储备资产。与此同时，还要加强国际货币基金组织对国际清偿能力的监督。四是扩大对发展中国家的资金融通。用出售黄金所得建立信托基金，以优惠条件向最穷困的发展中国家提供贷款，将国际货币基金组织信贷部分的贷款额度由会员国份额的100%提高到145%，并提高国际货币基金组织“出口波动补偿贷款”在份额中的比重，由占份额的50%增加到占份额的75%。

牙买加国际金融系统具有以下四个特点：一是继承了布雷顿森林体系的固有国际组织：国际货币基金组织和世界银行。二是国际储备多样化。牙买加会议虽然确认特别提款权为主要国际储备资产，但特别提款权难以取代美元、黄金地位成为主要国际储备资产。所以，国际储备开始出现了分散化的趋势。一方面，美元发行量过大，在国际结算领域的地位已经极其稳固，可谓积重难返，牙买加国际金融系统的确立并没有改变这种局面，美元仍是最主要的国际货币。但美国实体经济地位的相对下降致使美元地位在不断下降，而西德马克、日元、欧洲货币单位等货币的地位则不断增强，并日益成为重要的国际储备资产。另一方面，国际货币基金组织虽然继续推行“黄金非货币化”的政策，但黄金的货币作用并没有完全消失，黄金仍然是重要的国际储备资产。三是汇率制度多样化。1976年1月，牙买加会议正式认可各国可以自由做出汇率方面的安排，同意固定汇率制与浮动汇率制暂时并存，至此，国际货币系统进入了一个以浮动汇率为主的多种汇率体制时期。目前，全球有三类基本的汇率安排：①独立浮动汇率安排，实行国家包括美国、欧盟、日本和部分新兴市场经济体；②固定汇率安排，包括实行货币局制度和传统钉住汇率制度的国家，以及已取消法定货币国家（如欧盟内部和实行美元化的国家）；③“中间道路”

安排，即各种介于浮动汇率和固定汇率之间的安排，如爬行钉住制、区间浮动制和管理浮动制等，主要包括一些外向型程度较高或国内通货膨胀比较严重的发展中经济体。据统计，2002 年，在 IMF 的 186 个成员经济体中，实行上述三类汇率安排的国家分别占 22%、48% 和 30%。[①] 各个主要工业国家全都实行了浮动汇率制。在这种浮动汇率制下，有单独浮动，也有共同浮动。比如，美国、日本、加拿大、澳大利亚和新西兰货币实行单独浮动，欧盟国家的货币采取固定汇率，新兴工业国家和发展中国家的货币或是实行管理浮动汇率，或是单独浮动，或是钉住美元、英镑、法郎及其他货币或特别提款权或自选的"一篮子"货币，或是按照一组经济指标（如官方外汇储备、进出口贸易、与主要贸易伙伴国的通货膨胀率差异、国际收支等）进行浮动，等等。可见，这种以浮动汇率制度为主的多种汇率体制可谓五花八门，混乱不堪。不过，比起布雷顿森林货币体系下的单一固定汇率制来说，它也显得更加复杂和灵活。四是国际收支的调节机制多样化。在牙买加货币体系下，国际收支的调节可以通过汇率机制、利率机制、基金组织的干预和贷款、国际金融市场的媒介作用和商业银行的活动，以及有关国家外汇储备的变动、债务、投资等多种因素结合起来进行。比如，利用汇率机制调节国际收支失衡，主要是依靠汇率的浮动。当一国对外收支经常项目发生逆差时，对外汇的需求往往大于外汇的供给，因此该国货币的对外汇率便会下浮，该国的出口商品便会增加，进口商品便会减少，从而贸易收支、对外经常项目收支状况便会得到改善。反之，当一国对外收支经常项目发生顺差时，外汇供求关系的变动会使该国货币的对外汇率向上浮动，使该国的贸易收支、对外经常项目收支顺差减少，或者恢复收支平衡，甚至出现逆差。但是，由于各种条件的限制，汇率机制对国际收支的调节作用并不都是灵敏的。利用利率机制调节国际收支失衡，是通过利率变动进行的，即通过一国实际利率与其他国家实际利率的差异来引导资金流入流出，从而调节国际收支。一般情况下，高利率可以

---

① 张礼卿．国际金融体系：历史、现状与趋势[J]．求是，2003(22)：59.

导致资金流入，低利率则使资金流出。当然，依靠利率机制调节国际收支有时也会产生副作用。比如，高利率会促使对外汇率上浮，其结果不利于本国商品出口，导致贸易收支逆差的出现。利用基金组织的干预和贷款调节国际收支，主要是向逆差国提供贷款，帮助逆差国克服国际收支困难，并指导和监督逆差国与顺差国双方调节国际收支，使双方“对称地”承担调节国际收支的任务，以消除全球性国际收支失衡现象。由于基金组织的实力有限，这一调节机制作用的发挥也是不充分的。应该指出，国际金融市场中国际商业银行的存贷活动对调节各国的国际收支也发挥了巨大的作用。除了动用上述调节机制外，逆差国还可动用外汇储备，或依靠借外债或吸引投资来应付国际收支逆差；顺差国也可利用增加外汇储备，或用顺差余额增加对外贷款或对外投资进行调节，等等。

（二）牙买加国际金融系统下的金融风险

牙买加国际金融系统对维持国际经济正常运转、推动世界经济持续发展发挥了重要作用，但也给国家金融系统带来了巨大的系统性金融风险。也就是说，在布雷顿森林国际金融系统下，国家除了面临微观金融风险及由此引发的系统性金融风险之外，还面临国际金融系统带来的债务风险、跨境资金流动风险、汇率风险等外源性系统金融风险。

首先，虽然牙买加国际金融系统在一定程度上解决了“特里芬难题”，实现了国际储备多元化，但也使国际货币格局错综复杂，缺乏统一性和稳定性，威胁国家储备资产的安全，带来了巨大的金融资产风险。在牙买加国际金融系统下，美元地位不断下降，而其他国家货币地位不断增强，逐渐形成了一个以美元为中心的多元化国际储备体系。这种多元化国际储备体系，固然有利于一国的外汇管理和减少汇率变动带来的风险，降低美元贬值对世界储备体系的影响，在一定程度上缓解了国际清偿能力问题，但它也的确存在严重的内在不稳定性，即多元国际货币缺乏统一、稳定的货币标准，使国际货币格局错综复杂，跨境资金流动频繁，导致外汇市场动荡不安。这种情况对发展中国家特别不利。由于发展中国家的经济基础薄弱，缺乏应对金融动荡的经验和物质准备，所以，它们在国际贸易和储备资产方面困难重重。同样，这种情况也给整个国际贸易与信用的正常运行与世界经济的顺利发展带来不利的影响，使国家系统性金融风险明显增加。

其次，虽然牙买加国际金融系统基本摆脱了基准通货国家与依附国家相互牵连的弊端，但汇率波动频繁而剧烈，跨境资金流动频繁，加剧了国际金融系统的动荡，给国家带来了新的金融风险——跨境资金流动性金融风险。牙买加金融系统下的以浮动汇率为主的多种汇率体制，隐藏着诸多风险。一是汇率波动过于频繁、过于猛烈，国际贸易和金融市场受到严重冲击，导致金融危机频发。二是浮动汇率易加剧世界性通货膨胀，因为汇率下浮经过一定时期后，商品出口将会增加，商品进口将会减少，国内物价将会上涨。所以，总体来说，汇率下浮提高了各国的物价。再加上国际货币基金组织对国际储备的控制力弱化，一些国家可以无限地继续实行膨胀政策，而不考虑国际支付问题，最终导致世界性通货膨胀。因而，增加了各国宏观调控的成本。三是汇率的变动不定势必影响国际信用的发展。因为汇率波动，在国际借贷关系上不是债权方蒙受损失，便是债务方负担加重，甚至引发债务危机。为规避汇率波动风险，各国投入的人力物力增加，国际贸易成本增加。四是汇率的急剧波动助长了外汇市场的投机活动，加剧了国际金融市场的动荡与混乱。从以上内容可以看出，牙买加国际金融系统下的多种浮动汇率体制，使国际金融货币关系更加扑朔迷离，跨境资金流动引发的系统性国家金融风险急剧增加。

再次，虽然在一定程度上缓解了布雷顿森林货币体系调节机制失灵的困境，但国际清算问题严重化。在牙买加国际金融系统下，国际收支调节机制的多样化，固然在一定程度上缓解了布雷顿森林国际金融系统调节机制失灵的困难，但由于它本身调节机制存在的诸多局限性，仍然没能从根本上解决国际收支的失衡问题。比如，牙买加国际金融系统下的汇率机制，虽然灵活，但也存在诸多弊端；利率机制虽能调节资金的流进流出，但也会产生一定的副作用；国际货币基金组织虽增加了信贷能力，但却无力指导并监督顺差国与逆差国双方对称地调节国际收支等，致使逆差国储备锐减，债台高筑，顺差国储备猛增，有的成为重要的资本输出国，甚至是最大债权国，而有的则沦为资本净输入国，乃至最大债务国，使全球性国际收支失衡问题日益严重。可见，布雷顿森林国际金融系统使国家债务型金融风险急剧增加。

综上所述，牙买加国际金融系统的形成，一方面促进了世界经济的发展，对世界金融货币关系产生了积极作用，另一方面，由于系统本身存在诸多弊端，对世界经济的正常运行也产生了一些不利的影响。特别是近年来，牙买加国际金融系统的弊端日益显露出来，不利影响逐渐增强。面对这一局势，国际社会正在加紧合作，进一步改革国际货币制度，力求建立一个健全的、公平合理的国际金融系统。但是，由于不同的货币制度对各个国家的利害关系不同，所以在今后的货币改革中必然存在巨大的利益冲突，这就决定了它必然是一个长期的、复杂的和曲折的过程。

人类货币体系的百年变迁史，是货币本质渐渐凸显和信用秩序逐次扩展的进程。① 当前，有两个动向值得注意。一是美元地位的变化。如前所述，以美元为中心的世界货币体系崩溃后，美元的实力地位虽下降了但没有完全丧失，多种国际储备体系中仍以美元为主，目前还有不少国家的货币与它相联系。因此，美元地位的变化仍会对今后世界货币体系的发展产生重要影响。由于美元摆脱了按照官价兑换黄金的限制，去除了生产全球公共金融产品的义务，美国的机会主义倾向增加，随时通过增发钞票，操纵美元币值，剪世界各国的“羊毛”，剥夺其他国家的劳动成果，使世界各国面临巨大的金融风险。而来自美国的金融风险可能直接冲击国际金融市场，形成世界性金融危机。二是地区性的多中心货币集团的出现和发展。比如，英镑区和法郎区都在加强自己的活动和联系；日元的国际化趋势也日益加强，最引人注目的是“欧盟金融系统”的发展。作为应对美国机会主义倾向引发的金融风险的措施，国际货币的区域化极有可能催生欧

① 钟伟．国际货币体系的百年变迁和远瞻[J]．国际金融研究，2001(4)：13.

元、亚元和美元三足鼎立的国际货币格局，通过提供区域性国际金融公共产品，增强国际金融系统的稳定性，但要走的路恐怕还很长。

小　结

金融风险是风险的一种，是金融系统功能结构改变的结果。在现实国际金融系统下，根据风险的载体和来源不同，金融风险分为三种：微观金融风险、系统性金融风险和外源性金融风险。微观金融风险通过两种途径向系统性金融风险转化。外源性金融风险是由国际金融市场因素引起的系统性金融风险，是金融国际化的产物。

在布雷顿森林国际金融系统和牙买加国际金融系统下，外源性金融风险的诱因及表现有所不同。这是由两种国际金融系统的运作机制不同造成的。由于金融风险危及社会整体的生存和发展，所以，除了微观金融主体出于利己动机参与金融风险防范之外，作为管理公共经济和事务的机构，政府在金融风险防范中扮演了重要角色，特别是在系统性金融风险防范方面，其作用更是巨大。

第三章　金融监管与风险防范

金融是现代经济的核心，其安全稳定运作是国民经济健康有效运作的基础，涉及整个经济社会的安全稳定运行。但来自国民经济系统内部和外部的各种金融风险的存在又时刻威胁着金融系统的安全。因此，世界各国纷纷采取措施，通过金融监管把防范金融风险、维护国民经济健康发展作为国民经济管理的重要一环。

一、金融监管演化的历史①

金融风险防范问题是个公共经济管理问题，涉及金融防范主体、防范对象、防范手段措施等多个要素。金融监管各要素都是随着金融系统的发展而不断演化出来的。

（一）中央银行的产生

中央银行是在商业银行市场竞争的基础上独立出来的特殊银行。商业银行、股票公司和保险公司等在金融市场演化的基础上逐渐形成的各种金融主体，都以自己的利益最大化为目标，使尽浑身解数，尽最大努力谋取利益，并防范可能发生在自己身上的金融风险，表现出无与伦比的个体理性。利用信息不对称，通过制造金融恐慌谋取暴利，有的金融市场主体忘记了虚拟经济为实体经济发展低成本配置资源的本来职责，蜕化为少数人

---

① 参阅:李成,主编．金融监管学[M]．北京:科学出版社,2006. 李江,主编．金融发展学[M]. 北京:科学出版社,2005.

聚敛钱财的工具，不惜以身试法，违反基本社会公德，急速聚敛财富，导致金融市场动荡甚至出现金融危机。这不同程度地使个体利益背离了人类整体利益，危机到人类整体的发展，个体理性与集体理性极度背离。

为了保证金融市场的稳定和效率，发挥金融系统为实体经济有效配置资源的作用，在金融主体竞争的基础上衍生出了最早的代表社会整体利益的金融监管主体——中央银行。从制度经济学的角度看，中央银行实际上是在竞争中脱颖而出的商业银行，本质上是私有的。在金融市场形成的早期，各商业银行依靠自己的实力和信誉展开激烈竞争。其中，实力强而信誉又强的商业银行脱颖而出，代表国家承担起货币发行的职责，变身为特殊的商业银行——中央银行。中央银行在行使货币发行权的同时也担负起公共金融风险防范的职责。由于国民经济相对简单，银行对国民经济的影响还不是十分巨大。这时的中央银行虽是私人银行，但也只是利用货币发行专有权获取利息收入，对整个国民经济发展的影响并不大。

（二）政府金融监管部门的形成

在中央银行的基础上，随着市场的演化，国家金融监管系统开始出现分权。为了获取更多利益，中央银行一度通过货币发行松紧交替变化的方式榨取国民收入。随着这种技术的扩散，各商业银行纷纷效仿。在局部区域，一些商业银行也开始通过以操纵市场的方式获取暴利，导致经济危机频发。为减少银行利益最大化冲动对国民经济发展的危害，金融治理的矛头逐渐转向了中央银行。如何在减小中央银行特权带来危害的同时加强对商业银行的约束，成为社会关注的焦点。为遏制银行操纵市场，加强金融系统监管，尽最大努力规避由于利益集团逐利行为导致的发展成本增加，以尽可能实现社会经济资源配置的帕累托最优，保证国民福利的最大化，市场主体的部分公共产品生产权利收归政府，分权和监管专业化就成为必然的选择。

金融监管主体开始朝多样化、职能专业化方向发展。首先，中央银行的监管职能逐渐弱化，并出现政府化倾向。中央银行的职能逐渐被剥离，专门负责宏观调控，维护货币稳定，引导市场稳健发展。其次，银行业的监督管理职能从中央银行职能中分离出来，由银行业监督管理机构担当；而对证券业和保险业的监督管理职能也分别从中央银行职能中分离出来，分别由证券业和保险业的专门监督管理机构担当，公共金融风险防范政府化。各金融主体（政府、微观金融主体、各种金融协会和个人）在分工的基础上，都把不同层次的金融风险防范作为自己的职责，但最主要的金融风险防范主体还是政府，它通过金融监管在金融风险防范中，特别是对于国家系统性金融风险的防范起着举足轻重的作用。在现代金融学中，政府的金融风险防范也就称为金融监管，即“政府为了弥补金融市场上信息不完全和外部效应等金融市场自身无法克服的障碍，从而对金融机构的市场准入、经营和退出进行的全方位的管理和监督”。

由于本书的研究主题是巴西、俄罗斯、印度、南非“金砖四国”的金融风险防范问题，研究重点是政府金融监管问题，因此其他金融风险防范主体风险防范问题的研究仅处于辅助地位。

二、政府金融监管理论的历史演进[①]

金融监管是随着金融系统的产生和发展而逐渐产生、发展起来的，经历了一个十分复杂的过程。金融监管理论是金融监管实践的理论反应，我们可从其理论发展历程透视金融监管的发展过程。有关金融监管的理论，在适应金融监管的实践需要过程中经历了四个发展阶段。

（一）金融监管理论的古典经济学阶段

在20世纪30年代之前的古典金融监管理论阶段，货币中性是其理论得以逻辑演绎的前提。在金融监管的早期，与金融业相对不发达的历史现实相适应，货币对实体经济没有实质性影响，是中性的。所以，为了降低

① 参阅：李成，主编．金融监管学[M]．北京：科学出版社，2006. 李江，主编．金融发展学[M]. 北京：科学出版社，2005. 王爱俭，主编．国际金融理论研究：进展与评述[M]．北京：中国金融出版社，2005.

交易成本，政府只需统一货币就可以。正如统一度量衡一样，只要为实体经济活动提供交易便利就够了，政府只需扮演“守夜人”角色而不必干预虚拟经济活动。因此，中央银行制度便产生和发展起来，完成统一货币发行和票据清算的使命。这个时期，占主导地位的金融监管理论就是亚当·斯密的“真实票据”理论，强调只要商业银行主要投资于体现实际生产的短期商业票据，就不会引发通货膨胀或紧缩，“看不见的手”仍然能够发挥作用，并不需要政府专门来管理货币。随着虚拟经济的复杂化，逐渐出现了市场失灵现象。因此，亨利·桑顿在1797—1825年的“金块论战”中首先对“真实票据”理论发难，指出真实票据的不断贴现将导致信用链条的延长和信用规模的成倍扩张，真实票据原则并不能保证银行有足够的流动性或货币供给弹性，无法避免银行遭到挤提以及引发通货膨胀或紧缩。因此，以真实票据为原则发行银行券的政策存在发行规模过度的危险，应该受到集中的监管。桑顿的观点逐渐得到各国政府的支持后，中央银行如雨后春笋般地建立起来。建立中央银行制度的最初目的是统一货币发行，统一票据清算，而不是监管整个金融体系，更不涉及金融机构的微观行为。

中央银行制度的产生为商业银行的发展提供了优越条件，促使商业银行之间以及虚拟经济与实体经济之间的关系发生了根本性变革，使虚拟经济成为国民经济的中枢，虚拟经济运作的障碍能够给国民经济的发展带来灾难性的影响，使作为公共产品主要生产者的各国政府不得不把注意力聚焦虚拟经济的正常运作。可以说，中央银行制度的普遍确立是现代金融监管的起点，有关的金融监管理论也由此逐步形成。

货币发行和票据清算统一之后，货币信用的不稳定问题仍然没有解决。金融机构不谨慎的信用扩张可引发金融系统连锁反应式波动，而信用紧缩则会造成经济发展的瓶颈。因此，作为货币管理者，中央银行逐渐承担起最后贷款人（LLD）的责任，对信用进行“保险”，为金融机构提供必要的资金支持和信用保证，以防止因公众挤提而造成银行连锁倒闭和国民经济活动的剧烈波动。但“最后贷款人”制度仍然算不上金融监管，只是在一定程度上为中央银行后来进一步演变为更加广泛的金融活动的监管者奠定了基础。

中央银行“最后贷款人”的新角色，使其进一步对金融机构的经营行为进行检查成为必要。所以，中央银行向监管金融市场的风险靠近了一步。为了避免金融机构逐利行为导致的金融系统失衡带来的连带损失，中央银行就必然要求对金融主体的交易行为进行全方位监管，由对单个商业银行经营行为的检查一直发展成为现代央行对所有金融机构的检查，由对商业银行进行的各种现场检查发展到各种非现场检查。但这种检查主要是基于贷款协议的商业安排，类似于商业银行对借贷企业所进行的财务及信用检查，而不是行政上或法律上的行为。这种遗迹在今天的西方金融机构设置中还能够看到：一些国家的央行还是股份制的私人机构，虽然承担着金融公共管理的职能。

（二）以强化监管为核心的阶段

20 世纪 30 年代，席卷西方世界的经济大萧条使金融监管理论进入了以强化监管为核心的时期，并一直持续到 70 年代。这个时期是真正意义上的金融监管产生的阶段。由于国家金融系统的进一步复杂化和布雷顿森林国际金融系统下美元危机的不断爆发，以及市场信息的不完全和金融系统本身的特点，市场失灵不断出现。在30 年代爆发巨大经济危机之后，西方各国普遍采取需求学派的理念治理国民经济，主张国家干预和重视财政调节的凯恩斯主义占据了主流位置。

在这一时期，监管者专注于我们今天所说的“系统风险”①，维护金融体系安全，弥补金融市场信息不对称的金融监管理论主导了整个西方金融界。而主张政府干预，弥补市场缺陷的宏观调节理论以及市场失灵理论和信息经济学的发展，又进一步推动了强化金融监管的理论主张。自由银行制度和全能的金融机构具有较强的脆弱性和不稳定性，银行过度参与投行

---

① ［美］米歇尔·科罗赫，丹·加莱，罗伯特·马克．风险管理［M］．曾刚，等，译．北京：中国财政经济出版社，2005：4.

业务引发连锁倒闭的事实，使人们对经济危机导火索的认识进一步加深。这些因素促使二战后的西方主要发达国家进一步加强对金融领域的管制。在以凯恩斯主义为核心的宏观经济理论的影响下，传统意义上的央行货币管理职能已转化为制定和执行货币政策并服务于宏观经济政策目标；金融监管逐渐成为政府的职能，以立法的形式规定金融机构的具体经营范围、方式和干预方式逐渐成为这一时期金融监管的主要内容。

（三）放松监管、强调金融自由化的阶段

20 世纪 80 年代末，出于提高金融效率的考虑，金融监管思想进入了以放松监管、强调金融自由化的阶段。20 世纪 70 年代，由于过分强调宏观经济的供给调节，终于导致困扰发达国家长达十年之久的“滞胀”。无能为力的凯恩斯主义宏观经济政策濒临破产，新古典宏观经济学和供给学派为代表的自由主义理论思想开始抬头。国际金融系统由布雷顿森林体系向牙买加国际金融系统的转变也助长了金融监管的自由主义倾向。这种情况表现在金融监管理论方面就是，“金融压抑”和“金融深化”理论应实践的需要登上历史舞台。

金融自由化理论指出，政府实施的严格而广泛的金融监管，使金融机构和金融体系的效率下降，压制了金融业的发展，使金融监管实效背离了促进经济发展的目标；金融监管的实效也受制于政府解决金融市场不完全性问题的能力，监管并没有消除市场机制中存在的信息不完备和不对称现象，并使其更加严重，政府出现失灵。因此，金融理论界主张放松对金融机构的过度严格管制，实行利率市场化、业务范围和经营地选择自主化，恢复金融业的竞争，提高金融业的活力和效率。如果说 20 世纪 30—70 年代金融监管理论的核心是金融体系安全优先，那么，金融自由化理论则尊崇效率优先的原则。但是，必须指出的是，金融自由化理论并没有全面否定和摒弃政府的金融监管，而是要求政府在金融监管的基础上调和监管和效率，兼顾安全和效率。

（四）安全与效率并重阶段

20 世纪 90 年代至今，金融监管理论进入安全与效率并重阶段。金融自由化理论和政策的直接后果就是金融全球化。80 年代后半期至 90 年代初，金融自由化达到了高潮，很多国家纷纷放松了对金融的管制；一个全球化、开放式的、统一的全球金融市场雏形初现。但是，这也带来了一系列新的问题。自 90 年代初开始，一系列区域性金融危机相继爆发。人们重新开始关注金融系统安全和系统性金融风险问题，金融危机的传染与反传染一度成为金融监管理论的研究重点，对跨国资金流动的风险防范和跨国协调监管也成为当前金融监管理论的研究重点。这个时期，金融约束论成为金融监管理论进一步发展的标志性文献。国际清算银行、国际货币基金组织等国际金融组织对国际金融监管理论的发展也做出新的贡献。如何协调安全稳定与效率的关系成为金融监管理论研究的重心。现在的金融监管理论继续以市场不完全性为出发点研究金融监管问题，并越来越注重金融业自身的特殊性对金融监管的要求和影响。这些理论的出现和发展，不断推动金融监管理论朝管理金融活动和防范金融系统风险方向转变。鉴于风险和效益之间存在替代效应，当今金融监管理论既不同于效率优先的金融自由化理论，也不同于 30—70 年代安全稳定优先的金融监管理论，而是二者的进一步融合与均衡。这表明金融监管理论已经进入安全与效率并重的高级阶段。

三、金融监管的目标和原则①

政府出面行使金融监管的职权主要是为了防范微观金融风险酿成宏观金融风险，保护所有金融主体的合法利益。但同时，监管也要遵循一定的原则。

---

① 参阅：李成，主编．金融监管学[M]．北京：科学出版社，2006．李江，主编．金融发展学[M]．北京：科学出版社，2005．

（一）金融监管的四个主要目标

一是保障国家金融系统的安全稳定。金融业稳定、有序运行对整个国民经济健康发展至关重要，一家银行或金融机构倒闭往往会引起连锁反应，甚至引发金融危机。所以，国家金融监管的首要目标就是维护国家金融系统的安全和稳定。二是保护存款人和社会公众的利益。作为一种信用中介，银行集中了社会各阶层、各部门暂时闲置的货币和资本。如果银行经营出现问题，直接牵涉千千万万存款人和社会各界的利益，影响巨大。因此，国家要把保护他们的利益作为金融监管的重要目标之一。三是维护金融市场竞争公平、有效，增进所有金融主体的利益。竞争是市场经济的基本规律，也是保护先进、淘汰落后的有效机制。金融监管当局无不追求一个适度的竞争环境，既可以经常保持金融市场主体经营的活力，从而为社会公众提供廉价货币和优质服务，同时又可以避免因金融主体破产倒闭引发经济震动。即政府致力于创造一个公平、高效、有序竞争的市场环境。四是保证中央银行货币政策的顺利实施。货币政策是当今各国调控的主要手段，而货币政策的有效实施必须依托金融系统。因此，国家金融监管既要有利于货币政策的顺利执行，又要有利于政策信息及时准确地传导和执行。金融监管的总体目标是通过对金融业的监管，保证稳定、健康、高效的金融制度的有效实施。

总而言之，金融监管的目标有四个方面：一是保证金融机构的正常经营活动，鼓励金融业在竞争的基础上提高效率；二是创造公平竞争的环境，鼓励金融业在竞争的基础上提高效率；三是确保金融机构的经营活动与中央银行的货币政策目标保持一致；四是增强本国金融业在国际市场上的竞争力。①

（二）金融监管的原则

金融监管一般遵循分类、公平、公开三条基本原则。所谓分类原则就

① 殷孟波，主编．货币金融学[M]．北京：中国金融出版社，2014：230.

是将银行等金融机构按种类或按业务功能分门别类，分别管理。所谓公平原则是指在进行金融监管的过程中，不分监管对象，一视同仁，统一监管标准。公开原则就是指加强金融监管的透明度。中央银行在实施金融监管时须明确适用的银行法规、政策和监管要求，并公布于众，使银行和金融机构在明确监管内容、目的和要求的前提下接受监管。

具体来讲，这三个基本原则又可以细分为七个原则：一是依法监管原则。金融监管当局必须依法进行监管，而金融机构也必须接受国家监管当局的监管。二是适度竞争原则。金融监管当局要立足创造适度竞争环境，既要避免金融机构高度垄断而失去竞争活力，又要防止出现危及金融业安全和稳定的过度竞争、破坏性竞争。三是自我约束原则。将金融机构内部约束和外部约束相结合。四是综合管理原则。综合运用行政、法律等监管手段，实现监管的系统化和最优化。五是社会效益原则。以社会效益为准绳，决定金融机构的设立和业务范围，确定金融机构行为引导方向。六是管理机构一致性原则。各级监管机构要按照同一标准进行监管。七是监管的国际规则。参考《巴塞尔协议》《有效银行监管核心原则》《巴塞尔新资本协议》等国际条例进行监管。

四、政府金融监管的模式①

金融监管框架、金融体系结构（银行、保险和资本市场发达程度及相对重要性）以及金融机构特点（分业经营或混业经营）三者相互作用，从而形成具体的金融监管模式。国情不同，国家的金融系统组成结构也就不同，其金融监管模式也就不同。

（一）三种基本的监管模式

1. 统一监管模式

即多个金融行业或功能领域均由一个监管机构同时监管的模式。采用

① 参阅:李成,主编. 金融监管学[M]. 北京:科学出版社,2006.

这种监管模式的国家，其金融机构多是可提供多种金融服务的全能金融机构。这种监管模式监管权力高度集中，依托其规模效应而具有成本低、适应性强等优势。但也存在缺乏竞争、易导致官僚主义等缺点。截至目前，真正实行统一监管模式的国家有北欧的瑞典、挪威、丹麦、冰岛、英国，亚洲的日本、韩国等十几个国家。

2. 分业监管模式

即根据三个金融行业，即银行业、证券业和保险业的不同特点，国家分别设立专职监管机构，每个监管机构分别对各自行业实施审慎监管和业务监管的监管模式。采取这种金融监管模式的国家，其各个金融领域通常采取分业经营模式，金融集团也多采取控股集团的组织形式。目前，分业监管模式较为普遍，较为典型的国家有德国、美国、波兰、中国等。在这种监管模式下，三个专业监管机构分别负责不同的监管领域，比如，证监会负责监管证券行业，银监会负责银行业，保监会负责保险行业，具有分工细致，职责明确，专业化强，竞争引发的监管动力强等优势，有利于实现监管目标，易于提高监管效率。但也存在政出多门，监管行动难于协调，容易引起“监管套利行为”，以及机构庞大，监管成本高，规模不经济等劣势。

3. 不完全统一监管模式

这是介于纯粹统一监管和纯粹分业监管之间的一种改进型监管模式，是一种应用广泛的监管模式。按监管机构不完全统一和监管目标不完全统一的标准划分，这种模式又可进一步分为牵头监管和双峰式监管两种：牵头式监管是指三重监管主体之上存在一个牵头机构，能够及时协调不同监管主体之间的行动。双峰式监管模式依据监管目标的不同又设立了两种监管机构，一种负责对所有金融机构进行审慎监管，控制金融系统的系统性风险；另一种负责对不同金融行业进行业务监管。

此类监管模式是在金融业综合经营的金融生态下衍生出来的。实行不完全统一监管模式的国家有法国、德国、波兰、澳大利亚和巴西等国。其中，巴西实行的就是比较典型的牵头式监管模式。国家货币委员会负责协调中央银行、证券和外汇管理委员会、私营保险监理署和补充养老金秘书局的行动，是牵头监管者；后者分别负责对商业银行、证券公司和保险公司的业务监管和审慎监管。而澳大利亚实行的则是比较典型的双峰式监管模式。澳大利亚审慎监管局负责所有金融机构的审慎监管，证券投资委员会负责对证券业、银行业和保险业的业务监管。

与统一监管模式相比，不完全监管模式优势更大。其在一定程度上保持了监管机构间的竞争与制约，监管动力相对充足；各监管主体监管范围明确，监管规则一致，既发挥了各机构的优势，又将多重机构的弊端最小化；通过牵头监管机构磋商协调，信息交换充分和行动配合密切，监管成本降低，监管效率提高。与完全分业监管模式相比，这种模式既降低了多重监管机构间协调的成本和难度，又避免了监管真空或交叉及重复监管，优势十分明显。

（二）金融监管模式的发展趋势

各国金融监管的目标都是保证本国金融安全和金融资源的高效配置，但各国金融系统结构差异很大。所以，金融监管模式与金融业经营体制并不完全对应。英国、日本、韩国等国的金融业经营体制不同，但都实行统一监管模式。美国和印度分别是综合经营和分业经营体制的典型，但两国都实行完全分业监管。另外，监管体制还受本国历史文化传统和政治利益竞争的影响，不能简单地断定哪种模式更具竞争优势，关键是要适应自己的国情。只要所采取的监管模式能够完成监管目标，对这个国家来讲就是最好的。

中央银行作为金融业或银行业的传统监管者的地位受到挑战。今天不同类型的金融机构在市场上均占有相当重要的份额，特别是在实行统一监管模式的国家，银行在金融体系中一头独大的地位受到挑战。所以，在中央银行以外设立监管机构是近年来发展较快的趋势，但中央银行的监管作用并没有完全消失。在德国、法国、瑞士、瑞典、丹麦、比利时、英国等欧洲各国和加拿大，中央银行一般不直接负责金融监管，只是一定程度地参与法律制定或管理。在日本、韩国、新加坡、泰国、中国香港、印度等亚洲国家或地区，澳大利亚、新西兰等大洋洲各国和美国，中央银行均在很大程度上负有金融监管责任。发展中国家经济社会发展相对落后，抵御金融风险的能力较弱，容易发生金融危机，而且银行业在金融业中占主导地位，其中央银行往往在金融监管体制中占据较为重要的地位。

金融监管模式是金融业状况的函数，将随着金融业经营体制的变化而变化。自 20 世纪 80 年代起，特别是 90 年代以来，随着金融自由化的深入发展，金融业经营体制发生了很大变化。无论发达国家还是新兴市场国家都进行了不同程度的监管体制改革，主要表现为金融监管重点的变化：从外部监管转向内控制度强化；对金融控股集团和大型银行监管的强化；跨境资金流动监管和金融国际监管合作的强化。

总之，金融是为适应国民经济资源配置效率提高的要求而逐渐发展壮大起来的。在金融系统运行的过程中，受内外因素的影响，金融系统运行的结果可能会出现与人们利益诉求不相符的情况，从而产生金融风险。为了维护金融市场秩序，把金融资源配置到国民经济发展需要的地方，规避金融风险，国家组织演化出专门防止金融风险的功能，这就是金融监管。如何有效化解各种金融风险，有效配置金融资源，是金融监管的根本目标。为了达到这个目标，适应各国国情，产生出多种金融监管模式。这些金融监管模式虽然存在这样或那样的不同，但都立足国家金融经营体制和历史传统，努力维护本国金融安全，提高金融资源配置效率。

五、政府金融监管的具体措施[①]

在金融监管目标的指引下，依据监管原则的要求，国家金融监管机构对相应行业实行适当监管。现就银行业、证券业、保险业的监管情况分别

① 参阅：李成，主编．金融监管学[M]．北京：科学出版社，2006. 李江，主编．金融发展学[M]. 北京：科学出版社，2005.

进行概括性阐述。

（一）对银行业的监管

对银行业的监管大致包括六个方面：对商业银行设立与开业的监管；对商业银行业务运营的监管；对商业银行内控制度的监管；对商业银行的稽查和检查；存款保险制度；紧急援助。

第一，对于商业银行设立和开业的监管是通过审批制实现的。申请设立和开业的商业银行只有达到一定的门槛才能得到准许。这些门槛主要包括：为了保护存款人利益和维护银行系统的稳定性，设立商业银行必须达到法定的最低资本额，即资本金；组成商业银行职员团队核心力量的高级经理人员的综合素质必须在品质、能力、经验和信誉等方面符合一定的要求。另外，银行业竞争状况和社会经济发展的需要也是监管机构在审批时需要考虑的问题。

第二，对商业银行运营的监管包括多方面内容。一是对资本充足率的监管，保证商业银行正常运营和健康发展。二是对商业银行清偿能力的监管，强化商业银行应付挤提存款的能力，保证资产具有流动性。三是对商业银行贷款集中度的监管，督促银行把鸡蛋放到多个篮子里，分散信用风险。四是对商业银行信息披露的监管，促使商业银行及时向公众发布有关经营活动和财务状况的真实信息，避免弄虚作假，维护健康的金融秩序。

第三，对商业银行内控制度的监管。一是要求商业银行设立独立的授信风险管理部门，对不同币种、不同客户、不同种类的授信业务进行集中管理，避免因分散而可能导致的信用失控。二是要求商业银行建立岗位之间的监督制约机制，资金业务的组织结构应当体现权限等级和职责分离原则，做到前台交易与后台结算分离、自营业务与代客业务分离、业务操作与风险监控分离。三是要求商业银行存款及柜台业务应按照存款实名制等法规的规定，为客户开立、变更和关闭账户，严格合规地执行开销户登记制度。四是要求商业银行合规合法地开展中间业务。五是要求商业银行建立健全会计制度，全行切实、全面执行。六是要求商业银行按照计算机系统开发人员、管理人员、操作人员与业务人员不能互相兼任的原则，明确各自职责，构建彼此制约监督的工作机制，并配备专人负责计算机安全。

第四，对商业银行的稽核与检查。这种稽核和检查实际上就是监管机构根据国家规定，对金融业务活动进行的监督和检查。其内容包括：业务经营的合法性、资本金的充足性、资产质量、负债清偿能力、盈利情况和经营管理状况等。

第五，存款保险制度。为了维护存款人的利益和金融业的稳定，很多国家都设立了存款保险制度。这一制度为整个金融系统设立了一道安全防线，具有事先检查和事后监督的双重稳定作用。监管机构通过监督检查推动该制度的落实。

第六，紧急救援。通过检查，监管机构对经营不善的银行进行风险提示，必要时进行干预，危机时进行注资救援。

可见，银行监管贯穿银行经营业务始终，实行无缝监管，力求保证金融系统的安全、健康运行。

（二）对证券业的监管

为确保证券市场的健康、有序运行，国家证券监管机构根据证券法律法规对证券发行和交易实施监督和管理。国家对经济运行所采取的习惯调控方式、该国证券市场的发育程度和证券市场的自由度等是决定国家选择何种监管模式的主要因素。综观世界各国，目前证券监管有集中立法监管型、自律管理型和分级管理型三种模式。

集中立法型模式是指在证券监管中，政府通过立法进行监管并处于主导地位，而各种自律组织（证券交易所、证券商同业公会等）仅处于辅助地位的监管模式。采用这种模式的最典型的代表是美国，故有人称之为美国模式。联邦证券交易管理委员会是管理美国证券业的政府机构，而全国证券商协会和证券交易所都是自律性组织。前者是管理店头市场的自律性组织；后者是管理场内交易的，共有 2 家全国性和 8 家地区性证券交易所。

这种模式的特点有四个：一是实行统一的集权管理方式。二是证券监管机构制定并执行法律法规。三是证券监管措施以预防性措施为主。四是政府监管机构拥有证券监管方面的立法、行政和准司法权，是证券市场的权威监管机构。这种监管模式是行政监管和法律监管的统一，既保证了监管的有效性，维护了证券交易主体的自主性，又保证了证券市场的有效、健康运行。

自律管理型的监管模式完全依靠证券交易协会和证券交易商会等民间自律性组织进行管理，政府很少介入对证券市场的干预。实行这种模式的国家和地区有荷兰、中国香港、德国和意大利等。其中，尤其以英国为典型代表，所以，又称为英国模式。

其实，目前较具发展方向性质的是分级管理型模式。这种管理模式又分为二级管理模式和三级管理模式两种。前者是政府监管部门与自律组织联合进行监管的管理模式，后者是中央和地方两级政府监管部门与自律组织联合进行监管的管理模式。由于以行业公会为主的自律型管理容易形成行业垄断和利益集团，引发社会公愤，政府有必要维护证券市场竞争效率和公平，所以，目前世界多数国家的证券监管都有向分级监管过渡的倾向，如美国、法国和意大利都在不同程度地向二、三级管理模式转型的趋势。中国的证券监管实行的就是典型的三级监管模式，在政府集中统一的监管、调控下，充分发挥地方政府和证券市场自律组织的作用，综合运用法律和市场调节手段，实现中央监管、地方监管和市场自律相结合，维护证券市场的公平和效率。

证券市场的监管内容与银行业监管相似，分为证券发行市场的监管、证券交易的监管、证券交易市场的监管、证券经营机构的监管、证券从业人员和投资者的监管。证券发行市场的监管主要是通过注册制和核准制对上市公司上市发行证券资格的管理，即证券市场准入管理。目前，中国对证券市场准入的管理采用核准制与主承销商推荐相结合的证券市场准入管理制度。在证券流通监管方面，重点是抑制过度投机。其做法主要有三个方面：一是强化对证券交易所的监管。通过对证券交易所资质和交易行为的监管，充分发挥证券交易所的自律监管作用，保证证券市场的健康运行。二是强化对证券商的资质和交易行为的监管。通过登记制和特许制对证券商进行资质管理；通过对证券商代客理财及自营行为的检查和奖惩，实现对证券商的监管。三是依据“事前问责、依法披露和事后追究”的原则，通过对信息披露制度执行情况的监督检查，实现对上市公司的监管。

（三）对保险业的监管

保险业是比较特殊的金融行业，不仅涉及个人和单位的财产安全，还涉及个人的生命规划。所以，国家对这一金融行业的监管更为严格。

一般来讲，保险业的监管应遵循坚实原则、公平原则、健全原则和社会原则。所谓坚实原则就是要求保险公司的资产充足、清偿力强；所谓公平原则就是要求保险业从业人员在进入门槛上要一视同仁，对投保人在保险费率和保险条款上要一视同仁。所谓健全原则就是要求监管者在监管过程中指导和监督保险公司的稳健经营，提高经济效益，维护股东和合伙人的权益。所谓社会原则就是指监管者根据国家经济社会发展的需要，普及保险知识，指导保险业务发展方向和范围，促进社会进步和经济发展。

对保险业的监管主要包括偿付能力监管、财务监管和市场行为监管三部分。首先，所谓偿付能力监管是对保险公司偿还到期债务的能力的监管，即对实际偿付能力和最低偿付能力的监管。前者是指保险公司在某一时点上实际资产价值与实际负债之差；后者是指由保险法规定的，保险公司在存续期间必须达到的保险公司认可资产与负债差额的标准。保险业监管部门通过这些指标对保险公司实施监管。通常来讲，影响保险公司偿付能力的因素包括宏观经济环境、监管法规、自然环境和保险公司自身经营发展战略等。为了降低保险公司偿付能力变化的影响，目前各国都在努力争取建立一套完善的偿付能力预警体系，使监管政策指标化。其次，所谓的财务监管是指对保险公司资本金充足性、保险保障基金、准备金和资金运用的监管。对资本金的监管包括两个方面：一是规定保险公司的最低资本限额，即静态资本管理；二是实行风险资本管理，即动态资本管理。对保险保障基金的管理是指政府通过立法的形式建立的专门用于保护保单持有者的利益，弥补被保险人因保险公司破产而遭受的损失的基金。这种基金来源于保险公司，分为事前筹集和事后筹集两种方式。准备金是指保险公司根据政府或法律规定从保费和盈余中提取的一定数量的资金，用以维持充足的清偿力，履行公司未到期和未决赔款责任，保障被保险人的权益。对保险准备金的监管主要体现在对提取准备金的种类和数量的规定上。保险公司将资金投向适当领域以谋取收益的行为就是保险公司的资金运用。对资金运用的监管主要包括对资金运用的范围和比例的监管，目的在于确保资金运用的安全，维护保险公司的偿付能力；提高保险资金的运用效益，增强保险公司的经济实力。再次，市场行为监管包括保险产品及其定价的监管、保险产品促销和分销的监管，目的在于督促保险公司公平而有商业道德地合法经营。保险公司在出售产品之前必须将保单格式交于保险监管部门审批。任何具有不公平、欺骗性或违背公众利益条款的保单都不会通过审批。产品定价的主要方面就是费率确定，费率过高或过低都不利于保险市场的发展。费率监管的目的就是改善保险费率，使其合理、充足、公平。费率的监管通常着重于三个方面：一是费率分类体系是否合理；二是利润条款对消费者是否合理；三是巨灾处理是否恰当。对于保险促销的监管主要关注不正当交易行为、广告内容和促销材料内容；分销的监管主要关注保险代理人和经纪人的从业资格，提高他们的专业和职业道德水平。

保险监管的通用方式有公示方式、规范方式和实体方式三种。公示方式是指政府对保险业的经营部进行直接监管，只规定保险人按照政府规定的格式和内容，将营业结果定期呈报保险监管机关，并予以公布。规范方式是指政府规定保险业经营的一般准则并要求保险业共同遵守的监管方式。实体方式是指国家制定完善的监管规则，主管机构依法对保险公司乃至保险市场进行监管。在保险公司成立时，要经过政府审批并发放经营许可证；在经营过程中，必须在财务、业务等方面接受监管；在破产倒闭时，也必须接受政府的监管。

小　结

金融监管是金融风险防范最后的防火墙，是现代金融系统最重要的组成部分。

金融监管各要素都是随着金融系统的发展而不断演化出来的。中央银行起源于市场主体，是行使货币发行权特殊化的市场主体。随着金融监管主体朝多样化、职能专业化方向的发展，银行业、证券业、保险业等行业的监管职能从央行独立出来，形成多个金融监管部门。金融监管的理论是对金融监管实践的理论反映，经历了古典经济学、以强化监管为核心、放松监管并强调金融自由化、安全与效率并重四个阶段。

金融监管有保护国家金融系统的安全稳定，保护存款人和社会公众的利益，维护金融市场竞争公平、有效，增进所有金融主体的利益，保证中央银行货币政策的顺利实施等四个主要目标。金融监管一般遵循分类、公平、公开三条基本原则。世界各国的金融监管模式主要有三类：统一监管模式、分业监管模式、不完全统一监管模式。不完全统一监管模式又分为牵头式监管和双峰式监管两种。

在金融监管目标的指引下，依据监管原则的要求，国家金融监管机构采取措施对银行业、证券业、保险业等相应行业实行适当监管。具体监管措施主要包括市场准入、运营、检查、救援等。

比较篇

金砖国家金融系统与风险防范

在国际金融危机的深度调整期，作为牙买加国际金融系统下的后发国家，新一轮增长之星，金砖国家能否持续地增长下去，在很大程度上取决于金砖国家金融系统配置资金的效率和防范风险的能力，及维护经济持续发展的能力。而且，由于生存是发展之本，是发展的前提，金融风险防范能力对金砖国家就显得更为重要。本篇在国家金融系统、国际金融系统和金融风险防范的理论研究基础上，将金砖国家作为案例进行剖析，揭示了金砖国家金融系统的特点及其金融风险防范机制，为进一步推进中国金融持续健康发展奠定基础。

第四章　巴西金融系统及其风险防范

巴西是葡萄牙殖民活动的产物，其金融系统继承了欧洲金融系统演化的逻辑，是金融制度自然演化的结果，中间没有经过大的转轨或历史性的转折。与其他欧洲国家的金融系统一样，巴西金融系统是欧洲金融理念在巴西土壤自然再现的产物，是沿着欧洲金融系统发展的逻辑演化的。因此，巴西金融系统称为原生型金融系统。

一、巴西经济发展基础概况

作为一个从葡萄牙独立出来的殖民国家，巴西又称为巴西联邦共和国(The Federative Republic of Brazil)，拥有极其丰富的资源，不仅拥有丰富的自然资源，还具有雄厚的工业基础、运作成熟的社会经济体制，发展潜力巨大。

(一) 巴西的自然资源状况

首先，巴西的地理位置决定了农牧业发展资源优厚。巴西位于南美洲东南部，同除智利和厄瓜多尔以外的所有南美洲国家接壤，东临大西洋。境内有亚马逊平原、巴拉圭盆地、巴西高原和圭亚那高原，国土面积851.49万平方公里（巴西地理统计局数据），约占南美洲总面积的46%，仅次于俄罗斯、加拿大、中国和美国，是世界第五大国，是南美国土面积最大的国家。截至2017年7月，巴西人口2.028亿。其中，白种人占53.74%，黑白混血种人占38.45%，黑种人占6.21%，黄种人和印第安人等占1.6%。巴西海岸线长约7400公里，多优良港湾。80%的国土位于热带地区，南部地区年平均气温16℃～19℃，最南端属亚热带气候；北部亚马孙平原年平均气温27℃～29℃，属赤道（热带）雨林气候；中部高原属热带草原气候，分旱、雨两季，年平均气温18℃～28℃。亚马孙平原约占全国面积的1/3。亚马孙、巴拉那和圣弗朗西斯科三大河系几乎覆盖巴西全境。其中，亚马孙河全长6751公里，横贯巴西西北部，流域面积达390万平方公里，是世界上流域最广、流量最大的河流；巴拉那河系流经西南部，多激流和瀑布，水力资源丰富；圣弗朗西斯科河系全长2900公里，流经干旱的东北部，是该地区主要的灌溉水源。巴西森林覆盖率达62%，木材储量658亿立方米，占世界1/5。素有“地球之肺”之称的亚马孙森林面积达750万平方公里，占世界森林面积的1/3，其大部分位于巴西境内。丰富的光热水汽资源为巴西农牧业发展奠定了坚实基础。①

其次，丰富的矿产和水力资源为巴西基础工业的发展提供了坚实基础。铌、锰、钛、铝矾土、铅、锡、铁、铀等29种矿物储量位居世界前列。铌矿储量已探明455.9万吨，产量占世界总产量的90%以上。已经探明铁矿储量333亿吨，占世界9.8%，居世界第5位，产量居世界第2位。石油探明储量153亿桶，居世界第15位，南美地区第2位（仅次于委内瑞拉）。2007年底以来，在沿海陆续发现多个特大盐下油气田，预期储量500亿至1500亿桶，有望进入世界十大储油国之列。水力资源丰富，拥有

---

① 资料来源：中华人民共和国外交部网站，http://www.fmprc.gov.cn/web/gjhdq_676201/gj_676203/nmz_680924/1206_680974/1206x0_680976/.

世界18%的淡水，人均淡水拥有量2.9万立方米，水力蕴藏量达1.43亿千瓦/年。[①] 在西南部的世界第五大河——巴拉那河上有极为壮观的伊瓜苏大瀑布，巴西与巴拉圭合建的被誉为“世纪工程”的世界第一大水电站伊泰普水电站就建在巴拉那河上。这都为巴西相关基础工业的发展提供了坚实支撑。

（二）巴西的经济发展状况

首先，巴西拥有拉美最为完善的产业体系，工业基础较雄厚，实力居拉美之首。借助丰富的矿产资源和水力资源为基础工业发展创造的得天独厚的条件，巴西产业体系发展良好。历史上，巴西曾是个单一农业经济国家，蔗糖、咖啡等是其主要经济作物。20世纪初，巴西工业化进程开始启动。20世纪50年代起，巴西实行“进口替代型”国家经济发展战略，并通过大量举借外债取得了经济腾飞。其中，1967—1974年经济年均增长速度达到10.1%，创造了巴西奇迹，并初步建立了较为完整的工业体系。此后20多年，巴西一直为外债和通货膨胀所困扰，经济发展几乎陷于停顿。1994年7月，巴西推行“雷亚尔计划”：改用新的货币（雷亚尔）；经济非指数化；初步冻结公共部门的价格；奉行紧缩货币的政策；实行币值浮动，同时为其与美元相比的价值规定一个下限。通过这些政策，巴西把月通货膨胀率从1994年第二季度的45%降低到1996年的平均不到1%，成功控制了恶性通货膨胀，经济重归稳定增长。然而，财政状况则发生了问题；用GDP的一个百分数衡量的公共部门的余额在剔除支付的利息之后，从1994年的盈余4.3%减少到1995年的盈余0.4%，而到1996年则下降为赤字0.1%。[②] 经常项目赤字问题也变得日益严重，成为困扰巴西政府的大问题，国民经济对外资依赖急剧加深。在东南亚危机和俄罗斯金融危机冲击下，巴西被迫于1999年初宣布采取浮动汇率制，雷亚尔兑美元大幅贬

① 主要资料来源：中华人民共和国外交部网站，http://www.fmprc.gov.cn/web/gjhdq_676201/gj_676203/nmz_680924/1206_680974/1206x0_680976/.

② Benedict Clements. 巴西的雷亚尔计划、贫困和收入分配[J]. 国际货币基金组织和世界银行（季刊），1997(9).

值。由于巴西政府执行了严厉的财政调整措施，增收节支，巴西经济又迅速走上恢复之路，2000 年，巴西经济增长达 4.46%，通货膨胀也基本得到了控制。2001 年，受全球经济下行、阿根廷经济危机和国内电力危机的影响，巴西经济增幅下降至 2%~2.5%。国际金融危机之后，巴西采取一系列措施应对经济衰退，取得了较好成效，但随着美元加息的预期升温，2015 年一年之内巴西雷亚尔兑美元就暴跌了 46%①，随后在震荡中呈现不断下跌行情。巴西经济受到很大冲击。

借助巴西奇迹，巴西已经建立起完善的工业体系。当前，巴西主要工业部门有钢铁、汽车、造船、石油、水泥、化工、冶金、电力、建筑、纺织、制鞋、造纸、食品等；民用支线飞机制造业和生物燃料产业居世界领先水平。其中，药品、食品、塑料、电器、通信设备及交通器材等行业发展较快，制鞋、服装、皮革、纺织和机械工业等出现萎缩。如图 4 -1 所示，国际金融危机之后，巴西几种主要工业品的生产规模相对平稳。这充分显示了巴西工业基础的相对优势。2015 年，巴西工业产值 1.1494 万亿雷亚尔，占国内生产总值的 19.5%。值得一提的是，巴西是使用可再生能源较多的国家。2015 年，巴西可再生能源在一次能源生产总量中所占比例达 41.2%，其中甘蔗制乙醇和水力发电分别占一次能源生产总量的 16.9% 和 11.3%。乙醇、水电在可再生能源中占比分别为 41.1% 和 27.5%。巴西还有相对完善的核燃料循环工业。②

其次，巴西农业发达，国际竞争力强。当前，巴西农牧业可耕地面积逾 27 亿亩，已耕地 7670 万公顷，牧场 1.723 亿公顷，咖啡、蔗糖、柑橘、菜豆产量居世界首位，是全球第二大转基因作物种植国、第一大大豆生产国、第四大玉米生产国，同时也是世界上最大的牛肉和鸡肉出口国。③ 巴

① 巴西雷亚尔今年已下跌 46% 新兴货币中贬值幅度最大[OL]. 金融界，2015 - 12 - 02，http://forex.jrj.com.cn/2015/12/02202620173973.shtml.

② 资料来源：中华人民共和国外交部网站，http://www.fmprc.gov.cn/web/gjhdq_676201/gj_676203/nmz_680924/1206_680974/1206x0_680976/.

③ 资料来源：中华人民共和国外交部网站，http://www.fmprc.gov.cn/web/gjhdq_676201/gj_676203/nmz_680924/1206_680974/1206x0_680976/.

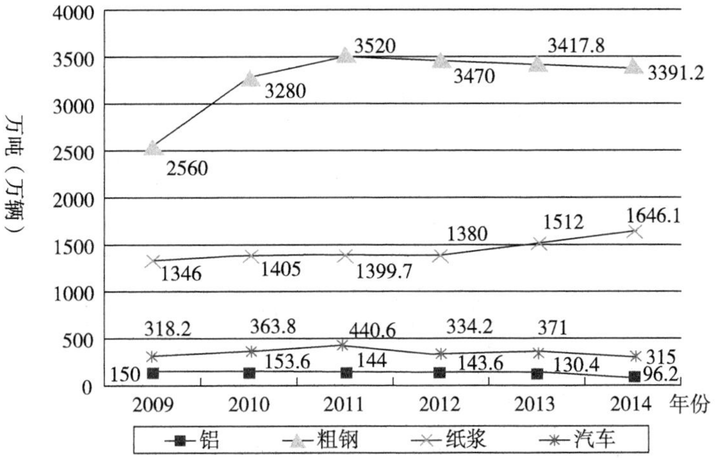

图 4 –1　巴西近几年四种主要工业产品产量变化情况

西还是仅次于美国和德国的世界第三大糖果生产国，糖果业年产值为 5 亿美元。

第三，巴西第三产业不仅产值最高，而且创造就业机会最多，对巴西经济发展举足轻重。巴西第三产业主要部门包括不动产、租赁、旅游业、金融、保险、信息、广告、咨询和技术服务等。2015 年，巴西服务业产值 3.6423 万亿雷亚尔，占国内生产总值 61.7%。可见，第三产业是巴西的支柱产业。

第四，巴西 GDP 增速整体相对稳定，绝大部分时间属于正增长。如图 4 –2 所示，据世界银行的统计数据，1966—1976 年，巴西经济有一轮速度极高的增长，增速一度达到 13%。随后，巴西经济增速快速下滑，进入大幅震荡阶段，直到 1991 年才结束。这个时期，巴西经济增速也创造了近 50 多年来的最低值。1991 年之后，巴西经济进入较高增速的小幅震荡期，经济增速小幅波动，趋于平稳增长。这个局面一直维持到国际金融危机爆发之后的 2013 年。2013 年之后，巴西经济增速又开始了新一轮的跳水。2016 年底，巴西经济增速开始反弹，一直持续到今天也没有结束。2017 年 2 季度，巴西 GDP 同比增长 0.27%。总体来看，自 1966 年以来，巴西经济增速经历了两轮大的波动，但总体稳定在2%～3%，除极端年份，上下波动幅度不大。

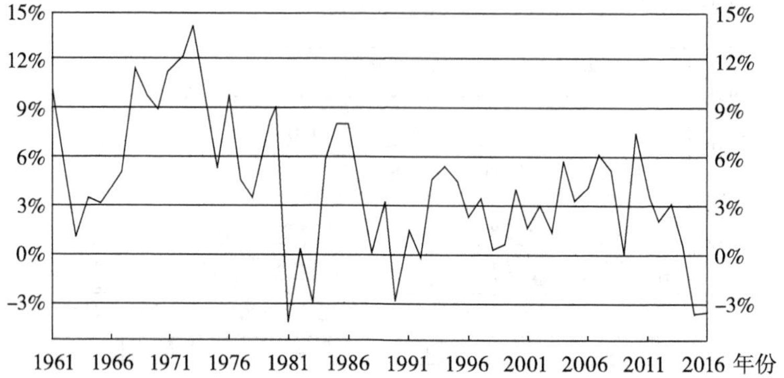

图4－2　巴西GDP（不变价格）同比增速变化趋势（1961—2016年）

数据来源：Wind资讯。

总之，巴西经济体已完成了由单纯的农业经济向工业经济的转化，是个门类齐全的经济体。随着实体经济的发展完善，巴西的虚拟经济也在不断完善之中。除个别极端年份之外，经济增速围绕2%～3%的线上下小幅波动，长期增速相对稳定。

（三）巴西财政及涉外经济状况

首先，巴西财政长期处于赤字状态。自1990年以来，除1991年外，巴西所有年份都处于赤字状态，尤其以1993年为甚。如图4－3所示，据世界银行的统计，最近几年，巴西财政赤字振幅日益缩小，稳定在2.5%上下。2015年，巴西公共初级财政赤字1149.8亿雷亚尔，约占国内生产总值的1.94%。

其次，巴西对外贸易长期处于盈余状态。自1990年以来，巴西政府积极采取措施鼓励出口，实现贸易多样化。巴西主要进口机械设备、电子设备、药品、石油、汽车及零配件、小麦等，主要出口汽车及零部件、飞机、钢材、大豆、药品、矿产品（主要是铁矿砂）等。如图4－4所示，据世界银行的统计，巴西外贸的出口指数绝大部分时间都高于进口指数。

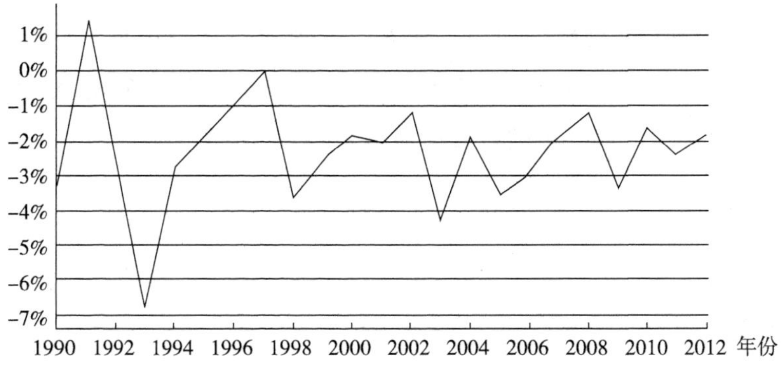

图 4-3　巴西财政结余占 GDP 比重的变化趋势（1990—2012 年）

数据来源：Wind 资讯。

这意味着，自 1990 年以来，巴西外贸长期处于顺差状态，不断积累外贸盈余。2016 年，在世界经济不景气的大背景下，巴西对中国、美国、阿根廷等主要贸易伙伴依然保持了大幅顺差态势。

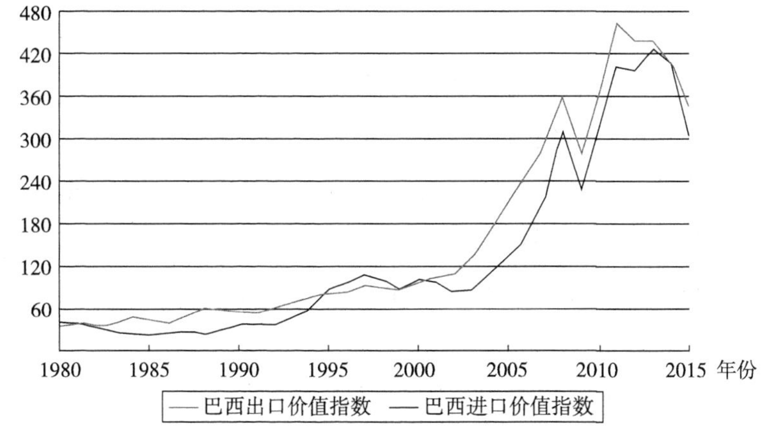

图 4-4　巴西进出口价值指数变化趋势（1980—2015 年）

数据来源：Wind 资讯。

第三，巴西外汇储备规模长期处于正值状态，近期出现快速攀升。由于经常项下长期处于盈余状态，带动国际资本流入，所以，巴西外汇储备处于不断增加状态。如图 4-5 所示，自 1990 年以来，巴西外汇储备启动攀升模式，特别是在2005年之后，巴西外汇储备规模出现井喷，一度蹿升至近3600亿美元的规模。2010年之后，巴西出口压力增加，外汇储备规模在3000亿美元的高位徘徊。2015年，巴西外汇储备3565亿美元。截至2017年8月底，巴西外汇储备规模增至3818.43亿美元。

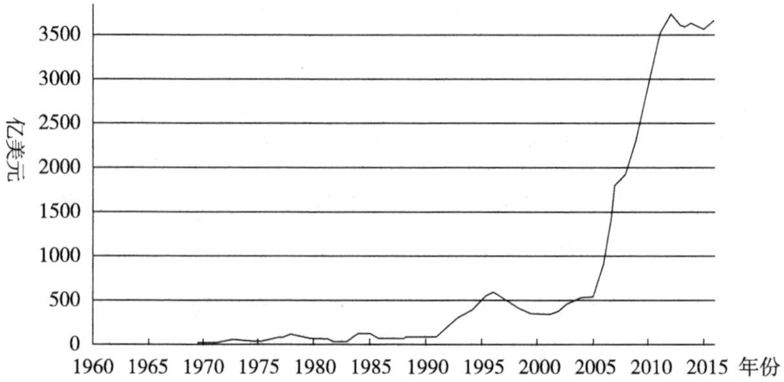

图4-5　巴西外汇储备（含黄金）规模变化趋势（1960—2015年）

数据来源：Wind资讯。

（四）巴西的社会经济体制状况

巴西社会经济体制历史悠久，运作成熟。1500年4月，葡萄牙航海家、探险家佩德罗·卡布拉尔抵达巴西，并将这片土地命名为“圣十字架”。在开发过程中，葡萄牙殖民者的掠夺是从砍伐巴西红木开始的，红木（Brasil）一词便逐渐代替圣十字架而成为巴西的称谓，并以国名的形式沿用至今，其中文音译就是巴西。16世纪30年代，葡萄牙派遣远征队在巴西建立殖民地，并于1549年任命总督。1807年，拿破仑入侵葡萄牙，葡萄牙王室迁往巴西。1820年，拿破仑战败，葡萄牙王室迁回首都里斯本，王子佩德罗留任巴西摄政王。1822年9月，巴西宣布完全脱离葡萄牙独立，建立巴西帝国。1889年11月，丰塞卡将军发动政变，推翻帝制，成立巴西合众国。1964年，巴西军人政变上台，实行独裁统治。1967年改国名为巴西联邦共和国。1985年1月，反对党在总统间接选举中获胜，结束军人执政。1989年，首次以全民直接选举方式举行大选。2002年10月，以劳工党为首的左翼政党联盟候选人卢拉赢得大选，成为巴历史上首位直选左翼总统。2006 年 10 月，卢拉赢得连任。2010 年 10 月，迪尔玛·罗塞芙作为劳工党候选人赢得大选，成为巴西历史上首位女总统，2014 年 10 月赢得连任。2016 年 5 月 12 日，罗塞芙总统因弹劾案暂时离职，副总统特梅尔出任代总统并组建临时政府。2016 年 8 月 31 日，罗塞芙总统遭国会弹劾，特梅尔正式接任总统。总之，巴西从葡萄牙的殖民统治下独立出来，三权分立体制不断完善，现在社会经济体制运作已十分成熟。这为巴西经济金融发展提供了稳定的环境。

总之，巴西自然资源丰富，经济发展基础雄厚，国民经济门类齐全，已经完成从农业经济向工业经济的过渡，经济增速平稳，长期奉行小幅赤字的财政政策，涉外经济整体出超，基本能够抗击外来冲击，维持经济稳定。

二、巴西金融系统的结构

与许多亚洲国家不同，巴西地处南美大陆，原始土著居民的社会经济形态没有得以延续，而是葡萄牙殖民地和平衍生出来的独立国家，本质上是葡萄牙社会经济形态在南美的延伸，无论政治体制，还是经济、金融体制都与葡萄牙有着天然的联系。

（一）巴西金融系统的演化

巴西近代社会是欧洲大陆“黄金渴望”的产物。十六七世纪，欧洲通行的货币是黄金和白银铸成的各式各样的货币，还没有形成中央银行制度，金融市场处于发育的初期。由于“当时在中国和印度银子与金子的比价低至 5∶1，而在欧洲则是 11∶1 或 12∶1。这种差距鼓励了套汇，尽管运费昂贵。”[①] 因此，在对金银世界货币属性认可的基础上，欧洲的金子不断流向东方。由于中国和印度出口增加造成的收入增加不会很快地引起进口的

---

① [美]P. 金德尔伯格. 西欧金融史[M]. 徐子健,何建雄,朱忠,译. 北京:中国金融出版社,1991:36.

增加，导致15世纪欧洲金子的极度匮乏，这既是推动欧洲地理大发现的动力之一，也是鸦片战争爆发的深层次原因。同时，随着国际贸易的发展，欧洲不断输入香料、丝绸等货物，金币和银币不断减少，在一定程度上也加剧了金银短缺。为了补充金银的不足，欧洲人开始向世界出击，无法进军欧陆经济的葡萄牙就是在这种强烈的动机下奔赴巴西的。而葡萄牙在巴西的统治方式受“重商主义”思想的强烈影响，采取垄断巴西贸易的方式把巴西牢牢地掌控在自己手中，并努力“找到一种利用美洲土地的方法”①。当西班牙殖民者在南美印加帝国因黄金而作孽的时候，葡萄牙为支撑殖民统治，急需在巴西找到新财源。因此，作为次优选择，巴西也就成为“第一个在美洲尝试土地耕种的欧洲人移居地”②。同时，由于当地印第安人的大量死亡，殖民政府不断地输入欧洲移民和非洲黑人苦力，所以，欧洲人占优势的社会形态就组建起来（前面已经提到巴西的人种组成情况），“作为热带作物、谷物、畜产品的基地，整合进新的大西洋经济体”③。

跟随欧洲经济的节奏，巴西经济先后经历了“巴西红木周期”“蔗糖周期”④。不过，需要特别指出的是，作为殖民开拓的“先驱”⑤和黄金追求的狂徒，西班牙和葡萄牙在欧洲经济起飞过程中只扮演了黄金“搬运工”的角色。在地理大发现过程中，西班牙和葡萄牙这两个新土地的“主人”与其他欧洲国家站到了对立面上。⑥西班牙和葡萄牙，特别是西班牙，从世界各地以惨绝人寰的方式获得了巨额黄金，但是，黄金却没有换来自己国家的富足和安宁，而只是得到了黄金商品的价值，却没有把这种价值

① [巴西]塞尔索·富尔塔多. 巴西经济的形成[M]. 徐亦行，张维琪，译. 北京：社会科学文献出版社，2002：4.

② 剑桥现代史（第六册）[M]. 剑桥出版社，1909：389.

③ 罗荣渠. 现代化新论[M]. 北京：北京大学出版社，1993：178.

④ 王珏. 世界经济通史（中卷）[M]. 北京：高等教育出版社，2005：390.

⑤ 作为新世界的发现者，殖民者为人类地理学的发现做出了卓越贡献，但作为杀戮者和破坏者，我们也无法忘却曾有的罪恶，所以，我不得不在先驱两字上加引号。

⑥ [巴西]塞尔索·富尔塔多. 巴西经济的形成[M]. 徐亦行，张维琪，译. 北京：社会科学文献出版社，2002：2.

转化为国民经济体系的价值创造机制——科技、产业，即没有通过战略投资培育国民经济的增长点，获取较强的竞争优势。只是为英国霸主登上历史舞台准备了条件。在16世纪的大部分时间及17世纪上叶，西班牙人一直处于战争之中，直到签订了《威斯特伐利亚条约》，“三十年战争”才于1648年宣告结束。在新大陆发现的大量财富鼓励了西班牙人的军事行动，同时也使他们对比较单调的农业、商业和工业活动失去了信心。财富来得快，去得也快，去得速度甚至经常比来得速度更快。费迪南德和伊莎贝拉从富格尔银行和其他德国银行以及热那亚人那里借钱，首先武装他们的舰队，然后发动战争，最后如果不想当无赖，就不得不还债。财富，尤其是银子，不断流入塞维利亚，然后又从不同渠道流出来，从水路相继到达安特卫普、阿姆斯特丹、伦敦，最后是汉堡，向南经过巴塞罗那到达热那亚以及皮亚琴察等地的集市，较少量地从陆地经过比亚里茨到达法国。虽然西班牙经手了那么多银子，但在16世纪末它不得不用在欧洲买来的铜来降低硬币的成色，发行用皮纸制成的货币。这种货币在1599年菲力普三世的统治时期实际上是纯铜的。伊比利亚半岛遭受了又一次“银荒”，这种局面直到1680年葡萄牙人在巴西的米纳斯吉拉斯发现金子后才得以缓解。这个发现使得欧洲又有新的硬币流进，这次是流入葡萄牙，又经葡萄牙流入伦敦。为了便于分散阿姆斯特丹的黄金，伦敦和葡萄牙于1703年签订了《梅休因协定》，双方结成了联盟。[①] 这实际上奠定了葡萄牙作为英国“黄金挖掘手”的地位。当然，这种殊荣比“火中取栗”听起来似乎好多了！这种历史教训在今天仍有巨大现实意义，值得处于上行状态的国家好好吸取。比如，在关注虚拟经济发展态势的同时，中国千万不要忘记实体经济的基础地位，必须始终把产业之母科技创新放在首位。

随着巴西经济日益整合进欧洲经济体系，作为被动的接受者，欧洲大陆盛行的银行业“芽体”也在巴西生根、成长。由于巴西金矿的发现，葡

---

① ［美］P. 金德尔伯格．西欧金融史［M］. 徐子健，何建雄，朱忠，译．北京：中国金融出版社，1991：39.

萄牙被西班牙吞并。而葡萄牙和西班牙通过金银换取生活奢侈品和必需品的经济模式也传到了巴西，使巴西金融业在最初的萌芽期就纳入了欧洲的金融发展逻辑。而且，巴西独立的方式也很特殊。它在经历了短暂的葡萄牙政府亲自统治之后，由留守的王子佩德罗任巴西摄政王，并于 1822 年宣布完全脱离葡萄牙而独立。因此，巴西的独立更像葡萄牙国王与王子分家。所以，政治上层建筑和占绝对优势的欧洲移民（不仅表现在数量上，而且也表现在社会地位上）对欧洲金融系统在巴西的发育成长实际上是起到了保护作用，保证了欧洲金融系统的演进逻辑在巴西的立足和健康成长。巴西经济社会形态更像欧洲，虽不是嫁接，但也谈不上是巴西土著社会的转型，而纯粹是移植。因此，巴西社会是欧洲社会的自然延伸。

与欧洲的金融系统相同，巴西的金融系统一开始就是欧洲模式的，一开始就是与当时的欧洲在一个起跑线上发展的。欧洲金融业始于金银货币的产生，而金银货币的产生与商人结合到一起就造就了银行业，“银行业与商人的联系一直是最主要的。”① 商人通过集市的销售活动逐渐产生了大商人，大商人的跨国贸易活动经常与外汇汇率和汇票打交道，经常涉足投机活动。这样，就产生了借贷活动，从而推动了银行的产生。同时，经营大量货币的银行家又乐于控制某种商品的垄断权。所以，大商人和银行家联手操纵市场就成为赚大钱、发大财的最好选择。银行家和大商人的如影随形就成了欧洲最初金融业的最好写照，也是卷进欧洲经济体系的巴西金融业的缩影。因为，有资格参与巴西最初开发的非大商人和银行家莫属，是他们借助政府的力量把经济触角伸到了巴西这种资源富饶但社会发育落后的地区。而这些远涉重洋来到巴西的欧洲人对欧洲的金融技术，最为精通熟悉。所以，作为社会经济的一部分，巴西金融系统其实是欧洲金融系统，特别是葡萄牙金融系统在巴西的翻版。

巴西的殖民开发又推动了这种金融系统在巴西的成长。在欧洲金融体

① [美]P. 金德尔伯格．西欧金融史[M]．徐子健，何建雄，朱忠，译．北京：中国金融出版社，1991：51－52.

系发育的早期，各国普遍接受的是银子和金子，特别是后者，至少在公元1821年英国最终确立金本位之前是如此。人们普遍以金币和银币作为商品交换的中介物，可以说是世界通货，巴西也是这样。可以说，从葡萄牙占领巴西进行殖民统治到19世纪初期，欧洲的金融业在一定程度上就是金银货币经营业，巴西也是如此。首先，和欧洲一起进入金银拜物教时期，把金银等同于财富，卷入狂热的淘金热中。因此，在此之后的很长一段时期，巴西就存在以各种方式经营金银货币的机构。其次，随着贸易的发展和金银经营者票据的发明，和欧洲一样，在英格兰银行也还不是国家银行的时代，早在19世纪初，巴西金融系统就进入了长期的商业银行自由竞争的时代。当时西欧的商业银行包括“商人银行、私人银行、票据兑换银行、储蓄银行、贴现银行、公有银行、宫廷银行、合股银行、混合银行、工业银行、投资银行、动产抵押贷款银行、商业银行，等等。”① 在欧洲传统的影响下，巴西金融系统也形成了这些基于市场的银行机构，虽然在不同的时期有所变化，但多种银行共存的局面一直持续到今天。再次，随着商业银行数目的增多和竞争的日益激烈，为规避由此引发的社会损失，遵循欧洲金融系统发展的逻辑，适应金融监管的需要，1965年巴西中央银行组建。其实，设立巴西中央银行的想法最早可以追溯到巴西造币厂建立的1694年。1808年，流亡到巴西殖民地的葡萄牙国王若昂六世就曾有过建立一个拥有中央和商业银行职能的银行的想法。同年，巴西银行建立以填补这个职能的空缺。作为中央银行，巴西银行承担存托凭证、贴现和发行货币的职能。1945年，巴西第7293号总统令发布。根据这个法令，巴西成立货币和信贷管理局（SUMOC），负责控制货币供应，调解通货膨胀，并准备成立中央银行。与此同时，巴西银行的职能则调整为政府银行。1964年12月，国会通过了第4595号法案，决定建立中央银行。1965年3月，根据第4595号法案第65条的规定，作为联邦机构，中央银行正式运行。

① ［美］P. 金德尔伯格．西欧金融史［M］．徐子健，何建雄，朱忠，译．北京：中国金融出版社，1991：61.

随着巴西银行业向混业经营的转型，1988 年宪法替代第 4595 号法案，重新界定了中央银行的职责和组织架构。至此，巴西中央银行制度完成构建。①

20 世纪 60 年代中期，巴西按照美国金融系统的模式对自己的金融系统进行了改造，实行分业管理。金融系统的主要特征是分业经营，地区分割。

1988 年，巴西颁布新宪法，正式确认了混业经营体制。为适应混业经营体制的变化，巴西金融机构开始了自身组织结构的调整，向混业经营方向转变。如表 4 - 1 所示，混业经营的金融机构数量出现了一轮增长。中央银行随即推动统一会计制度改革，证券交易委员会也推动全能银行建设改革。1994 年，巴西为消除通货膨胀而实施“雷亚尔计划”。1996 年，又推动金融审计等改革，现在正走上混业经营的道路。目前，巴西中央银行监管的金融机构共有 3000 多家，包括综合性银行、商业银行、储蓄银行、开发和投资银行、金融公司、经纪人公司、租赁公司、房地产贷款合作社、储贷协会、投资基金、贷款信用社和农村与农业贷款机构等。巴西现代金融制度在改革中得以完善和发展，形成了以中央银行为核心、以商业银行为主体、其他各类专业银行和非银行金融机构配套齐全和比较发达的现代金融系统。②

表 4 - 1　1988—1992 年巴西金融机构数量的变化

金融部门		1988 年	1989 年	1990 年	1991 年	1992 年
拥有商业部门的银行	商业银行	106	66	50	45	42
	多功能银行	0	99	148	159	165
	总数	106	165	198	204	207

① 资料来源：巴西中央银行网站，http://www.bcb.gov.br/pre/historia/historia_bc_en.asp.

② 杨胜刚．比较金融制度[M]．北京：北京大学出版社，2005：118.

续表

金融部门		1988年	1989年	1990年	1991年	1992年
拥有投资部门的银行	投资银行	56	36	23	21	21
	多功能银行	0	62	89	94	95
	总数	56	98	112	115	116
拥有融资部门的银行	金融公司	70	107	51	45	45
	多功能银行	0	89	132	144	147
拥有储蓄贷款部门的银行	储蓄和贷款	57	42	29	25	25
	多功能银行	0	54	71	74	77
	总数	59	96	100	99	102
拥有开发部门的银行	开发银行	13	12	10	9	9
	多功能银行	0	2	5	5	9
	总数	13	14	15	14	18
其他	信贷合作社	661	767	806	831	831
	储蓄银行	5	5	3	2	2
	经纪行	273	282	258	273	274

资料来源：巴西中央银行。

总之，巴西金融系统的形成经历了金银货币经营、银行形成、中央银行形成几个阶段，沿袭的是由市场力量自发推动的、自然演化的逻辑道路。因此，大家也把巴西金融系统看作原生型金融系统的典型代表，即按照金融系统演化规律适应市场经济需要而自然形成的金融系统。

（二）巴西金融系统的结构

在葡萄牙金融系统深刻影响下产生的巴西金融系统，经过现代金融制度多次改造之后，已经羽翼丰满，成为与巴西实体经济相适应的相对完美的金融系统。目前，作为金砖国家成员之一，巴西的银行业在拉美各国中最为发达，金融机构不仅齐全，而且健全①，具备了现代金融系统的所有组成成分。和所有的现代金融系统一样，巴西的金融系统由金融市场主体和监管机构两部分组成。巴西根据本国国民经济实际情况，采取了适当的

① 黄红珠．拉美国家的金融体系（下）[J]．拉丁美洲研究，2001(4):28.

形式。其中，最具特色的就是巴西的金融监管结构，属于不完全统一监管模式，是比较典型的牵头式监管模式，由牵头机构和具体监管机构两部分组成。具体来讲，巴西的金融系统由国家货币委员会、巴西中央银行、巴西银行、国家经济开发银行，以及其他国营、私营和外资金融机构组成。[①]当然，还有管理证券业的巴西证券委员会。（见图 4－6）

- 巴西金融系统
  - 金融监管机构——国家货币委员会
    - 巴西中央银行
    - 巴西证券委员会
  - 商业银行体系
    - 联邦属商业银行
    - 州立商业银行
    - 私营商业银行
    - 外国银行
  - 其他专业金融机构
    - 开发银行
    - 联邦经济银行
    - 信贷与投资协会
    - 其他金融机构（财务公司、租赁公司、信用合作社等）
  - 证券市场（股票发行公司、证券商—经纪人、资本市场相关群体）

图 4－6　巴西金融系统组成结构

1. 巴西金融系统的监管机构

巴西金融系统的调控中枢由三部分组成：国家货币委员会、巴西中央银行、巴西证券委员会。

（1）国家货币委员会

在巴西金融“金字塔”的顶端，是成立于 1964 年底的国家货币委员会，它代替了原来的货币和信贷管理局（SUMOC）。国家货币委员会以财政部长为首，通过对中央银行和巴西银行的监督来掌握国家的金融政策。[②]国家货币委员会由 25 人组成，财政部长任主席，计划部长任副主席，委员包括工商部长、巴西经济开发部长、巴西银行外贸局局长，8 名私人企业的代表，7 名经济学家，等等。根据国家金融形势，国家货币委员会每年研究和制定国家货币和信贷政策，批准中央银行发行货币，确定外汇政策，规

① 黄红珠．拉美国家的金融体系（下）[J]．拉丁美洲研究，2001(4)：28－29.

② [美]斯·罗博克．巴西经济发展研究[M]．唐振彬，译．上海：上海译文出版社，1980：171.

定各种类型的贷款，批准各种金融机构的设立及其业务范围，协调中央银行、证券和外汇管理委员会、私营保险监理署和补充养老金秘书局的行动。

（2）巴西中央银行

巴西中央银行（The Banco Central do Brasil）是根据1964年12月31日第4595号法成立的独立联邦机构，附属于财政部，是全国货币委员会的执行机构，总部位于巴西利亚，在全国设有9个行政办事处。巴西中央银行设执行秘书处，以及包括国会事务办公室、内审部、会计和金融事务部、银行私有化执行办公室、外债和国际关系部等在内的35个部门。巴西中央银行设有1位行长、7位副行长。由一位副行长负责金融监管，主管违规稽核部、现场检查部和非现场检查部的工作。它根据全国货币委员会批准的条件和限度发行和回笼货币，进行再贴现和向金融机构发放贷款，控制信贷；管理外国资本，代表巴西政府与国外金融机构进行联系和交涉。巴西中央银行听命于国家货币委员会，独立性差。其所制定的决策往往体现政府的意志和偏好，缺乏连续性。政府的更迭，经济周期的改变及其他一些影响政府的因素均威胁着中央银行的政策。① 巴西中央银行还是外汇兑换的管理部门。在巴西，进口的外汇兑换通过进口商与巴西央行授权的商业银行签署的“外汇买卖合同”进行。巴西中央银行通过电脑联网核查系统对外贸进行管理。“巴西央行网”与“巴西外贸网”互联，发展工商部和央行随时通过电脑网络对报关程序和外汇兑换进行监控。若发现与法律法规不符，就对出口商采取阻止通关、停止进口商结汇、罚款等措施。

另外，巴西的保险市场不十分发达，由隶属于中央银行的私营保险监理署和补充养老金秘书局负责监管。

（3）巴西证券委员会

巴西证券委员会是巴西管理证券市场的专门机构，根据巴西国家货币委员会制定的政策，负责促进证券市场的发展，管理和监督证券市场，保证证券交易所已注册证券的正常交易，保证交易所及其附属机构的正常运

---

① 谢振．被逼出来的巴西金融改革及其启示[J]．南方金融，2003(5)：50.

转。具体来讲，其职能主要有以下几个方面：一是保证证券市场功能的正常发挥；二是保护证券持有者的利益，防范证券市场的垄断和非法行为；三是制止任何证券价格垄断或人为操纵；四是保证证券交易和上市公司信息对公众的披露；五是维护证券市场秩序；六是收集证券市场信息，促进证券市场规模的扩大和效率的提高。① 另外，还负责审批大型企业在公开市场上的大规模并购行为，以防止垄断同盟的出现。

2. 巴西银行市场主体

巴西银行市场主体包括5个联邦属商业银行和23个州银行、5个联邦属和州属储蓄银行、全部联邦和州属开发银行。② 巴西银行市场主体分为商业银行和非商业银行两大部分，前者包括国营和私营商业银行以及外资银行三部分。

巴西国营银行按照所附属的机构又分为联邦营商业银行和州营商业银行两种。联邦经营的商业银行主要有巴西银行、联邦储备银行、巴西南方银行、巴西利亚银行等。其中，巴西银行是巴西最大的商业银行，成立于1808年，1819年首次发行货币，是当时世界第四个发行货币的银行，目前是拉美地区最大的国有商业银行。1987年，其全部资产为589.425亿美元，其中63%的资本属巴西政府所有。与其他国家商业银行不同，它是联邦政府财政与信贷政策的执行机构和国库的金融代理人，充当联邦总预算的支付者，执行对外贸易政策并为出口产品的存货提供资金，资助农业和工业生产活动，执行农牧业产品的最低价格政策，分发和指导信贷，管理公债，负责国外债务的接收和支付。③ 它还是联邦政府的外汇经纪人、政府各类基金的代理人。巴西几乎一半的外汇业务由该行经办。

另外，巴西各州都设有本州的州营商业银行，其中著名的有圣保罗州银行、里约热内卢塔林纳州银行、米纳斯吉拉斯州银行、南里奥格兰德州银行、巴拉那州银行和亚马孙州银行等。圣保罗州银行成立于1909年，是

---

① http://www.cvm.gov.br/ingl/indexing.asp.

② 杨胜刚. 比较金融制度[M]. 北京:北京大学出版社,2005:118.

③ 黄红珠. 拉美国家的金融体系(下)[J]. 拉丁美洲研究,2001(4):29.

圣保罗州政府的存款银行，能够办理一切商业银行业务，拥有340个国内分支机构，还在纽约、伦敦、东京和开曼群岛设有分行。

巴西私营商业银行的比重很大，主要有巴西贴现银行、伊塔乌银行和联合银行等。其中，巴西贴现银行的规模和实力最大，在巴西银行界位列第二。外资银行以美国花旗银行实力最强，总部设在里约热内卢，其分支机构遍布巴西各大中城市。

3. 巴西非银行金融机构

巴西非银行金融机构包括发展银行、私营投资银行、储蓄银行、全国住房建设银行和若干专业信用机构，如工业筹资特别基金会、房地产金融公司、保险公司和各种资本市场的机构。它们一般通过以下途径参与资金融通。①消费信贷。为购买耐用消费品提供短期资金融通。②住房筹款。如全国住房建设银行以服务年限保证基金作为资助住房建设，也为城市卫生设施建设提供贷款。③私人投资银行。巴西40多家私人投资银行为企业提供流动资金，认购新发股票和管理相互融通，通过公开市场出售自己的信贷证券和存款凭证筹集资金，主要发放1~2年期的贷款。④政府债券市场。1968年以前，政府出售债券主要是为财政提供资金，1968年以后，主要是为国营企业筹集资金。⑤强制性储蓄。20世纪60年代末出现，最具代表性的是“服务年限保证基金”和“社会一体化计划”。前者一般用于资助职工建房、购屋、投资、婚嫁、医疗、退休养老。后者主要用于向企业提供贷款和资助，职工退休时可提取全部资金。①

4. 巴西证券市场

除了发达的银行机构，巴西还拥有发达的证券市场。1890年，巴西成立了拉美地区最古老的证券交易所之一——圣保罗证券交易所（BOVESPA）。20世纪60年代中期，BOVESPA还是国企。1976年，巴西颁布了6385号资本市场法和6404号资本市场法。前者对建立国家证券市场作了

① 黄红珠．拉美国家的金融体系（下）[J]．拉丁美洲研究，2001（4）：29.

规定；后者就股票持有者的权利、保护制度，以及公开公司的管理、运行结构、证券发行和登记等确定了原则。[①] 这两项法律的颁布实施，使巴西资本市场进入迅速发展的黄金时期。20 世纪 90 年代，巴西开始进行国有金融体系改革，巴西境内所有区域性证券交易所的交易活动都进行了合并，BOVESPA 成为巴西唯一的股票交易所。2007 年，BOVESPA 完成股份制改革。2008 年 5 月，BOVESPA 与巴西商品期货交易所合并。至此，集股票、期货、公司股票、公司债券、联邦政府债券、州和市政府债券、住房债券等金融工具为一体的巴西证券交易所（BM & FBOVESPA）诞生。BM & FBOVESPA 是巴西唯一的交易所，也是拉美地区最大的交易所。2013 年 9 月底，作为新兴市场的典型代表，BM & FBOVESPA 仅股票市场市值就达 1000 多亿美元，占巴西 GDP 的一半左右。

巴西资本市场机构的组织形式主要有两种：一是证券商和资本市场中介。证券商和经纪行认购股票，买卖债券，组织管理共同基金等，是资本市场主要的中介。经纪行可在交易所拥有自己的席位，而证券商只能通过与经纪行订立合同实现正常运营。二是机构投资者，包括共同基金、财政基金、私人退休基金、保险公司、社会参与基金、投资俱乐部、特种政府基金等。共同基金的主要目标是把资源投向资本市场中的各种资产；财政基金的目标是促进股票市场的发展；投资公司主要投资股票和公司债券；私人退休基金有封闭和开放两种类型，在政府监管下投资于资本市场；保险公司的投资方式与退休基金相似，但投资规模不大；社会参与基金的资金来源于私营部门和国营部门的雇员退休金，由国家经济开发银行负责管理；投资俱乐部是由交易所发起的旨在鼓励私人投资证券市场的一种组织；特种政府基金是由政府发起的，主要投资于特殊地区公司的债券。[②] 这些金融组织的存在大大丰富了巴西资本市场形式和内容，并加速了资金流动，促进了经济发展。

---

① 黄红珠．拉美国家的金融体系（下）[J]．拉丁美洲研究，2001(4)：29.

② 参阅：黄红珠．拉美国家的金融体系（下）[J]．拉丁美洲研究，2001(4)：30.

当前，银行市场与证券市场分业的局面已经改变。1988 年 9 月，巴西证券交易委员会颁布第 1524 号决议，一改过去发展美国分业管理模式的风格，致力于创建全能型银行。在这个阶段，巴西抛弃美国银行业与证券业分业经营的模式，引进混业经营模式，统一会计标准，创建全能型银行。[①]此后不久，巴西沿用已久的分业经营模式垄断巴西银行业的局面被打破，全能银行得到极大发展，全能型银行已占据绝对优势。目前，巴西金融市场主体银行参与证券、银行与证券混合经营的现象已成为主流。

三、巴西金融系统要素间的作用模式

目前，作为美国模式和德国模式的混合体，巴西金融系统的控制系统具有美国特色，是以财政部为核心的国家货币委员会为基础的；而巴西金融系统的运作实体——金融市场主体则具有德国特色，是以银行业务与证券业务的混合经营为特点的，各金融市场主体多是全能的市场主体，既能开展银行业务，也能从事证券业务。金融系统的各个组成要素彼此联系，相互作用，共同构成统一的有机体。

（一）巴西金融监管机构之间的运作模式

巴西金融系统的调控部分以国家货币委员会为核心，完成国家金融系统的调控决策和监管。财政部站在整个国民经济的角度，在巴西计划部、工商部、经济开发部、银行外贸局、私人企业代表和经济学家的帮助下，对国民经济整体的运行状况做出判断，依据国民经济发展的目标和国家税收规模整体权衡国家财政资源的配置结构，形成通过金融系统对资源进行调配的方案，推动国家金融发展战略规划的完成。

很显然，工商部和银行外贸局对国民经济整体运行状况和国民经济整体收支状况最为了解；经济开发部对国民经济发展战略以及下一步国民经济运行需求最为清楚。这两方面的基础数据构成国家宏观经济决策的基本

① 谢振．被逼出来的巴西金融改革及其启示[J]．南方金融，2003(5)：50.

依据。私人企业代表则反映了市场的需求，对国家宏观经济判断进行修整和验证，经济学家则利用智力资源参与整个宏观经济决策的全过程，与银行等金融部门紧密合作完成国家财政资源的金融“调拨”。因此，我们可以看出，财政部是根据国家的财政收支状况以及国民经济发展的整体战略来权衡财政资源配置状况的，金融部门的具体运作方式和资金规模的政策设计也完成于这个过程之中。然后，在政策的指导下，国民经济发展所需资金和生产资源通过金融系统的市场运作配置到位。这里的主导思想是财政是主体、金融是辅助手段。只是金融系统的生产资源配置是市场化的，供给弹性大，适应市场需求变化的能力较强，能够有效地把生产资源配置到位。这种金融运作方式符合英语世界的办事逻辑，英语中的 Finace 既指财政，也指金融，是金融与财政的统一体。金融与财政一体宏观运作的方式也是许多人判定巴西金融系统是原生金融系统的重要理由之一。

（二）巴西金融系统的政策传导链

在巴西金融系统中，银行等金融机构是主要市场主体，代表了个体利益，逐利是其本性，彼此作用的方式就是依照市场规律进行价值交换；监管机构是公共部门，代表了公共利益，安全和效率是其根本目标。金融系统的宏观调控政策传导就是政策从金融监管机构向市场主体传递，并得以贯彻落实的过程。

在巴西金融系统的各个组成部分中，国家货币政策委员会是龙头，是政策制定部门，总是采取逆向的宏观措施调控金融市场。当市场运行过热时，就会依法采取紧缩银根的措施，控制市场中的货币量；当市场比较清淡时，则会采取相对宽松的货币政策，刺激投资，增加货币量，促进经济发展。

巴西中央银行和巴西证券委员会则是龙颈，起到上传下达的作用，把国家货币政策委员会的政策意图转变成金融系统的政策措施，并传达给金融市场中的商业银行和非商业银行机构等主体，引导和规范其金融行为，最后具体表现为通过市场获取生产资源的经济主体生产企业资源配置的差异。

在银行子系统的政策传导链中，中央银行通过货币发行权、控制信贷、管理外国资本等公共权利扮演控制货币市场流通量的角色，巴西银行通过具体执行联邦政府财政与信贷政策、代理国库、支付联邦总预算、执行进出口政策、执行工农业政策、管理公债、国外债务的接收和支付等方式扮演货币政策执行者的角色。实际上，巴西把传统央行的功能拆分成两个机构来执行。由于职责界限模糊且存在互相牵制的机制，国家货币委员会的政策执行力度受到一定限制，这使受其调控的金融机构可以在两大调控机构的政策之间找到规避调控的灰色区域。所以，巴西金融宏观调控政策的执行弹性较大，政策传导效果和政策执行力度大打折扣。这既是巴西金融系统自由主义政策色彩较浓的关键所在，也是巴西银行业自主性较强的原因。政策指令传达到落实金融资源配置权力的商业银行、专业银行、外资银行等主体，通过它们校正市场中的货币量以及货币分布结构，控制金融市场的竞争秩序，最终决定生产企业能够获得的金融资源量，决定企业的生产规模，从而维护国民经济，特别是实体经济的健康发展，保证国家经济安全。

在证券子系统政策传导链中，巴西证券委员会把国家货币政策委员会的政策意图转变成证券子系统的政策措施，并传达给证券市场中股票发行公司、券商、经纪人等证券市场主体，引导和规范这些金融市场主体的行为，最后完成融资企业资金配置。

总之，巴西金融系统中的政策传导链条是系统运作的调控中枢。其核心是国家货币政策委员会，目标指向是各个金融市场主体。通过这个传导链条，金融系统通过金融市场主体行为的变化对环境变化做出适应性调整，维护系统的安全与稳定。

四、巴西金融风险防范的经验教训

从系统论的角度看，所有的金融风险都是由金融主体的变化或金融系统结构性变化改变了资金链或资金网的功能造成的，是金融系统功能结构的改变带来的系统功能的变化。金融风险防范的本质就是金融监管机构通过调整金融系统本身的功能结构，使自己保持稳定，使资金配置效率提高。每个国家的金融监管部门都要通过制定相应的政策方针经政策传导链来调整本国金融系统的功能结构，防止金融风险的发生。但是，防范的对象都没有超出前面所述的三种风险：微观金融风险、系统性金融风险和外源性金融风险。巴西金融监管部门在具体考察巴西金融风险防范状况的基础上，着重加强金融主体抗风险能力、金融主体群体和关键金融主体的抗风险能力建设，密切关注资金跨境流动带来的风险，取得了很大成绩，其经验是值得借鉴的。

（一）巴西金融风险防范的经验

在长期的原生市场金融系统管理过程中，巴西政府立足金融市场自主发展的实际，营造市场法治氛围，强化金融主体风险防范能力建设，突出政府引导，在金融风险防范方面积累了许多可以借鉴的经验。

1. 巴西十分重视利用信息技术革命的成果加大对金融市场的监测，为金融风险防范提供信息支持

从 1985 年起，巴西中央银行就开始运行 Sisbacen 系统。这个系统是由巴西中央银行和外汇指定银行联网形成的一个大型数据信息系统，容纳了外汇管理法规、外汇兑换合同登记和外资注册申报等多个单元。银行能够通过 Sisbacen 系统及时准确地向中央银行传输各类外汇交易信息。并且，Sisbacen 系统和税务信息系统、外贸信息系统联网，实现部门之间的资源共享，为 Sisbacen 系统自身的信息提供了有益的补充。因此，Sisbacen 系统为巴西央行监控跨境资本流动提供了一个开放、高效的技术平台。这个技术平台，方便了巴西央行监控外汇市场以及跨境资本的流量和存量，收集、分析和发布有关巴西外汇市场和跨境资本的数据，有效防范外源性金融危机。[①] 1999 年，巴西央行开发了一种特殊的市场预期调查体系。这个

---

① 国家外汇管理局资本流动脆弱性分析和预警体系课题组．金融脆弱性分析[M]．北京：中国商务出版社，2005：444－445.

体系通过互联网及时采集信息，包括了国内外专业金融机构、咨询公司、生产性企业和大学等100个调查对象。通过收集到的数据分析支撑巴西央行货币政策的制定和执行。巴西央行通过利用信息技术革命最新成果，开发出服务决策的信息系统，有效把握了市场动向，有效推进了决策。这个经验值得所有后发国家借鉴。

2. 巴西金融风险防范注重营造良好的金融生态

一是加强金融法律生态环境建设，营造良好的信誉氛围。巴西金融系统是源于欧洲的原生金融系统，具有浓厚的法制观念、法律意识和信用意识传统。每建立一类新的机构，巴西必然先出台相应的法律法规，使各项管理活动和市场主体行为有法可依。这种通过金融法律生态建设防范金融风险的方式，为金融市场主体提供了行为规范，使金融市场主体能够把自身金融风险防范和系统性金融风险防范结合起来，调动了市场主体防范金融风险的积极性和主动性，降低了监管成本，符合市场经济的发展要求，值得效仿。

二是夯实实体经济基础，营造良好的经济发展预期环境。国际金融危机之后，2013 年上台的卢拉总统推出消费信贷，拉动增长，支持经济发展。期间，巴西推出了“家庭补助款计划”，加大对年轻人的职业培训，提供低息创业贷款等；零售业的“简单放贷计划”，推进消费增长；对住房和汽车等大额消费发放特别贷款，促进住房和汽车市场繁荣；根据《鼓励小企业发展法》，2011 年，巴西政府拿出 2% 的银行强制性存款资金，实施小额贷款计划；针对巴西贫富差距较大的国情，巴西众多银行以“平民银行”理念发展运作。“平民银行”面向社区，面向中低收入阶层，针对当地的经济发展状况，开展各种小额贷款业务。[①] 这些措施，有效地拓展了国内市场，有力地推动了实体经济发展，营造了良好的经济发展预期环境。

① 曹芳．巴西应对金融危机的经验与借鉴[J]．西部金融，2012(3)：71－72.

3. 巴西十分重视三个层次的金融风险防范，积极推进“防波堤”建设，建立由具体金融市场主体到局部群体再到金融系统整体的金融风险防范体系

一是加强微观市场主体抗风险能力建设。1994年8月，依据《巴塞尔协议》，巴西央行发布了第2099号决议，建立了新的最低银行资本标准制度，重新规定了银行资产风险程度，致力于增强银行经营的稳健性和抗风险能力，促进金融体系的健康发展。1996年8月，重组州立金融体系计划（PRO－ES）通过。在该计划的指引下，州立银行经过重组，数量由改革开始时的35家下降到2001年的5家，通过规模的扩大有效地增强了改组后银行的市场竞争实力和应对风险的能力。1998年12月，巴西央行出台第2554号决议，要求巴西所有银行都要向央行提交有关按照巴塞尔委员会标准制定的实现内部控制体系的方案，促进银行加强内控建设，增强银行自我防范金融风险的管理。通过这些针对金融市场主体个体的措施，巴西有效增强了单个金融机构抵御风险的能力。

二是加强对系统性风险的防范。针对金融市场普遍存在的群体性问题，巴西政府采取整体性措施应对风险。针对金融公司违规高发的情况，1996年3月，巴西央行通过第1334号临时措施，责成审计公司或独立财务审计师审计金融公司的违规行为，加强对银行的审计力度。1997年5月，国家货币委员会建立中央信贷风险系统，要求所有银行必须把信贷数额不高于50000雷亚尔的客户以书面形式上报中央银行。针对银行坏账呆账对金融安全的威胁，1998年5月，巴西央行出台第2493号决议，成立金融信贷证券化公司购买金融机构的信贷，然后将其证券化。与此同时，该公司还剥离出银行的部分呆账、坏账，集中管理，以求低成本盘活银行资产，增强银行经营活力和抵御风险的能力。通过这些措施，消除风险在大多数银行中积累的可能，防止局部风险向系统性风险转化。

三是加强外源性金融风险的防范。20世纪中期，巴西借助外资成功实现了本国的工业化，由此形成了巴西借助外资促进本国经济发展的传统。巴西也因此形成了对国际金融市场的巨大依赖性，但是，在国际金融系统

由布雷顿森林系统转变为牙买加国际金融系统之后，国际资金流动速度、规模和汇率波动幅度都急剧增大，利用外资的负面效应明显增大。20 世纪 80 年代的巴西金融危机就是在这种背景下出现的，教训刻骨铭心。此后，巴西十分重视采取措施防范外源性金融风险。先是建立跨境资金监测系统，对跨境资本流动采取了十分有力的监督措施，为采取应对措施提供了先机，取得了很好的防范成效。预防胜于治理的金融风险防范措施，把金融风险消灭于产生之前，避免巨大经济损失，是世界各国通行的规则。巴西也是这样做的。根据 1962 年第 4131 号法令的相互性原则，允许外资进入巴西金融系统。1995 年 11 月，中央银行发布第 2212 号决议，废除外资银行资本充足率必须两倍于巴西本国银行的规定，并且外国资本可以拥有国内银行 100% 的股权，外资银行开始大量进入巴西。[①] 这种渐进式开放金融业的方式，对防范由国际热钱引发的风险起到十分重要的作用。后来，为抑制外源性金融风险，巴西还启用了托宾税（IOF）。1994 年，巴西政府颁布了 8894 号法律，以法律条文的形式确定对外汇交易征收 IOF 税。2008 年金融危机后，巴西雷亚尔兑美元快速升值，2009 年当年升值 24.1%。为应对本币兑美元的快速升值，2009 年 10 月 20 日，巴西政府宣布上调 IOF 税率，此后直至 2010 年 2 月的 4 个月内，巴西雷亚尔兑美元汇率一直处于平稳状态。随后受全球经济复苏的影响，巴西雷亚尔兑美元再次出现升值态势，2010 年 10 月较 2 月汇率升值达 8.6%。2010 年 10 月，巴西政府连续两次调高 IOF 课税率后，11 月当月本币兑美元随即贬值 1.7%，而后呈现平稳状态。可见，IOF 课税率的提高对于遏制本币汇率快速升值具有一定的积极作用。[②]

（二）巴西金融风险防范的教训

尽管三个层次的风险防护体系已经建立起来，但巴西金融动荡依然不断。这表明，巴西金融系统还存在薄弱环节，其中的教训也很多。

---

① 杨宏宇，林剑云．巴西银行业评析及对我国银行业的启示[J]．世界经济情况，2005(2)：18.

② 宋朋来．金融危机后巴西实施“托宾税”的经验及启示[N]．中国经济导报，2014－06－16.

首先，由于巴西金融系统的决策机构组成复杂，中央调控政策政出多门，严重制约了政策整体效果的发挥。决策系统所制定的政策往往体现政府的意志和偏好，而政府的更迭，经济周期的改变及其他一些影响政府决策的因素均会导致金融政策的变更且缺乏连续性。金融法律体现的稳定性和高效性也无法保障，给金融风险的酝酿提供了土壤。在巴西，金融监管组织机构的职责不清，行政干预法律的现象不断发生。这不仅降低了法律的权威性，也破坏了金融市场的秩序，既是市场和监管机构双损的机制，也是市场无序化的根源，其他国家应引以为戒，特别是法制传统较差的发展中国家。

其次，巴西金融法律虽覆盖面十分广泛，但法律执行十分困难，所以，自由主义色彩很浓的金融市场主体就极有可能不落实政府的有关要求，给金融风险防范盾牌留下漏洞。这种有法却无法执行的局面，不仅助长了市场主体违法操作的侥幸心理，而且还会引发金融市场主体对遵守法律带来的损失的担心。这种局面导致市场更加混乱，增加市场运行成本。处于金融市场培育中的国家应当从中吸取教训。

再次，巴西外债管理的外源性金融风险敞口过大。巴西发展战略有依靠外债的传统。外债在工业化的初期极大地推动了工业化战略的实现，给巴西带来了巨大战略利益。但是，布雷顿森林国际金融系统让位于牙买加国际金融系统之后，国际资金的流动速度加快，规模加大，这给外债巨大的国家带来了巨大的资本跨境流动风险。20 世纪 80 年代，巴西由于外债抽逃而导致的债务危机就是这种国际金融环境变化的产物。这表明，巴西外汇管理能力对国际金融环境变化的适应速度较慢，外债比例过高，金融系统出现了漏洞。在当今牙买加国际金融系统下，国际资金流动速度加快，规模加大，外债特别是短期外债成为外源性金融危机爆发的主要根源，应当引起世界各国的高度注意。

总之，巴西金融风险防范系统，以国家货币委员会为中心，以巴西中央银行、巴西银行和巴西证券委员会为政策传递纽带，根据本国金融系统发展的实际情况，以资金链或资金网为基础，构筑了由金融企业到金融系统整体的三层防护网。其金融风险防范的优势在于注重金融生态环境建设，强调金融市场主体自身金融风险防范能力建设，值得其他国家借鉴。但巴西在法制建设和适应国际金融环境方面的缺陷也是很明显的，世界各国应当从中吸取教训。

小　结

巴西金融系统继承了欧洲金融系统演化的逻辑，是金融市场自然演化的结果，没有经过大的转轨或历史性的转折。巴西金融系统属于原生型金融系统。金融市场除拥有发达的银行系统外，还拥有发达的证券市场。

就其监管模式而言，巴西属于牵头式监管模式。处于巴西金融系统监管组织最顶端的是国家货币委员会，巴西中央银行和巴西证券委员会则是金融风险防范政策的具体执行机构，把国家货币政策委员的政策意图转变成金融系统的政策措施，并传达给金融市场中的商业银行和非商业银行等金融市场主体。

就其金融风险防范手段而言，巴西金融风险防范注重营造良好的金融生态，特别注意金融法制建设；重视三个层次的金融风险“防波堤”建设，即加强微观主体的抗风险能力建设、加强对系统性风险的防范、加强外源性金融风险的防范；拥有较为完善的跨境资金监测系统，利用信息技术服务参与金融风险防范。

第五章　俄罗斯金融系统及其风险防范

俄罗斯是苏联解体基础上产生的国家，继承了苏联绝大部分遗产，通过采用激进的"休克疗法"实现了社会经济体制由计划经济向市场经济的转轨。随着社会经济体制的转轨，其金融系统也从计划经济的一级金融系统转变成了二级金融系统。今天，俄罗斯金融系统的二级体制已经建立起来，但依稀还可以看到一级体制的影子。所以，俄罗斯金融系统是典型的转轨型金融系统。

一、俄罗斯发展资源概况

俄罗斯联邦（Russian Federation）简称俄罗斯（Russia），位于欧亚大陆北部，地跨欧亚两大洲，国土面积为1707.54万平方公里，是由22个自治共和国、46个州、9个边疆区、4个自治区、1个自治州、3个联邦直辖市组成的联邦共和立宪制国家。俄罗斯人口1.46亿，民族194个。其中俄罗斯人占77.7%。俄语是俄罗斯联邦全境内的官方语言。主要宗教为东正教，其次为伊斯兰教。①

（一）俄罗斯的历史

俄罗斯既古老公，又年轻。说她古老，是因为她有悠久的历史。公元6世纪，东斯拉夫人逐渐向俄罗斯的欧洲部分等地区迁徙。862年，以留

① 资料来源：中华人民共和国外交部网站，http://www.fmprc.gov.cn/web/gjhdq_676201/gj_676203/oz_678770/1206_679110/1206x0_679112/.

里克为首的瓦朗几亚人征服东斯拉夫人，建立了留里克王朝。882 年，建立了基辅罗斯。1147 年，弗拉基米尔大公尤里·多尔戈鲁基建立莫斯科。公元 12 世纪，留里克王朝分裂为若干独立公国。1237 年蒙古军队入侵，建立钦察汗国。1547 年，莫斯科大公伊凡四世加冕称沙皇，称莫斯科大公国，建造克里姆林宫。此后，莫斯科大公国逐渐发展为东北罗斯的政治、经济、文化和宗教中心，并领导其他公国摆脱了蒙古鞑靼的统治，逐渐形成多民族的封建国家，使罗斯成为一个独立的国家。1613 年，米哈伊尔·罗曼诺夫任新沙皇，俄罗斯进入罗曼诺夫王朝时代。经过彼得一世改革，俄罗斯在政治、军事、经济、科学文化等各方面的实力得到大幅提高。1721 年，彼得一世改国号为俄罗斯帝国。1861 年废除农奴制。19 世纪末 20 世纪初形成军事封建帝国。1917 年 2 月，俄罗斯通过资产阶级革命推翻了专制制度。1917 年 11 月 7 日（俄历 10 月 25 日）十月社会主义革命，建立了世界上第一个社会主义国家政权——俄罗斯苏维埃联邦社会主义共和国。后来，俄罗斯联邦与外高加索联邦、乌克兰、白俄罗斯等组成苏维埃社会主义共和国联盟。随着其他加盟共和国的加入，俄罗斯苏维埃联邦社会主义共和国（苏联）扩大为由 15 个加盟共和国组成的超级大国。①

说她年轻，是因为她刚从苏联的躯壳中诞生出来。1990 年 6 月 12 日，俄罗斯苏维埃联邦社会主义共和国最高苏维埃发表《国家主权宣言》，宣布俄罗斯联邦在其境内拥有“绝对主权”。1991 年 8 月，苏联发生“8·19”事件。9 月 6 日，苏联国务委员会通过决议，承认爱沙尼亚、拉脱维亚、立陶宛三个加盟共和国独立。12 月 8 日，俄罗斯联邦、白俄罗斯、乌克兰三个加盟共和国领导人在别洛韦日签署《独立国家联合体协议》，宣布组成“独立国家联合体”。12 月 21 日，除波罗的海三国和格鲁吉亚外的苏联 11 个加盟共和国签署《阿拉木图宣言》和《独立国家联合体协议议定书》。12 月 26 日，苏联最高苏维埃共和国院举行最后一次会议，宣布苏

① 资料来源：中华人民共和国外交部网站，http://www.fmprc.gov.cn/web/gjhdq_676201/gj_676203/oz_678770/1206_679110/1206x0_679112/.

联不再存在。至此，苏联解体，俄罗斯联邦成为完全独立的国家，并成为苏联的唯一继承国。1993 年 12 月 12 日，经过全民投票通过的俄罗斯独立后的第一部宪法，规定国家名称为“俄罗斯联邦”。该宪法还规定，俄罗斯是共和制的民主联邦法治国家，国家领导体制是总统制。①

（二）俄罗斯的自然资源状况

俄罗斯位于欧洲东部和亚洲北部，其欧洲领土的大部分是东欧平原。北邻北冰洋，东濒太平洋，西接大西洋，西北临波罗的海的芬兰湾。东西最长为 9000 公里，南北最宽为 4000 公里。海岸线长 33807 公里，领土面积 1707.54 万平方公里，是国土面积世界第一大国。地形以平原和高原为主，地势南高北低，西低东高。国土大部分地区处于北温带，以大陆性气候为主，温差普遍较大，1 月气温平均为 -5℃ ~ -40℃，7 月气温平均为 11℃ ~27℃。森林覆盖面积 1126 万平方公里，占国土面积的 65.8%，居世界第一位，木材蓄积量也居世界第一位；水力资源丰富，总径流量是 4270 千米/年，居世界第二位；天然气已探明蕴藏量占世界探明储量的 25%，居世界第一位。石油探明储量占世界探明储量的 9%。煤蕴藏量居世界第五位。铁、镍、锡蕴藏量居世界第一位。黄金储量居世界第三位。铀蕴藏量居世界第七位。② 总之，俄罗斯自然资源十分丰富，种类多，储量大，自给率高。

（三）俄罗斯实体经济发展状况

丰富的资源为俄罗斯工农业发展提供了坚实的后盾，具有世界经济大国潜质。首先，俄罗斯工业基础雄厚，部门齐全，以机械、钢铁、冶金、石油、天然气、煤炭、森林工业及化工等为主。近年来，俄罗斯的电子计算机工业、宇航航空工业、高科技产业迅速崛起。特别是俄罗斯的国防工

---

① 资料来源：中华人民共和国外交部网站，http://www.fmprc.gov.cn/web/gjhdq_676201/gj_676203/oz_678770/1206_679110/1206x0_679112/.

② 资料来源：中华人民共和国外交部网站，http://www.fmprc.gov.cn/web/gjhdq_676201/gj_676203/oz_678770/1206_679110/1206x0_679112/.

业在世界上具有重要独特的地位，实力雄厚，其武器产品出口到全球各地。虽然受制于欧美制裁，俄罗斯经济表现不佳，但建立在丰厚资源基础上的俄罗斯整个实体经济结构完整，发展潜力巨大，竞争潜力极强。

其次，俄罗斯农牧业发展优势明显。借助丰富的土地资源，俄罗斯农牧业并重。主要农作物有小麦、大麦、燕麦、玉米、水稻和豆类；畜牧业主要为养牛、养羊、养猪业。2016 年俄罗斯粮食获得大丰收，产量超过 1. 19 亿吨，2017 年达到创纪录的 1. 3 亿吨，主要粮食大国地位进一步巩固。[①] 农产品生产能力支撑了俄罗斯农产品出口能力。根据俄海关署的统计数据，2016 年俄农产品出口额达 170. 4 亿美元。根据俄农业部的统计数据，2017 年上半年，俄农产品出口额达 73. 46 亿美元，同比增长 17. 7%。在出口农产品中，占前三位的是粮食（占农产品出口总额的 37. 1%）、鱼和鱼产品（19. 7%）、植物油（15. 4%）。在粮食出口中，小麦出口 1127. 6 万吨，同比增长 21. 3%，占农产品出口的 27. 7%，大麦出口 111. 2 万吨，同比增长 8. 2%。[②]

第三，俄罗斯经济增速整体开始回调。如图 5 -1 所示，据世界银行的统计，2012 年以来，俄罗斯经济增长率一路下行，2014 年至今一直是负增长，一度触及 -4% 的增长率。与此同时，工业生产指数也随着增长率的负增长而跌入负增长，目前徘徊在 0 线附近，随着增长率的回升而表现出回升的态势。CPI 出现回落，制造业企业家信心指数在小幅震荡中回升。2017 年 8 月，俄罗斯 CPI 同比上涨 3. 3%，较上月收窄 0. 6 个百分点，创逾 5 年新低；工业生产指数同比增长 8. 14%，制造业企业家信心指数为 -2；2017 年 2 季度 GDP 物量指数同比增长 2. 49%，较上季度加快 2. 0 个百分点。另据俄 PRIME 通讯社 9 月 21 日报道，经济合作与发展组织最新发布的预测表明，2017 年，俄 GDP 将增长 2%，2018 年增长 2. 1%。而先前

① 俄罗斯今年粮食产量将达历史新高[OL]. 吾谷新闻，2017 - 10 - 09. http://news. wugu. com. cn/article/1119930. html.

② 资料来源：今年上半年俄农产品出口增长 17. 7%[OL]. 中国驻俄罗斯联邦大使馆经济商务参赞处，http://ru. mofcom. gov. cn/article/jmxw/201708/20170802625513. shtml.

经济合作与发展组织预测 2017 年和 2018 年俄 GDP 将分别增长 1.4% 和 1.6%。① 俄罗斯经济向好迹象显现。

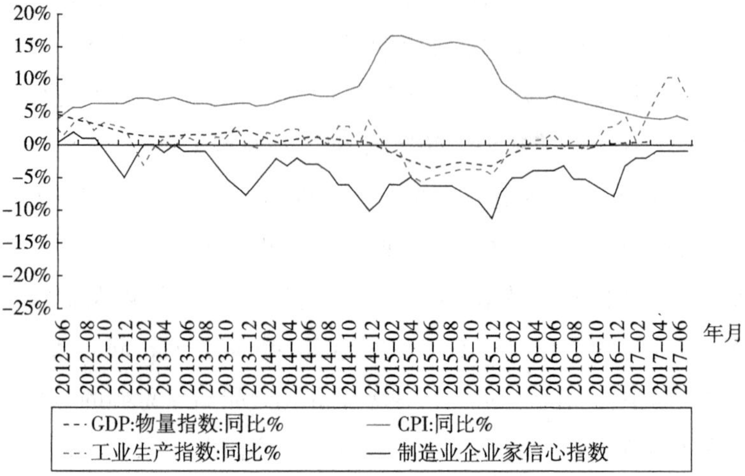

图 5-1 俄罗斯经济整体发展趋势（2012—2017 年）

总之，俄罗斯实体经济发展基础雄厚，具有成为经济大国的潜质。但受国际金融危机和欧美制裁的影响，俄罗斯经济整体发展并不理想。

（四）俄罗斯涉外经济发展状况

首先，俄罗斯的外贸发展相对稳定。俄罗斯的主要出口商品是石油和天然气等矿产品、金属及其制品、化工产品、机械设备和交通工具、宝石及其制品、木材及纸浆等；主要进口商品是机械设备和交通工具、食品和农业原料产品、化工产品及橡胶、金属及其制品、纺织服装类商品等。主要贸易对象为：欧盟、独联体国家、中国、美国等。如图 5-2 所示，据俄罗斯官方的统计，1994 年以来，俄罗斯对外贸易在国际金融危机之前一路攀升，达到一个阶段性的繁荣高点。国际金融危机之后，特别是 2010 年之后，俄罗斯的出口又开始了新一轮繁荣，持续到 2013 年。2013 年之后，

① 资料来源：经济合作与发展组织大幅提高 2017 年俄经济增长预测[OL]. 中国驻俄罗斯联邦大使馆经济商务参赞处，http://ru.mofcom.gov.cn/article/jmxw/201709/20170902651626.shtml.

俄罗斯的出口出现了大幅跳水。目前，俄罗斯的出口处于相对稳定的震荡期。总体来看，俄罗斯的外贸发展相对稳定。相对于出口，最近几年俄罗斯的进口相对稳定，每月稳定在 140 亿美元上下；贸易顺差相对稳定，每月大约在 100 亿美元上下；出口波动幅度较大。

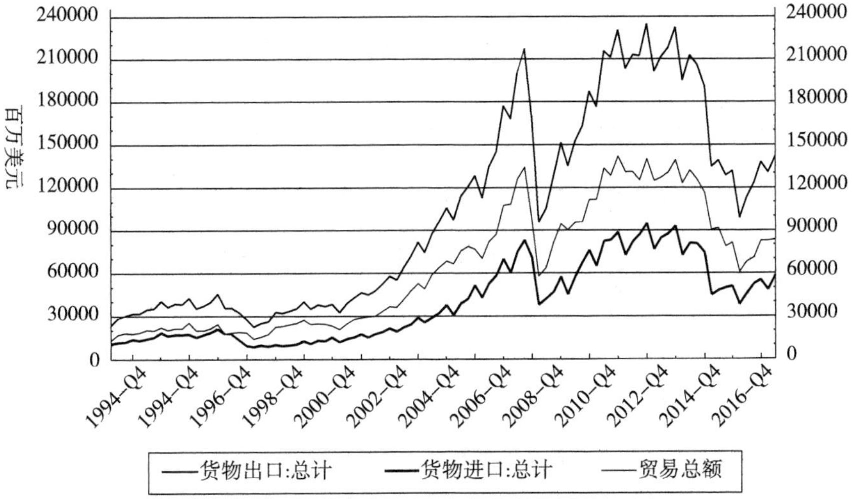

图 5－2　俄罗斯对外贸易发展趋势（1994—2016 年）

数据来源：Wind 资讯。

其次，俄罗斯外汇储备相对充足。如图 5－3 所示，据世界银行的统计，2001 年之后，俄罗斯的外汇储备规模开始大幅攀升，特别是 2005—2007 年的三年间更是井喷式攀升。随后，俄罗斯的外汇储备就一直保持在 3500 亿美元的规模以上。期间，俄罗斯的外汇储备规模一度冲击到 5000 亿美元以上。2017 年 8 月，俄罗斯官方储备资产增至 4239.78 亿美元，远高于 3500 亿美元的规模，整体还是表现为储备规模扩张的趋势。所以，当前，俄罗斯的储备规模可以说是充足的。①

总体来讲，俄罗斯的经济随着世界经济的回升出现了向好的迹象。考虑到俄罗斯雄厚的自然资源优势和完善的工业基础，欧美制裁进入尾声，

① 数据来源：Wind 资讯。

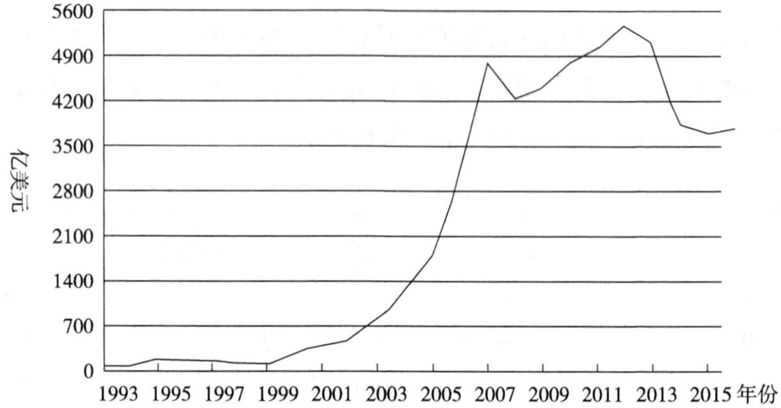

图 5－3　俄罗斯外汇储备规模变化趋势（1993—2015 年）

数据来源：Wind 资讯。

俄罗斯经济向好趋势确立。

二、俄罗斯金融系统的组成

俄罗斯金融系统是在苏联金融系统基础上经“休克疗法”发展起来的，是从苏联金融系统转轨而来的。所以，要认清俄罗斯的金融系统组成，必须首先弄清楚苏联金融系统的基本情况。

（一）苏联的金融系统

苏联实行的是高度集中的计划经济体制，当然，表现在金融系统上就是高度集中的金融系统，没有资本市场，只有单纯的银行系统，即一级银行系统。苏联的银行制度属于资金配给型的信贷体系。商业银行的作用并不突出，国家对银行体系实行高度垄断。① “一个国家银行加上少数几家专业银行，囊括了全国的金融信贷业务，而且银行附属于财政，大财政、小银行的格局基本形成。银行体系在宏观上无法对经济发挥调节作用，在微观上也不能对企业起引导作用，银行成为国家计划分配资金的渠道，实际

① 刘军梅．俄罗斯金融制度的变迁[J]．复旦学报(社会科学版),2003(2):94.

上成为财政的出纳和簿记机关。"① 这就是苏联金融系统从属于财政的真实写照。

苏联金融系统的发展也经历了一个复杂的历史演化过程。期间，体现二级银行体制某个发展阶段特征的多种性质银行并存的时期也曾存在过，但演化的最终结果是形成了四大专业银行主宰的一级金融系统，即苏联国家银行、全苏基建投资银行、苏联国家劳动储金局和苏联对外贸易银行全面垄断苏联全部金融业务的系统。换言之，苏联金融系统只有四个金融主体，即四大专业银行。造成这种金融体制的根本原因在于计划经济体制的选择，当实体经济选择了计划控制时，金融体制也就别无选择了，影子系统只能适应实体系统的现状。在计划经济体制下，苏联的一级银行体制实际上是高度集中的计划经济体制的产物。商业信用被完全禁止，国家银行对资金实行统收统支政策，三家专业银行只是扮演国家计划分配资金渠道的角色。

苏联国家银行是苏联金融系统的最主要银行，兼中央银行、商业银行的国民经济调节及企业直接贷款等职能于一身。其机构繁多，总行设有 26 个司、局、部等单位，全国有 4500 个分支机构。② 其规模十分庞大。20 世纪 70 年代末，其规模已经超过美国美洲银行、花旗银行、曼哈顿银行、联邦德意志银行、法国里昂信贷银行和日本第一劝业银行等当时世界最大的 7 家商业银行。它既负责制订金融政策，又直接对企业发放贷款，是国家发行银行、国家经济短期贷款中心、全国结算和出纳中心及国家金融系统的监管机关，既行使中央银行的职能，在国民经济计划的基础上制订信贷计划，又行使商业银行的职能，服务对象包括了政府、银行甚至各种企业，执行所有的国民经济贷款（除建设性组织之外），包括企业流动资金贷款、技术改造和更新贷款、民用品生产贷款等，农业银行撤销后，国家银行也负责国家对农业组织的财政拨款及长期贷款、给集体农庄的长期

---

① 徐向梅．俄罗斯银行制度转轨研究[M]．北京:中国金融出版社,2005:43.

② 徐向梅．俄罗斯银行制度转轨研究[M]．北京:中国金融出版社,2005:44.

贷款。

苏联的专业银行最初是按照部门原则由各个部门聚集资金组建的，也是股份制银行，国家是其中最大的股东，受国家银行的监督。[①] 苏联建国初期，出现了一大批专业银行，如东南商业银行、工业银行、电业银行、中央和共和国农业银行、公用事业银行等；国家劳动储金局也恢复活动。1925 年 12 月，联共（布）第十四次代表大会后，专业银行逐渐走向单一。1932 年，《关于成立长期贷款和投资拨款银行的决议案》的出台，标志着专业银行发展的阶段性成果：作为对基本建设进行拨款的机构和长期贷款的机构，专业银行限定为工业银行、农业银行、全俄合作社银行和中央公用事业银行四家，且归属财政部管理。1959 年，农业银行和公用事业银行关闭，在工业银行基础上成立建设银行。1961 年，国家银行将外汇结算和信贷业务移交给苏联外贸银行。几经改革，苏联最后仅剩 3 家专业银行：苏联建设银行、苏联国家储蓄银行、苏联外贸银行。

苏联建设银行的前身是工业贸易银行和电业银行合并而来的工业和电业基本建设拨款银行，即工业银行，1959 年改组为全联盟基建拨款银行，简称“苏联建设银行”。该行依据国家经济发展计划，负责除农业经济之外的所有基本建设领域企业的投资拨款、长期贷款和结算，服务领域涵盖了农业经济以外基本建设的所有领域，在苏联各加盟共和国和边区、中心城市设立了分支机构，数量达 800 多家。1961 年后，建设银行由财政部改归国家银行管理。

苏联国家储蓄银行（国家劳动储金局），是苏联国家银行的组成部分，历史十分悠久。其前身是沙皇时期建立的储金局，后来在十月革命后的国有化浪潮中被保留下来，由财政部领导，负责吸收居民存款，发行国家公债和办理非现金结算。后来，随着服务网络的恢复，其作用越来越大。1963 年信用改革后，国家劳动储金局划归国家银行领导，肩负职工工资收

---

① 徐向梅．俄罗斯银行制度转轨研究[M]．北京：中国金融出版社，2005：34.

付、居民国家公债业务以及公用事业费用交款、法人的结算和现金业务等。储蓄银行的业务发达，服务面广，拥有4500个部门和大约4000个分支机构。因几乎不从事资产业务，不需要太多法定资本，储蓄银行法定资本只有1亿卢布。

苏联外贸银行是股份银行，股份资本为10亿卢布，主要负责为外贸领域的法人和有权持有外币的自然人进行对外非贸易结算。1961年以后，外贸银行又具有了外汇结算和信贷业务的职能。外贸银行对外活动极其活跃，与国外银行交往频繁。在国外设立了20多个分支机构，遍布伦敦、巴黎、法兰克福、维也纳、苏黎世等国际金融中心。

苏联实行外汇管制政策。由于苏联经济是中央集权型计划经济体制，具有先天的相对封闭性。所以，除新经济政策时期允许公司、企业和个人进入外汇市场以外，苏联长期实行外汇管制，一切外汇由国家统一管理，只有苏联国家银行和对外贸易银行有权经营外贸结算和其他外汇买卖业务，居住在苏联境内的公民被禁止从事任何形式的外汇交易。苏联卢布脱离外界货币体系，成为完全封闭的不能自由兑换的货币，卢布汇率由国家集中管理。

苏联金融系统的设计理念是与高度集中的计划经济体制相适应的。十月革命后，苏维埃政权对各种形式的经济成分进行了改造，手段就是国有化和集体化，改变了经济的私有性质，由国家主导经济的发展，实行计划经济。当然，金融业也在国有化和公有化之列，私人资本和商业信用都被取缔，形成日趋简单的银行结构，银行业被高度集中和国家垄断，所有金融业务全部由苏联国家银行和三家国有专业银行经营，并且银行本身被纳入行政管理系列，成为国家对经济活动实施行政管理的工具，“一个企业一个银行”，任何企业和单位都只能在一家银行开立账户，通过开户行办理存贷款和结算业务，金融系统成为控制社会生产的工具。当然，与生产领域的高度计划性相适应，银行自身经营活动和经营目标都受到国家指令性计划的约束，而银行也成为国家实现指令性计划的重要手段。为保证国民经济各级指令性计划的落实，国家对银行信贷实行严格的计划管理，各部门和企业的信贷都必须纳入国家计划，取缔一切商业信用和中间环节，在通过国有银行控制全社会信贷资源的基础上由国家银行和各专业银行按计划发放直接贷款。另外，在这种经济管理模式下，国家控制着所有财政资源，银行成为国家财政的附属物，银行信贷资金的来源和运用只是财政预算和拨款资金的补充。国家对企业的管理是统收统支，企业获得的利润绝大部分上缴财政，企业所需资金再由国家财政无偿划拨，各经济实体经济行为所形成的财务收支活动都纳入国家财政管理的范围，银行业务有限，形成“大财政、小银行”的财政、金融体制格局。与此相适应，苏联也就必然长期实行国家外汇管制。①

总之，在强敌环伺的国际环境下，苏联建立了适应自己实体经济管理体制和政治体制状况的封闭型金融系统，在一定的历史时期，有力地促进了苏联经济的发展。虽然，当前人们对这种金融系统的评价不一，但是，作为一种金融系统设计的探索，其贡献和价值是十分巨大的。这种金融系统就是俄罗斯金融系统转型的前提。

（二）俄罗斯的金融系统组成

俄罗斯的金融系统是从苏联金融转轨而来的，并经历了由分业监管向大金融监管的转变。所谓转轨就是指一个国家社会经济制度的根本转变，是一个国家社会经济运行方式的根本改变，当然也就意味着国民经济系统结构的变化，意味着国家金融系统结构的调整。俄罗斯的经济转轨包括两个方面：一是社会主义向资本主义转变，实现这一转变的基本经济手段是全面的私有化；二是由计划经济向市场经济转变，实现这一转变的手段是自由化，通过自由化建立市场制度、发展市场，减少或放弃国家对经济的管制，由市场来实现资源的配置和经济的调控。以新自由主义为核心的“华盛顿共识”是俄罗斯经济转轨的指导思想，自由主义贯穿俄罗斯经济的全过程。② 俄罗斯的金融体制就是从苏联金融系统的基础上转变而来的，

① 参阅：徐向梅．俄罗斯银行制度转轨研究[M]．北京：中国金融出版社，2005.

② 杨胜刚．比较金融制度[M]．北京：北京大学出版社，2005：79.

其核心是私有化及后私有化阶段的各种关键制度的形成。① 俄罗斯金融系统变革的源头可追溯到20世纪80年代下半叶。当时，戈尔巴乔夫当政就已经开始了金融系统改革，并先后出台了苏联第四部《国家银行章程》《苏联国家银行法》《银行与银行活动法》。那时，“以银行体制改造为核心的金融制度改革开始进入实质性阶段”②。金融系统变革的目标基本上就是建立发达市场经济国家普遍采用的二级金融系统：以银行产权制度改革为突破口，建立二级银行体制，兴建资本市场，发展社会保险，重构银企关系，形成以中央银行为领导、商业银行为主体、多种金融机构并存的分工协作的金融系统。独立后的俄罗斯以激进的方式用“休克疗法”快速实现了改革目标，建立了西方市场经济国家普遍采用的二级金融系统，实现了金融系统转轨。

1. 俄罗斯金融监管机构的发展历程

俄罗斯的金融市场主要由银行市场、证券市场（资本市场）和保险市场三部分组成。在二级金融系统的框架下，随着金融市场监管的需要，俄罗斯三大金融市场的监管机构设置和监管权限划分经历了一系列复杂的变化。

首先，银行市场监管机构的演化历程。俄罗斯银行市场的主要监管机构是俄罗斯的中央银行，即俄联邦中央银行，又称俄罗斯中央银行，是“银行的银行”。俄罗斯在已有立法的基础上改造专业银行，建立中央银行和股份制商业银行，实行“休克疗法”。根据1990年颁布的《俄罗斯中央银行法》和《俄罗斯银行及银行活动法》，所有银行都必须改建成股份制银行。这是“休克疗法”的法律前提条件。依据这些法律，俄罗斯此后参照西方金融制度，建立起以中央银行为主导、商业银行为主体、多种金融机构并存，同时具有各类金融市场的，由中央银行、商业银行、非银行金融机构、政策性银行等构成的二级金融系统。1990年7月13日，俄罗斯

① 刘军梅．俄罗斯金融制度的变迁[J]．复旦学报(社会科学版)，2003(2)：93.

② 徐向梅．俄罗斯银行制度转轨研究[M]．北京：中国金融出版社，2005：99.

最高苏维埃宣布将俄罗斯共和国银行改组成俄罗斯国家银行。12 月 2 日，俄罗斯最高苏维埃通过《俄罗斯中央银行法》和《俄罗斯银行及银行活动法》，确立俄罗斯国家银行的独立法人地位和在俄罗斯的主导地位，即俄罗斯中央银行的地位。1995 年通过的《俄联邦中央银行法》赋予俄罗斯中央银行对信贷组织活动的调节和监管职能。1996 年修订通过的《俄联邦银行及银行活动法》明确了银行和非银行信贷组织在俄联邦建立、经营和撤销的原则，规定银行监督管理委员会及其地方分支机构是央行具体负责监管活动的执行机构，对各地银行部门的直接监管由中央银行的地方管理机关来实施。[①] 可见，俄罗斯中央银行的主要任务是通过法定存款准备金、再贴现率（再贷款利率）、外汇调节等手段控制货币总量，实现国家宏观经济的稳定；[②] 俄罗斯银行系统的监管权力集中于中央银行，实施单一的集中监管。

俄联邦中央银行拥有 30 亿卢布的法定资本，是自负盈亏的独立法人。同时，俄联邦中央银行又是法定的政府机构，直接隶属于俄罗斯国家杜马，每年须向杜马提交年度报告和审计报告，并有义务应杜马要求就有关问题举行定期或不定期的听证会。其内部最高管理机构是经理理事会，由央行行长和 12 名理事组成。央行行长由总统提名，国家杜马多数票通过予以任命，任期 4 年，连任不能超过 3 届。12 名理事由央行行长提名，报请总统批复，任期 4 年。俄罗斯央行实行三级管理体制，最高一级是经理理事会及其央行的中心机构（在莫斯科）；第二级是位于俄罗斯大区（边区、州、共和国和大城市）作为央行分支机构的总管理局；第三级是作为总管理局分支机构的清算出纳中心，主要在城市和小地区为当地的商业银行提供清算和出纳服务，也履行其他属央行权限的职能。除此之外，国家还建有附属央行的国家银行理事会，为中央银行职能发挥提供支持。该理事会由 2 名联邦上院代表、2 名杜马代表、1 名总统代表、1 名政府代表、财政

---

① 参阅：米军，陈菁泉．俄罗斯银行业监管制度的发展、特点及启示[J]．国外社会科学，2014(6)．

② 程亦军．俄罗斯的金融体制与金融政策[J]．中国金融，2011(5)：32.

部长、经济部长以及央行代表、信贷组织代表和专家代表组成，总数不超过15人。①俄央行内部采取垂直管理体制，包括总部和各地方分支机构、结算中心、信息中心、培训机构和其他机构。联邦内各共和国国家银行是央行的地方分支机构。这些分支机构不具有法人地位，非经央行董事会同意，无权通过法规性文件、提供担保。各分支机构的职能范围由央行董事会决定。②

俄联邦中央银行的活动宗旨和职能。根据《俄罗斯中央银行法》第四条规定，中央银行的主要职能是：配合联邦政府制定并实施统一的国家货币信贷政策，保护和维持卢布的稳定；垄断货币发行并组织货币流通；充当信贷组织的终极贷款人，制定再贷款制度；确定联邦境内的结算规则；为银行体系制定开展银行业务、会计核算和会计报表应遵循的相关规则；负责信贷组织的国家注册，颁发和撤销信贷组织许可证；监督信贷组织的经营活动；实行包括买卖外汇业务在内的外汇调节，确定与外国结算的相关规则和程序；根据联邦法律组织并实行直接的或间接的外汇管制（通过授权银行）；参与制定和编制联邦的国际收支平衡表。③

另外，作为俄罗斯全部金融风险的责任主体，俄罗斯财政部当时也对银行市场拥有监管权。

其次，俄罗斯证券市场监管机构的演化过程。1991年颁布实施的《有价证券发行、流通与证券交易所章程》规定，联邦财政部为证券市场的监管主体。俄罗斯联邦财政部下设联邦金融监察委员会和联邦金融监察局。前者主要负责联邦金融监察事务的协调和决策；后者主要负责具体政策的执行，并参与国内和国际的反洗钱活动。但由于俄罗斯金融企业混业经营，因而俄罗斯中央银行以及其他一些联邦政府职能部门也依照惯例对证券市场部分业务行使监管权。政出多门，导致证券市场极其混乱。1993年，俄罗斯政府组建了有价证券与证券交易所委员会，负责对证券市场实

---

① 参阅：徐向梅．俄罗斯银行制度转轨研究[M]．北京：中国金融出版社，2005：106－108.

② 凌激．俄罗斯金融体制面面观[J]．国际经济合作，2001(12)：22.

③ 程亦军．俄罗斯的金融体制与金融政策[J]．中国金融，2011(5)：32.

行专业化监管，以期规范市场，降低金融风险，维护国家经济安全。然而，联邦政府并没有赋予该委员会以监管证券市场的全权，它无权直接处置违法违纪的商业组织和个人，因而无法实行有效的市场监督。为加强该委员会的权威性，1995 年俄联邦政府将其升格为联邦部委级单位，1996 年又将其更名为联邦证券市场委员会，委员会主席由总统亲自任命。作为联邦政府管理证券业的执行机关，委员会具有以下几项主要职能：一是贯彻执行国家关于证券市场发展的政策；二是监督证券发行单位和市场参与者活动的合法、合规性；三是规定证券市场从业人员资格条件，并发放许可证；四是保障证券市场信息准确披露等。但该委员会依然不具有独立执法权，证券市场的实际监管权仍控制在联邦财政部手中。1998 年的俄罗斯金融危机迫使俄联邦政府更加重视改善证券市场监管效果。联邦证券市场委员会才被赋予实际执法权，不必再经法院判决后才能对违法主体进行处罚。但财政部对证券市场的部分监管权、中央银行对信贷机构在证券市场的活动的监管权，依然没有退出。2004 年，俄罗斯政府撤销了联邦证券市场委员会，组建联邦金融市场服务管理局。该机构为联邦级独立机构，不隶属于任何部委，直接对政府总理负责，全面继承了联邦证券市场委员会的管理职能，实际职权范围还有所扩大。

另外，除政府机关外，证券业监管事宜还有来自民间的组织参与，如国家证券市场参与者协会，有价证券登记、过户和寄存职业协会和国家证券协会等。这些市场参与者当时对加强行业自律起到很大作用。

最后，俄罗斯保险市场监管机构的演化过程。无论如何，相对于信贷市场和证券市场，俄罗斯保险市场的出现要晚得多，其规模和影响力也要小得多。在保险市场发展的早期，俄罗斯的保险市场监管是由联邦财政部和中央银行来完成。但是，随着俄罗斯保险市场的不断发展壮大，保险市场的监管任务越来越重，监管职能亟须独立出来。2004 年 3 月 11 日，根据俄罗斯总统令，俄罗斯政府宣布组建联邦保险监管局，由其行使对境内保险从业机构的监督和管理职责，负责发放和吊销相关经营许可证，并且对其发行有价证券和投资有价证券实行监管。该机构在行政上隶属于联邦财政部。①

截至 2013 年 7 月 24 日，俄罗斯的三大市场分别主要由三家政府机构实行监管，具体而言：就是中央银行负责监管银行市场，金融市场服务管理局负责监管证券市场，保险监管局负责监管保险市场，形成形式上的分业监管。俄罗斯联邦财政部从法律上还有对各个市场的监管权，并起到协调各监管机构的作用。

俄罗斯的金融系统结构属于二级金融系统（见图5－4），由金融监管机构和金融市场两部分组成。

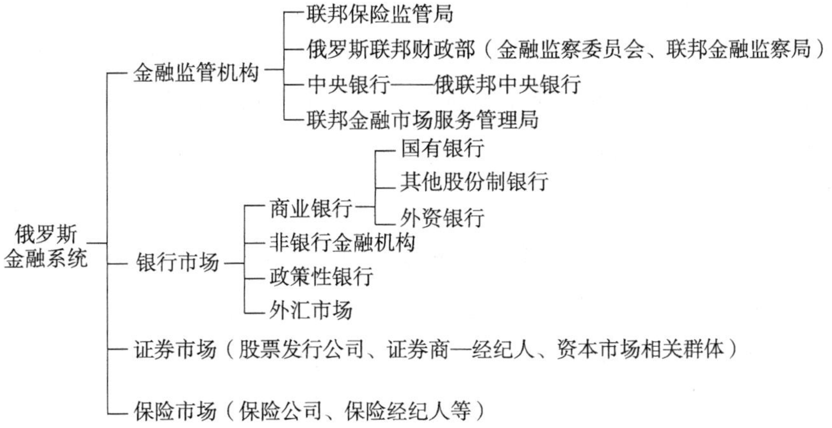

图 5－4　俄罗斯金融系统组成（截至 2013 年 7 月底）

2013 年 7 月 24 日，普京签署了一项总统令，宣布重新整合本国金融监管体制，改变此前的分业监督、多头交叉管理模式，建立统一的大金融监管体制，中央银行（俄罗斯银行）被赋予监管境内所有金融组织和金融活动的全权。②

总统令发布当日，俄罗斯总统网站刊登了相关解释条文，对此次金融

① 程亦军．俄罗斯确立大金融监管体制［A］．李永全．俄罗斯发展报告(2014)［M］．北京：社会科学文献出版社，2014：118.

② 程亦军．俄罗斯确立大金融监管体制［A］．李永全．俄罗斯发展报告(2014)［M］．北京：社会科学文献出版社，2014：118.

监管体制改革做了简要说明。解释条文指出，此次改革的具体内容包括：联邦金融市场局不再作为金融市场的监管责任人，财政部也不再继续行使对金融市场部分业务的监察管理权，联邦政府同时也放弃对金融市场的直接管辖权，上述权力统一划归中央银行。改革后的中央银行将成为俄罗斯境内唯一的金融监管行政机构，全面负责对信贷、保险、有价证券以及投资基金、养老基金等金融行业的业务指导、管理和监察；扩大中央银行的职权范围，延长央行行长及央行董事的任职期限，扩大央行董事会规模，央行行长及董事任职期限由 4 年改为 5 年，董事会由 13 人增加到 15 人；国家银行委员会更名为国家金融委员会，从而成为国家整个金融行业的宏观决策机构。关于此次金融监管体制改革的目的，总统网站是这样解释的：建立统一的大金融监管体制是为了提高金融市场的稳定性和监管效率，取消重复设置的机构，避免浪费行政资源，减少行政内耗。这项金融监管体制改革的特点主要体现在以下几个方面：一是变分散管理、分业管理为集中管理、混业管理，将原来的多机构、多层次、相互交叉的管理改为现在的统一的单一管理；二是进一步消除金融市场的财政色彩，财政部彻底交出对金融市场的监管权，不再直接控制和影响金融市场；三是取消第三方管理，改由制定货币政策的中央银行直接管理；四是加强金融管理的专业化，减少行政干预，联邦政府不再直接参与金融事务，改为由在银行委员会基础上建立的国家金融委员会负责决策。①

可见，经过这次重新整合本国金融监管体制改革之后，俄罗斯当前的金融系统仍由两部分组成：金融监管机构和金融市场（见图 5 –5）。所不同的是，俄罗斯的金融监管机构变成了俄罗斯联邦中央银行。而且，俄罗斯联邦中央银行成为俄罗斯金融监管的唯一责任人和执行人，对本国金融业实行统一监管。这标志着，基于混业经营的现实，俄罗斯金融监管体制将以机构监管为主转向以功能监管为主，利于实现本行业跨产品、跨机

① 程亦军．俄罗斯确立大金融监管体制[A]．李永全．俄罗斯发展报告(2014)[M]．北京:．社会科学文献出版社,2014:119.

构、跨市场的协调。

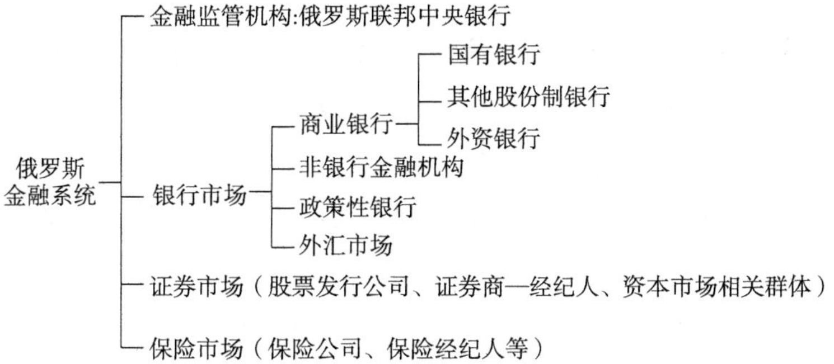

图 5-5　俄罗斯金融系统组成（截至 2017 年 7 月底）

当前，俄罗斯中央银行根据新修订的中央银行法，依法对银行、证券和保险等所有俄罗斯金融市场实行监管。根据俄罗斯中央银行网站更新到 2014 年 7 月 8 日的内容显示，当前俄罗斯中央银行除传统的银行、非银行金融业务监管之外，还将证券市场、保险市场的监管纳入其监管范围。如，依法对股份公司和证券发行人的合规情况进行监管；监管股份公司；依法保护金融市场股东和投资者的权益和合法权益，保护保险公司、被保险人和依照保险法确认的受益人的合法权。[①] 可见，俄罗斯中央银行已经承担起俄罗斯金融风险防范责任人职责，变身为俄罗斯金融市场唯一的监管者。

2. 俄罗斯的金融市场

（1）俄罗斯的银行市场

俄罗斯的银行市场主体包括商业银行、政策性银行、保险公司和非银行金融机构。俄罗斯商业银行的改革大致经历了五个阶段。第一阶段（1987—1991 年）建立银行业的制度基础，并改组现有银行，建立新的银行体系，对各类银行的职能也作了具体划分。第二阶段（1992—1995 年）是真正开始向二级银行体制过渡并取得实质性进展的阶段，也是在恶性通

① 资料来源：俄罗斯中央银行网站，http://www.cbr.ru/Eng/today/? PrtId = bankstatus.

货膨胀的情况下只求数量不顾质量的盲目发展阶段。第三阶段（1996—1997年）是危机酝酿但稳定发展的阶段。第四阶段（1997年末至1998年8月）。这一时期是俄罗斯银行系统不稳定阶段。商业银行数量呈递减趋势。第五阶段（1998年8月至今）是俄罗斯金融危机与商业银行合并重组阶段。由于商业银行的大规模集中破产，俄罗斯1998年爆发金融危机，政府采取合并重组的调控措施，促使银行走向稳定，对银行业进行了结构调整。①

当前，俄罗斯的商业银行有国有银行、其他股份制银行和外资银行三种。国有银行包括中央银行控股（俄罗斯外贸银行、俄罗斯外经银行、俄罗斯储蓄银行）、联邦和地方政府控股以及国有企业控股的银行。比如，储蓄银行，是俄罗斯最古老、最大的商业银行，1842年成立，注册资本241亿卢布；对外贸易银行，1991年成立，俄罗斯第二大银行，属国家全资银行，注册资本65.5亿卢布；工业建设银行等，仍主要由国家出资的银行，它们的创立资本属于国有性质的，其经营活动从属于国家利益，以保证货币流通的稳定，为部门或地区发展提供资金。还有一些是原部委或主管机关设立的银行，包括石油化学银行、石油天然气建设银行（1990年成立、注册资本18.5亿卢布）、渔业银行、通讯银行、化学银行、航空银行等，其虽是股份制，但国家仍是最大的股东。因此，这些银行仍然对其所对应部门的企业发展负有一定的责任。其他股份制银行则是为数众多的商业银行。由于俄罗斯银行市场准入条件比较低，最低法定资本限额过于小，俄罗斯商业银行，特别是中小银行数目激增。俄罗斯商业银行最多时可达3000多家。但1998年金融危机之后，数量急剧下降。截至2001年年中，俄罗斯尚在经营的商业银行已降至1300家。目前，俄罗斯商业银行的数量也大致就是这个水平。俄罗斯商业银行业务属于混业经营模式，并且与实体经济相互渗透，出现了商业银行与工业集团的结合物——金融工业集团（金融寡头），比如天然气工业银行属于天然气工业集团，莫斯科国

---

① 参阅：郭连成．俄罗斯银行体制改革及其效应分析[J]．国外社会科学，2003(6)：57－60.

际银行属于莫斯科集团，罗斯银行属于英特罗斯集团，古塔银行属 Gosinkor 集团等。另外，为了创造吸引外资的条件，俄罗斯开放银行业的大门，外资银行大量进驻俄罗斯。它们所从事的业务范围基本与俄国内银行相当，俄中央银行只在外资银行的资本规模上对其有所限制。1998 年金融危机后，这一限制也被取消。俄罗斯商业银行采取的是综合银行体制，实行混业经营，经营范围很宽，既可以从事存、贷、汇、结算等传统业务，也可以从事证券承销、代理、投资等风险业务。①

政策性银行。除了上述商业银行之外，1998 年金融危机后，联邦政府建立了两家政策性银行——俄罗斯发展银行和俄罗斯农业经济银行。俄罗斯政府以全资、控股和参股方式投入资金，其政策性业务由政府单独从财政预算拨款进行担保，主要职能是给实体经济提供融资服务，必要时执行国家赋予的政策性任务。

非银行金融机构。俄罗斯的非银行金融机构有信用合作社、信托公司、资产投资公司、典当行、投资基金以及养老基金、保险基金等各类社会保障基金。由于银行业处于绝对优势地位，这些非金融机构对俄罗斯金融系统的影响并不明显。

目前，俄罗斯已逐步形成了以股份制商业银行为主，包括非银行金融机构和外资银行在俄分支机构在内的银行系统。所有的信贷机构都要接受央行的监管。

（2）俄罗斯证券市场②

俄罗斯有价证券市场最早形成于苏联戈尔巴乔夫时期。1990 年，《苏联企业法》和《股份公司和有限责任公司条例》颁布实施，随后《俄联邦所有制法》《有价证券条例》也颁布实施。1991 年，苏联颁布实施《股份公司法》，为俄罗斯资本市场的建立提供了法律基础。因此，俄罗斯独立

---

① 程亦军．俄罗斯的金融体制与金融政策[J]．中国金融，2011(5)：32.

② 参阅：程亦军．论俄罗斯证券市场[J]．俄罗斯中亚东欧研究，2006(4)．张红．论俄罗斯金融危机前后的证券市场[J]．清华大学学报(哲学社会科学版)，2002(1)．徐向梅．俄罗斯股票市场结构与制度变迁[J]．广东金融学院学报，2004(5).

后股票市场迎来了一个大发展时期。莫斯科中央证券交易所也就是这时建立起来的。这个时期，俄罗斯股票市场的主要交易标的是由股份制银行、生产性公司、交易所和投资公司等机构发行的股票。但是，这个时期的股票市场还是初级的，有价证券业务结算的法则和标准还没有形成，也缺乏有价证券等级的评估机构和清算中心等配套基础设施。

1991 年底至 1992 年初，俄罗斯联邦出台了《外国投资法》《有价证券的发行和流通与证券交易所规则》《有价证券业务税收法》和《商品交易所和交易所交易法》等一系列法律。随后，俄罗斯股票和债券市场开始产生、发展。1992 年，莫斯科银行间外汇交易所（Micex）注册成立，曾是俄罗斯央行货币日常定价的渠道，内设即期货币、政府债券、蓝筹股、公司债和期货等交易市场。为了实现财产的公平分配并推动证券市场的发展，1992 年 10 月，俄罗斯政府还无偿向公民发放面值 1 万卢布的私有化证券，使俄罗斯大部分居民成为有产者阶层，丰富了证券市场的流动性。自此，俄罗斯证券市场进入发展时期。1993—1994 年，国家有价证券市场建立并发展起来。在国家和市政有价证券市场上，俄罗斯国家有价证券包括国家短期债券、国库券、联邦债务债券、国家储蓄债务债券、国内外汇债务债券等。其中，国家短期债券由于收益率高，对外资开放度大，市场发展迅速，规模庞大，成为国家有价证券市场的主打品种。国家短期债券的最大交易者是商业银行，为俄罗斯政府募集了大量预算资金。另外，具有债务发行工具法人地位的城市和地方自治机关也发行了相应的市政债券，以募集资金弥补财政不足。公司有价证券是企业以股票和债券形式发行的融资工具。1994 年之前，俄罗斯的股票交易都是通过电话完成的。1994 年 5 月，俄罗斯证券市场参与者协会（PORTALTM）交易系统建立，并逐渐演变成俄罗斯交易系统（RTS）①。1996 年初，俄罗斯有价证券和证券交易所委员会成立，俄罗斯证券市场的监管机构出现，证券市场的基础设施建设也有了很大进步，为证券市场的规范交易提供了保障。有价证券

---

① 参阅：范敬春，宋景义．俄罗斯股票市场分析[J]．中共济南市委党校学报，2003(1)：40.

的供求量都大幅增加。由于发行公司债券需要交纳债券面值0.8%的税，而且组织费用庞大，债券发行量过小，公司就难以支付，而且，依照当时的规定，债券利息只能计入公司纯利润，公司发行债券根本无利可图，公司债券市场发展缓慢，所以，1998年之前，公司有价证券市场的主力是股票市场，而非债券市场。1999年6月之后，俄罗斯政府允许公司债券利息和贴现计入产品成本，金融企业发行的金融债券也允许计入公司债券之列，公司债券市场进入新的发展期。所以，公司债券市场的规模虽然相对较小，但增长速度快，成为众多企业融资的首选。2011年底，俄罗斯两个最大的股票交易所：俄罗斯交易系统（RTS）与莫斯科银行间外汇交易所（Micex）合并，成立莫斯科交易所。目前，俄罗斯证券市场大致分为国家和市政有价证券市场、公司有价证券市场和票据市场三个主要部分。

1998年金融危机后，俄金融当局接受教训，在市场管理方面尤其强调对证券市场的监管，明显加大了对金融市场交易行为和相关法人、自然人的监控力度，严厉处罚严重违规的企业和个人。同时，加强了立法工作，对原有法律体系进行了有针对性的修改和补充，使其更加符合当前俄罗斯的国情。相继出台《公司行为准则》等多部法规，并对《俄罗斯联邦证券市场法》进行了必要的修订，强调公司治理的重要性、信息披露的及时性和准确性。对上市公司的股东代表大会、董事会、执行层的权力、义务和法律责任，对公司审计、重大交易、信息披露的程序做了具体而详尽的规定和限制。在此基础上，2005年金融监管当局有针对性地加大了对上市公司的监管力度，敦促其合法经营，严格履行应尽的责任和义务，提高信息披露的频率和质量，为投资者提供及时、可靠、准确、详尽的信息资料。同时，进一步落实了市场资金管理措施，保证经纪人账户与客户账户相分离，避免经纪人挪用、侵占客户资金，保证客户资金的安全。因此，俄罗斯证券市场开始出现稳定繁荣的局面。

2008年国际金融危机爆发，受国际金融危机的冲击，俄股市两大股指大幅下挫，MICEX指数最低下探到513.62点，RTS指数最低降至498.2点。由于股市遭遇重创，俄罗斯联邦政府曾下令停止所有交易所交易。

2009年，随着全球经济企稳及俄罗斯政府救市政策的推出，俄股市震荡回升，两大股指全年涨幅均超过120%。[①] 2014年，受低油价及西方国家经济制裁的影响，俄罗斯经济严重衰退，俄罗斯股市也受到了巨大的影响，以美元计价的俄罗斯RTS股票价格指数在2014年12月中旬一度下跌12%，创2008年金融危机以来最大跌幅。[②] 受石油价格低迷和欧美制裁的影响，据万得资讯的统计，2013年至2017年9月28日，俄罗斯股市下跌26%，其表现继续在金砖国家中垫底。而同期，印度、中国和巴西股市分别上涨了61%、47%和21%。俄罗斯证券市场当前形势严峻。但考虑到国际制裁接近尾声，俄罗斯经济将触底反弹，俄罗斯证券市场也将触底反弹。与现金宣战！印度废钞令后，俄罗斯欲再考虑限制现金交易。

（3）俄罗斯的保险市场

1991年6月，《俄罗斯联邦公民医疗保险法》颁布。1992年11月27日，《俄罗斯联邦保险业务经营法》正式颁布实施。这些法律的颁布和实施为俄罗斯保险市场的形成创造了条件，俄罗斯现代商业保险市场得以建立并迅速发展。在从计划经济向市场经济转轨过程中，俄罗斯保险市场经历了大起大落。期间，俄罗斯金融工业集团起了很大作用。俄罗斯私有保险公司从最初的几家迅速发展到1995年的2217家，创出历史最高峰。随后，俄罗斯保险公司数又回落到只剩693家。虽然保险公司数量下降，但其分支机构的数量并没减少。1999年，俄罗斯保险公司有4820家分支机构；2009年有5213家。俄罗斯保险市场已经连续十年快速增长，已签约保险合同数量不断增加，保费收入迅速增长。2009年保费收入为9790.9亿卢布；2010年保费收入增加33.9%；2012年1季度较2011年同比增长25.3%。随着保险业资本金增加、投资业绩和整体赢利的改善，俄罗斯成为全球最具吸引力的保险市场之一。[③] 截至2011年初，俄罗斯大大小小的

① 俄罗斯股市恢复至金融危机前水平[OL]. 网易新闻，2010-04-06. http://news.163.com/10/0406/21/63KAHOVU000146BC.html.

② 与现金宣战！印度废钞令后 俄罗斯欲再考虑限制现金交易[OL]. 华尔街见闻，2017-01-23. https://wallstreetcn.com/articles/286527.

③ 王莺，赵坤. 俄罗斯保险业的发展历史和现状[J]. 俄罗斯中亚东欧市场，2012(12).

保险公司大约有2000家，按照所有制划分，国有保险公司约占10%，私有保险公司约占70%，其余20%属于混合保险公司。[①] 入世之后，俄罗斯保险业加快了对外开放的步伐，允许外国保险公司在俄设立分支机构，对外开放成为俄罗斯保险市场的必然趋势。总之，俄罗斯保险市场经过初步发展之后，已经进入持续发展的快车道。

(4) 俄罗斯的外汇市场

在转轨过程中，俄罗斯的汇率制度几经调整，由自由浮动逐渐演变为有管理的浮动汇率制，再转变为完全市场化的自由浮动汇率制，大致经过了四个大的阶段。第一阶段是1992—1994年，俄罗斯实行卢布国内可兑换制，卢布汇率自由浮动。第二阶段是1995年至1998年8月，俄罗斯实行有管理的浮动汇率制度，即"外汇走廊"制度，政府规定卢布汇率浮动的区间。第三阶段是1998年金融危机后的一段时期，国家采取抑制外汇需求基础上的浮动汇率制，即有管理的浮动汇率制，尽可能降低对外汇的需求。第四阶段是从2006年7月开始，实行完全市场化的浮动汇率制。这个阶段，俄罗斯放弃汇率管制，开放资本账户，实行完全市场化的自由浮动汇率。[②] 自此之后，俄罗斯汇率市场化改革彻底完成。

俄罗斯外汇市场由四部分组成：交易所外汇市场、交易所外（银行间）外汇市场、外汇期货市场和现汇市场。[③] 现汇市场规模很大，但占主导地位的还是非现汇市场。俄罗斯外汇市场的主要参与者是商业银行，另外还有央行、政府机关、企业和个人。外汇市场上的交易币种以美元—卢布为主，还有很多其他货币。1998年以前，银行间外汇市场主导俄罗斯外汇市场，主要包括银行外汇操作和银行与客户间外汇买卖形成的市场，由银行通过电话和电传完成彼此之间的非现场交易。1998年以后，交易所市场发展得更为迅速，从而替代银行间外汇市场而居主导地位，大多数交易在交易所里完成。

---

① 程亦军．俄罗斯的金融体制与金融政策[J]．中国金融，2011(5)：32.

② 程亦军．俄罗斯的金融体制与金融政策[J]．中国金融，2011(5)：33.

③ 徐向梅．俄罗斯银行制度转轨研究[M]．北京：中国金融出版社，2005：90.

目前，俄罗斯拥有莫斯科银行间外汇交易所、圣彼得堡外汇交易所、乌拉尔地区外汇交易所、亚洲太平洋银行间外汇交易所、西伯利亚银行间外汇交易所等14家交易所。俄联邦中央银行是外汇市场的唯一监管机构。中央银行通过颁布外汇使用条例、确定官方汇率以及为经营外汇业务的商业银行授权等方式，干预和监管外汇市场。目前，俄罗斯外汇市已经完全市场化，实行完全市场化的自由浮动汇率。

总之，按照既定的转轨目标，俄罗斯金融系统由原来的一级金融系统转向市场经济国家普遍实行的二级金融系统，形成以中央银行等监管机构为领导、商业化金融主体为主体、多种金融机构并存的分工协作的金融系统。2013年7月，俄罗斯金融体制改革再出发，为应对银行业混业经营以及监管部门之间职能配置导致的问题，俄罗斯把所有金融监管职能都集中在俄中央银行身上，打造独立的第三方监管力量，完成由分业监管向集中统一监管的转变，金融系统也完成向集中统一监管型二级金融系统的转变。这为防范金融风险提供了更为有利的条件。

三、俄罗斯金融系统要素间的作用模式

在经过转轨改造、已经建立二级金融系统的基础上，俄罗斯金融系统又进行了金融监管系统的集中统一化改革，把所有金融监管权都赋予中央银行。这样，俄罗斯金融系统的决策中心由财政部转变为俄罗斯中央银行。而基于市场运行规则发展起来的金融市场分化为银行、证券和保险三个子系统。三者之间又通过混业经营的全能银行而相互交织在一起，实现金融市场的互联互通，共同构成统一的俄罗斯金融市场。

（一）俄罗斯金融系统决策机构之间的运作模式

在新的监管框架下，联邦政府、财政部都不再直接参与金融事务，改由中央银行直接管理金融事务，改由在银行委员会基础上建立的国家金融委员会负责整个金融行业的宏观决策。所以，当前俄罗斯金融系统决策中心是国家金融委员会，由中央银行直接管理，而不需要与其他部门协调

合作。

在这种管理框架下，俄罗斯国家金融委员会在决策信息的支持下，研判国家金融形势，形成国家金融调控的宏观决策。这种决策立足整个金融市场，对市场运行扭曲的调整也需要整个市场的共同调整来完成。所以，国家金融委员会的决策指令也会分解为银行、证券和保险三个子市场的调控指令，并沿着中央银行内设的相关管理体系传达给市场主体，改变市场主体的行为，最终达到调整市场运行的目标。可见，在新的监管框架下，决策由中央银行的国家金融委员会形成，传导渠道是央行内设的相关垂直管理体系。这种运作模式，减少了以往政出多门、互相扯皮现象的发生，提高了运行效率，能够对市场变化做出及时的反应。

（二）俄罗斯金融系统的政策传导链

就银行系统而言，各种银行扮演着市场主体的角色，在中央银行创造的稳定的市场环境下按照金融法律法规沿着盈利的方向自主运作。俄罗斯银行特别是商业银行是全能型银行，既能从事银行业务，又能进入证券市场从事证券业务。当银行市场市盈率高时，银行不仅能把自有资金投向银行业务，还能够通过证券市场融资把证券市场资金吸纳进来；反之，则会把银行市场上的资金投向证券市场。这样，全社会资金使用效率就最大限度地提高了。在银行市场运行过程中，如果认为银行市场过热，其他市场资金不足，国家金融委员会就会提高银行存款准备金率，同时通过政策激发证券、保险等市场的活力，提高其市场收益率。通过这种操作，国家金融委员会利用市场主体逐利的本性，引导市场资金在不同市场间流动，调整市场运行方向，达到宏观调控的目标。

就证券市场而言，国家金融委员会扮演了证券资本市场主要监管者的角色；而证券市场的主体则按照市场规则，在国家规定的相关政策法规框架下按照有利于盈利的方向自主运作，最大限度地追逐利润。如果证券市场运行偏离了国家金融发展目标，国家金融委员会就会通过决策发出修正性指令。这些政策指令通过央行的组织系统最终传递给包括证券市场主体在内的所有金融市场主体。由于政策指令会改变市场主体的盈利前景，金融市场主体就会根据这些政策传导的市场信号按照有利于自己获利的方向调整经营活动，改变资金的市场配置，实现利益最大化。与此同时，国家金融系统整体资金使用效率也实现最大化。依此类推，保险系统的政策传导链也是如此，从国家金融委员会到央行各级组织系统，最终传导到保险市场主体，调整市场主体行为，达到政策目标。

概括起来，俄罗斯中央银行调控金融市场的具体政策措施有八种。一是央行通过市场准入措施进行调控。如发放或撤销各类机构的许可证。此外，央行还通过颁发许可证的方式控制市场主体业务品种。资信良好、经营稳健的金融市场主体被授予总许可证，可从事各项金融业务。没有总许可证的金融机构若要从事某项业务，就必须逐笔报央行审批。二是利率调控。利率是信贷机构开展相应种类业务的最低利率。所以，央行可针对不同的银行业务，制定不同的利率，或采取浮动利率来实现其政策目标。三是通过法定存款准备金调控市场信贷规模。法定存款准备金是银行为开展存款业务而存入央行的一定比例的资金。1992 年 4 月，俄联邦银行建立了法定准备金制度，既增强了央行资金实力，也增强了对商业银行的控制。四是通过调整再贷款利率，调节银行间市场交易量。五是控制货币供应量的其他方法。自 1993 年起俄央行实行信贷限额制：对决定货币发行量的内部资产项目增长额、政府的信贷（用于弥补预算赤字）、商业银行的再贷款额以及对外提供政府信贷额等均实行季度限额，并通过贷款拍卖等形式向商业银行注入资金，而且央行规定信贷拍卖利率要远高于市场贷款利率，以避免拍卖所得贷款在同业市场重新拍卖或兑换成外汇。六是调整贷款项目。俄罗斯央行控制货币供应的另一个重要措施是调整贷款项目。虽然贷款业务几乎全部转给了商业银行，但俄罗斯央行目前仍保留了部分专项贷款项目，保证资金的专款专用。七是从事公开市场业务。央行可在国库券、短期有价证券、贵金属和外汇资产等方面从事公开市场业务，影响市场供求，维护市场秩序。八是采取具体的市场监管措施。如通过现场检查，对违规进入市场主体进行罚款、没收非法所得、停业整顿、吊销营业执照，等等，迫使金融市场主体执行央行决策。

总之，俄罗斯金融市场的三个组成部分，以俄罗斯中央银行为唯一调控机构，其政策依靠中央银行内设的组织系统向下传递，最终传递给各金融市场主体。金融市场主体根据不同的政策框架追逐利益，彼此之间是竞争关系，在央行发出的带有政策意图的市场信息的引导下展开有序竞争，从而保证金融市场的有序有效运作，促进资金使用效率的提高。同时，需要指出的是，央行发出的政策指令是针对不同市场主体的一组指令，而不像以往那样是一条指令。

四、俄罗斯金融风险防范的经验教训

俄罗斯金融系统是从计划经济体制转轨而来的二级集中统一监管的金融系统，其金融主体、金融系统各要素之间的磨合还具有不同程度的不成熟性，金融系统脆弱性较强。俄罗斯金融系统面临的风险是全方位的，既有微观金融主体面临的微观风险，还有金融系统面临的局部金融风险或系统风险，还有由经济全球化和金融自由化带来的外源性金融风险。俄罗斯金融风险防范既有很多经验值得学习，也有很多教训值得吸取。

（一）俄罗斯金融风险防范的经验

作为转型经济体的典型代表，俄罗斯转型之路坎坷不平，经历了许多艰难和挫折，在金融风险防范方面积累了很多值得学习的经验，现总结如下。

第一，通过实行集中统一监管解决因银行混业经营引发的监管机构设置和金融系统功能结构不匹配问题，其经验值得借鉴。俄罗斯的银行是全能型银行，既经营银行业务又从事证券业务，所以，俄罗斯金融系统的价值链和价值网是比较复杂的，即金融系统功能结构十分复杂，总体表现为互相联通的两张价值网。就银行子系统来讲，价值是从储户到银行再到生产企业（政府和个人在一定意义上也都可以看作企业），并经过银行和企业构成一张互相连接、互相影响的网络；就证券子系统来讲，以储户或证券投资者为起点，资金沿两个方向流动：一个是经银行流入证券公司（或证券交易所）后再流向生产企业；另一个是直接经证券公司流向生产企业。这两条价值链又通过银行和企业织成一张纵横交错的价值网。在整个社会，银行价值网和证券价值网通过银行和企业编织成覆盖整个社会经济活动的大网——俄罗斯金融系统功能结构。由此可以看出，银行价值网和证券价值网通过由银行混业经营连接在一起的金融系统功能格局导致分业监管的监管架构出现漏洞，无论是银行监管系统还是证券监管系统都无法全面监管市场资金，也就是说监管机构设置与金融系统功能结构不匹配。从系统论的角度看，所有金融风险都是由金融主体或金融系统结构性的变化（局部大量网点同时出现危机）导致资金链或资金网的功能产生变化造成的，是金融系统功能结构的改变带来的系统功能的变化。金融风险防范的本质就是金融监管机构通过调整金融系统本身的功能结构，使自己保持稳定，使资金配置效率提高。但是，俄罗斯金融监管机构设置的缺陷已使俄罗斯无法全面掌控这些功能结构的变化。1997 年 10 月至 1998 年 5 月连续两次发生金融危机就已经说明了这一点。为了解决这个问题，俄罗斯多次调整证券监管机构的设置，但都无法从根本上解决这个问题。最终，2013 年 7 月通过把保险、银行和证券三张监管网合并成一张网的方式完成对整个金融市场功能机构的全覆盖，即俄罗斯最终通过集中统一监管模式解决了由于银行业混业经营而引发的自身监管结构与金融系统功能结构不匹配的问题。监管结构与金融系统功能结构不匹配的问题是个战略问题，易导致微观金融风险以及由此引发的局部金融风险和系统性金融风险的多发，是金融系统风险防范的先天不足。俄罗斯解决这个战略问题的方式方法值得借鉴。

第二，强化金融市场微观主体竞争力建设，提高金融风险防范基础能力。一是推进金融市场微观主体资本实力提升。中央银行规定商业银行最低法定资本为 400 万美元，对未达到要求的银行实行淘汰或兼并，从而形成了一批资本较为雄厚、规模较大的银行，出现了资本集中日益加强的趋势，有利于提高国际竞争力。根据 1993 年 5 月通过的《在俄罗斯境内开设外资银行的条件规定》，开设外资银行注册资本不得少于500万美元，对银行业的投资限额不得超过俄商业银行资本总额的5%。中央银行对外资银行进行严格审批和监督，对于不符合要求的银行可以不予批准或吊销执照。这实际上减小了跨境资本流动对俄罗斯金融系统的冲击强度。二是提高金融市场微观主体管理能力。1993年改革以来，俄政府就采取多种措施，督促商业银行提高经营管理水平。①

第三，作为应对由跨境资本出逃引发的系统性金融危机处理方法，俄罗斯重组国家金融系统的做法有很多值得借鉴的地方。这场系统性金融危机的爆发是有深厚的市场基础的。俄罗斯金融系统转轨改革的前几年，是各种金融主体力图立足的时期，彼此之间争夺有限的资金资源，甚至进入国际市场融资，最后由于“僧多粥少”而只能在中小银行占优的基础上达到分配的极其危险的平衡，多数银行资金规模都在危险的边沿上。转轨初期，由于银行业进入门槛低，致使俄罗斯银行数量爆炸式增长，社会资金分散，银行资金规模小。1993年有1700家，分支机构3100家；1994年发展到2000家，分支机构4500家；1995年达到2500家，分支机构5500家；1996年登记注册的商业银行为2600家，实际进行经营的为2300家，分支机构44000家。② 如此众多的银行机构瓜分有限的社会资金，各个银行资金的规模之小可想而知。俄罗斯银行资金规模小，促使各银行到国际市场寻找资金，从而使俄罗斯银行与国际金融市场过早地联系起来。这给以后资金出逃引发系统性金融危机埋下了隐患。而且，弱小的俄罗斯商业银行从一开始就注定要承担更多的风险。信用风险、市场风险、流动性风险、清算风险、操作风险、法律风险、损失风险、信息管理风险、税务风险、系统风险、舆论风险从一开始就摆在面前。当亚洲金融危机到来时，国际游资的抽逃成为打翻俄罗斯银行系统的第一块多米诺骨牌，进而引起连锁反应，导致金融系统功能结构递进式破坏，1998年俄罗斯金融危机最终

---

① 周肇光. 俄罗斯金融体制改革的经验与教训[J]. 经济研究参考,2001(31):44.

② 许新. 叶利钦时代的俄罗斯(经济卷)[M]. 北京:人民出版社,2001:200.

爆发。

国家金融危机爆发之后，俄罗斯政府采取了金融系统重组的方法应对这场系统性金融危机。1998年金融危机爆发之后，为了治理金融危机，俄罗斯对金融系统进行了进一步改革。此次改革分为两个阶段：第一阶段是1998年9月至2000年，主要任务是进行银行重组。第二阶段始于2001年，主要任务是巩固信贷机构的金融资产，剔除银行服务市场中缺乏生命力的信贷组织，提高信贷机构资本化程度和资本质量，在信贷机构的经营活动中建立和发展竞争机制，并且加强银行体系与实体经济的相互促进作用。①实际上，这次系统性金融危机的治理是集危机治理和金融系统发展于一体的治理方案。

金融危机之后，1998年11月，俄罗斯政府和中央银行出台了重组俄罗斯银行系统的计划，对俄罗斯金融系统进行整治。于1999年1月成立了“信贷机构重组代理公司”，专司银行整顿，执行破产程序，建立债务市场。其措施主要有以下几个方面：一是增加银行资本金。措施包括实现债务资本化、吸收国内外新资金、吸收从属性贷款、国家以国债形式向银行增资、央行以手持国债或发行债券向银行增资。二是改善银行资产质量。改善资产质量的办法是将银行不良资产（逾期贷款、流动性差的有价证券、不可变卖的不动产等）转给“信贷机构重组代理公司”，换取良好资产或形成对“代理公司”的长期债权；进行银行间资产负债交换，按照市场价格重估资产；用贷款风险准备金注销部分坏账；等等。三是重组银行负债。与债权人达成协议，将其长期债权转化为银行资本，或对银行债务实行延期，实行贷款债务证券化。四是提高资金流动性。为了提高资金流动性，央行动用大量存款准备金（300亿卢布）支持银行化解相互拖欠，并向商业银行提供以有价证券作担保的抵押贷款，还与“信贷机构重组代理公司”交换银行资产。五是改变银行的组织结构，吸收新的经理人员参与银行管理，提供税收优惠，增强加内控能力。六是恢复市场对银行的信

① 刘军梅．俄罗斯金融制度的变迁[J]．复旦学报(社会科学版)，2003(2)：95.

心；恢复金融市场正常秩序。①

经过金融危机淘汰、危机后银行重组以及对重组后成果的巩固，俄罗斯商业银行数目逐年下降。1997 年商业银行减少到 2000 家；1998 年商业银行减少到 1700 家；2000 年 10 月，商业银行减少到 1322 家；2003 年 1 月，商业银行减少到 1279 家。2008 年 5 月，商业银行减少到 1127 家。②很明显，这些措施对提高俄罗斯金融系统抵御风险的能力收效甚好。一是微观金融主体抵御风险的能力增强。虽然，俄罗斯商业银行的主体依然是中小银行，但是，各银行资本规模明显增加。而且，由于内控机制的建设，俄罗斯银行抵御风险的能力明显增强。二是通过债权关系和金融业组成结构的调整，理顺了各信贷机构之间的关系，提升了银行业整体抵御系统风险的能力。三是通过保护投资人的权益、吸收国内外资金参股和严格监管外汇市场，降低了投机资金的比例，提升了抑制由跨境资金流动引发的风险的能力。四是金融监管机构的建立健全有力地遏制了违规操作，维护了稳定的市场秩序，抑制了国际游资的流入，整体提高了金融系统抵御风险的能力。最后，更为重要的是，随后几年，石油价格一路攀升，使俄罗斯的外汇储备急剧增加，减少了俄罗斯的内外债务，增强了人们对俄罗斯经济的信心，减小了国际游资的投机预期。客观上，抑制了跨境资金流动所引发的金融风险的发生。

这种方法能够立足金融系统整体，最大限度地降低损失，而且，由于国家强制力和国家信用的权威性，重组效率较高。可以说，系统性金融风险爆发之后，金融系统重组是个有效应对方案。对转型中国家或金融脆弱性较强的国家来讲，俄罗斯为应对 1998 年金融危机，通过金融系统重组进行治理是个难得的高难度案例，是应对高强度金融危机的重要参考，其经验值得借鉴。

---

① 张养志．俄罗斯银行体系的重组和发展趋势[J]．兰州商学院学报，2001(5)：49－50.

② http://www.cbr.ru/eng/statistics/bank_system/print.asp?file=cr_inst_branch_010608_e.htm.

（二）俄罗斯金融风险防范的教训

在激进转型过程中，俄罗斯不仅积累了很多防范金融风险的经验，而且有很多付出巨大代价的惨痛教训。

第一，金融法制基础不牢导致金融系统运行紊乱，是最值得吸取的教训。俄罗斯金融法制基础不牢的最主要表现是关于金融监管机构的法制分工冲突，多部涉及证券市场的法律在具体条文上相互重叠和矛盾。例如，1995 年通过实施的《俄罗斯联邦证券市场法》明文规定，有价证券与证券交易所委员会享有对证券市场行使管理和监督的权力。而同一时期实施的《俄罗斯联邦中央银行法》也明确规定，中央银行不仅对境内商业银行等信贷组织负有监督管理权，同时还必须对信贷组织在证券市场的活动进行规范和监督。法律条文具体规定，商业银行等信贷组织发行有价证券必须到中央银行备案，其在证券市场上的经营活动受中央银行的制约和调控。显而易见，这就使得中央银行和有价证券与证券交易所委员会的监督管理权发生重合。2004 年，中央银行负责监管信贷市场、金融市场服务管理局负责监管证券市场、保险监管局负责监管保险市场的新体制形成后，俄罗斯也没有从法律上解决不同的监管主体职权重合的问题。按常理来说，金融市场服务管理局应当是证券市场的管理主体，但是在行使相关权力时根本无法获得中央银行和财政部的配合，而中央银行对信贷市场的监管也在一定程度上受制于联邦财政部。这种状况不仅造成行政资源的严重浪费，也在一定程度上干扰了金融市场的正常秩序。[①] 这种法律基础设施的缺失或滞后严重制约了俄罗斯防范金融风险的能力发挥。对于正在进行市场经济建设的所有经济体而言，此教训值得吸取，毕竟市场经济就是法制经济。

第二，对内源性金融风险敞口估计不足，是值得吸取的最大教训。一是较大经济体或市场机制落后的经济体选择激进的“休克疗法”，低估了

---

① 程亦军．俄罗斯确立大金融监管体制[A]．李永全．俄罗斯发展报告(2014)[M]．北京:社会科学文献出版社,2014:121.

国内基础条件不足带来的风险。市场经济因其在复杂经济系统的效率较高，而受到世界各国的青睐，但是，市场机制的生效要依赖很多前提条件，比如市场主体按照市场机制运行的行为能力、完善的市场行为规则、完整的金融系统功能结构、与市场协同运作的监管机构等。但是，如果计划经济体制的金融系统在短时期内改为市场机制运作，就很难在较短的时间内具备这些条件，特别是较大的经济体或市场机制较难建立的经济体。因而，必然导致旧体制已被打破、新体制无法运作的困境，引发经济大倒退，从而进一步引发社会动荡。由于市场体制建立的长期性，“华盛顿共识”不适用于转型国家的结论就具有了普遍意义。由于资金规模过小，俄罗斯中小银行几乎都是在危机线上生存，使得风险呈大面积积累状态，当一种风险能够击倒这个银行的时候，也能击倒另一个银行，使俄罗斯金融系统的功能结构出现大面积破损，最终引发系统性风险。俄罗斯激进式金融体制转型最值得吸取的教训就是对激进转型的国内风险敞口估计不足。二是金融市场主体和金融市场法规建设是预防金融风险的常规措施。金融系统的风险都是由市场内金融主体逐步积累起来的，只有在日常监管活动中防微杜渐，把金融风险控制在发生之前，才能最大限度地降低风险损失，才能维护金融系统的健康发展。所以，任何国家的金融风险防范战略都要把金融主体风险防范工作作为最重要的工作来抓。

第三，对外源性风险既无监测手段，也无应对手段。对于外源性金融风险，各国都通过跨境资金流动监测把它控制在可控的范围之内，减小跨境资本流动对国家金融系统的冲击。但俄罗斯却不是这样做的。俄罗斯金融系统改革的前期，实行的是自由浮动汇率，汇率完全由市场供求决定。也就是说，国际游资可以自由进出俄罗斯外汇市场。这就给国际投机资金留出了可乘之机。俄罗斯金融系统转轨是在资金不足的情况下开始的。因而，从逻辑上来讲，俄罗斯希望外资进入以补充这部分资金空缺。而国际游资也正看到了俄罗斯因资金不足而导致的金融系统脆弱性。所以，大批投机资金就在俄金融监管当局的允许下进入俄罗斯金融系统。当国际金融市场一有风吹草动，这些投机资金就会在推高俄罗斯资产价格之后获利而群起撤离，使金融系统多个渠道出现资金断流，甚至价值链断裂、价值网出现漏洞，引发金融危机。由于俄罗斯金融系统严重依赖外源性资金的输入，国际金融市场上的风吹草动都会对其内部金融系统结构产生影响。当这种流动产生的作用超出了本国金融系统的承受能力时，就会导致金融危机的爆发。在牙买加国际金融系统下，国家金融系统发展处于敏感期，各国不能仅关注国内的风险源，还要关注外源性风险，通过跨境资金流动监控系统牢牢掌控跨境资金流动现状和趋势，准确评估跨境资金流动对国家金融系统的影响，并做出正确的应对策略，在维护本国金融系统健康发展的同时，为国际金融市场的健康发展做出贡献。

第四，搞好实体经济建设，保持良好的经济基本面，是维护金融安全的根本措施。1997 年、1998 年和 2014 年俄罗斯爆发金融危机，其原因不仅是金融危机导致的套利资金的抽逃，当时俄罗斯实体经济基本面的式微也是一个重要方面。如果俄罗斯经济基本面很好，资金回报率高于其他国家的收益，那么，以追逐利润为己任的套利资金绝不会舍高利逐低利。实体经济是虚拟经济的立足之本，经济发展前景好不仅能够留住外来资金，而且能够吸引世界各地的资金，根本不会出现抽逃现象。在牙买加国际金融系统下，资本流动性增强，以更快的速度追逐能够获利的实体经济增长点。所以，实体经济建设才是国家金融发展的根本。

总体来看，俄罗斯金融系统的功能结构是建立在全能型银行基础上的，银行既能从事证券业务也能从事银行业务，银行市场与证券市场是互通的，两个市场的关联性很强。所以，俄罗斯金融系统的功能结构是由银行子系统和证券子系统两张价值网组成的。对俄罗斯金融系统构成威胁的风险主要来自三个层面：金融市场主体层面、金融系统层面和金融系统间层面。作为转型金融系统的典型代表，俄罗斯在转型过程中防范金融风险的经验教训都很宝贵，对其他国家特别是金融系统正在成长或转型中的发展中国家，具有很多有益的启示。

小　结

俄罗斯金融系统是从计划经济的一级金融系统转轨而来的二级金融系统。所以，俄罗斯金融系统是典型的转轨型金融系统，虽有一级金融系统的痕迹，但已经具备与市场经济相适应的金融系统结构。

就其现有的金融系统而言，经过连续多次的金融监管改革，立足银行混业经营的实际，俄罗斯金融系统已经演变成典型的市场经济条件下的二级金融系统，属于集中统一的监管模式。当前，俄罗斯中央银行是俄罗斯唯一的金融监管机构，财政部、联邦政府退出金融事务的管理领域；国家金融委员会是其最高决策机构，负责俄罗斯金融监管领域的决策，中央银行的组织系统是金融政策传导的渠道。俄罗斯金融市场主要由银行市场、证券市场、保险市场和外汇市场四部分组成。

就金融风险防范经验和教训而言，俄罗斯通过实行集中统一监管的方式来解决因银行混业经营引发的监管机构设置和金融系统功能结构不匹配问题；强化金融市场微观主体竞争力建设，重组国家金融系统，这都是比较有益的经验。但是，俄罗斯金融法制基础不牢，导致金融系统运行紊乱，对内源性金融风险敞口估计不足，对外源性风险既无监测手段也无应对手段；实体经济建设严重不足，也是应当吸取的教训。

第六章　印度金融系统及其风险防范

印度是英国的殖民地，其金融系统设计受英国金融传统的影响较深。但独立后，印度并没有原封不动地接受英国殖民政府建立的金融系统框架，而是根据国家发展战略的需要，对殖民政府建立的金融系统框架进行了改造，既规定了保护私有财产的神圣，同时又采取适当形式开展了国有化运动，把国民经济的命脉牢牢掌握在国家的手中，国家主义的色彩极浓。自 20 世纪 90 年代以来，印度进行市场化金融改革，出现回归英国金融模式的迹象。从整体来看，印度的金融系统还是典型的国家资本主义金融系统。

一、印度发展资源概况

印度共和国（The Republic of India），又称婆罗多，得名于印度河。印度梵文的意思是“月亮”，中文名称是唐代高僧玄奘所著《大唐西域记》中的译法，在这以前称“天竺”或“身毒”。印度全国有 28 个邦，7 个中央直辖区。

（一）印度发展史

印度是世界四大文明古国之一。公元前 2500 年至 1500 年，印度河文明创立并繁荣起来。约在公元前 14 世纪，原居住在中亚地区的一支雅利安人迁徙进入南亚次大陆，并征服了当地土著居民。约公元前 1000 年，印度开始形成以人种和社会分工差异为基础的种姓制度。公元前 4 世纪起，迅速崛起的孔雀王朝开始统一印度次大陆。公元前 3 世纪，阿育王统治时期，印度政权强大，疆域迅速扩张。也就是在此期间，佛教借助国力的昌盛而兴盛起来，成为国教，并开始向外传播。公元4世纪，笈多王朝建立，印度形成中央集权大国，统治时间长达200多年。中世纪，大一统的印度王朝迅速四分五裂，小国林立；印度教兴起。1398年，突厥化的蒙古族人由中亚侵入印度。公元1526年，莫卧儿帝国崛起，印度成为当时盛极一时的世界强国。这个时期，对印度文明的入侵力量主要来自欧亚大陆内部的中亚。①

公元1600年，来自海上的力量开始入侵印度文明。英国对印度文明的侵扰从1600年就已经开始，而且力度不断加大。公元1757年，印度因普拉西大战失败而逐步沦为英国殖民地。1849年，英国侵占印度全境。通过和平不抵抗运动，印度人民在尼赫鲁等印度精英领导下进行了长期的反英斗争。1947年6月，英国通过"蒙巴顿方案"，将印度分裂为印度和巴基斯坦两个自治领。同年8月15日，印度独立。1950年1月26日，印度宪法正式生效，确定印度为主权的、社会主义的、世俗的、联邦制、民主共和国，公民在法律面前一律平等，同时仍为英联邦成员。

独立后，印度政权实行英式三权分立的议会民主制。独立后，印度国大党长期执政，反对党执政时间很短。1996年后，印度政局开始不稳。1999年至2004年，以印度人民党为首的全国民主联盟上台执政，瓦杰帕伊任总理。2004年至2013年，国大党领导的团结进步联盟执政，曼莫汉·辛格任总理。2014年4月7日至5月12日，印度举行第16届人民院选举，印度人民党赢得人民院过半数席位，成为第一大党，在中央单独执政，纳伦德拉·莫迪出任总理。印度采取英国式议会民主制，议会由联邦院和人民院组成。总统为国家元首和武装部队统帅，由联邦议会及邦议会组成"选举团"选出，每届任期五年。总统依照以总理为首的部长会议建议行使职权。②

（二）印度的自然资源

印度是南亚次大陆最大的国家，东北部同中国、尼泊尔、不丹接壤，

---

① 印度国家概况［OL］. 中华人民共和国外交部，http://www.fmprc.gov.cn/web/gjhdq_676201/gj_676203/yz_676205/1206_677220/1206x0_677222/.

② 印度国家概况［OL］. 中华人民共和国外交部，http://www.fmprc.gov.cn/web/gjhdq_676201/gj_676203/yz_676205/1206_677220/1206x0_677222/.

孟加拉国夹在其东北国土之间，东部与缅甸为邻，东南部与斯里兰卡隔海相望，西北部与巴基斯坦交界，东临孟加拉湾，西濒阿拉伯海。国土面积约298万平方公里（不包括中印边境印占区和克什米尔印度实际控制区等），面积居世界第7位，海岸线长5560公里。印度全境分为德干高原和中央高原、平原及喜马拉雅山区等三个自然地理区。气候属热带季风气候，气温随纬度变化不大，但随海拔变化比较大。

印度矿产资源丰富，有云母、煤、铁、铝、铬、锰、锌、铜、铅、磷酸盐、黄金、石油等矿产资源近百种。云母产量居世界第一位，出口量占世界出口量的60%，煤和重晶石产量居世界第三。主要资源可采储量估计为，煤2533.01亿吨，铁矿石134.6亿吨，铝土24.62亿吨，铬铁矿9700万吨，锰矿石1.67亿吨，锌970万吨，铜529.7万吨，铅238.1万吨，石灰石756.79亿吨，磷酸盐1.42亿吨，黄金68吨，石油7.56亿吨，天然气10750亿立方米。此外，还有石膏、钻石及钛、钍、铀等。森林67.83万平方公里，覆盖率为20.64%。①

目前，印度人口12.95亿（世界银行2014年统计数据），居世界第二位。印度民族、宗教众多，文化各异，是世界上保存最完好的人种、宗教、语言博物馆。印度是由100多个民族组成的多民族国家，其中印度斯坦族约占总人口的30%，其他较大的民族包括马拉提族、孟加拉族、比哈尔族、泰固族、泰米尔族等。世界各大宗教在印度都有信徒，其中印度教教徒和穆斯林分别占总人口的80.5%和13.4%。印度的语言组成异常复杂，官方语言是印地语和英语。②

（三）印度的经济发展状况

独立后，印度既没有照搬欧美发展模式，也没有因袭苏联发展模式，而是立足自己的国情，在允许私营经济发展的同时，建立和发展公营经

① 印度国家概况［OL］．中华人民共和国外交部，http://www.fmprc.gov.cn/web/gjhdq_676201/gj_676203/yz_676205/1206_677220/1206x0_677222/.

② 印度国家概况［OL］．中华人民共和国外交部，http://www.fmprc.gov.cn/web/gjhdq_676201/gj_676203/yz_676205/1206_677220/1206x0_677222/.

济，从而发展出公私并存的混合经济体系。宏观调控在发挥市场机制作用的同时，先后执行“五年计划”，发挥计划调控的作用。1991 年 7 月起，因货币危机在国际货币基金组织等国际机构的压力下，印度政府开始实行全面经济市场化改革，放松对工业、外贸和金融部门的管制，开始回归国有化前的经济管理体制机制，经济发展速度引人注目。

独立后，印度经济有较大发展。农业由严重缺粮到基本自给，工业形成较为完整的体系，自给能力增强。首先，印度是个农业大国，主要农产品有稻米、小麦、油料、甘蔗、茶叶、黄麻、棉花和牛奶等。拥有世界1/10的可耕地，面积约 1. 6 亿公顷，人均0. 17 公顷，是世界上最大的粮食生产国之一。农村人口占总人口的72%。由于投资乏力、化肥使用不合理等因素，近年来农业发展缓慢。“十一五”期间，农业年均增长率 3. 28%。其次，印度还拥有完整的工业体系。印度工业主要有纺织、食品加工、化工、制药、钢铁、水泥、采矿、石油和机械等。汽车、电子产品制造、航空和空间等新兴工业近年来发展迅速。铁路为最大国营部门，拥有世界第四大铁路网。公路运输发展较快，是世界第二大公路网。海运能力居世界第 18 位。对外贸易商品主要有珠宝、棉纱及棉织品、化工产品、机械和五金产品、石油产品、皮革、海产品、铁矿砂及矿产品等。第三，印度的旅游业是政府重点发展产业，也是重要就业部门和创汇部门。主要旅游点有阿格拉、德里、斋浦尔、昌迪加尔、那烂陀、迈索尔、果阿、海德拉巴、特里凡特琅等。近年来，印度入境旅游人数逐年递增，旅游收入不断增加。第四，服务业也比较发达，在国民经济中占有重要地位。近年来，印度服务业实现较快发展。2016 年服务业对国民总增加值的贡献率为 66. 1%，成为印度创造就业、创汇和吸引外资的主要部门。①

总体来看，印度的 GDP 增速变化较大。如图 6 - 1 所示，据世界银行的统计，“九五”计划（1997—2002 年）期间，印度经济年均增长率为

① 印度国家概况［OL］. 中华人民共和国外交部，http://www.fmprc.gov.cn/web/gjhdq_676201/gj_676203/yz_676205/1206_677220/1206x0_677222/.

5.5%。“十五”计划（2002—2007年）期间，印度继续深化经济改革，加速国有企业私有化，实行包括农产品在内的部分生活必需品销售自由化，改善投资环境，精简政府机构，削减财政赤字，实现年均经济增长7.8%的优异成绩，是当时世界上发展最快的国家之一。2006年，印度推出“十一五”计划（2007—2012年）。印度提出保持国民经济10%的高速增长，创造7000万个就业机会，将贫困人口减少10%。但是，受国际金融危机的影响，印度经济增速大起大落，一度接近零增长，一度也曾达到创纪录的13%。2011年8月，印度计划委员会通过“十二五”（2012—2017年）计划，提出国民经济增速9%的目标。期间，印度经济逐步趋稳，保持较高增速。2016年第2季度，印度GDP同比增长7.09%。[①] 当前，受国际金融危机之后世界经济形势的影响，印度经济增速出现紊乱，回落到6%左右。

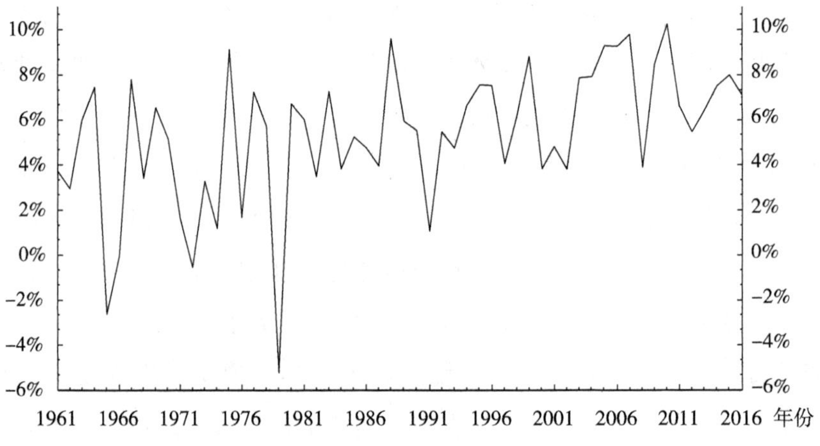

图6-1 印度GDP以不变价格计算增速同比变化趋势（1961—2016年）

数据来源：Wind资讯。

① 印度国家概况[OL]. 中华人民共和国外交部, http://www.fmprc.gov.cn/web/gjhdq_676201/gj_676203/yz_676205/1206_677220/1206x0_677222/.

（四）印度对外经济发展状况

印度的对外贸易长期处于逆差状态。印度国际贸易发展很快。主要出口国为美国、阿联酋、中国和英国。主要进口国为中国、美国、德国和新加坡。[①] 如图6－2所示，据世界银行的统计，自2003年以来，印度进出口规模都在迅速爬升，而且出口价值指数始终低于进口价值指数。这表明印度对外贸易长期处于逆差状态，进口规模长期大于出口规模，贸易赤字是印度对外贸易的常态。

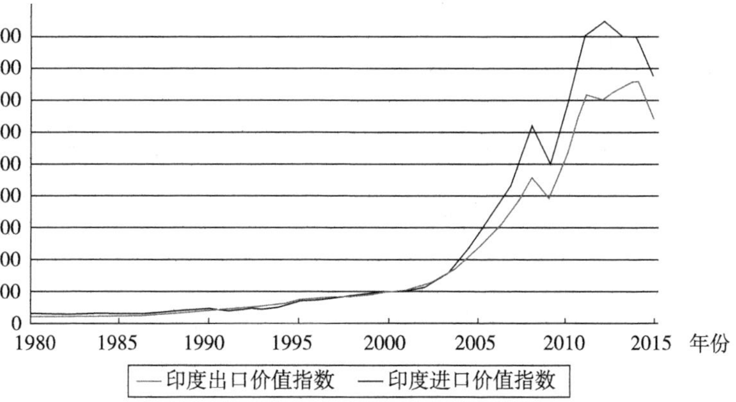

图6－2　印度进出口价值指数变化趋势（1980—2015年）

数据来源：Wind资讯。

由于进口增速大于出口增速，印度贸易赤字还呈现扩大态势。近年来，受国际金融危机、卢比贬值等因素影响，印度对外贸易见顶回落，增速回调。

印度的国际收支总体处于正值状态。20世纪90年代，印度进行市场化改革之后，加大了招商引资力度，国际储备连年上升。新加坡、毛里求斯、荷兰、美国是印度外资主要来源国，主要投资领域包括计算机、服务业、贸易等。如图6－3所示，据世界银行的统计，印度国际储备规模不断

① 个别经济体分析：印度［A］．汇丰2008年亚太区资金及财资管理指南［G］．PPP Company Limited，2008：250.

扩大，呈现快速攀升态势。特别是2001年之后，印度国际储备规模更是呈现快速攀升状态，甚至国际金融危机也没有阻挡印度国际储备攀升的势头。2017年8月，印度的官方储备增至3945.50亿美元。

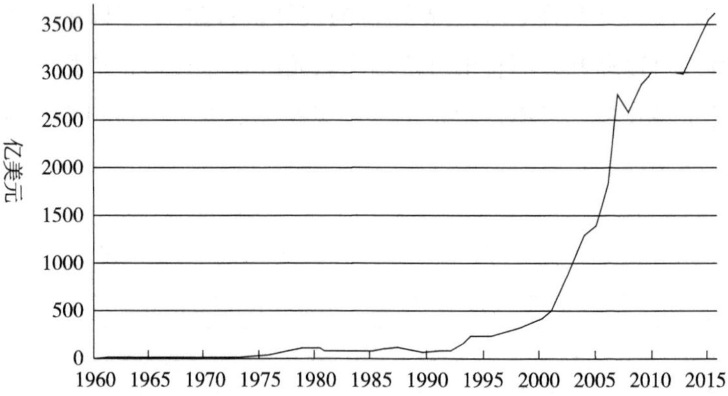

图6-3　印度现价国际储备（包括黄金）变化趋势（1960—2015年）

数据来源：Wind资讯。

总之，印度是在殖民地基础上，经过和平不抵抗运动方式获得独立的经济体。其自然资源丰富，工业体系完备，人口规模庞大，是内需拉动为主的经济体，国际贸易和国际收支基本平衡，对外经济也基本处于良性状态，经济整体呈现健康发展态势。

二、印度金融系统发展历程

印度的金融业比较发达，而且历史久远。早在19世纪70年代就建立了亚洲最古老的证券交易所——孟买证券交易所；早在英国殖民统治时期的1935年就建立了中央银行，保持了印度金融系统与国际金融系统的紧密联系。在现代化的过程中，印度金融系统发展取得了一定领先优势。

（一）印度金融市场的发展历程

印度金融业比较全面，既有发达的银行业，也有相对发达的保险业，还有历史久远的证券业。三大行业都以殖民地时期的发展成果为基础演化而来。

首先，印度的银行系统经历了复杂的发展过程。早在1870年，印度就建立了第一家现代银行——印度斯坦银行。二战期间，印度银行业取得了较大发展，到1947年印度独立时，印度已经拥有648家银行和4819家分行。1949年，印度颁布银行管理法，取消了一些不合规定的银行。到1950—1951年，印度只有商业银行430家。独立以来，为推动国民经济健康发展，印度政府十分重视发挥金融系统对经济发展的推动作用。印度金融通过发挥货币市场与资本市场作用，利用储蓄资源，满足投资需求，起着资源配置的作用，是印度宏观调控的重要手段。① 独立之初，当时的印度政府确立了实现工业化的经济发展战略，推行以国营经济为主、国营经济和私营经济并存的混合模式。同时，将稳定和公平纳入宏观目标。这些都需要强有力的资金支持。② 为推动工业跨越式发展，银行业普遍实行连锁董事制，为国民经济发展聚集金融资源。连锁董事制即银行的董事大多由大企业、大公司的股东兼任，在他们的影响下，银行将居民储蓄聚集的资金大部分投向了与之关联的大实业公司以及大国营企业，而中小企业很难得到贷款。同时，银行的分支机构大都集中在经济繁荣、人口鼎盛的大都市。③ 这有力地支持了工业化战略，但却忽略了广大农业地区的资金需求。这导致国民经济的基础产业农业发展缓慢，大量人口生活在贫困状态。

为应对这种局面，既要促进工业快速发展，又要推进农村农业发展，印度政府执行了银行国有化和专业化并重的政策。一方面，印度政府实行银行国有化政策，增加中央准财政收入。早在20世纪50年代中期，印度就对私营银行实行社会控制，并对印度帝国国家银行及其7家联系银行实行国有化，将其建成国有的印度国家银行集团。为了控制大商业银行的资金流向，使银行信贷更好地为实现经济计划规定的发展目标服务，印度政

---

① 赵建军. 印度金融改革路径、成效及难点[J]. 湖南广播电视大学学报,2005(2):34.

② 杨胜刚. 比较金融制度[M]. 北京:北京大学出版社,2005:104.

③ 文富德. 印度经济:发展、改革与前景[M]. 成都:巴蜀书社,2003:144.

府在1969年和1980年先后两次对印度的20家大型银行实行国有化，从而使公营银行成为印度银行系统的主体。另一方面，为促进农业、工业及其他经济部门的发展，印度政府还建立了许多专业银行，建立了专门为农业、工业、进出口及保险等提供服务的银行金融机构。此外，印度政府还允许本国私营银行、外国私营银行和本土银行等银行机构的存在和发展，从而使印度的银行系统更加完善。① 进入20世纪90年代之后，在国际货币基金组织等组织的压力下，印度实行了市场化走向的改革，印度银行业也以更加开放的姿态迅速发展。1991年成立了以纳拉欣姆为主席的金融改革委员会，制定了金融尤其是银行改革纲要。开展了放松政府管制、市场价值取向、提高金融效率的以金融自由化为特征的金融深化改革，对银行而言，被称为1969年银行国有化以来的第二次革命。② 银行业开始出现市场化倾向，国有化得到抑制。目前，商业银行体系包括公共部门银行、私人部门银行和外资银行三类，共89家，在印度金融体系中占主导地位。在印度银行体系中，国有银行仍处于明显的主导地位。但银行业集中度并不高，根据世界银行2013年金融数据库显示，印度前三家银行资产占银行业资产的比重为29.4%。除印度国家银行外，综合实力最强的是三家私人部门银行：印度工业信贷投资银行（ICICI）、HDFC银行以及Axis银行。③

其次，印度保险业的发展也是一波三折。印度保险业源远流长，主要由人寿保险和综合保险组成。人寿保险始于1818年英国人建立的东方人寿保险公司。1829年，马德拉斯公平公司开始在马德拉斯城区办理人寿保险业务。1870年，《英国保险法》颁布。在19世纪最后30年，孟买互助（1871年）、东方（1874年）和印度帝国（1897年）等保险公司开始在孟买落户。与此同时，阿尔伯特人寿保险公司、皇家保险公司、利物浦公司和伦敦全球保险公司等外国保险公司也在印度开展业务，并成为印度本土

① 文富德．印度经济：发展、改革与前景[M]．成都：巴蜀书社，2003：143.
② 赵建军．印度金融改革路径、成效及难点[J]．湖南广播电视大学学报，2005(2)：34.
③ 欧明刚，方方．金融危机后的印度银行业[J]．银行家，2015(1).

公司的强有力对手。在此基础上，印度保险业形成了众多公司竞争的局面。[①] 1956 年，印度保险公司达到 154 家、外国人寿保险公司 16 家，还有 75 家互助会。在接管所有这些保险公司的基础上，成立了印度人寿保险公司，垄断了印度的人寿保险业务。印度综合保险起源于 1830 年英国人在加尔各答成立的 Triton 保险有限公司。1907 年，印度商业保险有限公司成立。这是印度第一家处理各类综合保险业务的公司。后来，一些外国人也进入了综合保险市场。独立后，印度综合保险公司的数量增加到 107 家，后来合并成 4 家：国家保险有限公司、印度保险有限公司、东方保险有限公司和联合印度保险有限公司。1972 年，上述综合保险公司被国有化，并成立综合保险公司。[②] 综合保险公司于 1971 年成立，1973 年 1 月 1 日起开始营业。1993 年，政府成立了一个由印度央行前行长马尔霍特拉（RN Malhotra）担任主席的委员会，为保险业的改革提出建议。该委员会于 1994 年提交了报告书，建议私营机构进入保险业。1999 年，印度保险监管和发展局（IRDAI）建立，并于 2000 年 4 月成为法定机构。2000 年 12 月，印度保险总公司（GIC）的子公司重建为独立公司，同时印度保险总公司转型为国家再保险公司。2002 年 7 月，议会通过了一项法案，四家子公司与 GIC 脱钩。目前，包括印度 ECGC 和农业保险公司以及在印度经营的 24 家外国人寿保险公司在内，印度共有 31 家保险公司。[③] 这样，印度保险市场主体经历了从民营到国有化再到私营化的轮回过程。

由于印度金融市场的各个组成部分的国有化程度比较高，几乎所有银行都有国有成分，专业银行也是国有占主导地位，保险机构也多有国有成分，上市公司也以国有成分公司为主。这种局面大大便利了国家对金融资源的控制、利用和管理。虽然这种局面正在改变，但人们还是多把印度金

---

① 主要资料来源：印度保险监管和发展局网站，https://www. irdai. gov. in/ADMINCMS/cms/NormalData_Layout. aspx? page = PageNo4&mid = 2.

② 参阅：文富德. 印度经济：发展、改革与前景[M]. 成都：巴蜀书社，2003：145 - 146. 及 https://www. irdai. gov. in/ADMINCMS/cms/NormalData_Layout. aspx? page = PageNo4&mid = 2.

③ 主要资料来源：印度保险监管和发展局网站，https://www. irdai. gov. in/ADMINCMS/cms/NormalData_Layout. aspx? page = PageNo4&mid = 2.

融系统看成是国家资本主义型金融系统的典型代表。

第三，印度的证券业历史更为悠久。早在19世纪30年代，印度就已经开始了非正式的股票交易。而且，在印度证券业的大部分历史中，证券市场都是自发成长的，监管靠的是行业协会。独立后，印度政府比较注意金融市场的培育。一是通过改变国库券的发行时限，激活银行间拆借市场，发展货币市场。二是重视发展资本市场。印度资本市场的主要产品是公债和工业债券。印度资本市场的主要投资者为印度国家银行等商业银行、人寿保险公司等专业金融机构、居民和社会机构投资者等。① 截至2011年底，印度证券交易所共有24家，注册的证券经纪人公司有9192家，上市公司9200家，市值1520亿美元。而且，得益于稳妥的开放政策与严厉的监管措施，印度证券市场的波动幅度较小。②可见，印度证券市场发展潜力很大。

第四，印度金融系统的制度也经历了一个变化过程。就国内金融制度来讲，货币发行必须持有一定数量的发行准备金。1957年，印度储备银行法修改之前，印度一直实行比例储备金制度，即发行基金中的40%必须由金币、金块和英镑债券构成；只有其余60%可为卢比硬币、印度政府发行的卢比债券、可兑换的汇票及在印度可支取的期票等。③ 1957年后，由于印度外汇储备减少，影响了货币正常发行，所以，印度修改了储备银行法，降低了发行货币所需的黄金外汇储备。印度货币的基本单位是卢比，1卢比等于100派萨。货币发行的主要机构是印度储备银行。另外，为了解决经济发展过程中外汇短缺的困难，印度政府还在1973年公布了外汇管制法，对外汇实行严格管制。20世纪90年代，在国际货币基金组织的压力下，印度实行经济自由化改革，基本实现了卢比经常项目下的自由兑换。虽然，印度很早就致力于资本项下的可自由兑换，但受亚洲金融危机等因素的影响，一直未能实现。卢比的完全自由兑换还需要一定时间。

---

① 文富德．印度经济:发展、改革与前景[M]．成都:巴蜀书社,2003:146.

② 杨胜刚．比较金融制度[M]．北京:北京大学出版社,2005:108－109.

③ 文富德．印度经济:发展、改革与前景[M]．成都:巴蜀书社,2003:142.

就国际金融制度来讲，独立前，印度是英国殖民地，与国际金融市场的联系比较紧密。所以，在英联邦的框架内，1929 年之前，英属印度政府实行金汇兑本位制。当时，英属印度政府储备有两种货币，即英镑和黄金。在印度储备英国货币英镑，在伦敦储备世界保值货币黄金。卢比通过兑换为英国货币英镑，进而用英镑兑换出黄金。但印度国内，卢比无法直接兑换成黄金。1929 年，印度实行金块本位制。1931 年之后，随着金本位制在英国的废除，印度也废除了金本位制，代之以信用货币制度。但是，卢比币值一直采用钉住英镑的办法。1973 年，印度实行外汇管制法的同时，也取消了卢比钉住英镑的外汇政策，代之以英镑、美元、日元、马克和特别提款权等“一揽子”货币定值。20 世纪 70 年代末、80 年代初，由于长期实行的“进口替代”经济发展战略引发的外汇供应紧张在经济调整中得以不断激化，印度国际收支进一步恶化，最终于 90 年代初引爆了印度的国际收支危机。在国际货币基金组织等的压力下，印度政府实行经常项下自由兑换，从而在卢比可自由兑换方面迈出重大一步。印度金融系统也进一步走向了繁荣。

（二）印度金融监管机构的发展历程

印度金融系统有三大监管机构，都是基于市场的需要产生的，各自经历了不同的发展历程。

首先，印度储备银行（RBI）是印度的中央银行，是印度金融系统的主要监管者，主要侧重于对银行的监管，前期还包括对银行兼营保险业务的监管。印度储备银行根据《1934 年印度储备银行法》成立于 1935 年 4 月，是一家私人联合股份银行，其最高权力机构是中央董事会，① 原始股本 5000 万卢比，当时英属印度政府投资 22.5 万卢比。1949 年，独立后的印度政府将其国有化，并成为中央银行。②

其次，印度保险市场的监管机构——印度保险监管和发展局（IRDAI）

---

① 陶玲琴，王振龙，刘万翔．比较金融学［M］．北京：科学出版社，2005：334.

② 参阅：文富德．印度经济：发展、改革与前景［M］．成都：巴蜀书社，2003：143.

是在印度保险市场转型中产生的。独立之后，印度保险行业经历了一轮国有化历程。1956 年 1 月 19 日，印度发布了《人寿保险业国有化条例》，同年国内所有人寿保险公司合并成一家，成立印度人寿保险公司（LIC）。1972 年，《综合保险业务（国有化）法案》通过。从 1973 年 1 月 1 日起，综合保险业全部国有化。1993 年，印度政府成立了一个由印度央行前行长马尔霍特拉担任主席的委员会——马尔霍特拉委员会，推进保险业改革开放。根据马尔霍特拉委员会 1994 年报告的建议，印度保险监管和发展局建立，并于 2000 年 4 月成为法定机构。成立 IRDAI 的主要目的是促进竞争，通过增加消费者选择和降低保费来提高客户满意度，同时确保保险市场的财务安全。① IRDAI 成立后，就成为印度保险业的监管者，有效推进了印度保险市场的有序、健康发展。

第三，印度证券市场的监管机构——证券交易委员会（SEBI）是在印度证券市场深度发展的基础上产生的。早在 19 世纪 30 年代，印度孟买就开始了非正式的股票交易。1875 年，亚洲最古老的证券交易所——孟买股票证券交易所正式诞生。1887 年，第一家证券经纪人组织——印度股票与债券经纪人协会成立。② 今天的达拉勒（在印地语中就是经纪人的意思）街，就被称作印度的华尔街。可见，当时孟买的证券交易已经十分繁荣。1956 年，印度颁布了《证券合同法》，但没有成立专司证券交易的监管机构。随着证券市场的日益繁荣，印度证券交易委员会于 1988 年以行业协会的面目出现，当时并没有什么社会地位，只是一个民间社团而已，并没有授权监管的法律地位。1992 年 4 月 12 日，根据 1992 年《印度证券交易委员会法》的规定，印度证券交易委员会成立，证券交易委员会成为证券市场法定监管机构，③ 标志着证券业监管专业化正式开始。印度证券交易委

① 主要资料来源：印度保险监管和发展局网站，https://www.irdai.gov.in/ADMINCMS/cms/NormalData_Layout.aspx? page = PageNo4&mid = 2.

② 文富德．印度经济：发展、改革与前景［M］．成都：巴蜀书社，2003：146 – 147.

③ 参阅：美德日印证券业监管启示录：A 股需怎样的监管嬗变［N］．国际金融报，2007 – 09 – 13（2）．印度保险监管和发展局网站，https://www.irdai.gov.in/ADMINCMS/cms/NormalData_Layout.aspx? page = Page No4&mid = 2.

员会总部位于孟买商业区 Bandra Kurla 大楼。印度证券市场起步很早，但其监管机构的设立却很晚，属于一种原生型证券市场。

证券交易委员会成立之后，开展了一系列卓有成效的工作，每年都推出一系列法规，促使证券市场平稳发展。2007 年，该机构已推出了《外国机构投资者管理修正条例》《共同基金管理修正条例》《证券回购管理修正条例》等众多法规，有效推进了印度证券市场的有序、规范化建设，提高了市场效率。

自 1969 年实行银行国有化以来，印度建立了以储备银行为中心，商业银行、发展机构、合作银行、各种形式互助基金、工业技术合作资本基金、非银行金融中介、特殊农业银行、工业、外贸、住房等特殊发展银行与养老、退休基金等社会保障机构，加上较为完善的资本市场，构成了完善的金融体系。[①] 目前，印度金融系统包括三部分：银行子系统、保险子系统和证券子系统。银行子系统以印度储备银行为中心，包括商业银行、专业银行、其他金融机构和信贷合作社。[②] 保险子系统是以印度保险监管和发展局为监管机构的保险市场。证券子系统就是以印度证券交易委员会为监管机构的较为发达的证券市场。

三、印度金融系统的组成

经过独立后 70 多年的发展，如图 6 – 4 所示，印度通过对殖民时期金融系统的全面改造已建立起了一个包括银行子系统、保险子系统和证券子系统的比较完整的金融系统。根据其性质与作用，银行子系统各组成部分大致可以分为中央银行、商业银行、专业银行、本土银行与外国银行等五个类型。[③] 保险子系统由 IRDAI、保险公司和保险经纪人组成。证券子系统由证券交易委员会、证券公司和经纪人组成。概括起来，印度当前的金

---

① 赵建军．印度金融改革路径、成效及难点[J]．湖南广播电视大学学报，2005(2)：34.

② 参阅：孙培钧，主编．中印经济发展比较研究[M]．北京：经济管理出版社，2007：181.

③ 吴仪，主编．世界各国贸易和投资指南[M]．北京：经济管理出版社，1995：72.

融系统由监管系统和金融市场两部分组成。

- 印度金融系统
  - 金融监管机构
    - 中央银行——印度储备银行
      - 银行监管委员会
      - 银行监管局
    - 印度保险监管和发展局
    - 证券交易委员会
  - 银行市场
    - 商业银行（印度国家银行集团和其他国有银行）
    - 专业银行（农业金融机构、工业金融机构等）
    - 本土银行和外资银行
  - 保险市场（保险公司和保险经纪人）
  - 证券市场（股票发行公司、证券商—经纪人、资本市场相关群体）

图6－4　印度金融系统组成

（一）印度金融系统的监管机构

印度金融系统早在英国统治的1936年就已经建立了监管机构——中央银行。而印度证券业虽然古老，但在1992年之前并没有正式的监管机构，而是依靠经纪人协会的自律维持市场运作。《证券交易委员会法》颁布实施后，印度才结束了证券市场没有正式监管机构的历史。印度保险业的监管机构是在保险业协会基础上建立的印度保险监管和发展局。目前，印度的监管机构由印度中央银行、保险监管和发展局和证券交易委员会三部分组成。

第一，印度储备银行是印度中央银行。其总裁和两名副总裁由印度中央政府任命，另由20人组成中心董事会。同时，该行在孟买等地设有分部。地方董事会由5人组成，由中央政府任命。[①] 自成立之日起，即使在英国统治时期，该行一直是印度中央政府的中央银行。作为中央银行，印度储备银行是印度中央政府的一个政府机关，依法既行使中央银行的传统职能——货币功能，又执行传统中央银行不具备的非货币职能，独立承担实现货币稳定的目标，负责公共产品的生产，不以营利为目的。在对银行

① 参阅：文富德．印度经济：发展、改革与前景［M］．成都：巴蜀书社，2003：143.

监管方面，早在1949年，印度颁布的《银行管理法》就授权印度储备银行执行对商业银行监管的职责，印度储备银行下设银行营运与发展局负责监管事务。1993年，该局的监管职能被分离出来，交给新设的银行监管局。1994年，在印度储备银行内又设立银行监管委员会，指导银行监管工作，印度储备银行行长任委员会主席。1995年2月采取了有名的Camel原则，对银行资产充足度、资产质量、赢利能力、流动性进行全面监管。1997年，银行监管局又进一步分为银行监管局和非银行监管局。二者同时受银行监管委员会的指导。[①] 当前，非银行监管局的职能因被印度保险监管和发展局取代而取消。

就传统职能来讲，印度储备银行主要有六方面职能。一是发行银行。该行发行部发行货币及保存为此所需的资产，如金块、外汇等。当前，印度储备银行实行纸币发行最低储备制度，即该行只需要储备20亿卢比的黄金或外汇，即可发行该行认为经济发展所需数量的不受限制法币。二是政府的银行。该行代表印度政府管理其所有货币、债务、汇款等。它开设政府账户，为政府免费收存款项。同时，在政府收支不敷时，向政府提供短期财政贷款。印度中央银行代理政府一般银行业务时不收取利息。三是国家金库。印度储备银行除在本部设立货币发行总库外，还在全国10个大城市设立货币发行分库，还在全国各地设有4000多个类似的金库。四是银行的银行。印度储备银行管理和监督印度商业银行、邦合作银行、地区农村银行和国家农业和农村开发银行及其他专业银行和非银行金融机构，要求商业银行等向储备银行储备一定比例的现金（法定现金储备），以便为控制全国银行和金融机构的信贷量提供工具。同时，作为最后贷款者，储备银行又向商业银行等提供贷款，对它们提交的合格商业票据和抵押品给予再贴现。五是控制信贷。根据银行管理法，该行有权通过调整贴现率、法定流动性比例、公开市场业务及法定存款准备金率等，控制各商业银行创

① 资料来源：印度储备银行网站，www. rbi. org. in. 转引自：罗美娟．印度金融结构的变动趋势及其与中国的比较[J]．云南大学学报（社会科学版），2005(4)：55.

造信贷的能力。六是管理国家外汇储备。储备银行保管着印度大部分黄金、外汇储备。保持法币卢比对外价值稳定，是其重要职能。当国家外汇储备不足以平衡国际收支时，印度储备银行可代表政府从国际货币基金组织寻求外汇，有权以政府或自己的名义从事外汇业务，有权从商业银行购买或向商业银行出售价值 10 万亿卢比以上的外汇。印度储备银行还是《1973 年外汇管制法》的执行者，有权将外汇需求控制在外汇供给允许的范围内。

就非传统职能来讲，印度储备银行具有四方面职能。一是开发职能。随着经济的发展，印度储备银行还扶持各类银行发展，以便吸收更多大众储蓄并将其投入生产领域；鼓励长期资本市场以及外汇市场等各种金融市场的发展，使之适应国民经济发展的需要；扶持工业开发银行、农业和农村开发银行、进出口银行的发展，印度储备银行以其利润设立了国家农村信贷（长期运用）基金、国家农村信贷（稳定作用）基金、国家工业信贷（长期运用）基金和国家住房信贷（长期运用）基金。前两项农村信贷基金已由国家农业和农村开发银行经营。二是监管职能。根据印度银行管理法的授权，印度储备银行对印度境内外资银行实行监管：对任何银行和金融机构的市场准入把关；规定银行的最低实收资本、法定储备金、现金比例和流动资金比例等；落实银行管理法中所列专项调查、询问等事项，并做出相应裁决；通过监管商业银行的活动，控制银行资金流向；为避免信息不通、呆账增加，储备银行从 1962 年起便收集银行向客户提供信贷的信息并通报各银行；为保证储户存款安全，实施储户保险计划。三是研究职能。印度储备银行在收集和掌握国民经济发展资料方面具有先天优势，具有研究印度经济问题的特殊优势。从 1946 年起，该行的经济分析和政策部门出版《印度储备银行公报》，发表印度经济季评，为政府宏观调控经济、制定经济发展战略和政策提供智力支持。四是政策职能。主要表现为通过货币发行控制货币量，通过一般控制（又称传统控制和数量控制）和择类控制（又称质量控制）控制信贷量，达到既制止通货膨胀又保证资金足以满足国民经济发展需要的目的，使国民经济和金融系统在一个稳定的环境中发展。

最近几年，印度储备银行的监管职能在急剧扩张。1949 年颁布的《银行管理法》就授权印度储备银行对商业银行有监管职责，为此印度储备银行还成立了银行营运与发展局。1993 年，该局监管职能独立出来，交给新成立的银行监管局执行。1994 年，印度储备银行又专设由印度储备银行行长任主席的银行监管委员会，负责指导金融监管工作。1997 年，适应金融监管形势发展的需要，银行监管局又进一步分化为银行监管局和非银行监管局，二者同时受银行监管委员会的指导。当前，非银行监管局因保险监管机构印度保险监管和发展局的成立而取消。

第二，印度保险监管和发展局（IRDAI）是在印度保险市场的监管机构。根据 1999 年“IRDAI 法案”第 4 条，IRDAI 设主席 1 名，全职成员 5 名，兼职成员 4 名，且成员全部都由政府任命。IRDAI 工作的具体目标是，保护投保人的利益，保障公平待遇；实现保险业（包括年金和退休金）的快速有序增长，造福于普通人，为经济增长提供长期资金；推进和强化监管对象的高标准诚信、财务健全、公平交易和绩效；确保真实索赔迅速解决，防范保险诈骗等不正当行为，有效落实申诉纠正机制；促进保险市场的公平、透明和有序，建立可靠的管理信息系统，促进市场主体财务高标准稳健；在法律不足或无效时，采取强制行动；在日常工作中实现符合审慎监管要求的最佳自律。①

第三，印度证券交易委员会（SEBI）是印度证券市场的监管者。印度证券交易委员会监管资本市场活动，② 直接受内阁领导，主席由总理任命，成员来自印度储备银行、财政部和司法部等。③ 根据《证券交易委员会法案》以及相关法律，印度证券交易委员会有三大工作目标。一是保护投资

① 资料来源：印度保险监管和发展局网站，https://www.irdai.gov.in/ADMINCMS/cms/NormalData_Layout.aspx? page = Page No4&mid = 2.

② 个别经济体分析：印度[A]. 汇丰 2008 年亚太区资金及财资管理指南[G]. PPP Company Limited，2008：250.

③ 罗美娟. 印度金融结构的变动趋势及其与中国的比较[J]. 云南大学学报（社会科学版），2005（4）：55.

者；二是促进资本市场发展；三是对资本市场进行监管。其中，保护投资者的措施主要有以下四个方面。首先，进行教育培训。一方面与高校合作，开展财务知识普及教育；另一方面从业资格考评和在线认证。不通过考评和认证，则不准成为证券从业者。其次，建立投资者协会，建立与投资者的协商沟通渠道。再次，开展对于上市公司的申诉，建立内部纠错机制，并网上公布处理结果。最后，设立投资者保护基金，给（因上市公司或券商违规）蒙受损失的投资者以最低限额补偿。投资者保护基金的来源，包括证交所出资、政府出资、证交委出资，对违规主体的罚款由政府再返回一部分，还有一些企业的捐赠。

证券交易委员会职能：一是上市公司许可注册。二是证券商—经纪人的许可注册。三是建立市场制度。四是监察制度推行。主要监管对象是股票发行公司、证券商—经纪人、资本市场相关群体。风险资本由证券交易委员会管辖。

（二）印度金融市场主体

除了监管机构之外，金融市场主体也是印度金融系统的组成部分，包括银行市场上种类繁多的众多主体、保险市场的主体和证券市场的主体。

首先，印度银行市场的主体种类多、数量也多。印度金融市场的主导市场是银行市场。其中，商业银行就是其中较为重要的一个类别，占据主导地位。印度银行体制基本上是仿照英美银行模式建立起来的。截至 2008 年，全国有近 300 多家商业银行，绝大多数都是国有银行。印度商业银行在印度银行金融系统中占有重要地位，由公营银行（包括印度国家银行集团和其他 20 家国有银行）、私营银行和外资银行组成。[①] 在印度的商业银行系统中，既有私营商业银行，也有公营商业银行。今天这种商业银行格局也有一个产生、发展的过程。印度商业银行一般起源于私人合股，在没有任何法律约束的条件下迅速增多。1950 年，印度商业银行达 430 家。印

① 个别经济体分析：印度[A]. 汇丰 2008 年亚太区资金及财务管理指南[G]. PPP Company Limited，2008：250.

度独立后，1949 年颁布实施了银行管理法。为加强印度银行金融体系建设，印度实行了小商业银行合并、大商业银行国有化的政策。1955 年，印度储备银行根据 1955 年国家银行法把帝国银行国有化为印度国家银行，1959 年，根据 1959 年印度国家银行（附属银行）法在其下设立 7 家附属银行。作为印度储备银行的代理机构，印度国家银行的大部分资本为印度储备银行所拥有，其部分资本为私营部门所占有。其附属银行的资本为其所独占。20 世纪 60 年代，依据 1956 年公司法，印度完成了 212 家商业银行的合并，把其中 14 家大商业银行于 1969 年国有化，银行资产的 20% 归印度政府所有。1980 年基本完成小商业银行的合并工作。1990 年，印度有大商业银行即表列银行 271 家。此后，印度大商业银行为印度国家银行集团及其他 20 家国有化银行，都是公营银行，都是商业性公司机构。大部分国有化银行所有权的 20% 为印度政府所有，只有印度国家银行是个例外。从资本所有权来看，印度国家银行的大部分资本为印度储备银行所有，仅部分资本为私营部门占有，其附属银行的资本为印度国家银行所独有。从在金融系统中的地位来看，根据 1983 年银行法（修正案），印度国家银行是印度央行——印度储备银行的代理机构，一是代表印度政府收款、付款、接受及汇出款项、黄金及证券等；二是代理由印度储备银行随时授予的其他业务。而国有化商业银行没有代理印度储备银行的权力。除吸收存款和发放贷款外，国有化商业银行还认购新发行股票，执行印度公司与外国公司之间的结算；参与租赁业务；经营互助基金业务；直接和间接参与对住房建筑的放款；部分商业银行还参与风险资本的发放。虽然，印度对大型商业银行实行国有化政策，使公营银行成为印度银行系统的主体，但也允许本国私营银行、外国银行存在和发展，补充公营银行的不足。当前，随着金融市场化改革的推进，印度国有商业银行数目在减少，商业银行出现市场化倾向，总数开始增加。截至 2016 年初，印度全国共有 27 家全国性国有商业银行、20 多家私人银行、数千个在城市和农村地区运营的公共部门和合作银行所拥有的商业银行分支机构共有 66000 个，所拥有的其他银行的分支机构也多达10多万个。①

除上述国有商业银行外，印度还存在私人银行（本土银行）和外资银行两种商业银行。前者是印度最古老的银行机构，活跃于全国各地，名称各异，但都按传统方法从事信贷业务，接受公众存款、经营期票业务等，主要为农村发展提供资金，在印度农业信贷中占有极为重要的地位。随着印度对外开放的不断深化，目前其重要性有所下降。后者是由外国人投资的银行。国有化时期，印度不允许外国银行在其国内新设分支机构。自1974年起，印度允许在加尔各答以对等条件开设分支机构，以便利两国贸易。目前，虽然条件有所放宽，但营业范围也被限制在外贸和某些特定领域。与印度的其他银行一样，外资银行受印度公司法、印度储备银行法等法律的约束，接受印度储备银行的管理。其作用是促进印度对外贸易和国际旅游业的发展、海外印度侨民汇款及对印度投资和海外借款的增加等，主要分布于孟买和加尔各答。

除储备银行、各种商业银行之外，专业银行也是印度金融系统的一个重要组成部分。专业银行是指在印度银行金融系统中，专门为农业、工业、进出口及保险等提供服务的银行金融机构，包括印度农业金融机构、印度工业金融机构、印度的主要投资机构、印度的进出口银行、印度住宅银行等。

印度农业金融机构主要有五种。一是农业信贷合作社，由初级信贷合作社、合作社中心银行及邦合作社银行三级组成。初级信贷合作社由农民合股而成，盈亏自负。合作社中心银行是初级信贷合作社在一个县内的联合，只有若干持股者，并向其提供贷款。邦合作社银行为一个邦内合作社银行的最高机构，向下提供贷款，并与中央银行联系。二是土地开发银行，由初级土地开发银行（县内）和中心开发银行（邦内）两级组成，并由邦政府担保，从市场筹集资金。三是县农村银行，主要向小农小商及小型工业等发放生产贷款，是由中央政府、邦政府和发起商业银行按照

① 林明恒．印度金融联结的经验及其启示[J]．农村经济与科技，2016(4)：68.

50%、35%和15%的比例组成的合股银行。除按比例增资外，还可从国家农业农村发展银行获得资金融通之便。四是农业金融公司，是由印度国家银行及其他国有化银行等37家机构出资组成的股份公司，帮助各商业银行为农业发展提供资金，并对农业项目提供经济技术咨询。五是国家农业农村发展银行。该行资本由中央政府和印度储备银行平摊，除管理国家农村信贷长期业务基金及国家农村信贷稳定基金外，还可由中央政府担保集资或从印度储备银行等借款，具有信贷、发展和管理等功能。

印度工业金融机构也主要有五种。一是印度工业发展银行。它是通过提供贷款、购买工业企业股票和债券以及对其他金融机构的工业贷款提供资金融通，为印度工业企业提供长期资金的最高银行机构。二是印度工业金融公司。其通过提供长期贷款、认购债券或股票等方式为融资困难的工业企业证券发行、购买机器设备及在国外筹资等提供担保，其股份为各大商业银行、保险公司、印度工业发展银行等所拥有。三是印度工业贷款投资公司。其主要股东为印度人寿保险公司、印度普通保险公司等，职能是把世界银行提供的资金分配给各工业部门，并帮助建立资本市场。其大部分外汇贷款的对象是私营部门。四是印度工业复兴银行。其除对病态企业提供贷款援助外，还协调各类机构帮助病态企业的恢复活动，是帮助病态企业重建的金融机构。五是地区发展银行，包括邦金融公司和邦工业发展公司。前者致力于促进邦内中小工业发展，资金主要来源于印度工业发展银行；后者资金为各邦政府所有，致力于加速各邦工业化进程，除向工业且发放贷款外，还认购企业债券并为企业发行债券担保。

另外，还有两个特殊的专业银行。印度的进出口银行为印度进出口商提供资金援助，并协调向印度进出口商提供资金的行动，还为海外承包企业提供资金和担保。印度住宅银行专为参与住房建设的机构提供贷款，并为住房发放贷款的银行融通资金。

其次，印度的保险市场主要有两种主体。一是印度人寿保险公司。这是印度最大的投资机构，主要投向政府债券，也认购各银行发行的股票和债券。二是印度综合保险公司。其增资的70%必须用于公共建筑等社会部门投资，剩余部分可投资于私营部门。

最后，印度证券市场的主体众多。作为直接融资的架构，印度证券市场也发展完善起来，是印度金融系统的重要组成部分。印度没有柜台交易系统，也没有针对股票私募发行的制度和监管机构。印度的证券市场分为全国性市场和区域性市场两个等级。这两个市场都是股票公开发行和集中交易的场所。截至 2005 年 3 月底，印度发展了 26 个证券市场，其中最重要的两家全国性股票交易所是孟买股票交易所和印度国家股票交易所，都位于孟买。电子化交易网络出现之前的很长一段时期，由于缺少现代化的沟通方式，股票交易只能本地化，从而形成区域性市场。区域证券交易所分布在各邦或直辖区。

20 世纪 90 年代中期，孟买证券交易所和国家证券交易所各自拥有了自己独立的交易网络，通过卫星通讯，覆盖全国 500 个城市。基金和证券交易实现了电子化。而且，2002 年，印度废除了企业发行和交易股票只能在某一地区、而不能在其他地区注册的规定。所以，够条件的公司通常在区域性证券交易所注册之后，又在两大全国性市场上市。尽管区域市场也有不少上市公司，但自从电子交易系统建成之后，区域性市场的交易就日趋清淡。从近两年的股票交易量来看，区域市场所占比例微不足道，可以忽略不计。像所有市场经济国家一样，印度证券市场政府资本参与较少。

印度证券市场中介的构成。根据国家证交所的分析，2006 年证券市场的参与份额里，零售占 60%，机构占 10%（包括共同基金、外国机构在内），券商—经纪人占 30%。养老基金和保险公司尚未进入市场。在国家证交所国交所的会员券商中，96% 是有限公司，4% 是合伙公司或私人公司。① 印度本土的机构投资者不太活跃，主要是共同基金、银行、其他机构。而外国机构投资者在印度证券市场上相当活跃。

总之，在国家经济发展战略的统领下，在与国际金融系统的相互作用下，印度金融系统形成了国有成分占主体的国家资本主义型的金融系统，

① 孙超，徐淑珍．印度证券市场以民间力量为主[J]．中国经济报告，2007(7)．

现代金融系统的要件都已经具备。其银行子系统的优势在于能够迅速快捷地贯彻国家的宏观调控意图，与迅速工业化的经济发展意图相适应。其保险子系统的活力重新焕发，潜力巨大。其证券子系统的严格监管和渐进式开放模式保证了金融市场的稳定、有序，也是值得许多发展中国家借鉴的。

四、印度金融系统要素间的作用模式

虽然印度金融系统在持续进行市场化改革，但经过国有化的洗礼，印度已把金融系统牢牢地控制在政府的手中，其机构运作模式设计也能够有效地体现政府的意图。印度金融系统的监管机构通过彼此之间的协作完成政府的金融决策，通过各个组成要素彼此之间的相互作用完成政策信息传递，并在执行政策过程中实现金融系统本身的功能。

（一）印度金融系统运作的基础和前提

印度所有的金融机构都依据一定法律建立、依据一定法律运作，即印度金融系统各组成部分的建立和运行都是有法可依的。印度在建设金融系统的过程中，始终坚持通过立法对金融系统的各个机构进行定位，以便有序高效运作，更好地服务于国家发展战略。1935 年，印度储备银行成立之前，英属印度政府就首先通过了《1934 年印度储备银行法》。印度独立之后，印度政府继承了这种传统，分别通过了《1949 年印度银行管理法》和《1974 年印度储备银行（修正）法》，对印度央行——储备银行的地位、运行机制等进行再定位。同样，对于商业银行的成立、运行以及与央行的关系也都通过法律来进行。《1956 年公司法》对商业银行的成立条件、运行规则等进行了界定。1969 年 14 家商业银行国有化后，为了规范银行兼并秩序，《1970 年银行公司（企业兼并和转移）法》出台。1955 年，为了国有化国内最大的商业银行——印度帝国银行成立印度国家银行，印度颁布了《1955 年印度国家银行法》。对于邦、县和基层等基层三级合作银行的建立，印度政府明确以《1956 年公司法》为据。1975 年 10 月成立地区农村银行之后，次年就颁布《1976年地区农村银行法》，以规范地区农村银行的行为。1982年初，印度进出口银行成立之前，印度政府就颁布了《1981年进出口银行法》。1982年全国农业和农村开发银行、1988年国民住房银行和1989年小工业开发银行等银行的成立也都经过了国会的批准程序，而后依法成立，依法运行。至于历史久远的本土银行和外来的外资银行，也都纳入相应的法律框架之下。印度保险监管和发展局及印度证券交易委员会的建立和运作也是分别建立在“IRDAI法案”和《证券交易委员会法案》的法律基础上的。相对完善的银行法为各个银行规定了运行的方针、目标和经营范围，为印度金融系统的平稳有序运行提供了保障。

（二）印度金融系统决策机构间的运作模式

印度金融市场介于分业和混业之间。其最高宏观经济监管机构是以印度总理为主席的内阁经济事务委员会。印度财政部负责执行内阁经济事务委员会制定的政策，并监督市场运行。印度金融系统的决策中心有三个：中央银行——印度储备银行、印度保险监管和发展局及证券交易委员会。在1992年之前，主要是印度储备银行。后两者直到1999年和1992年才应形势的需要而产生。所以，由于证券市场发展相对滞后，在很长一段时间里，印度储备银行独家扮演着决策和监管的角色，在负责银行机构和非银行机构的监管决策的同时，还负责证券市场的立法和监管。实际上，早期的金融监管工作是由印度储备银行下设的银行营运与发展局在印度储备银行的指导下完成的。1993年，银行营运与发展局的监管职能转交给新设的银行监管局，由银行监管局具体负责银行和非银行金融机构的监管事务。1994年，印度储备银行内又增设银行监管委员会，负责指导银行监管工作，印度储备银行行长任委员会主席。根据国家金融发展形势以及面临的问题，在印度储备银行行长的带领下，银行监管委员会负责问题的提出、政策的论证、制定和评估，为银行监管提供指导。而银行监管局则根据领导决策主要负责编制规划、依靠金融监管系统执行制定的政策等具体监管工作。随着证券市场、银行市场和保险市场的日益繁荣，印度储备银行感到有点力不从心，进一步的分工势在必行。1992 年，证券市场的监管决策权独立出来，成立证券交易委员会。1997 年，原来的银行监管局也专业化为两个分别独立的监管机构：银行监管局和非银行监管局，二者同时受银行监管委员会的指导。银行和非银行业务的监管也专业化了。1999 年印度保险监管和发展局成立，印度保险业的监管权也独立出来。目前，印度金融系统的决策中心一分为三——储备银行的银行监管委员会、保险监管和发展局及证券交易委员会。即印度目前实行的是分业监管决策：银行监管局以及保险监管和发展局分别负责银行和保险领域的监管决策及指导两部门的工作；证券交易委员会负责证券市场的监管和决策。

（三）印度金融系统的政策传导链

印度金融系统的决策是沿着金融监管组织系统依次向下传递的。首先，对银行子系统来说，储备银行是政策源头，下一个环节就是银行市场中的各个银行，最后落实到使用金融资源的主体生产企业身上。依托自己掌握的金融信息资源，结合国民经济发展规划和实体经济运行状况，储备银行通过银行监管委员会的分析论证就金融监管问题做出决策。然后，作为宏观调控的决策，银行监管局依据相关法律行使自己的职权，形成决策执行方案，通过银行监管系统把政策指令传达到给具有落实金融资源配置权力的商业银行、专业银行、本土银行和外资银行等银行市场主体，通过它们调整市场中的货币规模以及货币量空间分布结构，控制银行市场的竞争秩序，最终决定生产企业能够得到的金融资源量，决定企业的生产规模，从而维护国民经济特别是实体经济的健康发展，保证国家经济安全。当市场运行过热时，储备银行就会依法采取紧缩银根的措施，控制市场中的货币量；当市场比较清淡时，储备银行就会采取宽松的货币政策，刺激投资，增加货币量，即逆风向调节。而且，由于有法律强制力作后盾，储备银行的措施对各商业银行的约束力比较强，政策传导也相对有效；本土银行根植于印度国情，适合印度的金融生态；国有银行独大的金融市场格局等原因，印度金融政策的落实坚定而有力，从而保证了宏观调控比较有效。其次，就保险子系统来讲，印度保险监管和发展局根据反馈的债券市场信息对证券市场调控做出决策，然后通过自身组织体系传达到证券交易所。最终由交易所对市场主体的违规行为进行纠正，或对上市公司做出停牌治理整顿的处罚，或处给予罚金的处罚，或做出吊销营业执照的处罚，迫使市场主体合规经营，维护市场竞争秩序，调高市场资金配置效率。最后，对证券子系统来说，证券交易委员会每个财年都要完成年度报告，在夏季议会期间，送达国会两院审议。年度报告摘要由董事会审议通过，并呈报财政部。根据国会审议的结果以及证券市场状况和面临的问题，证券交易委员会制定相应的政策法规，并依托设在各个证券交易所的分支机构把政策信息传递给证券市场主体，或通过培训、违规信息披露、资格认证、维权以及严厉的惩罚等方式，把政策信息传达给证券市场主体，着力营造有序的市场环境，提高市场效率，推动证券市场稳定发展。

总之，印度银行子系统以中央银行为中心，由商业银行、专业银行、本土银行及外国银行等构成，既借鉴了西方金融系统的长处，如设有中央银行，又立足于本土实际，如存在为数众多的本土银行，保证了宏观调控的有效性。保险子系统按照现代债券市场的运作模式，在印度保险监管和发展局的推动下，市场主体合规追逐利益，满足国民经济发展对资金配置的需求。证券子系统在证券交易委员会的指导下，其各市场主体协同运作。同时，印度金融系统总体上又有集中统一的决策系统以及通畅的政策传导机制，能够对环境做出迅速而有效的反应。这既有利于国家发展战略的实施，又有利于对不利环境做出迅速反应，进行危机处理。印度虽然实行资本主义的政治运作方式，但金融系统却被庞大的国有经济渗透，又拥有集中统一的金融决策系统，是典型的国家资本主义金融系统。

五、印度金融风险防范的经验教训

自独立以来，印度金融系统随着国内政治进程经历了国有化过程，又因印度货币危机而进入金融自由化改革进程。期间，印度政府在金融风险防范方面既有经验，也有教训。

（一）印度金融风险防范的经验

与其他后发经济体一样，印度金融系统在发展过程中时刻面临着从微观主体危机到系统性危机再到跨境资金流动性危机的潜在金融威胁。一直以来，印度政府都把金融风险防范工作放在首位来抓，积累了许多宝贵经验。

第一，优化微观金融主体结构，防范微观金融风险。印度 1991 年货币危机之后，印度银行因过度扩张而产生的银行微观金融风险迹象显现。为此，印度政府做了卓有成效的工作。一是降低银行现金储备率和法定清偿率，增强银行贷款能力。1992—1993 年，印度储备银行将银行的现金储备率从上一年的 25% 下调为 15%，1997 年则降低为 9. 5%。印度储备银行原定国内负债的法定清偿率为 38. 5%，国外为 30%，两者平均为 34. 5%，1992 年后，统一调整为 25%。这都有力地缓解了银行资金紧张的局面，为银行优化资金结构提供了时间，遏制了银行微观金融风险的发生。二是放松利率管制。1992 年之后，印度储备银行废除固定存款利率，只规定了最高存款利率标准；取消同业拆借和短期票据等内部最高利率限制。1994 年起，储备银行执行按照银行贷款规模确定最低贷款最低利率的政策。这些政策释放了银行压力，有力地促进了银行业的发展。三是提高银行资本充足率。长期以来，印度银行的资本充足率不足 3%，银行体系存在很大的金融风险。1994 年，印度政府通过财政预算以政府债券的形式向国有银行注资，以提高国有银行的资本充足率，弥补金融抑制政策给银行资本带来的不良影响。除此之外，1993 年，印度政府修改了《国有银行法》，准许国有银行进入资本市场筹集资金；1994 年，印度还修改了《金融公司法》，允许国有商业银行最低可持有 51% 的银行股份，从而为国有银行通过发行股票扩充资本、提高银行资本充足率，打开了通道。四是引入竞争机制，为国有银行提高经营管理水平提供条件。1993 年，印度储备银行颁布了私营银行设立标准，允许建立私营银行，减少对外资银行进入印度及现有银行机构扩张的限制，鼓励竞争，为国有银行提高经营管理水平创造条件。另外，为了防止处于资本充足率红线边缘的银行崩溃带来意想不到的损失，印度政府成立了“迅速纠正行动机构”，迅速介入出现不良迹象的国有银行，避免事态进一步恶化引发系统性危机。还有，从1999年起，印度在国有银行系统推行自愿退休计划，减轻国有银行的负担。印度政府的这些做法有力地缓解了银行面临的即时压力，有效地防止了金融风险，实质性地推进了金融市场主体竞争力建设。①

第二，加强金融监管，防范系统风险。一是加强监管机构的专业化建设。1992年，证券交易委员会成立，负责对证券市场的监管。1993年，在银行营运与发展局基础上成立银行监管局，由银行监管局具体负责银行和非银行机构的金融监管事务。1997年，原来的银行监管局也专业化为两个分别独立的监管机构：银行监管局和非银行监管局。1994年，印度储备银行内又增设银行监管委员会，负责指导银行监管工作，印度储备银行行长任委员会主席。1999年，新成立的保险监管和发展局取代非银行监管局，专司保险业的监管。二是建立规范的金融监管制度。银行业改革之后，印度储备银行按照国际标准要求银行实行统一的会计准则，引入收入认定、资产分类等谨慎会计原则，把银行资产分为标准资产、次标准资产、问题资产和损失资产等四类，对所有的问题资产和损失资产要求保持100%的准备金，并坚持有效的上报稽核制度；借鉴美国经验，储备银行制定了CAMEL评级标准，运用资产与风险相匹配的计量方式评价银行经营业绩。三是加大证券市场立法。证券交易委员会成立之后，建立健全证券市场法规，加强了对金融市场的监管力度。仅2007年，证券交易委员会就推出了《外国机构投资者管理修正条例》《共同基金管理修正条例》《证券回购管理修正条例》等众多法规。

第三，谨慎处理跨境资金流动问题。② 1991年，经历了国际收支危机

① 参阅：卢静．印度金融体制改革及对我国的启示[J]．山东社会科学，2005(4)：124.

② 参阅：庞锦．资本账户开放：泰国与印度的做法比较[J]．济南金融，2000(9)：44－46.曹勇．20世纪90年代以来印度资本账户开放的经验与启示[J]．石家庄经济学院学报，2005(10).

的印度拉奥政府被迫接受了国际货币基金组织的“一揽子”经济改革方案。1993 年，印度实现卢比的汇率并轨；1995 年 8 月宣布接受《国际货币基金协定》第八条条款，实现卢比在经常项下的可自由兑换。但是，印度政府对资本项目的开放采取了与泰国政府不同的做法，采取谨慎策略的原则，只于 1992 年有限度地开放了国内资本市场，而没有迅速开放资本账户。这给印度防范跨境资本流动留下了一道强有力的防线，掌握了跨境资本流动风险防范的主动权。

印度认为开放国内金融市场、实现资本项下自由兑换是一个渐进过程。为了回应 IMF 的要求，印度储备银行于 1994 年成立了“资本账户可兑换委员会”研究开放资本账户可兑换的途径和办法，并于 1997 年完成了专题报告。该报告参考 10 个发展中国家有关这一问题的研究成果，提出了符合印度国情的对策和建议。报告认为，印度实施资本项目下自由兑换需要本国宏观经济具有一些必不可少的前提条件：一是中央政府财政收支赤字占国内生产总值（GDP）的比重要从 5% 降至 3.5%。二是未来三年内通货膨胀率平均不能超过 3%~5%。三是银行现金储备率从目前平均 9% 多降至 3%，银行系统不良资产比重从 17% 降至 5%。而其中，最困难、也最重要的是将银行系统不良资产比率降下来。为此，印度结合本国基本国情，在报告中提出用三年时间实现和完成这些先决条件，然后再实现资本账户的可兑换。同时，报告还提出四个重要的参考变量，认为这对于一国清醒地认识本国经济运行的基本态势很有好处。一是经常项目赤字。报告认为只有当经常项目收入占 GDP 比率增加和债务占偿债储备比率减少时，才允许经常项目赤字增加。二是实际有效汇率。报告建议以此作为监控和干预市场汇率波动的参考指标，认为这有助于加强宏观和市场理性预期。三是外汇储备。报告认为短期外债、外国证券投资流入不应超过外汇储备的 60%，同时认为对外净资产同货币流通量比率这一指标在实际经济运行中采用 40% 作为底线，一般掌握在 70% 左右。四是金融系统实力。报告特别强调金融部门和金融系统的实力。因为一旦开放资本账户实施资本流动自由化，遭受压力最大的必然是金融部门。专题报告在 1997 年 6 月公开发表后，一度受到国内激进人士的强烈批评，但亚洲金融危机爆发的事实为报告提供了最强有力的支持，也证明了报告的真实价值。1998 年，在华盛顿召开的 IMF 专题讨论会上甚至还受到 IMF 的高度评价。印度与 IMF 的交锋，表明印度金融监管当局对本国金融系统现状的认识是清醒的，对牙买加金融系统下由多样化浮动汇率带来的金融风险有充分的认识。

第四，适时调整金融监管机构设置，使之与金融市场发展相适应。1956 年，为适应赶超型国家发展战略的需要，印度通过将银行国有化把金融资源的控制权收归国家所有，以便利国家通过金融系统推进国家战略资源配置到优先发展部门。这样，在证券业十分孱弱、银行兼营保险业务的情况下，印度金融市场实际上就成了银行业市场。所以，为适应当时印度金融市场的实际情况，印度金融系统的监管机构延续了中央银行监管模式，储备银行成为印度唯一官方监管主体，主管银行兼管保险；证券市场借助证券业协会的协调自主运作。1991 年货币危机之后，印度选择市场化改革开放的国家发展战略。为适应国家发展战略的变化，印度首先把已经市场化的证券市场的监管独立出来，1992 年建立了负责证券市场监管的证券交易委员会，并把资本市场作为对外开放的首选。随着银行业市场化的推进，保险业跨越式迈向市场化的时机已经成熟。所以，1999 年，印度首先成立了保险监管和发展局，并接受市场主体的注册申请，推进保险市场独立化跨越式发展。这样，储备银行监管银行业、保险监管和发展局监管保险业、证券交易委员会监管证券业的分业监管格局最终于 2000 年彻底形成。随着国家发展战略的调整，印度监管机构立足国内金融市场实际实现的三步跨越，使监管机构设置适应了市场发展的需要，有效地提高了资金配置效率，值得各国学习。

（二）印度金融风险防范的教训

在金融发展过程中，印度政府始终把金融风险防范放在首要地位，但还是发生了 1991 年的货币危机。其中的教训值得广大后发国家总结和吸取。

其实，印度经济在东南亚金融危机之前的1991年夏，已经徘徊在货币危机的边缘。当时的印度深陷于国际收支不平衡的危机之中，外汇储备只够维持不到两周的进口支付。其直接原因在于当时伊拉克入侵科威特导致石油价格暴涨，同时来自海湾地区的侨汇收入又骤然下降。加之印度商业银行的惜贷举措和非居民的外汇存款大量外流，形成政府对偿还外债可能违约的公众预期，一时间国内经济面临沉重的压力。对此，国际货币基金组织进行了及时的援助，国内经济尤其是工业与金融部门也开始了改革，才使局面有所缓和。[①] 可见，印度1991年的货币危机外在原因主要是由国际环境恶化打破了印度微弱的国际收支平衡引起的；内在原因是印度国际储备不足引发银行惜贷，进一步引发非居民因害怕损失而向外转移资金；深层次的原因是印度国民经济建设急迫，外汇消耗量过大，导致外汇供给紧张。

因此，后发国家在国家建设过程中，对于建设进程要做出合理安排，留出一定的外汇储备用作跨境资金流动引发的金融风险的准备金。因为，在牙买加国际金融系统下，跨境资本流动引发的金融危机是国家面临的最大风险。

总之，印度政府在金融系统市场化改革过程中一直掌握着主动权，采用渐进式松绑方法，在改革中通过政府调控逐步培育起金融市场主体适应市场的能力，通过政府的力量排除潜在的系统性金融风险，并且对外源性金融风险保持审慎态度，谨慎开放资本项目，有效防范了金融风险。但是，由于金融系统市场化改革是由政府控制的，政府决策失误给金融系统带来的风险也是很明显的，比如，20世纪90年代的货币危机实际是由政府刻意追求实体经济的发展而忽视了虚拟经济支撑能力造成的，我们应吸取这一教训。

① 黎平海．印度金融白由亿对中国金融体制改革的参照意义[J]．东南亚研究，2005(2)：41.

小　结

独立后，虽然印度金融系统受到英国金融传统的深刻影响，但根据国家发展战略需要对其进行国有化改造，突出了国家主义色彩。20 世纪 90 年代金融改革突出了市场化特点，金融主体国有成分大幅降低，但国有成分还在，印度政府对市场的把控权还在。所以，印度金融系统属于国家资本主义型金融系统。当前，印度金融监管模式属于分业监管模式。但印度金融市场以银行业务为主，属于银行主导型金融系统。

印度的监管机构由印度中央银行、保险监管和发展局及证券交易委员会三部分组成。印度中央银行就是印度储备银行，是印度金融系统的主要监管者，侧重于对银行的监管。保险监管和发展局负责对保险业的监管。内阁直接领导的印度证券交易委员会负责证券市场监管。

就金融风险防范措施来讲，印度主要采取了以下措施：降低银行现金储备率和法定清偿率，增强银行的贷款能力；放松利率管制，促进银行业发展；提高银行资本充足率；强监管机构的专业化建设，建立规范的金融监管制度，加大证券市场立法，加强金融监管，防范系统风险；谨慎处理跨境资金流动问题。

第七章　南非金融系统及其风险防范

南非在历史上曾是英国的殖民地，金融系统发展受英国金融传统的影响很深。南非今天的和解民族政府是通过议会选举的路径建立的。因此，南非在殖民时期形成的市场经济发展模式和金融系统发展逻辑得以延续。当前南非的金融系统发展战略继续了英国金融体系原生市场发展模式，具有较强的英国特色。南非金融监管在全球得到认可，被世界经济论坛评为最稳定的银行体系之一，排名世界第二。①

一、南非经济发展基础概况

南非，即南非共和国（The Republic of South Africa），位于南半球，非洲大陆最南端，东濒印度洋，西临大西洋，北邻纳米比亚、博茨瓦纳、津巴布韦、莫桑比克和斯威士兰，另有莱索托为南非领土所包围。南非地处非洲高原的最南端，南、东、西三面的边缘地区为沿海低地，北面则有重山环抱。北部内陆区属喀拉哈里沙漠、多为灌丛草地或干旱沙漠，此区海拔 650 ~ 1250 米。周围的高地海拔则超过 1200 米。南非最高点为东部大陡崖的塔巴纳山，海拔 3482 米。东部则是龙山山脉纵贯。国土面积 1219090 平方公里，海岸线长约 3000 公里。

（一）南非的历史

最早的土著居民是桑人、科伊人及后来南迁的班图人。17 世纪后，荷

① 银行外部监管与内部控制培训团．南非金融及外汇监管经验借鉴[J]．中国外汇，2013(13)：68.

兰人（1657 年）、英国人相继入侵并不断将殖民地向内地推进。19 世纪中叶，欧洲白人统治者建立起开普、纳塔尔两个英国殖民地，建立了德兰士瓦共和国和奥兰治自由邦两个布尔人共和国，共计四个政治实体。1899—1902 年，英布战争爆发，英国艰难取胜。1909 年，英帝国议会通过了南非联邦法案。1910 年，四个政治实体合并为“南非联邦”，成为英国自治领。长期以来，南非当局在国内以立法和行政手段推行种族歧视和种族隔离政策。1948 年，南非国民党执政后，全面推行种族隔离制度，镇压南非人民的反抗斗争，遭到国际社会谴责和制裁。1961 年 5 月 31 日，“南非联邦”退出英联邦，成立南非共和国。1994 年，南非重新成为英联邦国家。①

在国家独立的基础上，经过不懈斗争，南非进入民族团结政府建设时期。1989 年，德克勒克出任国民党领袖和总统后，推行政治改革，取消对黑人解放组织的禁令，并释放非洲人国民大会（以下简称“非国大”）主席纳尔逊·曼德拉（Nelson Mandela）等黑人领袖。1991 年，非国大、南非政府、国民党等 19 方就政治解决南非问题举行多党谈判，并于 1993 年就政治过渡安排达成协议。1994 年 4—5 月，南非举行首次不分种族大选，以非国大为首的非国大、南非共产党、南非工会大会三方联盟以 62.65% 的多数获胜，曼德拉出任南非首任黑人总统，非国大、国民党、因卡塔自由党组成民族团结政府。1994 年临时宪法是南非历史上第一部体现种族平等的宪法。②

非国大已经连续五届执政，推动白人政权向多种族联合政权平稳过渡。1996 年，在临时宪法基础上起草的新宪法被正式批准，并于 1997 年开始分阶段实施。宪法规定实行行政、立法、司法三权分立制度。宪法中的人权法案（Bill of Right）被称为南非民主的基石，明确保障公民各项权利。实行多党制。议会实行两院制，分为国民议会和全国省级事务委员会

① 资料来源：南非国家概况[OL]. 中华人民共和国外交部，http://www.fmprc.gov.cn/web/gjhdq_676201/gj_676203/fz_677316/1206_678284/1206x0_678286/.

② 资料来源：南非国家概况[OL]. 中华人民共和国外交部，http://www.fmprc.gov.cn/web/gjhdq_676201/gj_676203/fz_677316/1206_678284/1206x0_678286/.

（简称“省务院”），任期均为5年。国民议会现有13个政党。政府实行总统制，总统为武装力量最高统帅，各部对总统负责。政府分为中央、省和地方三级，相互依存，各行其权。以非国大为主体的民族团结政府奉行和解、稳定、发展的政策，妥善处理种族矛盾，全面推行社会变革，努力提高黑人政治、经济和社会地位，实现由白人政权向多种族联合政权的平稳过渡。自1996年至今，非国大已经连续五届赢得大选执政。当前南非总统是非国大主席祖马。比较有特色的是，南非有三个首都，行政首都是比勒陀利亚（Pretoria），立法首都为开普敦（Cape Town），司法首都为布隆方丹（Bloemfontein）。

（二）南非的自然资源

截至2017年8月，南非人口5496万。分黑人、有色人、白人和亚裔四大种族，分别占总人口的79.6%、9%、8.9%和2.5%。黑人主要有祖鲁、科萨、斯威士、茨瓦纳、北索托、南索托、聪加、文达、恩德贝莱9个部族，主要使用班图语。白人主要为阿非利卡人（以荷兰裔为主，融合法国、德国移民形成的非洲白人民族）和英裔白人，语言为阿非利卡语和英语。有色人主要是白人同当地黑人所生的混血人种，主要使用阿非利卡语。亚裔人主要是印度人（占绝大多数）和华人。有11种官方语言，英语和阿非利卡语为通用语言。约80%的人口信仰基督教，其余信仰原始宗教、伊斯兰教、印度教等。①

矿产资源丰富，是世界五大矿产资源国之一。南非以丰富的矿物资源驰名世界，截至2004年，已探明储量并开采的矿产有70余种，黄金、铂族金属、锰、钒、铬、硅、铝酸盐的储量居世界第一位，其中黄金储量占全球的60%，蛭石、锆、钛、氟石居第二位，磷酸盐、锑居第四位，铀、铅居第五位，煤、锌居第八位，铁矿石居第九位，铜居第十四位。钻石、石棉、铜、钒、铀以及煤、铁、钛、云母、铅等的蕴藏量也极为丰富，黄

① 资料来源：南非国家概况［OL］. 中华人民共和国外交部，http://www.fmprc.gov.cn/web/gjhdq_676201/gj_676203/fz_677316/1206_678284/1206x0_678286/.

金、钻石、钒、锰、铬、锑、铀、石棉等的产量均居世界前列。

现在南非已经探明储量并开采的矿产有70余种。铂族金属、氟石、铬的储量居世界第一位，黄金、钒、锰、锆居第二位，钛居第四位，磷酸盐矿、铀、铅、锑居第五位，煤、锌居第八位，铜居第九位。根据南非矿业部统计的数据，2011年已探明的矿藏储量：黄金6000吨（占世界总储量的11.8%，下同），铂族金属6.3万吨（95.5%），锰1.5亿吨（23.8%），钒364万吨（26%），蛭石1400万吨，铬31亿吨（85%），铀29.5万吨（5.5%），煤301.56亿吨（3.5%），钛7130万吨（10.3%），锆1400万吨（27%），氟石4100万吨（17.1%），磷酸盐15亿吨（2.1%），锑2.1万吨（1.2%），铅30万吨（2.1%），锌1400万吨（3.3%），铜1100万吨（1.6%）。[①]

（三）南非的经济发展状况

南非属于中等收入的发展中国家，也是非洲经济最发达的国家之一，是非洲第二大经济体，国民拥有较高的生活水平，经济相比其他非洲国家相对稳定。

第一，近年来，南非经济增长速度变化较大，总体下行。如图7-1所示，受种族歧视政策的影响，南非国民经济各部门、地区发展不平衡，城乡、黑白二元经济特征明显。国际金融危机前，受消化种族歧视政策的影响，南非经济较此前总体小幅下滑。20世纪80年代初至90年代初，南非新政府制定了“重建与发展计划”，强调提高黑人社会、经济地位。1996年推出“增长、就业和再分配计划”，致力于通过推进私有化，削减财政赤字，增加劳动力市场灵活性，促进出口，放松外汇管制，鼓励中小企业发展等措施实现经济增长，增加就业，逐步改变分配不合理的情况。2006年实施“南非加速和共享增长倡议”，加大政府干预经济力度，通过加强基础设施建设、实行行业优先发展战略、加强教育和人力资源培训等措

① 资料来源：南非国家概况[OL]. 中华人民共和国外交部，http://www.fmprc.gov.cn/web/gjhdq_676201/gj_676203/fz_677316/1206_678284/1206x0_678286/.

施，促进就业和减贫。由于黑人地位的提高，一定程度上降低了国民财富积累，GDP 增长受到拖累，出现一定程度的下滑。1994—2004 年经济年均增长 3%，2005—2007 年超过 5%。2008 年，受国际金融危机的冲击，南非经济增速放缓，同比增长下滑至 3.1%，2009 年为 -1.8%，一度陷入衰退。为应对金融危机冲击，南非多次下调利率，并出台增支减税、刺激投资和消费、加强社会保障等综合性政策措施，推出“新增长路线”和《2030 年国家发展规划》，围绕解决贫困、失业和贫富悬殊等社会问题，以遏止经济下滑势头，经济逐步企稳。2014 年、2015 年、2016 年增长率分别为 1.5%、1.3%、0.3%。目前，南非政府正在重点实施“工业政策行动计划”和“基础设施发展计划”，加快铁路、公路、水电、物流等基础设施建设，促进南非经济发展。2013 年以来，受美元加息等因素影响，南非出现大幅资本外流。①

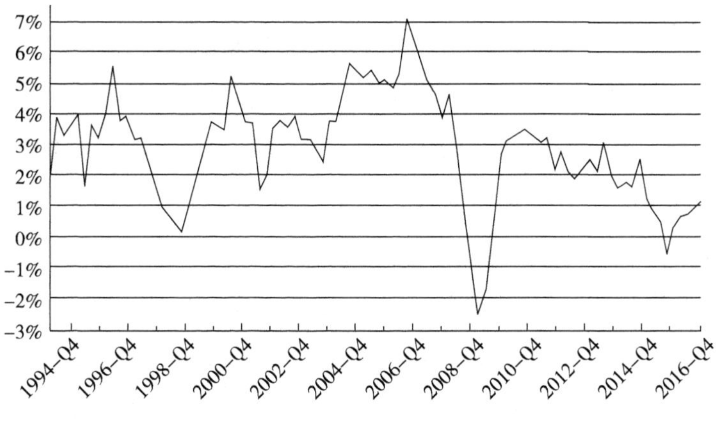

图 7-1　南非以不变价格计 GDP 同比增速变化趋势

数据来源：Wind 资讯。

第二，制造业、建筑业、能源业和矿业是南非工业四大部门。南非制造业门类齐全，技术先进，主要有钢铁、金属制品、化工、运输设备、机

---

① 资料来源：南非国家概况[OL]. 中华人民共和国外交部，http://www.fmprc.gov.cn/web/gjhdq_676201/gj_676203/fz_677316/1206_678284/1206x0_678286/.

器制造、食品加工、纺织、服装等产品。钢铁工业是南非制造业的支柱，拥有六大钢铁联合公司、130多家钢铁企业。近年来，纺织、服装等缺乏竞争力的行业萎缩，汽车制造等新兴出口产业发展较快。1994—1999年，南非政府共筹集投入125亿兰特建设低造价住房，以缓解黑人城镇居民住房问题。近年来，南非政府加快实施基础设施发展规划，建筑业面临进一步发展的大好时机。能源工业基础雄厚，技术较先进。电力工业较发达，发电量占全非洲的2/3，其中约92%为火力发电。国营企业南非电力公司拥有世界上最大的干冷发电站，电力生产能力世界排名前十，销售额世界排名第十一位，供应南非95%和全非60%的用电量。矿业历史悠久，具有完备的现代矿业体系和先进的开采冶炼技术，是南非经济的支柱之一。2014年产值约占国内生产总值的8%，矿产品出口额约占出口总额的28%。南非钻石产量约占世界的9%。南非德比尔斯公司是世界上最大的钻石生产和销售公司，总资产200亿美元，其营业额一度占世界钻石供应市场90%的份额，目前仍控制着世界粗钻石贸易的60%。[①]

第三，农业较发达。南非全国大部分地区属热带草原气候，夏季最高气温为32°C～38°C，冬季最低气温为－10°C～12°C。可耕地约占土地面积的12%。农业、林业、渔业就业人数约占总人口的7%，其产品出口收入占非矿业出口收入的15%。玉米是其最重要的粮食作物。各类罐头食品、烟、酒、咖啡和饮料畅销海外，花卉、水果、葡萄酒享誉海内外。畜牧业较发达，主要产品有禽蛋、牛肉、鲜奶、奶制品、羊肉、猪肉、绵羊毛等，是世界第四大绵羊毛出口国。水产养殖业产量占全非洲的5%，主要产品为淡菜、鳟鱼、牡蛎和开普无须鳕。

另外，南非旅游业是发展最快的行业之一，产值约占国内生产总值的9%，从业人员达140万人。交通运输业以铁路、公路为主，空运发展迅

① 资料来源：南非国家概况[OL]. 中华人民共和国外交部，http://www.fmprc.gov.cn/web/gjhdq_676201/gj_676203/fz_677316/1206_678284/1206x0_678286/.

速。电讯和信息技术产业发展较快，电信发展水平列世界第20位。①

（四）南非对外经济发展状况

南非对外贸易规模总体上行，进出口基本平衡。南非是世界贸易组织（WTO）的创始会员国，实行自由贸易制度。出口产品有黄金、金属及金属制品、钻石、食品、饮料及烟草、机械及交通运输设备等制成品。主要进口机械设备、交通运输设备、化工产品、石油等。欧盟与美国等是南非传统的贸易伙伴，但近年与亚洲、中东等地区的贸易也在不断增长。2015年前十大出口目的地国为中国、美国、德国、纳米比亚、博茨瓦纳、日本、英国、印度、莫桑比克、比利时；前十大进口来源国为中国、德国、美国、日本、印度、英国、意大利、法国、韩国、巴西。据南非政府的统计，如图7-2所示，南非进出口总体平衡。最近几年，进口规模略低于出口，贸易呈现顺差。但是，大体上还是保持了进出口的基本平衡。2016年，南非货物进出口额为1608亿美元。其中，出口812亿美元，进口828亿美元，进出口规模基本持平。

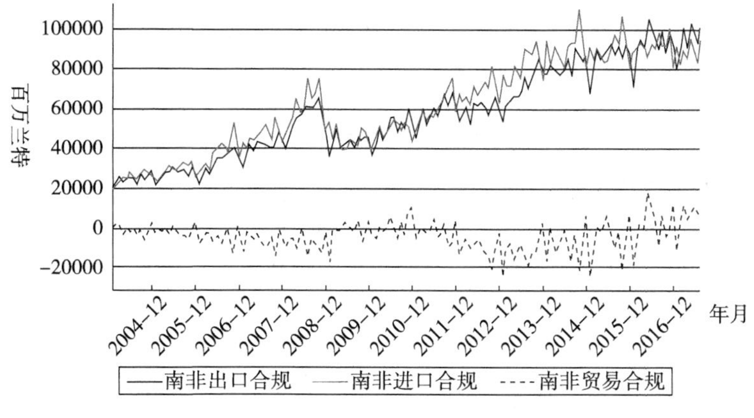

图7-2　南非进出口发展趋势

数据来源：Wind资讯。

① 资料来源：南非国家概况[OL]. 中华人民共和国外交部，http://www.fmprc.gov.cn/web/gjhdq_676201/gj_676203/fz_677316/1206_678284/1206x0_678286/.

南非的国际收支处于正值状态。南非的外资流入主要来自欧美，尤以欧洲为主。对南非累计投资额欧洲占近70%，美洲占近20%。英国是累计对南非直接投资最多的国家，占2/5左右。外资以证券资本为主，直接投资（FDI）较少。投资大多集中于采矿、制造、金融、石油加工和销售等部门。据世界银行的统计，如图7－3所示，南非包括黄金在内的国际储备规模呈现不断扩大趋势，特别是2003年之后，南非国际储备资产规模更是呈现快速攀升状态，甚至国际金融危机也没有阻挡南非国际储备攀升的势头。这种攀升态势一直持续到2012年，然后进入高位震荡态势。2017年8月，南非国际储备资产规模增至469.21亿美元，较上月增加1.75亿美元。当前南非国际储备资产规模发展态势表明，南非有足够国际储备应对可能的跨境资金流动风险。

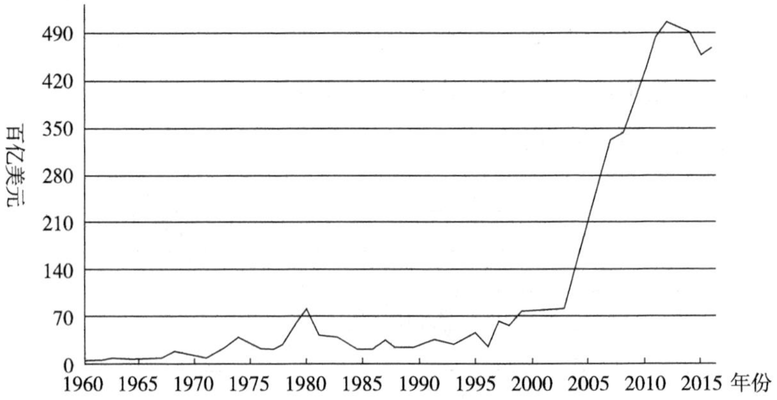

图7－3　南非官方国际储备资产规模变化趋势

数据来源：Wind资讯。

二、南非金融系统发展历程

与印度一样，南非脱胎于荷兰、英国的殖民地，同属英联邦国家。南非金融业十分发达，拥有非洲最发达的金融体系。《全球竞争力报告2013》（WEF）显示，南非金融市场发展水平在统计的148个国家中位居第3位，银行业发展居第 2 位。[1] 南非金融系统是英国金融系统在南非的移植，发端于荷兰、英国殖民统治早期。

（一）南非的银行业最早可以追溯到开普敦时期

1833 年，英国统治者开始在南非废除奴隶制，答应给予南非奴隶主一定的资金补偿换取南非奴隶主释放奴隶。但殖民政府只给予部分补偿，而且是在伦敦支付。因此，布尔人奴隶主只得将领取补偿金的凭证削价卖给中间商，反而促使了开普殖民地私人银行业的诞生。[2] 随后，在英国标准银行和巴克莱银行的影响下，南非的私人银行开始发展起来。南非成立的第一家银行是开普敦的 Lombaard 银行，于 1793 年 4 月 23 日开业。自从奴隶制废除后产生的第一家私人银行起至 1862 年，开普已经拥有 29 家地方银行。30 多年后，这些银行被在伦敦开有总办事处的三家帝国银行所取代。这三家帝国银行是：1862 年创办的“南非标准银行”（1887 年被另一家帝国银行——“伦敦—南非银行”兼并）、1887 年创办的“非洲银行”和“非洲联合银行”。1903 年，荷兰中央银行在南非德兰图瓦开设了第一家分行。这些银行只从事金钱报关业务。随着南非市场对银行需求的增加，Allied、Volksakas 和 Trust 等一批新银行产生。Saambou、United、SA Perm、NBS 等建筑协会也开始参与住房信贷融资业务。

（二）南非现代金融市场主体集团化时期

1998 年，Allied 银行、United 银行、Trust 银行和 Volksakas 银行合并成了南非联合银行集团，南非第一家银行集团出现。截至目前，同英国存在五大银行集团一样，南非也出现了五大银行集团：南非联合银行集团（A-malgamated Banks of South Africa Group Limited，Absa Group）；标准银行集团（Standard Bank Group）；第一兰特银行集团（First Rand Bank Group，南

---

① Donna Oosthuyse . South Africa's Banking Sector – A Catalyst for Economic Growth. The Bank Association South Africa,2014. 转引自：张小峰 . 沈虹 . 南非金融发展新动态与中南金融合作[J]. 国际观察,2015(3):147.

② 王战峰 . 南非银行业的发展变迁对中国银行业的启示[D]. 浙江师范大学,2013:9.

非第一国民银行1998年加入该集团）；Investec私人投资银行（Investec Private Bank）和莱利银行（Ned Bank Ltd.）集团。1994年，这五大银行集团占南非银行部门总资产的83.8%，到2004年占87.4%。[①] 五大银行的核心是南非本土四大银行，即南非联合银行（ABSA Bank Ltd.）、南非第一国民银行（First Rand Bank Ltd.）、南非标准银行（Standard Bank of South Africa Ltd.）和莱利银行（Ned bank Ltd.）。历史上，南非银行业的服务对象主要是中等和高收入人群。虽然2003年通过的《金融服务宪章》要求银行也要服务于低收入人群，但南非的黑人还是习惯把储蓄存放在被称为"斯托克维尔"（Stockvels）的小型金融管理机构里。

当前，南非金融市场也有许多外国银行。1994年《南非银行法修正案》允许海外银行在南非开设代表处、办事处和银行分支机构。美国花旗银行是南非最大的外国银行及第六大商业银行，美国摩根大通银行、法国兴业银行、德意志银行及英国渣打银行等在南非设有分行及分支机构。[②]

南非证券市场发达。约翰内斯堡证券交易所（Johannesburg Stock Exchange，JSE）成立于1887年11月，意在为1886年发现的维特瓦特斯兰德金矿开发筹资，此后融资方向多元化。1963年，JSE加入世界交易联盟。20世纪90年代初，JSE升级为电子交易系统。2001年JSE收购了南非期货交易所（SAFEX），2009年收购南非债券交易所（BESA），2005年上市。目前，JSE拥有股票、债券、金融、商品和利率衍生品五个金融市场，但矿业股仍占主要地位，工业和金融股是主要交易品种。[③]

南非的中央银行是南非储备银行。1879年，在南非成立中央银行的建议第一次被提出。1920年3月31日，一个由10个议员组成的专责委员会成立，专门负责研究建立中央银行事宜。1921年6月30日，根据该委员会的建议，南非储备银行开业。1922年4月19日，南非储备银行向公众

① 参阅：王战峰．南非银行业的发展变迁对中国银行业的启示[D]．浙江师范大学，2013：9. 杨立华．南非的经济金融制度[J]．中国金融，2011(5)：38.

② 参阅：张小峰，沈虹．南非金融发展新动态与中南金融合作[J]．国际观察，2015(3)：147.

③ 资料来源：Johannesburg Stock Exchange 网站，https://www.jse.co.za/about/history-company-overview.

发行第一张纸币。南非储备银行是非洲最早的中央银行。①

截至目前，在金融市场高度发育的基础上，南非建立起了由银行主导的完备的二级金融系统，南非储备银行负责宏观调控，金融市场主体按照自己的利益需求依南非法律自主运作。

三、南非金融系统的组成

总体来看，经过180多年的发展，南非建立起了一个包括金融监管子系统和金融市场子系统的比较完整的金融系统（见图7－4）。监管子系统由南非中央银行——南非储备银行和金融服务局两部分组成；金融市场子系统又由银行子系统和证券子系统两部分组成。概括起来，南非的金融系统由监管机构和市场主体两大部分组成。

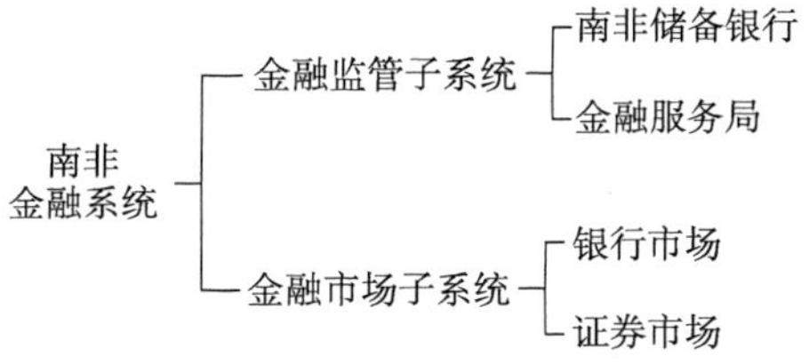

图7－4　南非金融系统组成

（一）南非金融系统的监管机构

1. 南非的中央银行——南非储备银行

南非储备银行是根据1920年12月南非议会通过的特别法案《货币和银行法》于1921年6月30日设立的，总部设在比勒陀利亚。1944年，《货币和银行法》被《南非储备银行法》所取代，并于1989年重新修订。1989年《南非储备银行法》中制定的监管框架，以及1996年南非《宪法》第223条、第224条及第225条等相关条款共同组成了南非储备银行

① 资料来源：南非储备银行网站，https://www.resbank.co.za/AboutUs/History/Pages/History－Home.aspx.

现有组织架构和运行准则的法律依据。

自成立至今，南非储备银行一直是私营的股份制有限银行，资本金为2000000兰特。目前，南非储备银行已发行股份2000000股，拥有630多名股东，其股份可以在股份转让系统（Share Transfer Facility Market，一种场外市场，全称为OTCSTF Market）中交易。根据《南非储备银行法》，单一股东持股不得超过10000股。每年8月，南非储备银行召开股东大会。在缴纳公司税、留足公积金并向股东支付股息后，南非储备银行的利润盈余额全部上缴国库。

南非储备银行由14名董事组成的董事会来管理，行长、3名副行长（任期5年）以及其中的3名董事（任期3年）由总统在咨询财政部长及董事会意见的基础上任命，其他7名董事由股东选举产生（其中4名来自商业或金融部门，两名来自工业部门，一名来自农业部门）。

南非储备银行内设15个部门，分别是银行监管部、业务系统和科技部、公司服务部、货币和保安服务部、外汇管制部、执行管理部、金融市场部、金融服务部、金融稳定部、人力资源部、内部审计部、法律服务部、支付系统部和研究部，还设有一个南非储备银行学院。另外，南非储备银行在开普敦、布隆方丹等地设有7家分支机构（主要职能是货币发行和管理，隶属于总部的货币与保安服务部），并拥有2家附属公司——南非铸币公司和南非印钞厂。①

完备的风险管理机制。南非储备银行将风险管理视为不可或缺的组成部分，也是公司良好治理的基本要素。董事会内设风险管理委员会，协助董事会负责风险管理。南非储备银行行长层面设立执行委员会（GEC）对风险管理负全面责任，并向董事会负责。南非储备银行承担了对银行的主要监管职责。其对于银行的管理与监督主要由下属2个重要部门具体实施，分别是银行监管部和金融监管部。其中，银行监管部主要负责对银行进行

---

① 资料来源:南非政策介绍(六):货币制度和货币政策[OL]. 中国选矿技术网,http://www.mining120.com/tech/show-htm-itemid-17960.html. 南非储备银行网站,https://www.resbank.co.za/AboutUs/Pages/About%20Us-Home.aspx.

市场准入审批，并监督银行日常运作和合规状况，即通过业务报表、年度召开会议、适时与银行直接对话等方式实现全覆盖、精细化监管；金融监管部则主要监管银行营运情况，除对银行进行现场检查外，还通过银行每日上报的国际收支报告（该报告可反映所有交易资金的进出情况）来监督所有跨境交易是否符合南非外汇管制法规。整体上，南非央行通过下属部门的运作，对银行普遍实施了频率高、程度深的业务监管。①

南非储备银行的职责。南非储备银行的主要职责是保护兰特的价值，控制通货膨胀。为履行这一职责，负责制定和执行货币政策，控制通货膨胀；垄断货币发行；监督银行系统；确保国家支付系统有效运作；管理官方黄金和外汇储备；作为政府银行家；管理国家剩余外汇管制，在特殊情况下作为最后贷款人。

2. 金融服务局（FSB）②

金融服务局是应南非证券市场的发展需要而产生的，主要负责对非银行金融机构及提供证券投资、保险、基金管理等金融服务的机构进行监管，实施市场准入管理、从业资格管理等。如该部门要求，进行外汇交易的金融机构都需要注册成为外汇服务提供者，并获得经营证书。

3. 金融情报中心（FSB）③

金融情报中心主要是负责监督金融机构执行南非反洗钱法律、法规与国际反洗钱条例的主要部门，其工作目标是帮助查找洗钱、恐怖融资以及金融犯罪等相关行为。

目前，南非金融监管职责主要由上述三个部门承担并具体实施。三者监管的对象不同、法律依据不同，相互衔接形成一个较为完备的金融监管

① 银行外部监管与内部控制培训团．南非金融及外汇监管经验借鉴[J]．中国外汇，2013(13)：68.

② 金融服务局又称金融服务委员会（FSB），是根据法规设立的独立机构，致力于监督南非非银行金融服务业，维护公众利益。该委员会下设非银行监管机构，对资本市场、保险等金融行业进行监管。金融服务委员会有 11 名成员，由南非财政部长任命和罢免。

③ 金融情报中心（FIC）是南非根据 2001 年《金融情报中心法》（2001 年第 38 号法案）设立的国家级中心，负责金融数据的收集、分析，并向主管部门发送金融情报，以打击洗钱和恐怖主义融资。

体系。[①]

总之，根据金融市场发展的需要，在议会和财政部的领导下，南非建立了以南非央行为核心、以金融服务局和金融情报中心为辅的银行监管框架，其监管特点是以经营风险为关注核心，以合规性为重点，对银行进行全覆盖、常态化和精细化监管。[②]

（二）银行市场

南非的银行业市场最为发达。就整个南非金融系统来讲，南非金融系统是银行主导的金融系统，证券业处于辅助地位，保险业不发达。截至2008年底，南非共有注册银行33家，43家外国银行代表机构。[③] 据国际货币基金组织的统计，截至2011年12月，南非所有银行分行总计6303家，[④] 代表机构不能进行存款业务。总体来讲，南非银行市场既有本土五大银行集团，也有国际知名银行，还有其他的中小银行，构成银行市场上活跃的主体。南非银行业主要由五大银行集团组成。

标准银行集团（Standard Bank Group），成立于1969年，其前身是英国标准银行于1862年在南非注册成立的分支机构——南非标准银行，迄今已有150多年的历史，总部位于约翰内斯堡，为约翰内斯堡交易所上市公司。2008年3月，中国工商银行收购了标准银行集团有限公司20%的股份，成为其最大股东。标准银行集团既有个人和企业银行业务，也有公司和投资银行业务，还有资产管理和人寿管理业务，凭借强大的分销网络和多元化的业务结构，在南非当地占据着领先地位，业务遍及18个非洲国家及其他21个国家（地区），是非洲资产规模最大的银行。

第一兰特银行集团（First Rand Bank Group）通过合并南非英美资源集

---

① 银行外部监管与内部控制培训团．南非金融及外汇监管经验借鉴[J]．中国外汇，2013(13):68.

② 银行外部监管与内部控制培训团．南非金融及外汇监管经验借鉴[J]．中国外汇，2013(13):68.

③ 杨立华．南非的经济金融制度[J]．中国金融，2011(5):38.

④ 张小峰．沈虹．南非金融发展新动态与中南金融合作[J]．国际观察，2015(3):148.

团和人民币控股于1998年4月1日成立的，其历史可追溯到20世纪70年代，是南非和撒哈拉以南非洲五大银行集团之一，是First Rand Bank的控股公司，总部设在南非约翰内斯堡，是南非储备银行、国家银行监管机构授权的金融服务提供商之一，为约翰内斯堡交易所和纳米比亚证券交易所上市公司。该集团公司为零售、商业、私营和公共部门客户提供银行、保险和投资产品和服务。除南非外，该集团还在博茨瓦纳、纳米比亚、斯威士兰、莱索托、赞比亚、莫桑比克、坦桑尼亚和尼日利亚等8个非洲国家经营，在伦敦和印度也设有分支机构，正计划把业务扩大到肯尼亚、卢旺达和乌干达。

Investec私人投资银行（Investec Private Bank）是南非一家国际专业银行和资产管理集团，主要为英国、南非和澳大利亚等市场的客户群提供金融产品和服务，已在伦敦证券交易所和约翰内斯堡证券交易所双重上市。Investec是1974年由Larry Nestadt、Errol Grolman和Ian Kantor在约翰内斯堡成立的一家小型租赁融资公司。以此为内核，通过不断的收购和兼并重组，1980年获得银行牌照，1986年在南非JSE证券交易所上市，2002年在伦敦证券交易所上市。Investec已经国际化了，在南非、英国伦敦、爱尔兰都柏林等地分别设有总部。

南非联合银行集团（ABSA）是南非最大的银行集团，成立于1991年，由United、Volkskas、Allied 、TrustBan四家银行合并而来，是约翰内斯堡证交所的上市公司，主要业务是为企业的设备和相关服务的出口提供系列的资金供应服务，包括政府借款、企业借款和有限的或非资源项目资金供应三种类型。ABSA银行资产规模位居南非银行业第四位，截至2007年6月30日，有5540亿南非兰特资产。

莱利银行集团于2003年1月1日成立，是南非四大银行之一，拥有莱利银行（Nedcor Bank Ltd.）和皇帝银行（Imperial Bank Limited）各50.1%的股份，自1969年以来一直在约翰内斯堡证券交易所上市，自2007年以来一直在纳米比亚证券交易所上市。莱利银行是其主要银行子公司，其历史可追溯到1831年建立的好望角银行。在发展过程中，集团名称从“荷兰银行和南非信贷联盟”转变成南非荷兰银行（NBSA），最终于2003年定名为莱利银行集团。该集团主要从事银行服务业务的批发和零售、保险，资产管理和财富管理产品等，是拥有全球网络的南非五大银行集团之一。

以上五大银行集团是南非银行业的主导力量，资产集中度极高。据南非银行业协会的统计，2012年，南非五家规模最大银行资产占其商业银行总资产的96.6%，而同期中国、印度、巴西、俄罗斯分别为69.3%、39.6%、70.3%、49.9%，整个撒哈拉以南非洲均值为78.5%。这就意味着，银行部门近30家银行只占有不到4%的资产份额。可见，与我国类似，南非银行体系也呈金字塔结构，位于塔尖的五大银行占据国内银行系统总资产的大部分。[①] 这也就意味着，南非金融市场的主体是五大银行集团，国外银行只处于附属地位。

总之，南非的银行业市场主体以本土银行集团为主，其他银行为辅，共同构成南非银行市场；业务扩展以非洲为主，兼顾向欧美发达市场扩展，国际化趋势十分明显。

（三）证券市场

南非拥有成熟的资本市场，股票市场、债券市场和期货市场一应俱全。在债券市场协会的基础上，南非债券交易所（BESA）于1996年正式注册成立。南非期货交易（SAFEX）所成立于1990年。约翰内斯堡股票交易所（JSE Limited）建立于1887年，是非洲最早的证券交易所，也是世界排名前20的著名股票交易所。2001年和2009年JSE分别收购了SAFEX和BESA，组成了集证券市场、债券市场、利息率市场、金融衍生品市场和农产品市场于一身的证券交易所。目前，约翰内斯堡证券交易所是全球20个最大交易市场之一，也是非洲最大的交易所。2013年底，约翰内斯堡证券交易所交易额为10.07亿美元。该交易所交易品种多样，既有股票，

① 银行外部监管与内部控制培训团．南非金融及外汇监管经验借鉴[J]．中国外汇，2013(13)：68.

也有期货、期权等金融衍生品。2013 年 7 月，JSE 将股票交易系统从伦敦转移到约翰内斯堡，并将以前的 TradElect 系统升级，打造了交易更加快捷的新交易平台。金融服务委员会（FSB）监督约翰内斯堡证券交易所，履行监管职责。

南非保险市场虽不发达，但也有保险公司存在，受金融服务局的监管。比如，南非桑勒姆保险公司就是成立于 1918 年的老牌人寿保险公司，于 1998 年在 JSE 有限公司和纳米比亚证券交易所上市，总部设在南非贝尔维尔市，不仅在整个南非均设有办事处，还在非洲其他地区、欧洲、印度、美国和澳大利亚开展保险金融业务。

（四）南非金融系统的发展趋势

早在 2007 年，南非政府发起了一项有关国内金融监管系统的正式检讨，由于南非金融监管系统在国际金融危机中所暴露出的监管部门各自为政、协调性不足等内在缺陷，使得检讨的广度和深度得以持续扩展。2011 年，南非财政部发布题为《更为安全的金融部门以更好地服务南非》的政策文件，该文件建议过渡到“双峰监管”模式。2013 年 12 月，南非政府正式发布了《金融部门监管法案》（草案 I）的金融监管改革方案征求意见稿，启动了公开咨询程序。其主要内容包括：改革监管机构、维护金融稳定、控制系统性风险、打击金融犯罪、拓宽金融服务以及加强金融消费者保护等。2014 年 12 月，南非政府发布了新的征求意见稿《金融部门监管法案》（草案 II），提出了修订后更加详细和具体的金融监管改革方案。该方案计划通过“建立监管框架”和“确立监管框架目标”两个阶段，配合相应的监管立法改革，将于 2018 年进入新的金融监管模式。① 可见，南非的金融监管体制将进一步向英国的金融监管体制靠拢。

总之，除了监管部门需要进一步加强协调之外，南非当前由监管银行业的南非储备银行、监管非银行金融机构的金融服务局和负责反洗钱工作

---

① 张华强，等．南非金融监管改革新框架及其启示[J]．海南金融，2017(1)：44.

的金融情报中心组成南非的金融监管机构；由以五大银行集团为主组成的银行市场和由约翰内斯堡证券交易所组成的证券市场构成南非金融市场；监管机构和金融市场共同构成的南非金融系统，基本是适应南非金融发展需要的。

四、南非金融系统要素间的作用模式

南非的金融发展是金融市场与金融监管机构协调共进的结果，建立在金融市场发展的基础之上。金融市场的变化引起南非金融监管机构根据金融市场的变化而适应性调整自己的结构和功能。这样，在金融市场变化的引导下，南非金融系统在协调共进中实现演化。在这个过程中，金融市场的各个主体追逐各自利益，推动金融市场各层面风险暴露。金融市场风险的信号通过南非金融监管机构各组成要素彼此之间的相互作用完成信息传递。在这种信息的推动下，南非金融系统的监管机构通过彼此之间的协作完成金融风险应对决策，并在执行政策过程中完成金融系统本身的功能。可见，金融系统的功能是通过金融系统要素之间相互作用来实现系统的功能的。南非金融系统各要素间的作用具有特定的模式。

（一）南非金融系统各要素间相互作用的前提是成熟的市场经济法律体系

面向市场需求，在每一个金融机构产生之前，南非都会对机构的功能、结构等进行深入考察论证，然后通过立法对该金融机构职责和权力进行定位，完成机构的设置。这样，南非金融系统各要素的运作就有了可以依照的金融法律体系。南非金融系统各要素相互作用的前提就是这些金融法律体系。首先，南非央行成立时有建立在研究基础上的专门法律保障。1921 年，南非中央银行南非储备银成立之前，南非成立了专门委员会根据市场需要研究中央银行的结构和功能，南非议会通过了特别法案《货币和银行法》。1944 年，根据变化了的金融市场，南非议会修订《货币和银行法》，出台了《南非储备银行法》。同样，1989 年，南非重新修订出台了

1989年《南非储备银行法》。另外，为了保证1989年《南非储备银行法》的权威性，南非还在1996年《宪法》中专列出第223条、第224条及第225条等相关条款，对南非储备银行的运作做出规定。其次，南非另外两家专司金融监管的专门机构——金融服务局和金融信息中心——也都有相应的法律保障。金融咨询和中介服务法案（Financial Advisory and Intermediary Services Act，FAIS）就是金融服务委员会（FSB）成立的法律依据。南非2001年颁布《金融情报中心法》（FICA），依此成立了专门协调打击洗钱犯罪的机构“金融情报中心”和“反洗钱咨询委员会”，并对相关责任人、报告人的责任和监督人的职权、法院的管辖权，以及与洗钱犯罪相关的罪名与刑罚等均作了具体规定。① 第三，南非构建了较为完备的金融监管法律体系。南非央行采取“阶梯性”的立法架构，以银行法、银行准则、外汇管理条例、货币交易法规等为主体，辅以一系列指令、通告和指引，共同组成南非银行监管法律框架。② 第四，构建了金融市场主体的行为法律体系。除了《企业管制国王条例》和《巴塞尔Ⅱ》之外，南非还建立了《银行法案》《国家支付系统法案》《国家信贷法案》《消费者保护法案》《家庭贷款和抵押贷款披露法案》和《竞争法》等金融市场法律法规体系。这为金融市场主体依法参与市场竞争提供了依法运作的行为准则，营造了一个公平、公正、保密的环境。

（二）南非金融风险防范的起点在于金融市场主体的运作

南非金融市场主体在金融市场上以个体理性为原则追逐自己的利益，不可避免地会产生微观金融风险、系统性金融风险和外源性金融风险等由集体非理性导致的金融风险。而金融市场风险的先兆信息或风险信息通过南非精致的金融系统信息上报系统传递给南非的金融监管系统，启动南非金融风险预防和治理程序。

---

① 洪永红．南非《金融情报中心法》评析［J］．西亚非洲（双月刊），2003（6）：54.

② 银行外部监管与内部控制培训团．南非金融及外汇监管经验借鉴［J］．中国外汇，2013（13）：68.

（三）南非金融系统决策机构间的运作模式

当前，南非央行为实现对银行所有业务风险和合规情况进行全面、细致的监管，搭建了一个统一、全面的电子化数据信息报送系统。① 金融服务局和金融信息中心也都有各自的金融信息来源渠道。金融市场的风险信息很快就会通过各种信息上报系统传递给南非金融系统的主要决策中心南非储备银行、金融服务局和金融信息中心。当前，南非央行的主要风险监管部门是银行监管部和金融监管部。对于银行系统存在的不太严重的金融风险，银行监管部和金融监管部就会形成具体判断，并提出具体的处置意见。对于证券系统存在的不太严重的金融风险，金融服务局就会对风险做出具体判断，并形成治理意见。对于洗钱领域或跨境资金流动领域的不太严重的金融风险，金融信息中心就会形成处置意见。但是，对于涉及整个金融系统的跨领域的金融风险，各领域主管部门已经无法把握风险性质和程度。这些信息就会进一步汇总到财政部甚至议会，由更高一级的金融风险处置机构在全面研判风险性质和程度的基础上，拿出整体治理方案，依靠全国金融风险应对资源来加以处置。南非金融系统决策机构间的这两种运作模式弹性较大，十分灵活，既能够使南非应对日常微观风险，也能够处置系统性金融风险和外源性金融风险。

（四）南非金融系统的政策传导链

南非金融系统的政策是沿着金融监管组织系统依次向下传递的。就银行系统来讲，南非储备银行是政策源头，然后通过南非储备银行的组织体系传递到金融市场中的各个金融主体，最后由金融市场的主体金融企业推动生产企业改变行为，处置风险。储备银行依托自己掌握的金融信息资源，结合实体经济运行状况，通过银行稳定监管委员会的分析论证就金融监管问题做出宏观调控的决策，银行监管部和金融监管部依据相关法律行

① 银行外部监管与内部控制培训团．南非金融及外汇监管经验借鉴[J]．中国外汇，2013(13)：68.

使自己的职权，通过银行监管系统把政策指令传递到享有落实金融资源配置权力的各金融市场主体，通过它们调整市场中的货币供给量以及货币区域分布结构，控制金融市场的竞争秩序，最终维护国民经济，特别是实体经济的健康发展，排除风险，保证国家经济安全，把控国民经济发展方向。当市场运行过热时，储备银行就会依法采取银根收缩措施，减少市场中的货币供给规模；当市场比较冷清时，储备银行就会采取宽松的货币政策，加大货币投放，刺激投资，推动市场繁荣。由于有国家法律做后盾，强制力大，储备银行的调控措施对各商业银行的约束力较强，政策传导快，治理相对有效；本土五大银行集团根植于南非基本国情，适合南非的金融生态；南非金融市场机制健全，银行金融调控政策落实坚定有力，保证了宏观调控的效果。就证券系统来讲，金融服务局程序化收集、整理和发放资本市场的金融信息，还亲自参与证券市场的纠纷处理，能够实时把控资本市场的动向。而且，约翰内斯堡证券交易所运行成熟有效，金融服务局能够制定相应的政策法规，对约翰内斯堡证券交易所实施有效把控，能够通过培训、违规信息披露、资格认证、维权以及严厉的惩罚等方式把政策信息传达到资本市场主体，营造有序的市场竞争环境，提高市场效率，推动证券市场稳定发展。就跨境资本流动领域来讲，南非虽然持续推进外汇市场自由化改革，但对外汇还有一定的管制，金融信息中心拥有丰富的金融信息资源，能够对跨境资本流动态势做出判断，拥有充足的政策执行资源和手段，能够通过反洗钱措施有效维护跨境资本流动市场秩序。

总之，南非银行系统以中央银行为中心，以五大银行集团为主体，以中小银行和外资银行为补充，形成了完善成熟的二级金融系统。证券系统在金融服务局的监管下，约翰内斯堡证券交易所各市场主体协同运作。同时，南非金融系统又在财政部和议会有集中统一的决策系统，有通畅的政策传导机制，能够对环境做出及时有效的反应。这既有利于金融监管系统对变化迅速的市场做出有效反应，也有利于进行危机处理，防范金融风险。南非金融系统是典型的原生市场型金融系统。

五、南非金融风险防范的经验教训

延续英国殖民时期的金融发展战略，南非采用了依托市场自由竞争、建立基于市场需要的金融监管体制机制的金融发展模式。南非金融业务经营属于混业经营，金融市场主体可以同时经营银行、证券和保险，但以经营银行业务为主。南非金融系统的功能结构就是建立在这种基础之上的。立足本国金融发展实际，南非政府在应对微观金融风险、系统性金融风险和外源性金融风险方面既有经验，也有教训。

（一）南非金融风险防范的经验

首先，南非金融风险防范注重打造良好的法制基础。南非金融系统是源于英国的基于市场的原生金融系统，法制是经济运行的基础。所以，南非金融风险防范注重法制基础建设，夯实金融风险防范的法制基础。金融监管系统中每个新机构的设立，都必然经过严密的调查和论证，并出台相应的法律，使各监管主体的管理行为都有法可依，明确权力和责任的边界。金融市场也都建有完备的法律体系，使各市场主体建设和行为也都有法可依。这种金融法制基础建设，使金融系统主体都明确了权利和责任，明确了行为的边界，为金融系统主体提供了行为规范，使金融市场主体能够把自身金融风险防范和系统性金融风险防范结合起来，调动了其防范金融风险的积极性，有利于增强金融风险防范的自觉性，降低监管成本，这些做法值得借鉴。

其次，夯实实体经济基础，增强对国际资本的吸引力，营造金融发展的良好预期环境。国际金融危机之后，南非政府相继推出“新增长路线”、《2030年国家发展规划》、“工业政策行动计划”和“基础设施发展计划”等经济刺激措施，不断推出经济刺激计划，遏制经济下滑势头，推进实体经济发展，增强人们对南非经济的信心，营造良好的经济发展环境。

第三，搭建了统一、全面的数据信息报送系统，加强对金融风险的预防。南非央行为实现对银行所有业务风险和合规情况进行全面、细致的监管，搭建了统一、全面的电子化数据信息报送系统。该系统最大的优势在于南非央行设定了银行报送数据的一系列标准和规则。银行申请开办外汇业务时就被要求按照统一标准和规则建立自己的数据系统，银行进行系统修改或升级也要通过央行的验收，从而保证其与央行的数据系统在数据接口上保持一致。这种标准统一、要素全面的数据报送系统，使得南非央行不仅能够实时掌握银行办理每笔交易的情况，还能定期获取所需要的报表数据，解决了不同银行之间存在系统标准差异极大的问题，大大提升了监管效率。更重要的是，在此基础上，银行明细交易和经营状况对于央行而言几乎是透明的，银行业务经营的合规性水平大大提高。① 这样，南非政府不断推动金融风险防范关口前移，把风险消除在萌芽状态，有效促进了金融风险的预防。

第四，落实频度高、程度深的常态化监管机制，对金融风险形成有效的外部约束。为有效克服市场主体利益冲动导致的金融风险，南非央行对银行实行"密集化"监管，并采取多层次、多角度的监管方式，使之制度化，效果十分明显。其一，定期报告制度。根据南非银行法规定，银行需要每月、每季度和每年上报银行业务经营相关报表，外汇交易报告则需每天上报。其二，年度会议制度。南非央行要求与银行每年召开年度会议，并根据监管需要确定会议内容。如每年一次的银行报表全面分析会议；每年一次的闭门会议（由央行银行监管部与银行的 CEO 进行一对一会议）；每年一次前述的三方会议，集中、全面、深入地分析银行经营中存在的问题并探讨对策。此外，针对央行关注的监管问题，还可随时召开会议。其三，现场检查制度。南非央行下设的银行监管部、金融监管部以及金融服务局、金融情报中心对银行均有现场检查权。如金融监管部可根据银行营运情况，每年度进行现场检查；金融服务局和金融情报中心则可以根据需要，随时对银行实行现场检查。其四，直接对话制度。由于南非央行拥有与银行联通的数据信息报送系统，对于在系统中发现的任何异常交易均可

① 银行外部监管与内部控制培训团．南非金融及外汇监管经验借鉴[J]．中国外汇，2013(13)：68.

以实时监督，并通过直接对话进行沟通。如此频繁、密集、全面的监管方式，使南非央行往往比被监管对象还要了解其经营状况、风险所在以及改进方向，这也是南非银行体系保持稳健发展、稳定运营的重要保障。① 通过这种常态化监管机制的落实，南非监管机构打造了多道金融风险防范网，增加对金融主体的外在约束，增强金融主体行为的合规性，防范金融风险的发生。

第五，转变监管理念和方式，将外部监管与内部控制相结合，重视银行数据的提取和利用。南非央行以计算机和网络技术为支撑，建立了先进、高效、安全和监管功能完善的金融机构监管信息化体系，全面实现了监管数据智能化采集、分析及评价，极大地提高了对金融机构的监管效率。南非央行在信息化建设中，将监管规定特别是数据采集要求纳入银行内控制度和信息系统，这对加强我国金融机构的外汇监管，特别是外汇非现场监管具有非常重要的借鉴意义。一是应从银行业务系统直接获取数据，以确保其真实可靠。银行业务系统保存有最原始且真实的数据，由此获取的数据才有分析和监测价值。二是宜采用接口方式采集数据，以提高效率。除了南非，目前美国、英国和日本等发达国家监管机构也都采用该类方式采集金融机构监管数据。虽然银行众多、系统不同，但以接口方式采集的监管数据，则可实现在格式、内容上的规范化、标准化，从而较便捷地通过建立统一数据库平台和数据分析模型实现信息化程度较高的监管。具体操作是，监管机构制定采集数据范围、内容和格式等具有一定通用性的接口标准，监管对象按照接口标准开发接口程序，经监管机构验收后按一定频度自动生成相关业务、会计和财务监管数据文件。接口方式采集数据可采取监管对象主动式报送和监管机构直接采集两种模式。根据金融机构的业务性质、特点和规模，接口标准在报送频率上可以具有一定的灵活性。另外，应注意关口前移，对银行系统实行事前验收制度，以确保

---

① 银行外部监管与内部控制培训团．南非金融及外汇监管经验借鉴[J]．中国外汇，2013(13)：68－69.

接口采集数据的真实性。

第六，加大跨境资金流动监测力度，强化外源性金融风险的防范。国际金融系统由布雷顿森林系统转变为牙买加国际金融系统之后，国际资金流动性和汇率波动幅度都急剧增大，外源性金融风险威胁明显增加。南非借助金融信息中心的信息资源优势，在关注反洗钱动向的同时，也把跨境资金流动纳入监测，并把形成的数据向包括金融风险防范部门报送，加强了对外源性金融风险的防范。

（二）南非金融风险防范的教训

基于市场风险点，南非监管机构三个层次的风险防护体系已经建立起来，但在国际金融危机中，南非金融系统依然受到巨大冲击。这说明南非金融监管系统还有漏洞。

金融市场的混业经营和金融风险监管的分业监管的不匹配是南非金融风险防范方面最大的教训。南非金融市场主体是混业经营的，也就是说，一个金融机构同时可以经营银行、证券和保险等多种业务。这样，金融机构就可以在不同的金融行业之间来回调动资金，使金融系统稳定性减弱。在南非金融主体集团化的今天，南非金融市场跨行业的资金流动已经严重制约了金融系统功能的正常发挥。但是，南非的金融风险防范机构却是分业设置的。南非储备银行负责银行系统的金融风险防范，金融服务局负责证券等资本市场风险监管，金融信息中心负责反洗钱特别是跨境资本流动领域的监管。因此，在南非金融系统中，金融风险防范资源与资金的行业配置就出现严重的不匹配问题。由于资金的跨行业配置速度加快，金融监管出现了很多死角。而且，由于金融监管部门“自扫门前雪”，相互之间的配合与协调严重不足，这导致南非金融监管暴露出严重缺陷。目前，南非政府正在推进金融监管改革，以求弥补这个漏洞。

总之，以南非央行为核心、以金融服务局和金融情报中心为辅的金融风险监管框架，以经营风险为关注核心，以合规性为重点，构筑了由金融企业到金融系统整体的风险防护网。其金融风险防范的优势在于注重金融法制基础建设，夯实实体经济基础，搭建了统一、全面的数据信息报送系统，将外部监管与内部控制相结合，重视银行数据的提取和利用，强化外源性金融风险的防范，这些做法值得其他国家借鉴。但其金融市场的混业经营和金融风险监管的分业监管的不匹配问题也很明显，其他国家应吸取教训。

小　结

南非金融系统模式受英国金融系统模式的影响很深，其金融系统属于原生市场型金融系统，也是银行主导型的金融系统。南非金融业务经营方式是混业经营，即一个金融市场主体，特别是五大银行集团可以同时经营银行、保险和证券业务。而金融监管模式基本属于银行业和证券业分业监管的模式。

当前，南非的监管机构以南非央行为核心、以金融服务局和金融情报中心为辅。南非中央银行就是南非储备银行，是南非金融系统的主要监管者，主要侧重于对银行的监管。金融服务局负责非银行金融机构的监管，特别是对证券市场的监管。金融情报中心负责对反洗钱领域的监管。

就其金融风险防范手段来讲，南非金融风险防范注重金融法制基础建设，夯实实体经济基础，搭建了统一、全面的数据信息报送系统，将外部监管与内部控制相结合，重视银行数据的提取和利用，强化外源性金融风险的防范。

第八章　中国金融系统的建立与发展

与俄罗斯的经济系统一样，中国的国民经济系统经过了一个由计划经济向市场经济转型的过程，属于转型经济体，只是转型的方式不同而已，俄罗斯采用的是激进的“休克疗法”，中国采用的是可控的、渐进式市场化方法。但是，目标是一致的，中国的金融系统也是通过改革由“大一统”金融系统模式转变为与市场经济相适应的二级金融系统模式。

一、中国经济发展基础概况

中国位于亚洲东部，太平洋西岸，南起曾母暗沙（北纬3度52分），北至漠河附近的黑龙江上（北纬53度33分），南北相距约5500公里；西从帕米尔高原（东经73度40分），东到黑龙江和乌苏里江汇流处（东经135度2分），东西相距约5000公里。中国在东北方向与朝鲜接壤，东北、西北方向与俄罗斯、哈萨克斯坦、吉尔吉斯斯坦、塔吉克斯坦接壤，正北方向与蒙古国接壤，西部与阿富汗、巴基斯坦接壤，西南与印度、尼泊尔、不丹接壤，南面与缅甸、老挝和越南接壤，共14个国家。与韩国、日本、菲律宾、印度尼西亚等8国隔海相望。中国是社会主义国家，实行公有制为主体、其他所有制形式为补充的经济制度。

（一）中国自然资源状况

中国陆地面积约960万平方千米，居世界第3位。地势西高东低，呈阶梯状分布；地形多种多样，既有雄伟的高原、起伏的山岭、广阔的平原、低缓的丘陵，也有四周群山环抱、中间低平的大小盆地。陆地上的5

种基本地形类型，中国均有分布；由山地、丘陵和比较崎岖的高原组成的山区面积广大，占全国总面积的2/3。东部和南部大陆海岸线1.8万多千米，内海和边海的水域面积约470多万平方千米。海域分布有大小岛屿7600多个，其中台湾岛最大，面积为35798平方千米。从温度带划分看，中国有热带、亚热带、暖温带、中温带、寒温带五大温度带，还有青藏高原高寒气候，气候复杂多样。从干湿地区划分看，有湿润地区、半湿润地区、半干旱地区、干旱地区之分。中国东部的气候夏季高温多雨，冬季寒冷少雨，高温期与多雨期一致，呈现明显的季风气候特征。西北部属温带大陆性气候，青藏高原属高寒气候。省级行政区为4个直辖市、23个省、5个自治区、2个特别行政区。2015年末，中国大陆总人口（不包括香港、澳门特别行政区和台湾地区以及海外华侨人数）137462万人；中国居民宗教信仰自由，主要信奉佛教、道教、伊斯兰教、天主教和基督教。据不完全统计，中国现有各种宗教信徒1亿多人，经批准开放的宗教活动场所近13.9万处，宗教教职人员36万余人，宗教团体5500多个。宗教团体还办有培养宗教教职人员的宗教院校100余所。①

中国幅员辽阔，地质条件丰富多样，矿产资源丰富，矿产总计171种。已探明储量的有157种。其中钨、锑、稀土、钼、钒和钛等的探明储量居世界首位。煤、铁、铅锌、铜、银、汞、锡、镍、磷灰石、石棉等矿产储量居世界前列。中国矿产资源地区分布十分不均匀。如，铁主要分布于辽宁、冀东和川西；煤主要分布在华北、西北、东北和西南区，特别是集中在山西、内蒙古、新疆等省区，东南沿海诸省很少；钨矿虽然在19个省区都有分布，但储量主要集中在湘东南、赣南、粤北、闽西和桂东、桂中。土地资源绝对数量大，人均数量少；类型复杂多样，耕地比重小；利用情况复杂，生产力地区差异大；地区分布不均，保护和开发问题突出。水资源的分布情况是南多北少，北方地区缺水。中国人均径流量为2200立方米，是世界人均径流量的24.7%。水能资源蕴藏量达6.8亿千瓦，居世界

① 主要资料来源：中华人民共和国中央政府网站，http://www.gov.cn/guoqing/index.htm.

第一位。70%分布在西南四省、市和西藏自治区。中国有用材林木1000多种，药用植物4000多种，果品植物300多种，纤维植物500多种，淀粉植物300多种，油脂植物600多种，蔬菜植物也不下80余种，成为世界上植物资源丰富的国家之一。中国是世界上动物资源丰富的国家之一。据统计，全国陆栖脊椎动物约有2070种，占世界陆栖脊椎动物的9.8%。其中鸟类1170多种、兽类400多种、两栖类184种，分别占世界同类动物的13.5%、11.3%和7.3%。

（二）中国经济发展状况

在一穷二白的基础上，中国借助制度的优势，通过以农养工的方式，执行进口替代战略，推进跨越式工业化战略，建立了门类齐全的工业经济。进入新世纪之后，发展起来的中国工业反哺农业力度逐步加大，并带动了服务业的快速发展。当前，中国三大产业呈现齐头并进发展态势。

首先，中国三大产业发展态势良好，产业结构不断优化。新中国成立之后，中国一直致力于国家富强。在计划经济时代，中国通过国家计划推行进口替代型国家经济发展战略，建立了完备的国民经济体系。1978年，中国实行改革开放政策，产业结构不断优化，生产力得到进一步解放，国家综合实力迅速提升。从表8-1可以看出，当前，中国国民经济第一产业大致占国民收入的10%，第二产业大致为40%，第三产业大致为50%。这说明，第二、三产业是中国收入的主要来源。而且，按照产业结构发展规律，随着中国经济的发展，二、三产业将进一步复杂化、成熟化，规模进一步扩大，第三产业占国民生产总值的比例继续上升，第一产业的比例将下降。这几年中国经济的发展趋势也证明了这一点。改革开放之初，中国外汇极度短缺，国家只能实行强制结售汇制度，集中有限的外汇资源用于国民经济发展最需要的环节和部门。现在，随着实体经济的大发展，中国拥有约3万亿美元的外汇储备，已经由外汇匮乏时代进入资本富裕时代。根据发达国家的经验，人均国民收入超过2000美元时，该国就进入了资本输出时代。因此，中国经济将伴随中国企业“走出去”战略的实施而走上资本输出的道路。由于金融服务业的带动，在实体经济走上国际化道路的同时，中国的第三产业将迎来一个国际化发展的辉煌时期，即中国的二、三产业的比重还将继续提高，产业结构将继续优化。

表 8－1　1996—2016 年中国国民经济三次产业结构变化趋势　（%）

年份	第一产业	第二产业	第三产业
1996	19.7	47.5	32.8
1997	18.3	47.5	34.2
1998	17.6	46.2	36.2
1999	16.5	45.8	37.7
2000	15.1	45.9	39.0
2001	14.4	45.1	40.5
2002	13.7	44.8	41.5
2003	12.8	46.0	41.2
2004	13.4	46.2	40.4
2005	12.5	47.5	40.0
2006	11.7	48.9	39.4
2007	10.3	46.9	42.9
2008	10.3	46.9	42.8
2009	9.8	45.9	44.3
2010	9.5	46.4	44.2
2011	9.4	46.4	44.2
2012	9.4	45.3	45.3
2013	9.3	44.0	46.7
2014	9.1	43.1	47.8
2015	8.8	40.9	50.2
2016	9.0	40.5	50.5

资料来源：中国国家统计局。

其次，中国经济增速保持了较长时间的稳定高速增长，近期受国际市场的调整而出现了回调，呈现中高速增长态势。如图 8－1 所示，改革开放之前，中国在计划经济体制下，经济增速创出了新高，随后进入稳定期。1978 年改革开放之后，中国经济进入稳定增长期，1992—1995 年保持了连续 4 年 10% 以上的高速增长。2008 年，国际金融危机爆发后，由于世界经济整体下行，中国对国际市场的依赖性较强，除 2010 年取得了 10.64% 的增长之外，其他年份中国经济增速都是个位数，并出现连续 7 年的下滑。2017 年，随着世界经济触底反弹迹象的出现，以及中国“一带一路”战略成效的显现，中国经济增速有望结束连续下滑态势。国际货币基金组织（IMF）发布《世界经济展望报告》，将 2017 年中国经济增速预期值从 6.7% 上调至 6.8%，并将 2018 年预期增速从 6.4% 上调至 6.5%。这是 2017 年以来 IMF 第四次上调中国经济增速预期。在 2017 年 1 月，IMF 将 2017 年中国经济增长预期从 6.2% 上调至 6.5%，4 月上调至 6.6%，6 月又上调至 6.7%。[①] 可见，随着中国供给侧改革效果的显现，“一带一路”战略带来的中国市场和沿线国家市场的互利共赢谐振效应的加强，中国经济继续保持中高速增长已是大概率事件。

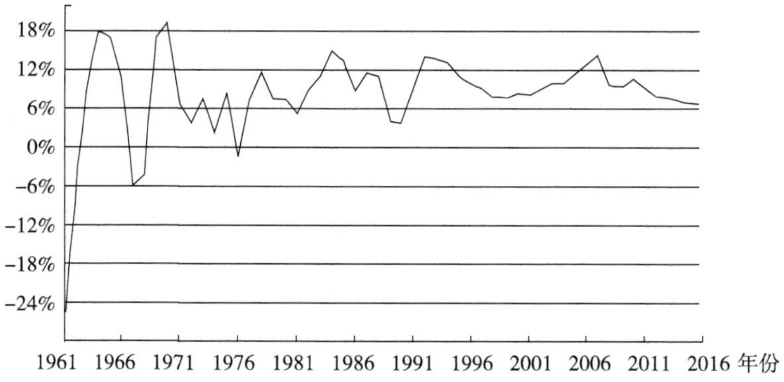

图 8-1　中国 GDP（不变价格）同比增速变化趋势（1961—2016 年）

数据来源：Wind 资讯。

总之，中国拥有由庞大的人口带来的巨大的消费市场，由城镇化带来的巨大的基础设施投资市场，拥有与世界各市场的良好产业链和价值链连接关系。因此，中国经济将继续快速增长，成为世界经济重心东移的承接地。

---

① 多家机构唱多中国经济　IMF 年内四次上调增速预期[OL]. 新华网，2017-10-11. http://news.xinhuanet.com/finance/2017-10/11/c_129718783.htm.

（三）中国涉外经济发展状况

中国对外贸易规模总体上行，总本顺差。中国是世界贸易组织（WTO）成员国，实行自由贸易制度。如图 8 - 2 所示，改革开放以来，中国对外贸易的主体形式是加工贸易，无论是出口还是进口都呈现快速增长态势，而且绝大部分时间都是顺差。2008 年国际金融危机之后，欧美市场萎缩，中国对外贸易受到很大冲击，进口价值指数和出口价值指数都出现了拐点。但是，由于产业升级，中国的出口价值指数受到冲击的程度要小得多。

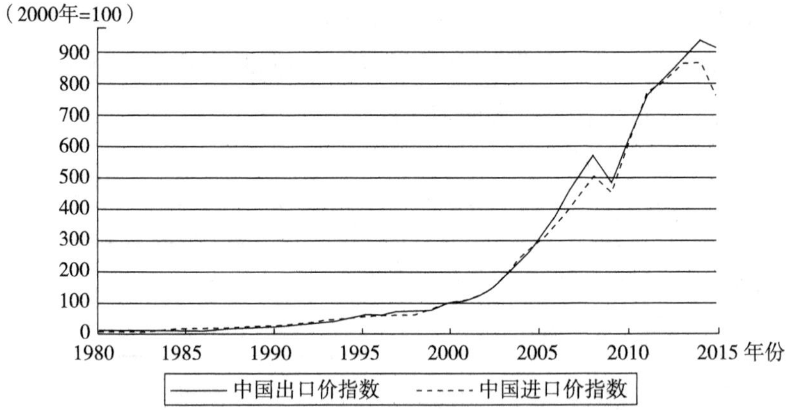

图 8 - 2　中国进出口价值指数变化趋势（1980—2015 年）

数据来源：Wind 资讯。

展望未来，供给侧改革推动了中国产业结构升级，“一带一路”战略推动了中国国际市场产业结构转型，中国对外贸易将迎来更大发展。中国工业和信息化部部长苗圩表示，2013 年至 2016 年，中国全部工业增加值年均增长 6.7%，在世界主要经济体中名列前茅。中国全年全部工业增加值从 2012 年的 20 万亿元人民币，增长到 2016 年的 24.8 万亿元人民币，稳居世界第一制造大国。[①] 商务部新闻发言人高峰表示，中国出口国际市

① 刘育英．中国稳居第一制造大国 跻身互联网第二大力量[OL]．中国网，2017 - 10 - 17. http://www.china.com.cn/news/2017 - 10/17/content_41747811.htm.

场的份额从2011年的10.4%升至2016年的13.2%，连续8年保持全球货物贸易第一大出口国，货物贸易大国地位不断巩固。所以，基于世界第一的制造能力以及创新性大国的创建，中国对外贸易将不断升级，而且贸易顺差随着商品附加值的增加而大幅增加。

中国国际收支长期保持增值，而且拥有世界最大规模的国际储备。如图8-3所示，新中国成立初期，中国外汇储备极少，很难满足国家建设对进口的需要。为此，中国实行外汇管制，把有限的外汇储备投向急需资金的工业建设行业。改革开放之后，中国以丰富而廉价的劳动力参与国际经济大循环，大力发展加工贸易，带动一般贸易，使中国贸易顺差大幅增加，外汇储备规模也快速发展到冲击4万亿美元的程度，彻底告别外汇短缺时代，并迅速发展成国际资本输出国。2008年国际金融危机之后，中国国际储备规模出现下滑，一度出现突破3万亿美元的程度。但是，随着中国"一带一路"战略成效的显现，中国国际市场空间结构更趋平衡，中国对外贸易逐步止跌回升，中国国际储备规模下降趋势也迅速扭转。据国家外汇局网站消息，截至2017年9月末，中国外汇储备规模为31085亿美元，较8月末上升170亿美元，升幅为0.5%，为连续第8个月出现回升。①

总之，中国经济发展具有深厚的资源基础支撑，三次产业结构不断优化，涉外经济进入了良性循环，能够有效维护国家经济安全，发展前景向好。

二、中国金融系统的发展过程②

中国的金融系统是在模仿苏联金融系统的基础上形成的，大致经历了三个发展阶段：模仿初建阶段、渐进式转轨阶段和自主化发展阶段。

---

① 张云. 中国外汇储备连续8个月回升 截至9月末31085亿美元[OL]. 中国新闻网,2017-10-09. http://finance.chinanews.com/cj/2017/10-09/8348490.shtml.

② 参阅:孙天琦. 中国金融改革:改革开放30年的历程与发展趋势[OL]. 中证网,http://www.cs.com.cn/xwzx/01/d37/03/200807/t20080715_1527253_2.htm. 北京大学中国经济研究中心经济发展战略研究组. 中国金融体制改革的回顾和展望[J]. 经济研究参考,2001(85):2-32.

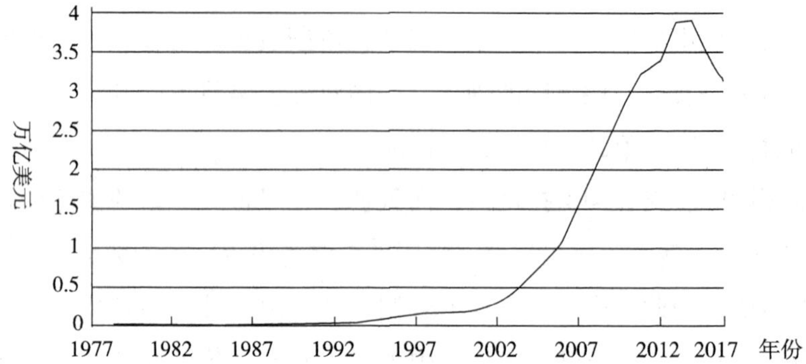

图 8－3　中国国际储备规模（含黄金）变化趋势（1977—2017 年）

数据来源：Wind 资讯。

（一）模仿初建阶段（1948—1979 年）

自成立起，一直到 1979 年，中国人民银行统揽一切金融业务，中国的金融系统是"大一统"金融模式。这时的中国人民银行是名副其实的"全能银行"。

新中国成立初期的金融系统实际上很大程度地模仿了苏联的金融系统。这个过程从第一次国内革命战争就已经开始了。新中国的金融业在第一次国内革命战争时期就已经萌芽，但真正成形于解放战争末期。为统一货币、促进物资交流、支持国民经济恢复和发展，中央政府以苏联金融模式为模板，结合中国实际创建了中国的金融系统。1948 年 12 月 1 日，组建了中国人民银行，标志着新中国金融系统正式诞生。在此基础上，通过合并解放区银行、没收并改组官僚资本银行、取缔外资银行在华特权、改造私人银行与钱庄，以及建立农村信用社组织等措施，即金融业的社会主义改造，先后按照不同经济领域组建了农业合作银行（中国农业银行的前身），中国银行（原成立于 1912 年，曾经作过国民党政府中央银行、国际汇兑银行，新中国成立后改造成为唯一指定外汇外贸专业银行），建设银行（实际上隶属于财政部，当时专司基本建设投资）等银行，称为国有专业银行，并依托国家力量逐步建立起覆盖整个大陆的金融系统。在三年社会主义改造期，为适应我国社会主义事业建设的需要，自 1951 年起，国家按照一切信用归国家银行的原则，把中国人民银行改造成“信贷中心、现金中心和结算中心”，承担起为国家“守计划、把口子”的资金供应和货币监督任务。各专业银行变成了这种中心的附属机构，受人民银行的委托办理相应领域内的业务。1952 年，在国民经济的社会主义改造基本结束时，中国已建立了以人民银行为核心，以几家专业银行和其他金融机构为支撑的金融系统。“一五”计划期间，为配合“进口替代型”国家发展战略的贯彻执行，适应高度集中的计划管理体制，各类金融机构按照苏联金融模式（本质上也就是银行系统模式）进一步集中，高度统一的国家金融系统，即“大一统”的金融系统模式建立起来。在这种模式下，中国人民银行根据实体经济计划的需要制订国家资金分配计划，并总体控制资金的分配，专业银行和其他金融机构在各自领域落实计划的职能也被收归人民银行或财政部。

新中国成立初期，依靠这种金融组织系统，国家通过贯彻执行统一财经工作的决定和由《共同纲领》规定的金融政策，领导平息了由蒋家王朝导致的极度通货膨胀，稳定了金融系统，便利了城乡物资交流，支持了国营经济和农业生产的发展，推动了国民经济重建工作。在中国经济发展的初期，国民经济结构十分简单，配合极强的集体主义意识形态和由战争延续下来的集体行动惯性，这种“大一统”的金融体制有利于统一指挥，便于政策贯彻和全局控制，既有力地推动了重点行业的发展，也有力地促进了国民经济结构的跨越式发展，使国家迅速组建起门类比较全面的工业体系。“一五”计划和 60 年代初的三年经济调整期间，这种金融系统都表现出明显的效率优势。

但是，与苏联银行模式相似，这个体制实行“统存统贷”的管理方法，银行信贷计划纳入国家经济计划，对经济建设进行全面的金融监督和服务，扮演实体经济簿记的角色。随着国民经济结构的复杂化和高级化，高度集中的计划经济管理模式再也不能把生产资源准确配置到生产系统的各个细枝末梢，无法满足瞬息万变的实体经济发展需要，阻碍社会经济发展的缺点越来越凸显出来。突出的表现是统得过多、过死，政策刚性过强，不能灵活地适应经济社会发展变化的形势，商品和市场的作用发挥不出来。基层金融机构更是如此，只是被动的计划执行者，无法发挥积极主动性。金融对国民经济的推动作用远远没有发挥出来。中国改革开放的总设计师邓小平同志就多次一针见血地指出，这种银行根本不是真正的银行，是会计出纳，是货币发行公司。当建立社会主义市场经济体制的改革提上历史日程的时候，与市场经济相适应的金融体制改革也就水到渠成地到来。

但是，我们必须看到，虽然这种金融系统存在许多缺点，但是在中国经济发展的特殊阶段，中国金融系统已经建立起来。这个系统既是中国金融进一步发展的基础，也是中国现代金融业的基点，中国金融系统的后续变化都是基于这个系统的。

（二）渐进式转轨阶段（1979—1993 年）

与俄罗斯的金融改革模式不同，中国选择了渐进式改革的道路，而非激进的“休克疗法”。这种金融改革模式，也是以建立二级金融体制为目标，把现有的金融系统组成部分改造成二级金融体制下的相应部分，并在条件成熟的时候，建立原金融系统缺少的部分，如金融市场。在对国民经济发展不构成强烈震动、保证经济发展速度和质量的前提下，逐渐完成二级金融体制的构建。

1. 二级金融系统建立阶段

1978 年，中国经济的市场化改革正式启动。作为国民经济的重要组成部分，中国金融系统为适应实体经济发展的需要，必然要做出适应性调整。1979 年 10 月，邓小平指出“要把银行作为发展经济、革新技术的杠杆，要把银行办成真正的银行。”因而，以建立二级金融体制为目标，重构金融系统的工作开展起来。

金融体制由一级向二级转换，就必须一分为二。所以，中国金融系统的转轨工作从两个方面着手，一是国家专业银行的恢复，二是中央银行制度的建立。由于“大一统”银行系统的核心是人民银行，作为唯一的金融机构，既负责金融政策，又负责信贷业务。而专业银行的职能多已收归人民银行。所以，中国金融系统的重构是从中国人民银行中分离专业银行业务开始的。

国家专业银行的恢复。1979 年 2 月，国务院发出《关于恢复中国农业银行的通知》，决定正式恢复中国农业银行，统一管理支农资金，集中办理农村信贷，领导农村信用合作社，发展农村金融事业。恢复后的中国农业银行是国务院直属机构，由中国人民银行监管。中国农业银行与原来专营外汇业务的中国银行、原来行使财政职能的中国人民建设银行、后来从中国人民银行分离出来的中国工商银行共同构成国家四大专业银行，分别在农村、外贸外汇、基本建设和工商企业流动资金四大领域占据垄断地位。这样，中国金融系统在实际操作领域出现了替代者。其实，作为中国工商企业领域流动资金的提供者，中国工商银行是与中央银行同时建立的。

在二级金融系统的“第一级”建成之后，中国的中央银行也就呼之欲出。1983 年 9 月 7 日，国务院颁布《关于中国人民银行专门行使中央银行职能的决定》，对中国人民银行的性质与地位重新进行定位，明确人民银行是发行的银行、政府的银行、银行的银行，是领导和管理金融事业的国家机关，主要采用经济办法管理各金融机构。与此同时，国家成立中国工商银行，办理由人民银行剥离出来的全部工商信贷业务和城镇储蓄业务。《关于中国人民银行专门行使中央银行职能的决定》的出台，标志着中国以中央银行为核心，以专业银行为主体，分工负责的二级金融系统正式建立起来。

2. 二级金融系统进一步培育阶段

在宏观勾勒出二级金融系统的轮廓之后，中国二级金融系统建设从四个方面继续展开：一是逐渐完善中央银行制度；二是国家金融市场主体的进一步培育，即国有专业银行的企业化改革以及其他金融机构的建立；三是逐步建立金融市场；四是金融监管机构建设日趋成熟。

中央银行制度的完善过程就是推动直接调控方式向间接调控方式转变的过程。1983年，《关于中国人民银行专门行使中央银行职能的决定》颁布后，中国人民银行于次年建立了存款准备金制度。在治理1985年的经济过热过程中，国家首次使用了存款准备金工具，将各类存款上缴的法定准备金比率统一定为10%。这一间接调节杠杆的启用，增强了中央银行宏观调控能力，标志着健全金融宏观调控体系的时机已成熟。同时，人民银行开始建立一套综合运用经济、行政和法律等工具的宏观调控手段。1987年，由于经济过热，央行再次执行紧缩货币政策，并尝试了诸如提高法定存款准备金率、调高对专业银行的存贷款利率、回收再贷款等多种间接调控手段，开始重视基础货币供应的调控。这些措施的实施成为中央银行宏观调控开始由直接向间接转换的重要标志。在1988年的经济过热治理中，央行采取了多种紧缩政策。一是先后两次提高存贷款利率，并将法定准备金提高到13%，建立了备付金制度；二是整顿结算纪律，严格货币发行的指令性计划管理和现金管理（传统计划工具）；三是对信托公司开办了两类特种存款，严格压缩了信贷规模，并加紧清理信托机构（治理微观金融主体）；四是严格控制再贷款的资金来源及投向，并向重点行业和产业倾斜（计划手段）。1989年的经济衰退中，人民银行在一年多的时间里先后三次调低存贷款利率，加大中央银行贷款的投入量。1993年经济过热时，央行采取严厉的信贷计划来控制信贷规模，并先后两次提高存贷款利率。除此之外，还采取了诸如整顿信托业、加强金融纪律、限制地区间贷款等措施，在宏观上收紧了银根，整顿了金融秩序。

总之，中央银行在调控经济发展过程中，不断尝试各种调控手段，建立起一套间接调控手段，如利率调节资金供求的杠杆作用，再贷款和再贴现政策的间接调控作用等，增强了宏观调控能力，完善了中央银行制度。

3. 金融市场培育阶段

（1）银行金融市场的建设

银行金融市场主体建设主要表现为银行企业化的转型和其他类型金融市场主体的产生和发展，即国有专业银行自身的金融市场主体建设和金融市场主体的多样化。国有专业银行自身的金融市场主体建设主要表现为国家专业银行的企业化改革。一是专业银行自身的企业化建设，由机关式管理方式向企业化管理方式过渡，全面推行责、权、利相结合的企业化管理改革，打破利益分配上的“大锅饭”。二是打破资金分配上的“大锅饭”，明确银行间的借贷关系，逐步强化银行的资金约束，打破银行间的业务限制，使专业银行由“准企业”向真正的企业过渡。1979 年，我国开始在部分地区试行“统一计划，分级管理，存贷挂钩，差额包干”的信贷资金管理办法。这一办法促进了信贷资金管理水平的提高。但中国人民银行和各专业银行之间的资金并没有分开。在试点的基础上，1984 年人民银行发布了《信贷资金管理试行办法》，并于 1985 年初开始正推行“统一计划，划分资金，实贷实存，相互融通”的信贷资金管理办法，将中国人民银行与专业银行的资金往来由计划指标分配关系改为借贷关系。

银行金融市场主体的多样化建设主要表现为股份制银行的建设。在此期间，股份制金融机构不断出现，增加了金融市场主体类型，形成了多种类型金融机构共存的新格局。1987 年，交通银行重新恢复。招商银行、中信实业银行、中国光大银行、华夏银行、广东发展银行、福建兴业银行、上海浦东发展银行等一批新兴商业银行随即产生。这些股份制银行的产生增强了金融市场的活力，也为国有专业银行的进一步发展指明了发向。

银行金融市场的建设体现在两个方面：一是票据承兑贴现市场的建设，二是同业拆借市场的建设。1979 年，我国开始大力推行商业票据。1984 年，中国人民银行颁布了《商业汇票承兑、贴现暂行办法》。1985 年，全国范围内的商业票据承兑贴现业务全面启动；1986 年，中国人民银行对专业银行以贴现形式买进未到期票据，正式开办商业票据再贴现业务，标志着票据承兑贴现市场初步形成。随着中央银行职能的分离、国家专业银行的不断完善，国家允许并提倡金融机构之间以有偿方式相互融通资金。1986 年，国务院颁布的《中华人民共和国银行管理暂行条例》明确规定“专业银行之间的资金可以互相拆借”。这些政策促进拆借业务在全国的迅猛发展，同业拆借中介机构也在一些大中城市先后成立。经过几年的发展，我国初步形成了一个以中心城市或经济发达城市为依托，跨地区、跨系统的资金融通网络。另外，国债回购业务和大额可转让定期存单也开始出现，壮大了发展中的货币市场。

（2）证券市场的建设

债券市场重新恢复。1981 年 1 月，国务院发布《1981 年国库券条例》，决定自 1981 年起恢复发行国库券。1981 年 11 月，国务院首次批准中国国际信托投资公司在国外发行债券。1982 年，国务院发布《1982 年国库券条例》。1984 年起，一些企业出现了自发向社会或内部集资等类似企业债券方式的融资活动。1987 年 1 月，人民银行上海分行公布《证券柜台交易暂行规定》，明确了经认定的政府债券、金融债券、公司债券可在经批准的金融机构办理柜台交易。1988 年基本建设债券首次发行。1990 年，中国集中性撮合成交的国债交易市场出现，形成债券场内和场外交易并存的市场。1991 年 4 月，财政部同以中国工商银行信托投资公司为主的承购包销团签订《1991 年国库券承销合同》，标志着中国国债发行市场化的开始。随着企业改革的发展，企业债券也得到了飞速发展。在以银行为中介的间接融资市场和货币市场发展的同时，利用发行债券和股票等直接筹集资金的资本市场也开始出现。当代中国的股票发行，是伴随股份制企业的试点及其发展而产生的。1984 年开始，股份制经济在城市的试点进入了起步阶段。随着试点范围的扩大和内容的逐步深化，真正意义上的股票发行数量不断增多。

中国的券商是随着证券市场的产生而产生的。1993 年前后，中国的券商基本由专业性证券公司、兼营证券业务的金融机构、代理证券业务的金融机构组成，主体是证券公司和兼营证券业务的信托公司。券商良莠不齐，市场秩序混乱。

股票的公开柜台交易、场外交易和私下交易等交易方式随之出现，专事股票发行、转让或交易相关业务的一批证券公司相继成立，为深、沪股市及证券交易所的设立和运行奠定了市场基础。1990 年 11 月 26 日，上海证券交易所成立。接着，1991 年 7 月 3 日，深圳证券交易所成立。沪、深交易所以及1990年建设的STAQ系统（中国证券交易自动报价系统）成为新中国成立后我国证券市场重新建立的正式标志。1991年起，随着经济的深入发展和改革的深化，我国股票市场开始进入快速发展期。自1993年起，股票发行试点从沪、深两地向全国推广。1993年底，《中共中央关于建立社会主义市场经济体制若干问题的决定》进一步明确了股份制和股票市场在建设社会主义市场经济体制中的重要地位，进一步推动了股票发行市场规模的不断扩大和股票发行方式不断创新。

中国股票市场的监管体制经历了由高度分散监管向集中监管的转变过程。1992年以前，股票市场是由多部门分头监管的。

（3）保险市场的建设

在金融系统再造的过程中，保险市场也经历了从无到有的过程。1985年以前，中国人民保险公司一统国内保险市场，1985年之后，平安保险公司、中国太平洋保险公司及数家股份制人寿保险公司陆续进入保险市场。随着中国改革开放的推进，外资保险公司也进入中国保险市场。保险中介已经由保险代理人、保险经纪人发展出保险代理公司。为了保险市场的稳定有序运行，1988年施行的《保险企业管理暂行条例》规定了国内强制再保险业务。目前，再保险市场已由人保独占发展成中国再保险、太平洋和平安多主体并存的局面。

在改革中，中国的金融监管机构建设也取得了很大成就。这段时期内，中国人民银行行使中央银行职能，履行对银行业、证券业、保险业、信托业的综合监管职能。监管重点是市场准入，重点是审批银行新的业务以及新成立的机构。1986年国务院发布《中华人民共和国银行管理暂行条例》，使中国银行业监管朝法制化方向迈出了第一步。但直到1993年底，中国的银行监管还算不上是规范的市场化监管，仍带有鲜明的计划性、行政性金融管理的特点。1992年10月，国务院证券委员会和中国证监会宣告成立，标志着中国证券市场统一监管体制开始萌芽，体现了证券业发展的实际情况。证监会的成立迈出了我国金融业“分业经营、分业监管”的第一步。1993年12月，国务院发布《关于金融体制改革的决定》，明确了中国人民银行制定并实施货币政策和实施金融监管的两大职能。此时，保险业的监管尚未独立出来，仍由中国人民银行代管。

总之，在这段时期内，中国的金融系统以渐进、可控的方式完成了从一级金融系统向二级金融系统的转变，并且形成了初具规模的金融市场，金融监管机构建设也开始起步，为下一步更加倾向自主性的发展奠定了坚实的基础。

（三）自主发展阶段（1993 年至今）

1993 年 12 月，《国务院关于金融体制改革的决定》的出台，标志着我国银行系统的构架基本形成，意味着中国金融系统的转型基本完成。中国金融系统和其他国家二级金融系统一样，按照市场化金融本身的逻辑发展，进入了一个较为自主的发展时期。

这一阶段，人民银行按照市场发展的要求进一步巩固了自己的领导地位；政策性金融和商业性金融分离，商业银行的地位进一步明确，形成了以国有独资商业银行为主体、多种金融机构并存的平等竞争局面；金融市场按照自身的逻辑不断发展壮大，市场门类增加，规模也迅速扩大。

1. 中央银行宏观调控地位的进一步增强

为了进一步完善中国的二级金融系统，巩固前一阶段转轨改革的成果，以便中央银行更好地发挥宏观调控职能，国家于 1995 年 3 月正式颁布《中国人民银行法》，对中国人民银行作为国家中央银行的性质、地位、职能做出了明确的法律规定，为中央银行依法行使职权提供了坚实的法律保障。该法特别指出中国人民银行不再对非金融部门发放贷款，明确了央行的主要货币政策工具，促进了货币政策真正走向间接调控。

1997 年亚洲金融危机爆发。11 月，中央召开了一次专门讨论金融工作的全国性会议。提出用三年左右的时间建立适应社会主义市场经济的现代金融组织体系、金融市场体系和金融调控监管体系。这次会议形成的《中共中央国务院关于深化金融改革，整顿金融秩序，防范金融风险的通知》，是指导中国金融业改革发展的纲领性文件。中国的金融体系从 1998 年起进行了结构性调整。为了减少传统的行政区划导致的地方政府对中央银行政策执行产生的行政干预，人民银行按经济区划在全国设置 9 大跨省市的分行（外加 2 个营业管理部），撤销了省级分行建制，并强化了对商业银行、合作金融机构等各类金融机构的监管和清理整顿。这样，就使一个分行监管多个行政区，彻底改变了按行政区划设置分支机构的框架，为推进区域经济整合及金融发展、提高中央银行金融监管效率铺平了道路。

1996 年，中国加入国际清算银行并参加巴塞尔委员会，在规范现场检查、境外稽核、加强商业银行内控能力建设和推行以风险为基础的贷款分类管理方面，取得了长足进步。

依据国家版图辽阔的特点，适应防范金融风险的需要，提高监管效率，国家按照“分业经营、分业管理”原则，1997 年 11 月，原中国人民银行监管证券经营的职能独立出来，由国务院证券委员会和中国证券监督管理委员会行使。1998 年 11 月，中国保险业监督管理委员会成立，负责监管全国商业保险市场。2003 年 4 月，中国银行业监督管理委员会成立，统一监管银行、金融资产管理公司、信托投资公司等金融机构。这样，作为国务院组成部门，中国人民银行的主要职能转变为制定和执行货币政策，不断完善有关金融机构的运行规则，更好地发挥作为中央银行在宏观经济调控和防范与化解系统性金融风险中的作用。1998 年 4 月，原国务院证券委员会和中国证券监督管理员会合并为中国证券监督管理委员会，分离了人民银行对证券、保险业的监管职能，人民银行专司对银行业的监管，集中精力监管银行风险。同年 11 月，国务院批准设立中国保监会，专司对保险业的监管，而中国人民银行主要负责对银行、信托业的监管，这是今天“三驾马车”结构的雏形。

2003 年 12 月，在银行业监督管理委员会分设的情况下，中国金融体制改革不断深化的背景下，国家对《中国人民银行法》进行了修订，并颁布实施《中华人民共和国银行业监督管理法》。至此，中国金融监管的“三驾马车”真正齐备，银监会、证监会和保监会分工明确、互相协调的金融分工监管体制形成。这次修订，把中国人民银行的职责调整为制定和执行货币政策、维护金融稳定和提供金融服务三个方面，从而在法律上分清了中国人民银行和银监会的职责，为这两个机构依法行政提供了法律依据，同时也为银行业的进一步发展留下了空间。至此，中国人民银行一身多任的“大一统”时代宣告结束，开始专注于货币政策的管理，独立性也大大提高。

而随着金融混业经营的出现和发展，银监会、证监会和保监会正在积极努力寻求合作，正露出集中监管的苗头。

与中国金融系统转轨的完成相适应，中国人民银行的宏观调控的职能也发生了很大变化，主要表现在以下几个方面：第一，1994 年，中国人民银行缩小了信贷规模的控制范围，对商业银行实行贷款限额控制下的资产负债比例管理。1997 年底，中国人民银行颁布了《关于改进国有商业银行贷款规模管理的通知》，决定从 1998 年 1 月 1 日起，取消对国有商业银行贷款限额的控制，在推行资产负债比例管理和风险管理的基础上，实行“计划指导，自求平衡，比例管理，间接调控”的新的管理体制，各商业银行对资金来源与资金运用实行自求平衡，其商业化和独立性大大增加，也标志着中央银行调控手段由直接控制改为间接调控。第二，1997 年 3 月，中国人民银行建立了货币政策委员会，利用专家的智慧服务于国家宏观调控，使制定和实施货币政策的体系和制度逐步完善，强化货币政策的科学性，提高人民银行宏观调控的有效性。第三，货币政策的操作手段逐步由过去的贷款规模直接控制为主转变为运用货币政策组合工具调控基础货币为主。1996 年，中国人民银行开办了公开市场业务，标志着一套完整的金融间接调控机制的基本建立。1997 年亚洲金融危机以后，公开市场操作取得突破性进展，逐步成为中央银行货币政策日常操作的主要工具。央行通过公开市场对冲操作，支持了外汇储备的增长和人民币汇率稳定，对控制基础货币投放和货币供应量、调节商业银行流动性和货币市场利率水平，都发挥了重要作用。同时，多次下调存款准备金率，准备金率由 13% 下调至 6% 。货币政策实现了由直接控制向间接调控的转变。为应对美国次贷危机，中国人民银行多次使用利率、准备金率等组合工具进行宏观调控。

2. 金融市场主体市场地位的进一步加强

1995 年 5 月，《中华人民共和国商业银行法》以法律形式明确规定了商业银行的权利和义务，包括四大国有独资商业银行在内的商业银行发展有了法律依据。面对即将加入 WTO 的现实，吸取亚洲金融危机的教训，维护国家经济安全、确保经济金融稳定，1997 年 11 月，中共中央、国务院召开了第一次全国金融工作会议，并陆续出台了一系列国有独资商业银行改革措施，加快了以增强商业银行核心竞争力为主要内容的商业银行市场化步伐。在这些措施的推动下，中国金融市场主体发生了深刻的变化，主要表现为国家专业银行商业银行化。期间，国家的努力主要表现在以下几个方面：

一是于 1993 年 12 月颁布实施了《国务院关于金融体制改革的决定》，明确提出要把我国的专业银行办成真正的商业银行。二是建立政策金融银行，扫清国有银行市场化的障碍。在四大国有专业银行分离出来的基础上，1993 年 12 月，《国务院关于金融体制改革的决定》明确提出把我国专业银行办成真正商业银行的要求，把专业银行发展目标正式定位为商业银行。为此，国家成立了国家开发银行、中国进出口银行和中国农业发展银行三家政策性银行，承担四大专业银行的政策性金融业务，而专业银行作为国有独资商业银行真正从事商业金融业务。三是颁布实施了《中华人民共和国商业银行法》，从法律上确立了国家专业银行的国有独资商业银行地位，明确国有独资商业银行要以效益性、安全性、流动性为经营原则，实行自主经营、自担风险、自负盈亏、自我约束。督促银行建立经营绩效和风险内控机制。四是国家从加强国有商业银行一级法人体制、建立商业银行经营机制、银行与所办经济实体脱钩、强化内部管理和风险控制、改进金融服务等方面，进行了一系列改革。四家银行进一步强化统一法人体制，实行严格的授权授信制度；国家正式取消贷款规模，实行资产负债比例管理；将经营效益和资产质量纳入对四家银行管理者的考核，实现了由行政评价向经济评价的转变。同时，较大规模精简了机构和人员。五是进行财务重组，优化银行资产结构，增强银行的核心竞争力。中国政府采取多项措施改善四大银行资产质量，以增强其资本基础，夯实中国金融系统的基础。1998 年，财政部定向发行 2700 亿元特别国债，专门用于补充资本金，使四家银行资本充足率按 1996 年标准达到 4%，改善了四大银行的资本充足状况。1999 年，中国政府成立了四家资产管理公司，将 1.4 万亿元资产（其中 9800 亿元为四家银行不良资产）剥离给新成立的四家资产管理公司。2003 年，中国政府通过中央汇金投资有限责任公司以股本形式向中国银行及中国建设银行各注资 225 亿美元；另外，汇金公司于 2005 年以股本形式向中国工商银行注资 150 亿美元。除四大商业银行外，财政部及汇金公司于 2004 年也以股本形式一共向交通银行注资人民币 80 亿元，交通银行随后向资产管理公司转移约人民币 530 亿元的不良贷款。因上述种种努力，中国最大型商业银行的资产质量得到大大改善。六是在银行资产结构优化的基础上，银监会成立后立即着手四大商业银行的股份制改造及上市工作。2002 年，第二次全国金融工作会议召开，明确国有独资商业银行改革是中国金融改革的重中之重，要求按现代金融企业的属性进行股份制改造。这为国有独资商业银行进一步改革指明了方向。2004 年，两家试点银行大规模的财务重组和公司治理改革全面展开，银行业改革开始进入国家控股的股份制商业银行改革阶段。目前，改制上市工作已经完成。不仅给银行的发展提供了充足的资本金，增强了竞争实力，而且，为银行引进战略投资者打开了大门，便于银行借鉴国外先进管理经验，提高管理水平。

3. 中国金融市场结构的进一步健全和功能的进一步完善

随着国家金融系统二级体制的建立，中国的金融市场继续快速向前发展。一是债券市场又有了新的进展。1994 年，政策性金融债券出现。1997 年 4 月，国务院证券委颁布《可转换公司债券管理暂行办法》，从法律上为中国企业发行可转换债券提供了依据。同时，随着金融体制的发展，金融债券也开始产生。1998 年，《中华人民共和国证券法》颁布后，证监会又发出《关于加强证券经营机构股票承销业务监管工作的通知》，对证券市场进行整顿，促使券商经分化组合之后变为以专业性证券公司为主。2000 年，中国政策性金融债券完成了由计划发行向市场发行的转变。

二是基金在中国逐渐走向规范化发展。中国证券投资基金虽然起步于 1991 年，但当时该基金发展和监管状况都十分混乱。1993 年，中国人民银行下发了《关于立即制止不规范发行投资基金和信托受益债券做法的紧急通知》等数个文件对证券投资基金市场进行治理。1997 年 11 月，国家出台《证券投资基金管理暂行办法》对证券投资基金市场秩序进行初步规范。2003 年，在多年实践的基础上，国家出台《中华人民共和国证券投资基金法》，对证券投资基金进行规范，现已走上规范化发展的道路，有效保护了投资者的权益，证券投资基金业进入一个新的发展阶段。除了国内的证券市场投资主体外，随着中国加入 WTO，在中国资本项目没有开放的前提下，证券市场出现了 QFII、QDII 两个新的投资主体。

三是外汇市场有了初步发展。新中国成立以后，为了配合我国“进口替代型”国家工业化发展战略的实施，中国外汇管理体制实行的是“宽进严出”配给制计划管理，集中有限的外汇资源满足重点项目使用，维持汇率稳定。随着改革开放的进行，我国又采用了市场调节为主、计划调控为辅的管理方式，并且逐步缩小指令性计划，培育市场机制，有序地由高度集中的外汇管理体制向与社会主义市场经济相适应的外汇管理体制转变，外汇管理逐渐朝“均衡管理”的方向迈进。到 1993 年，已经基本建立健全了计划管理与市场调节相结合的外汇管理模式。1979 年以前，国家计委、财政部、经贸部、中国人民银行分别承担管理外汇的职能。1979 年 3 月，国务院批准设立国家外汇管理总局，归属于中国银行，并赋予它管理全国外汇的职能，从此结束了外汇多头管理的混乱状况。10 月，中国国际信托投资公司被批准经营外汇业务，结束了外汇业务只由中国银行一家经营的历史。随后，包括外资金融机构在内的一大批银行、信托投资公司、财务公司、租赁公司等金融机构陆续被准许经营外汇业务。中国逐步形成了国家外汇管理局统一管理、外汇专业银行为主体、多种金融机构并存的外汇经营体制。为规范改革开放后资金跨国流动，中国先后颁布了包括

《中华人民共和国外汇管理暂行条例》在内的一系列外汇管理办法和实施细则，逐步建立起外汇管理法律框架。1979年8月，国务院颁布了《关于大力发展对外贸易增加外汇收入若干问题的规定》，外汇实行在国家集中管理、统一平衡、保证重点的同时，实行贸易和非贸易留成制。1980年10月，《调剂外汇暂行办法》出台，外汇调剂试点开始，并逐渐扩大调剂主体范围、增加交易品种、放松了外汇调剂价格的限制。中国外汇调剂市场逐渐发展起来，实行计划管理与市场调剂相结合，官方汇率与外汇调剂并存的汇率双轨制。1985年以后，随着外汇调剂市场的发展，中国开始实行官方牌价与外汇调剂价格并存的汇率新双轨制。

1994年开始，中国新一轮外汇管理体制改革启动，为中国加入世贸组织和实现人民币可兑换奠定了基础。1994年1月1日起，中国实现人民币官方汇率与外汇调剂市场汇率并轨，建立了以市场供求为基础的、单一的、有管理的浮动汇率制度。根据1993年底中国人民银行颁布的《关于进一步改革外汇管理体制的公告》，中国于1994年1月1日起，取消各类外汇留成、上缴和额度管理制度，实行强制银行结售汇制度。年底，接受国际货币基金组织协定第八条款义务，取消了对经常性国际交易支付和转移的所有限制，实行人民币经常项目可兑换。1994年4月4日，全国统一的外汇市场——中国外汇交易中心——成立并正式运行，统一了人民币市场汇价，彻底改变了市场分割、汇率不统一的局面，奠定了浮动汇率制的基础，符合市场经济要求的银行间外汇市场建立。1996年，中国对大量外汇管理法律法规等进行全面清理，按照世贸组织的要求废止和修改了部分法规，同时制定出台了《中华人民共和国外汇管理条例》《银行外汇业务管理规定》《境内外汇账户管理规定》等一系列新的外汇管理政策法规。1998年以来，中国建立了偿债基金，严格了外债管理；加强了资本项目管理，促进了我国外汇管理的规范化、科学化；停止发行外汇券，禁止外币在境内计价结算和流通；强化了外汇指定银行的依法经营和服务职能；建立了国际收支统计申报体系；建立外汇储备经营管理制度等。目前，随着中国"双顺差"局面的到来，中国外汇储备急剧增加，给中国汇率的稳定构成巨大压力。所以，中国外汇管理也正积极推进外汇“均衡管理”改革，资本项目可兑换的系列改革也正在进行。2008年8月，为适应新形势发展的需要，新修订的《中华人民共和国外汇管理条例》颁布实施。同时，由于美国次债危机的影响，加大了热钱流入的压力，堵塞热钱流入渠道，防范金融风险也已经列入历史日程。

总之，在这个阶段，中国的外汇管理系统进入了一个相对更加自主的发展阶段。中央银行、银监会、证监会、保监会分工负责、互相合作，形成了有效的金融监管格局；经过国家的扶持，主要金融市场主体获得了自主发展的能力；金融市场主体多样性增加，改变了单一的竞争格局；金融市场创新能力增强，国家根据市场状况，修正市场发展方向，完善金融市场法规，加强监管，保证金融市场的有序竞争。

三、中国金融系统结构组成

目前，经历了渐进式转轨的中国金融系统，已经由一级金融系统转变为与市场经济相对应的二级金融系统。当前的中国金融系统由金融监管主体和金融市场主体两部分组成。前者由人民银行、中国银监会、中国证监会、中国保监会三部分组成。后者由银行市场主体、证券市场主体、保险市场主体和外汇市场主体等组成（见图8－4）。

（一）中国金融系统的监管主体

中国金融市场的监管主体号称“一行三会”“四驾马车”。其中，中国人民银行是中国的中央银行，根据2003年《中华人民共和国中国人民银行法》的规定，依法制定和执行货币政策，专门监管银行间同业拆借市场和银行间债券市场、外汇市场、黄金市场，防范和化解系统性金融风险，维护国家金融稳定。中国银行监督管理委员会统一监管全国银行、金融资产管理公司、信托投资公司及其他存款类金融机构；中国证券监督管理委员会对全国证券、期货市场实行集中统一监管；中国保险监督管理委员会统一监管全国保险市场。这种监管模式被称作金融“分业监管”，与之相

- 中国金融系统
  - 金融监管机构
    - 中央银行——中国人民银行
    - 中国银行监督管理委员会
    - 中国证券监督管理委员会
    - 中国保险监督管理委员会
  - 商业银行
    - 国有独资商业银行
    - 全国性股份制商业银行
    - 地区性股份制商业银行
  - 政策性银行（国家开发银行、中国进出口银行、中国农业发展银行）
  - 证券类公司
  - 保险公司
  - 非银行金融机构（金融资产管理公司、信托投资公司及其他存款类金融机构）

图8－4　中国金融系统结构

应的是“分业经营”，即银行业、证券业、保险业各自经营与自身职能相对应的金融业务，不能混业。但是，从2004年起，为适应混业经营的发展需要，中国银监会、中国证监会和中国保监会建立了联席会议制度，共同协调中国金融监管工作，堵塞分业监管的漏洞。近年来，由于我国国际收支形势的急剧变化，人民币升值预期强烈，热钱纷纷流入中国牟利。为应对这种局面，在国务院的协调下，与金融监管相关的部级协调机制也建立起来，共同维护国家金融安全。值得一提的是，这些部委单位本来就是国务院的下属单位，国务院本来就有一位副总理分管金融工作。所以，国务院本来就是金融监管机构的上级决策部门，可以协调财政部、中国人民银行，甚至公安部、安全部等部委，共同应对金融安全问题。

（二）中国金融系统的金融市场主体

除了金融监管主体之外，中国金融系统的组成部分还有各个金融市场主体。在货币市场和外汇市场上，银行、企业、国际投资公司、外汇指定银行和政府都是国内基础利率和汇率形成的参与主体；在银行市场上，国有商业银行、政策性银行、股份制银行、信托投资公司、邮政储蓄、城市和农村信用合作社、金融租赁公司和财务公司等都是活跃的银行市场主体；在证券市场上，各种上市公司、证券公司、证券投资基金公司，甚至信托公司，目前又出现了产业发展基金、私募基金等，都与各种证券业务有关，或者为生产企业提供资金，或者帮助生产企业获得资金；在保险市场上，各种人寿保险公司、财产保险公司、再保险公司、担保公司等，都是为资金数额较大项目提供保险或担保、分散风险的保险市场主体。

概言之，作为实体经济的资源配置辅助系统，中国金融系统是由监管主体、资金供给主体和资金需求主体三类主体构成。资金供给主体根据业务领域分属不同市场，为生产企业提供从融资到分散风险再到货币转换等不同性质的金融服务。资金需求主体则是实体经济和虚拟经济的结合点，通过资金实现社会资源的社会配置。监管主体制定市场法律法规，维护市场的运行秩序，保证金融企业对生产企业提供金融服务所需的环境，并为提高金融服务效率创造条件。

四、中国金融系统要素间的作用模式

中国金融系统虽然实行的是分业管理的金融监管模式，但是，其各个组成要素并不是孤立的，而是依据一定的作用模式，决策机构之间横向相互联系、相互作用，形成决策网络；决策机构和市场主体之间纵向联系和作用，形成政策传导链。

（一）中国金融系统决策机构间的运作模式

目前，中国金融系统的决策中心是人民银行、银监会、证监会、保监会，四家决策中心分别在各自的管辖领域扮演着决策管理者的角色。经过多次的调整，人民银行最终固定在中国央行的位置，现在的辖区是银行间同业拆借市场和银行间债券市场、外汇市场、黄金市场。在这个领域，中国人民银行根据防范系统性风险和人民币币值稳定的要求，以及国家经济发展的整体战略部署，通过基础利率调整和市场流动性管理调整，及对外汇市场的干预，达到政策目标。而银监会则根据国家整体战略部署，依据银行业的发展状况，统一监管全国银行、金融资产管理公司、信托投资公司及其他存款类金融机构，消除潜在风险，保证银行系统的正常运转，提高资金配置效率和盈利水平。证监会根据国家经济整体战略部署和证券市场的状况对全国实行集中统一监管，防范证券市场和期货市场风险，维护证券和期货市场秩序，保护投资者的利益，推动证券市场和期货市场的发展。保监会也是根据国家经济发展整体战略统一监管全国保险市场，一方面为社会发展提供一道经济防线，另一方面最大可能地配合国家发展需要。总之，这四个部门在各自的监管领域都具有最高的决策权力，但都围绕国家的整体布局展开工作。

四个部门分兵把守不同的关口，维护国家经济安全，但并不是各自为政。在维护国家金融安全、促进国家经济发展方面，四个部门是协调一致的。由于分兵把守，难免在几个部门监管的结合部留下监管空隙、潜藏着金融风险；难免由于协调不一致而导致整体协同不够，影响国家的整体战略部署。所以，通过国务院的协调，这几个监管部门之间就建立了部级协调机制——监管联席会议，甚至国家的一些强制力部门也介入了这个行动，比如公安部、监察部等。这样，一个部门就能知道另一个监管部门所做的工作，主动配合其他部门的监管行动，集体维护国家经济安全，实现无缝监管。同时，一个部门通过其他部门的工作也能发现一些存在于本部门中的风险线索，顺藤摸瓜解决本部门存在的问题，有利于做好本领域的监管工作。

所以，在国务院的协调下，中国金融系统的决策系统采取的是分工合作的机制，一方面保证了本部门监管的主动性，另一方面，通过联席会议机制消除了监管交集地带的监管盲区，既保持了分业监管的长处，又借鉴了集中监管的优点，适合中国幅员辽阔、情况复杂的国情。

（二）中国金融系统的政策传导链

中国金融系统的政策是沿着各个领域金融监管组织系统依次向下传递的。就人民银行系统来讲，除了贯彻执行国家的大政方针之外，人民银行还根据国家经济发展的阶段性重点以及货币市场的具体情况决定具体的方针政策，制定具体的法律法规。然后各大区行以及各中心支局结合本地情况贯彻执行总行的方针政策，形成全国一盘棋的监管态势，保证货币市场、黄金市场和外汇市场的秩序。比如，人民银行系统监管外汇的主单位国家外汇管理局的决策模式就是这样：国家外汇管理局根据人民银行的整体安排，结合各分支机构提供的信息，确定工作重点，制定各领域的工作方案。各分支机构根据国家外汇管理局的工作重点开展工作，维护国家外汇市场秩序。银监会系统的政策传导链与人民银行系统相似。证监会首先根据国家经济的整体战略部署制定本系统的工作计划，然后根据各分支机构提供的证券、期货市场运行情况确定本系统的工作重点，出台政策法规。各分支机构依据全系统的整体布局结合本地情况开展金融风险防范工作。这种上下互动的政策传导模式也表现在保监会系统，依托保险监督系统开展金融风险防范工作。

这里需要特别提出的是，联席会议机制并不能形成具体的决策，但是，能够交流监管信息，协调监管行动。这个机制能够对各系统的监管起到修正和协调的作用，推动各系统更加准确地决策。联席会议上的信息能够通过各系统的组织系统向下贯彻，形成一条起源于联席会议的政策传导链。

总之，中国金融系统的决策主要来自于各系统的总机关，四大部级决策机构是各系统的政策源头，并接受国务院的整体协调领导。各系统的政策传导依靠的是各系统的组织系统，即分布于全国各地的各级分支机构。

小　结

中国金融系统是在模仿苏联金融系统的基础上形成的，然后在“大一统”金融系统模式基础上，通过可控的、渐进式市场化改革，完成了与市场经济相适应的二级金融系统构建。中国的金融系统大致经历了三个发展阶段：模仿初建阶段、渐进式转轨阶段和自主化发展阶段。

目前，经历了渐进式转轨阶段的中国金融系统，已经由一级金融系统转变为与市场经济相对应的二级金融系统。当前的中国金融系统由金融监管主体和金融市场主体两部分组成。前者由人民银行、中国银监会、中国证监会、中国保监会四部分组成，后者由银行市场主体、证券市场主体、保险市场主体和外汇市场主体等组成。

中国金融系统实行分业经营、分业监管的金融模式。在国务院的协调下，人民银行、银监会、证监会、保监会是各自领域的独立决策者，分别负责各自领域内的金融风险防范问题。中国金融系统的各组成要素依据一定的作用模式，决策机构之间横向联系、相互作用，形成决策网络；决策机构和市场主体之间纵向联系、相互作用，形成政策传导链。

借鉴篇

中国金融系统的金融风险及其防范

第九章　金砖其他四国金融风险防范比较

巴西、俄罗斯、印度和南非四国①金融系统和风险防范机制代表了三种不同的金融系统类型，代表了三种不同的金融环境本底。其中，巴西和南非的金融系统相似，同属一种类型。通过比较分析，我们能发掘不同金融生态环境下国家金融系统设计和风险防范策略选择的深层次原因，从而对不同金融系统及其风险防范提供指导。

一、金融风险防范比较原则与指标选择

有什么样的金融系统就应当有与之对应的金融风险防范机制，而金融系统的设计又建立在本国实体经济的基础之上，所以，有什么样的实体经济就有什么样的金融系统，盲目地照搬和模仿是没有出路的。因此，进行金融系统设计和风险防范机制的比较必须遵循一定的原则，选择适当的指标。

（一）金砖其他四国金融风险防范比较原则

一是比较顺序选择。虚拟经济是在实体经济高度发展的基础上建立起来的，而简单的交换中介性质的金融系统只有在实体经济高度复杂化之后才能升级为国民经济中枢性质的金融系统；而简单金融系统的风险随着金融系统的复杂化而高度复杂化。所以，金砖其他四国金融系统设计和风险防范机制的比较应当按照由实体经济到虚拟经济、由金融系统到金融风

① 为便于表述，本研究将除中国之外的巴西、俄罗斯、印度和南非四国特称为“金砖其他四国”。

险，由金融风险到风险防范机制的顺序进行。二是尊重历史和现实的原则。巴西、俄罗斯、印度和南非四国的金融系统和风险防范机制都适合各自国家的自然和人文历史。所以，比较分析金砖其他四国金融系统和风险防范机制不能脱离各国的具体的自然和人文历史，要尊重各国的历史和现实。三是实事求是原则。比较必须求真务实，重事实、重数据，不能依据自己的想象凭空臆断。四是系统性原则。金砖其他四个国家的金融系统和风险防范机制设计都是以系统形态存在的，考察分析时要立足整体来分析部分，不能断章取义，以偏概全，而是要整体和部分相结合，要素和系统相结合，历史和现实相结合。要立足一个经济体的系统整体，从系统要素的相互作用中把握局部的作用和地位，判定系统要素的作用，把握系统的功能需求，寻求解决方案。

（二）金砖其他四国金融风险防范比较指标选择

巴西是实行自由资本主义制度的发展中国家，俄罗斯是经济实力已无法与昔日的苏联帝国同日而语的转轨经济体，印度是转型中的国家资本主义经济体，南非也是实行自由资本主义制度的发展中国家，如何尽快取得发展是四国的根本目标。四国金融系统模式的选择以及金融风险防范机制的设计都是立足于本国具体环境的。根据比较原则和金融系统以及风险防范策略衍生的时间顺序，本研究在比较大项指标上选择四国实体经济、四国金融系统、四国金融风险防范机制等。四国实体经济的各指标侧重于资金需求相对较多的领域，如工业、商业和服务业等领域；四国金融系统按其系统组成进行比较；在比较四国风险防范机制之前本来应该先比较四国的金融风险，但前文对此已经进行了较为详细的论述，这里就不再列入比较项目；而且，对于四国金融风险防范机制的比较主要侧重于宏观规划和具体措施。

总之，金砖其他四国金融系统和金融风险防范机制比较按照各个金融客体出现的时间先后次序、各客体的系统组成进行比较，以期得出相对客观的结论。

二、金砖其他四国实体经济结构的比较

各国实体经济由三次产业组成，既是各国经济的基础，也是各国选择金融系统模式和金融风险防范机制的基础。三次产业的产品除满足本国国民需求之外，还用于对外出口，进行国际贸易。2008—2014 年，金砖其他四国实体经济状况如表 9－1 所示。

要理解和分析表中的统计数据，还必须弄明白产业结构和三次产业的内涵。产业结构就是指各产业的构成及各产业之间的联系和比例关系。三次产业分类法是根据社会生产活动历史发展的顺序对产业结构的划分。产品直接取自自然界的部门称为第一产业，对初级产品进行再加工的部门称为第二产业，为生产和消费提供各种服务的部门称为第三产业。具体来讲，第一产业就是农业，包括种植业、林业、牧业和渔业等。第二产业就是工业和建筑业，包括采掘业，制造业，电力、煤气、水的生产和供应业，建筑业等。第三产业是指除第一、第二产业以外的其他各业。具体包括四个层次：第一层次是流通部门，包括交通运输、仓储及邮电通信业，批发和零售贸易、餐饮业。第二层次是为生产和生活服务的部门，包括金融、保险业，地质勘查业，水利管理业，房地产业，社会服务业，农、林、牧、渔服务业，交通运输辅助业，综合技术服务业等。第三层次是为提高科学文化水平和居民素质服务的部门，包括教育、文化艺术及广播影视业，卫生、体育和社会福利业，科学研究业等。第四层次是为社会公共需要服务的部门，包括国家机关、政党机关和社会团体以及军队、警察等国家强制力部门。

表 9－1　金砖国家三次产业占 GDP 的比重（2008—2014 年）

国家	2008 年	2009 年	2010 年	2011 年	2012 年	2013 年	2014 年
第一产业占 GDP 的比重（%）							
巴西	5.4	5.3	4.9	5.1	5.3	5.6	5.6
俄罗斯	4.4	4.6	3.8	4.4	3.9	4.0	4.2
印度	20.4	20.3	21.0	21.6	21.1	20.8	19.5

续表

国家	2008 年	2009 年	2010 年	2011 年	2012 年	2013 年	2014 年
中国	10.3	9.9	9.6	9.5	9.5	9.4	9.2
南非	12.4	11.8	11.9	12.1	11.6	11.3	10.9
第二产业占 GDP 的比重（%）							
巴西	27.4	25.7	27.4	27.2	25.4	24.4	23.4
俄罗斯	35.9	33.7	34.8	37.4	37.0	36.0	35.8
印度	25.7	25.2	24.3	29.9	28.9	27.9	27.5
中国	46.8	45.7	46.2	46.1	45.0	43.7	42.6
南非	22.1	21.6	20.9	20.3	20.5	20.9	21.0
第三产业占 GDP 的比重（%）							
巴西	67.2	69.1	67.8	67.7	69.4	70.0	71.0
俄罗斯	59.7	61.7	61.4	58.2	59.1	60.0	60.0
印度	53.9	54.5	54.6	48.5	50.0	51.3	53.0
中国	42.9	44.4	44.2	44.3	45.5	46.9	48.2
南非	65.5	66.6	67.2	67.5	67.9	67.8	68.0

资料来源：《金砖国家联合统计手册（2015）》。

（一）巴西三次产业状况及金融发展模式选择

从表 9－1 可以看出，巴西实体经济中第一产业大致占国民收入的 5%，第二产业大致为 25%，第三产业大致为 70%。这说明，第二、三产业是巴西收入的主要来源，但是这两个行业的企业门类繁多，地域分布广，资金需求差异较大。为此，金融系统机构要适应实体经济的这种要求，力求机构设置多样化，地域分布广，服务品种多，而且要适应当地的具体情况。所以，巴西金融系统不仅具有联邦属大型银行，而且各州也设立州属银行，并且允许私营银行的发展，同时，允许外资银行存在和发展，以满足实体经济多样化的资金需求。由于国家宏观调控经济的需要，巴西不仅设置了开发银行、联邦经济银行等政策性金融机构，而且设置了储蓄银行、全国住房建设银行和若干专业信用机构，如工业筹资特别基金会、房地产金融公司、保险公司等金融机构，满足实体经济发展的需要。同样，证券市场主体的发展也体现了实体经济的要求。可见，实体经济的需要决定了金融系统组成的结构。与金融系统的市场主体结构组成相适应，巴西的金融监管部门也进行了相应的设置。巴西金融系统以银行业为主，所以，巴西金融系统的监管机构以中央银行为主。随着证券市场不断发展壮大，巴西又设置了证券委员会负责证券市场的监管，并在中央银行和证券委员会之上设置了统一的决策机构——国家货币委员会，这是典型的牵头监管体制。

（二）俄罗斯三次产业状况及金融发展模式选择

由表 9－1 可知，2008—2014 年，俄罗斯实体经济第一产业占 GDP 比重的平均值为 4.2%，第二产业占 GDP 比重的平均值为 35.8%，第三产业占 GDP 比重的平均值为 60%。俄罗斯产业结构是俄罗斯激进转轨的结果，1991 年俄罗斯的第三产业仅为 35.9%，1992 年猛增为 52.7%，此后有所回落，1996 年为 46.5%。与此相适应，第一产业的比重不断下降，从 1991 年的 13.4% 下降到 1996 年的 6.8%。第二产业的比重也有所下降，从 1991 年的 45.8% 下降到 1996 年的 35.5%。[①] 然后，经过不断的波动，稳定在现在的国民经济结构。作为激进转轨经济的代表，俄罗斯的金融系统也是经过不断震荡才稳定在今天的这个状态的。俄罗斯的激进私有化改革在第一、二产业产生了许多各种性质的企业，需要各种类型的金融机构为其提供金融服务。因此，基于这种预期，许多有商业头脑的人争先抢占这个高利润行业，银行如雨后春笋般增生出来。但是，没有正式启动的企业实际上没有那么多需求，而且银企之间的关系也需要驯化。因此，俄罗斯多如牛毛的小银行因经不起风吹草动而大量破产，并引发金融危机。通过治理，银行与企业的关系理顺之后，形成了今天的银行组成结构。而俄罗斯的证券市场之所以表现为先是国债火爆而其他部分冷清，也是因为实体经济没有苏醒、银企关系还没有建立起来。外汇市场之所以繁荣主要是因为实体经济已经适应了外汇市场融资。可见，俄罗斯金融市场是市场苏醒

① 程极明，李结．五大国经济与社会发展比较研究（1990—2005）[M]．北京：经济科学出版社，2006：43.

并进行适应性调整的结果，实体经济的实际需求决定了金融市场的基本规模和结构，并进一步决定了金融市场结构的发展方向。虽然金融市场是实体经济调整的结果，但是作为上层建筑，俄罗斯金融监管机构却是人为设计的结果。在改革之初，俄罗斯就按照杰弗里·萨克斯的改革方案①建立了二级金融体制下的金融监管机构，属于在金融市场不成熟情况下的提前到位。

在当前条件下，俄罗斯采取的以央行为核心的集中统一金融监管模式，是建立在对激进转型后金融危机频发的反思基础上的。由于俄罗斯银行业实行混业经营模式，实际上其金融市场的资金在四大市场之间是自由流动的，任何金融行业的监管都存在无法监管到的“灰色区域”。三大监管机构都能监管，意味着谁都不会尽全力监管，存在互相扯皮的现象，整体监管效率十分低下。金融市场的连通性要求金融监管要由集中统一的监管主体统一规划监管结构，实现全覆盖，实现监管资源的合理配置，提高监管效率，保质保量防范金融风险。可见，实体经济结构决定了金融市场结构，又进一步决定了金融监管系统的结构和模式。

（三）印度三次产业状况及金融发展模式选择

由表9－1可知，2008—2014年，印度实体经济中第一产业占GDP比重的平均值为20.7%，第二产业占GDP比重的平均值为27%，第三产业为52.3%。印度是国家资本主义色彩极浓的国家，其国民经济发展的控制权牢牢地掌控在政府手里。工业化战略追求使印度政府根据工业发展需要设计了国有化的金融系统。当前，印度虽然在金融市场推进市场化改革，但政府通过参股的方式依然牢牢控制着整个金融系统。这实际上是实体经济决定金融市场规律具体运用的结果，印度的金融机构设置和金融机构规模都是按照工业化的需要主动配置的结果。无论是印度拉奥政府推行的“新经济”改革，瓦杰帕伊政府推行的“新印度”改革，还是莫迪政府的金融自由化战略，都意在先放开实体经济市场，然后再根据实体经济市场

---

① 萨克斯的改革方案适用于匈牙利，在很大程度上是因为与俄罗斯相比，匈牙利经济体较小，市场化相对容易。

的需求逐步调整金融市场结构，金融市场调整在后，或者根据实体经济需要主动调整金融系统结构，使印度金融系统满足实体经济资金配置需要。这种调整带给社会经济发展的震荡和影响都比较小，社会经济损失也较小。印度金融市场以银行为主导，以证券系统、保险系统为辅助的结构，是与印度实体经济长期以银行为媒介间接融资的现状相适应的。印度保险监管和发展局及证券交易委员会的设立，是与印度经济市场化改革进程相适应的，是印度金融市场深入发展的结果。当前，印度实施“印度制造”战略，追求世界制造业大国地位。实体经济的发展必将带来第二产业在国民经济中的比重增加，也必将使印度第一产业在国民收入中的占比相对缩小，同时还会带来金融市场结构的进一步调整。现在印度软件产业的发展已导致农业投入减少，可以说，未来国民经济结构已初露端倪。此外，印度金融监管机构的设置也是实施工业化战略的结果，是一种高度集中的监管系统。

（四）南非三次产业状况及金融发展模式选择

由表 9 - 1 可知，2008—2014 年，南非实体经济中第一产业占 GDP 比重的平均值为 11.7%，第二产业的平均占比为 21%，第三产业的平均占比为 67.2%。因此，南非第二、三产业是其收入的主要来源，是国民经济剩余的基础。但是，这两个行业的企业主要分布在矿产采掘业及其相关设备制造业领域，地域分布相对集中，资金需求差异不大，资金需求量相对较大，国际联动性较强。所以，金融系统的机构设置就要适应实体经济的这种要求，力求机构设置相对一致，地域相对集中，服务品种相对单一。所以，为适应当地具体情况的要求，南非金融系统设计就要防范大规模资金跨境流动产生的风险，严控外汇市场资金流动，既有适应产业集中发展现状的五大银行集团，以满足大规模融资的需要，也有国际银行在南非设置的办事处、代表处，以补充本地资金的不足，还有满足社会闲杂需求的各类金融机构，如私人银行、各种非银行金融机构。与此同时，在市场需求的基础上，南非还产生了为企业提供直接融资的相对集中的证券市场，以满足实体经济对资金的需求。与金融市场的结构相适应，南非先后设立了中央银行——南非储备银行、南非金融服务局和南非金融情报中心，分别或联合负责南非银行业、证券业和外汇市场的监管。随着金融市场的复杂化和国际化日益加深，南非深感监管部门的联动性不足，留有较大的风险敞口。因此，提出新的金融系统架构的改革方案，推动监管模式由分业监管模式向牵头监管模式转化。

总之，通过对金砖其他四国实体经济与金融系统的对比分析，可以发现，实体经济的发展状况和发展战略决定了国家金融系统的结构。这不仅表现在金融市场的结构上，也表现在金融监管系统的结构和监管模式上；实体经济系统结构决定金融系统结构，金融系统是为实体经济服务的；市场经济之所以效率较高，原因在于生产主体的利益与生产活动的关系是直接的，在自身利益刺激下劳动者从事生产的动力是持久的；而计划经济发展的动力来自管理机构执行计划的愿望，微观生产主体的利益与生产活动的关系是间接的，劳动者从事生产的动力是外加的，动力不能长久保持，特别是在那些落实时间较长的计划中。

三、金砖其他四国金融系统结构比较

立足于不同的实体经济，金砖其他四国金融系统虽然总体模式是一样的，即都是二级金融系统，但是，由于四国国情的不同，其金融系统之间的差别也是明显的。由表 9 -2 可以看出，四国的金融系统都不同形式地采用了通行于市场经济国家的二级金融系统，有很多相似点，但也存在不同程度的差别。

（一）四国金融系统结构的相同点

第一，银行市场都不同程度地采用了市场化操作。巴西虽然在银行领域最大限度地采用了市场化手段，但国有成分的银行仍是银行业的主体，巴西国营商业银行居于银行业的主导地位。但是，国营和州营的银行采用的都是股份制形式，国有经济在银行中以第一大股东的形式出现；俄罗斯商业银行绝大部分是由公司和个人持股，天然气工业银行是公司控股的典型。国家只是保有了部分银行的控股权，比如，对外经济银行由财政部控股，外贸银行和联邦储蓄银行由中央银行控股；印度商业银行的主体是国有的，绝大部分股份制银行都是国家控股。南非五大银行集团都是本土银行，国家对银行的控制力很强。

第二，银行结构大致相似。这四个国家的银行系统都有国有中央银行、商业银行、私人银行、外资银行、政策性银行和由各种基金、保险公司等组成的非银行金融机构。这既反映了实体经济发展的需求，也体现了政府调控国民经济发展的意图。

第三，都有企业直接融资的证券市场。巴西拥有相对发达的资本市场，而且与国际资本市场的联动性较强；俄罗斯资本市场设计模仿的是西方国家金融市场，一开始就在组成结构上和西方国家在同一条起跑线上。但是，由于现实条件不具备，俄罗斯的金融市场，包括证券市场经历了一个由分散到集中、由萎靡不振到逐渐繁荣的过程。目前，莫斯科银行间货币交易所和俄罗斯交易系统已合并成为俄罗斯证券交易所，是俄罗斯最大的证券交易所。南非的三大证券交易所合并为约翰内斯堡证券交易所，承担企业直接融资的功能，具有全球影响力。

第四，各国金融监管机构都有决策和执行两大功能机构。巴西金融系统的决策权掌握在国家货币委员会、巴西中央银行和巴西证券委员会手里，而执行机构则是巴西中央银行和巴西证券委员会及各自所属系统；俄罗斯的金融监管机构是由联邦财政部所属的联邦金融监察委员会和联邦金融监察局、俄罗斯中央银行和联邦有价证券委员会组成的分业监管机构演变成为俄罗斯中央银行独自承担金融监管职能的集中统一监管机构。目前，俄罗斯的金融监管系统决策中心是俄罗斯中央银行，而政策执行机构是俄罗斯中央银行所属的遍布全国的分支机构。印度的金融决策中心是印度储备银行和证券交易委员会。印度储备银行是印度的中央银行，内设银行监管委员会、银行监管局、非银行监管局，是印度银行业和非银行金融业的监管决策中心，其分支机构也是印度监管政策的执行中心，证券交易委员会及其分支机构则是证券业的监管和决策中心。南非的金融决策中心是南非央行——南非储备银行、南非金融服务局和南非金融情报中心，其执行机构是三大金融决策机构的分支机构。在不远的将来，南非将建立凌驾于三大金融决策机构之上的总决策机构，向牵头式金融监管机构设置过渡。

第五，四国证券市场发达程度不同，但组成结构大致相似。南非和印度的证券业最为发达，其次是巴西，而俄罗斯的证券市场仍处于发展过程中。但是，证券市场的主体都是证券交易所、股票发行公司、证券商—经纪人以及资本市场相关群体。

表 9-2　金砖其他四国金融系统结构比较

国家	银行市场主体	证券市场主体	保险市场主体	监管主体
巴西	联邦属商业银行 州属商业银行 私人商业银行 外国银行 其他专业金融机构 **注：混业经营**	证券交易所 股票发行公司 证券商—经纪人 资本市场相关群体	保险公司 保险经纪人 保险市场相关群体	国家货币委员会 巴西中央银行 巴西证券委员会
俄罗斯	国有银行 包括金融工业集团所属银行在内的股份制银行 外资银行 政策性银行 保险金、养老金等非银行金融机构 **注：混业经营**	证券交易所 股票发行公司 证券商—经纪人 资本市场相关群体	保险公司 保险经纪人 保险市场相关群体	俄罗斯中央银行
印度	印度国家银行等组成的公营银行 私营银行 本土银行和外国银行 政策银行 非银行金融机构 **注：介于混业与分业之间**	证券交易所 股票发行公司 证券商—经纪人 资本市场相关群体	保险公司 保险经纪人 保险市场相关群体	印度中央银行：储备银行内设的银行监管委员会、银行监管局、非银行监管局 印度证券交易委员会 印度保险监管和发展局

续表

国家	银行市场主体	证券市场主体	保险市场主体	监管主体
南非	南非五大银行集团 本土银行和外国银行 南非非银行金融机构 **注：混业经营**	证券交易所 股票发行公司 证券商—经纪人 资本市场相关群体	保险公司 保险经纪人 保险市场相关群体	南非央行：南非储备银行 南非金融服务局 南非金融情报中心

（二）四国金融结构的不同点

第一，四国金融系统都是银行主导的金融系统。印度银行系统市场化程度相对落后。这表现为银行市场主体依据市场信号自主运作的能力低，积极主动性差。印度的银行国有成分多，银行采取的是一套行政管理手段，机关色彩相对较浓，不能很好地抓住市场提供的机会实现盈利，但接收金融监管机构的指令行动的能力较强，应对金融风险的能力较强。俄罗斯金融系统的组成成分大多是人为设计的结果，虽然各市场主体都以现代企业制度为标准进行重建，但各市场主体的市场化行为需要驯化培养，而且相应的市场基础设施也要根据市场主体的整体发展状况进行完善。所以，俄罗斯金融系统虽然是完全市场化的设计，但其实际协调运作还需要各要素之间不断磨合，形成合力，需要金融系统各组成要素形成协同运作的机制和习惯。所以，整体来讲，俄罗斯金融系统体制机制市场化程度是相当高的，但系统要素之间的关系协调还需要时间磨合，实际运作效率并不高，在四国中仅与印度金融系统处于相当的位置，某些方面甚至还不如印度，处于不同的发育阶段。俄罗斯通过银行与工业集团的联手组建金融工业集团，成为俄罗斯金融市场的主导力量；作为原生型金融系统的典型，巴西金融市场主体的市场化及其行为的市场化发展都比较到位，但是由于巴西实体经济的依附性，其金融系统整体对外开放程度、对外资的依赖度、受国外牵制的程度都比较高。所以，跨境资金流动使巴西面临更多的金融风险，致使巴西成为金融危机的重灾区，国际金融市场的任何风吹草动都会在巴西金融系统上有所表现，可见其金融系统的脆弱性十分明显，特别是在国际金融自由化日益深入的今天。南非通过五大银行集团主导本国金融市场，形成银行主导的金融系统。但是，南非十分重视跨境资本流动带来的风险防范，外汇市场管控力度比较大，有力地防范了跨境资本流动带来的金融风险。从证券市场的市场化程度来看，印度、南非和巴西的证券市场都比较发达。俄罗斯证券市场与外汇市场的联动性比较强，在银行混业经营体制的影响下，跨境资本流动金融风险控制能力比较弱。俄罗斯集中统一监管体制的形成在一定程度上弥补了这方面的不足。

第二，受制于金融市场的发育状况，四国金融监管机构存在明显的差别。印度证券市场发达，规模增长较快，市场化自主运作能力较强。印度证券市场监管机构出现较晚，但发展较快。印度银行系统建设走的是社会主义和资本主义的中间道路，是一种国家资本主义道路，银行的监管机构行使职权与其说采用的是市场体制下的操作方式，倒不如说更多的是采用计划方式管理银行市场。因而，印度金融系统的监管机构在更大程度上是计划经济体制下的计划机关。印度市场化改革后，金融市场化程度提高，监管机构行使职能时也更多地采用了市场化操作方式。但从整体层面来看，不得不说，印度的银行监管机构在金融市场管理方面更像是一个计划机关，市场化还有很长的路要走。俄罗斯的金融监管机构是按照市场机制下的监管机构要求一步改革到位的，采用的是修正市场偏差的方式进行市场调控，中央银行更是如此。只是由于金融市场发育不到位以及银行混业经营模式的存在，操作效率较低，效果较差。随着俄罗斯金融市场监管机制向集中统一监管模式转型，其金融监管机构对金融市场的监管和调控效率不断提高。巴西的金融监管机构是一种标准的市场机制下的机构设计，而且更加侧重银行系统管理。但由于巴西实体经济的对外依赖性较强，金融市场早已对外开放，政府金融监管面对对内平衡与对外平衡时无法同时兼顾，从而影响了金融监管的效率，甚至引发金融危机。南非金融市场是混业经营的，其监管机构设置是分业管理的。随着南非金融监管机构向牵头式监管模式转变，将进一步弥补对灰色区域监管的不足。总之，就金融监管机构来讲，印度更像是计划体制下的监管机构，而俄罗斯和巴西则是纯市场体制下的设计，只是前者市场发育滞后，后者市场过于依赖国外市场，导致监管效能都没有很好地发挥出来。南非金融监管存在混业经营与分业监管的矛盾和悖论，需要通过牵头监管改革弥补其监管漏洞。

第三，四国金融市场主体经营体制不同。巴西、南非和俄罗斯采用的是混业经营体制，而印度则实行介于混业和分业之间的经营体制。前者利于提高微观主体的经营效率和盈利能力，但不利于风险防范；后者通过利用行政系统的高效动员能力便于增强金融监管效能，提高防御风险的能力，但不利于微观主体经营效率和盈利能力的全面提高。从金融风险防范的角度看，分业经营和分业管理是相配套的金融监管体制，混业经营与牵头监管模式和集中统一监管模式相配套。俄罗斯就是因为在向牵头监管模式转型过程中遇到的阻力过大而一步到位采取集中统一监管模式的。但是，监管模式的选择也要充分考虑市场发育的程度和其他要素的配置，要具体问题具体分析，不能搞“一刀切”。

总而言之，四国的金融系统无论在金融市场发育上，还是在金融监管机构设置上都各有千秋，面临不同的发展任务。四国的金融系统都是发展中的金融系统，并不是完美无缺的。俄罗斯面临更多的金融市场主体行为磨合的问题，而印度则面临金融市场市场化改革（特别是银行市场）和金融监管机构循序渐进调整建设的双重任务。巴西面临如何应对来自国际金融市场的干扰，即如何保卫好自己的金融边疆，维护好自己的金融安全，严控跨境资本流动带来的金融风险，这将决定其金融系统发展的未来。南非金融系统建设主要面临的任务是通过监管机构的微调弥补监管的空白，弥补由外汇市场的市场化改革带来的监管漏洞。

四、金砖其他四国金融风险防范机制比较

金融系统建设的目标就是保证其服务实体经济功能的正常发挥，提高资金使用效率。其核心之一就是防范金融风险，避免金融风险对国家经济安全的危害。巴西、俄罗斯、印度和南非四国虽然都是市场经济条件下的

金融系统，但发展阶段不同，金融系统各要素发育和整合的程度不同，面临的金融风险也不同。这些因素决定了四国政府在金融风险防范方面既有相同之处即共性，也有不同之处即差异。

（一）四国金融风险防范的共性

从中、宏观层面看，四国政府金融风险防范的共性主要表现在以下三个层面。

第一，四国金融风险防范都是市场经济条件下的金融风险防范。巴西一直沿用的是市场经济体制，而且是原生型的市场经济体制，国家金融系统是在市场的土壤中逐渐发展成熟起来的，政府所要防范的金融风险也是原生型金融系统发展中不断衍生出的金融风险，具有被动应对的特点。俄罗斯政府所要防范的金融风险出现得比较集中，具有“休克疗法”后集中爆发的特征。印度实行的是国家资本主义制度，金融市场主体的国有成分较多，且受国家“五年计划”的约束，表现出许多计划经济的特点，但印度金融系统的运作机制还是市场化的。所以，印度政府金融风险防范的对象本质上也是市场条件下的金融风险。南非也是原生型市场经济体制，金融风险主要来自市场演化的阶段性，金融风险防范是市场导向型的，根据市场出现的问题决定处理对策。因而，巴西、俄罗斯、印度和南非四国政府应对金融风险的本质就是修补金融市场运作中金融系统功能结构产生的漏洞。其实所有的经济体，其金融系统都有自己的功能结构，市场经济运行必然会导致金融系统结构产生这样或那样的漏洞，政府的责任就是修补随时可能出现的漏洞。

第二，巴西、俄罗斯、印度和南非四国金融风险防范对象是相同的：微观金融风险、系统性金融风险和外源性金融风险。四国根据各自的情况采取有针对性的措施（见表9－3）。巴西金融系统是原生型的，微观金融主体是其金融系统的基本构成要素。由于金融主体在经营过程中无法回避金融风险，因此金融系统也避免不了这种金融风险，以及由其转化而来的系统性金融风险。同样，俄罗斯金融系统转型之后，也产生了市场化经营的金融主体，印度的金融市场主体国有成分的降低意味着微观金融风险的增多。进一步来讲，这就意味着与此相联系的系统性金融风险的增加。南非是原生型市场经济国家，市场运作过程中产生的金融风险不仅引导着国家应对金融风险的对策选择，而且还引导着国家金融监管机构改革的进程。而且，金砖其他四国家都处在牙买加国际金融系统下，该国际金融系统中隐含的金融风险都会依据国际金融系统的机制传递到国家金融系统中来，构成国家的外源性金融风险。所以，无论四国政府面临的金融风险具体情况如何，都逃不出这三类金融风险。

表 9-3 金砖其他四国金融风险防范机制比较

国家	微观金融风险	系统性金融风险	资金跨境流动风险
巴西	建立最低银行资本标准制度、重组州属银行、加强银行内控建设等	加强金融市场面上监管、剥离带有普遍性的呆账、坏账等	加强跨境资本流动监测、制定和执行选择性引资政策，加大跨境资本流动监测力度等
俄罗斯	增加银行资本金、改善银行资产质量、增强银行内控能力等	加强金融市场面上监管，提高资金流动性；剥离带有普遍性的呆账、坏账；重组银行负债等	建立健全金融监管机构；加大违规跨境资本流动打击力度；改善实体经济进本面，增强投资者正面预期；建立集中统一的监管体制等
印度	降低银行现金储备率和法定清偿率、放松利率管制、向国有银行注资、引入竞争机制、成立“迅速纠正行动机构”，迅速介入出现不良迹象的国有银行等	加强银行专业化建设、建立规范的金融监管制度，加大立法执法力度等	谨慎开放资本项目等
南非	打造良好的法治基础、实施严格的金融信息上报制度、常态化监管机制等	外部监管与内部控制相结合，重视银行数据的提取和利用等	实行牵头监管改革等

第三，四国政府都在金融风险防范中扮演主要角色。微观金融主体是金融资产的所有者，为了确保自身的金融资产安全，在微观金融风险防范中都会竭尽全力。但是，微观金融主体的追求却不仅限于资产保值，资产

增值的诱惑更大。所以，微观金融主体一方面竭尽全力保护自己金融资产的安全，另一方面为了实现资产增值，又不惜以身试法，成为微观金融风险的“制造者”和“推动者”。各微观金融主体出于保护自身资产的动机争相转移金融风险，从而在盈利与避险中挣扎，当金融风险积累到一定程度时将会引发系统性金融风险。所以，个体理性与集体理性的悖论决定了微观金融主体所引发的微观金融风险、由微观金融风险积聚导致的局部金融风险甚至系统性金融风险都是无法靠微观金融主体自己来解决的。金砖其他四国政府只能扮演公共产品生产者的角色，一方面，制定法律法规是规范微观主体的行为，并通过监管强制市场主体实施有利于社会整体发展的行为，另一方面，调动国家资源预防和控制金融风险。四国政府乃至世界各国政府都是通过金融公共产品的生产在各自国家的金融风险防范中扮演着决定性角色。

总体来看，金砖其他四国金融系统都是牙买加金融系统的基本组成单位，具有国家金融系统的共性。因此，金砖其他四国金融系统一方面面临各自市场运作带来的金融风险，另一方面都受国际金融体制运作的影响，并面临由国际金融体系运作导致的金融风险。因而，四国面临的金融风险是相同的，即都面临三大类金融风险，而且在此基础上所形成的金融风险防范机制也具有共性。

（二）四国金融风险防范的差异性

与四国金融风险防范所具有的宏观层面共性相比，基于四国金融系统发展阶段不同和面临的金融风险具体情况的不同，四国金融风险防范方面的差异更为明显。

第一，四国金融风险防范的机构设置不同。巴西金融系统是原生型的，俄罗斯金融系统是转型金融系统的典型代表，而印度金融系统则是日益开放的国家资本主义型金融系统代表，南非也是原生市场经济金融系统的代表，四国金融系统各有其特点。因而，根据自己面临的具体情况，四国政府设置了不同的金融风险防范机构。巴西设置了以国家货币委员会为决策核心、以巴西央行和巴西证券委员会为执行系统的监管系统。俄罗斯设置了联邦财政部参与下的、以联邦中央银行和联邦有价证券委员会为决策核心的金融风险监管系统，根据因混业经营和金融市场主体磨合不足带来的金融风险防范的需要，把金融监管系统推向由俄罗斯中央银行集中统一监管的体制。印度则以印度中央银行——储备银行为银行监管决策核心，以证券交易委员会为证券市场决策和监管机构，构架了自己的金融监管系统。南非则依据金融市场发展阶段建立了由南非中央银行——南非储备银行和南非分业监管、南非金融服务局及南非金融情报中心分业监管的体制，目前根据发现的监管漏洞正在推进分业监管体制向牵头监管体制转变。

第二，四国金融监管微观措施存在差异。基于金融系统发育程度、发展方向不同和金融监管系统设置的差异，四国政府金融风险防范的微观措施也存在很大差异。

巴西针对三大类金融风险采取了相应的防范措施。一是根据自己原生型金融系统市场氛围好的特点，采取符合市场规则的防范微观金融风险的措施。如，建立最低银行资本标准制度、制订执行重组州立金融体系计划（PRO－ES）、按照巴塞尔委员会标准要求银行加强内控制度建设等，这些措施致力于增强银行经营的稳健性和抗风险能力建设，有效防范了微观金融风险。二是宏观上采取综合措施，防范系统性金融风险。如，加强对银行的审计力度，打击微观金融主体的违规行为；成立金融信贷证券化公司，购买金融机构的信贷并将其证券化；剥离银行部分呆账、坏账集中管理等措施，防止系统性风险的出现。三是采取措施，防止由跨境资金流动引发的金融风险。如，依照相互性原则允许外资进入巴西金融系统，渐进式开放金融业，通过电子系统严格监测跨境资金流动等。

俄罗斯基于自己金融系统刚刚转轨、立足未稳的特点，采取相应的既带有治理色彩又带有防范色彩的风险防范措施。一是针对俄罗斯金融危机中暴露出的问题，采取有针对性的措施加强微观金融主体建设。如，增加银行资本金的措施，包括实现债务资本化、吸收国内外新资金、吸收从属性贷款、国家以国债形式向银行增资、央行以手持国债或发行债券向银行增资；改善银行资产质量的措施有：将银行不良资产（逾期贷款、流动性差的有价证券、不可变卖的不动产等）转给“信贷机构重组代理公司”，换取良好资产或形成对“代理公司”的长期债权；进行银行间资产负债交换，按照市场价格重估资产；用贷款风险准备金注销部分坏账，等等；增强银行内控能力的措施有：改变银行的组织结构，吸收新的经理人员参与银行管理，增强内控能力。二是根据俄罗斯金融危机之后的局面，俄罗斯当局积极采取措施，营造适宜金融系统运营的环境，治理和防范系统性金融风险。如，重组银行负债的措施有：与债权人达成协议，将其长期债权转化为银行资本，或对银行债务实行延期，实行贷款债务证券化；提高资金流动性的措施有：央行动用大量存款准备金（300 亿卢布）支持银行化解相互拖欠，并向商业银行提供以有价证券作担保的抵押贷款，还与“信贷机构重组代理公司”交换银行资产；以国家信誉为担保，恢复市场对银行的信心；采取各种措施，积极恢复金融市场正常秩序；为银行提供税收优惠。三是根据金融危机中国际游资抽逃的现实，采取有力措施，治理和防范跨境资金流动引起的金融风险。如，建立健全金融监管机构，严格执法，着力遏制违规操作，抑制国际游资的流入。四是针对金融市场和金融监管机构磨合中存在的问题，推进集中统一监管体制的建设，建立由俄罗斯中央银行独家监管的集中统一监管体制。

印度实际上并没有发生实质性金融危机。20 世纪 90 年代的外汇危机，与其说是金融危机，不如说是进口替代型国家经济发展战略执行失控导致的政策失误，不是真正意义上的来自金融市场内部的金融危机。但是，印度金融监管当局立足金融市场国家主导的现实，采取措施，防范金融风险。一是在防范微观金融危机方面的措施有很多。如，在微观金融风险防范方面的措施有：降低银行现金储备率和法定清偿率，增强银行的贷款能力；放松利率管制，促进了银行业的发展；通过财政预算以政府债券的形式向国有银行注资，以提高国有银行的资本充足率；引入竞争机制，为国有银行提高经营管理水平提供条件；成立“迅速纠正行动机构”，迅速介入出现不良迹象的国有银行，避免事态进一步恶化为系统性危机。二是在防范系统性金融危机方面，印度政府也采取了很多措施。如，加强监管机构的专业化建设；建立规范的金融监管制度，加强银行资产评估等事前管理措施；加大证券市场立法和执法力度。三是谨慎处理跨境资金流动问题，掌控市场开放次序。先实体经济后虚拟经济，先经常项目后资本项目，保留资本项目的管制权力，执行渐进式开放路线。

南非立足银行主导金融市场和市场规模较小的现实，根据金融市场的发展状况，采取有针对性的金融监管措施。一是延续法制经济的传统，通过立法夯实金融市场运行的法制基础，通过立法给金融系统主体设立游戏规则。二是借助信息技术进步的最新成果，建立金融信息上报系统，实行严格的信息上报制度。通过市场信息的实时跟踪，把控金融风险动向，及时处理金融风险。三是内外部控制相结合，建立常态化监管机制，实施严格的金融监管。通过常态化监管，实时监控和处置金融市场风险。四是及时推进监管体制改革，实行牵头监管。根据国际金融危机中南非金融风险防范效果评估，对监管系统暴露出的漏洞进行弥补，推进南非原有的分业监管模式向牵头监管模式转型。

总之，立足各自金融生态环境和实体经济发展，四国金融风险防范既有共同点，又有基于各自金融系统的差异。共同点是基于金融系统的市场特性衍生出来的，而差异则是由各国金融系统的特殊性所致。防范金融风险没有万能钥匙，必须具体问题具体分析。

小　结

在对巴西、俄罗斯、印度和南非金砖四个国家金融风险防范进行比较之前，首先要考虑的是比较原则和比较项目的选择。本书选择的比较原则是：由实体经济到虚拟经济、由金融系统到金融风险、由金融风险到风险防范机制的比较顺序；立足各国具体的自然和人文历史情况，尊重各国历史和现实的原则；重事实、重数据的实事求是原则；系统性原则。

在比较大项选择上选取金砖四国实体经济、金融系统、风险防范机制三个指标。金砖四国实体经济的分指标侧重于资金需求相对较多的领域；四国金融系统按照系统组成要素进行比较；四国风险防范机制比较主要侧重于宏观规划和具体措施。

经过比较，金砖四国在金融风险防范上既有共同点也有不同点。共同点是，四国金融风险防范都是市场经济条件下的金融风险防范；四国金融风险防范对象相同：微观金融风险、系统性金融风险和外源性金融风险；四国政府在金融风险防范中都扮演主要角色。这是由市场经济的共性决定的。不同点是，四国金融风险防范的机构设置不同；金融监管的微观措施不同。这是由各国金融系统发育的具体阶段、面临的具体风险特点和文化、历史传统不同决定的。

通过上述研究可知，金砖其他四国的金融系统都属于赶超型实体经济发展战略①下的金融系统，只是四国经济基础不同而表现形式有所不同而已。总结金砖其他四国金融系统设计及其风险防范机制的经验和教训，意在为中国提供参照坐标，防范金融风险，制定适合中国国情的金融发展战略。

第十章　中国金融风险防范的经验借鉴

在内外因素共同作用下，金融系统由低级向高级、由简单向复杂演进。这就是金融系统的发展过程。推动金融系统发展的内因是金融市场主体与监管主体之间的矛盾运动。另外，政府通过修正金融市场主体行为来保证金融系统整体的安全，这也间接地维护了市场金融主体的安全，在国家金融发展战略中发挥着举足轻重的作用。因此，考察清楚影响和决定中国金融系统发展变化因素的发展规律和发展态势，借鉴其他国家金融风险防范的经验，把握好政府扮演的角色，对我国金融系统的发展至关重要。

一、四国金融系统设计与风险防范机制的启示

金砖其他四国的金融系统都是围绕国家发展战略而设计的。巴西的金融系统属于原生型金融系统，是为了满足巴西“进口替代型”的实体经济发展需要而设计的。俄罗斯是转轨型金融系统，反映了苏联解体后急于达到西方发达国家金融系统标准的迫切需求，也是一种赶超色彩较浓的金融

① 20世纪90年代，四国都不同程度地接受了“华盛顿共识”，推行以市场化为核心的新自由主义政策，但都没有改变各国追求超越的根本意图。所以，这里取其共性这样表述。

系统。印度属于国家资本主义型金融系统，反映了印度独立后急于通过国家政权的力量赶超世界先进水平的愿望。南非金融系统是在金融市场自然演化的基础上逐步完善而成的，致力于满足国民经济稳定快速发展的需要。

（一）金砖其他四国金融系统设计和风险防范的原则

虽然金砖其他四国的金融系统设计和风险防范原则各有千秋，但通过对比分析四国金融系统设计和风险防范机制，我们不难得出以下三点结论：

第一，虚拟经济是由实体经济决定的。实体经济不仅决定虚拟经济的形式，还决定虚拟经济的内容；实体经济的发展决定虚拟经济的发展方向和未来前景。实体经济通过资金需求结构决定金融市场内容，进一步决定金融监管机构的设置，即实体经济发展阶段和规模结构决定金融系统的阶段性和规模结构。

第二，金融系统的基础是金融市场，金融市场的发展阶段和规模决定了金融监管机构的结构和发展前景。金融市场主体之间的相互作用决定了金融系统功能结构的复杂程度、资金链条的复杂程度、资金链条断裂的可能性大小，从而也就决定了金融监管机构所要面临的监管任务。因此，金融市场的发展阶段和规模决定了金融监管机构的结构和发展前景。

第三，金融风险防范机制的选择决定于金融市场的发育阶段以及金融监管机构的设置，即决定于存在的问题和可供选择的手段。解决金融风险防范问题没有万能的钥匙，只能根据金融市场的发展阶段具体问题具体分析。

（二）中国从金砖其他四国实践中得到的启示

与金砖其他四国一样，中国也是发展中的转型国家。作为转轨经济的发展中大国，中国在借鉴其他金砖国家的经验，调整金融系统和进行金融风险防范机制选择时要遵循以下三大原则：

第一，一定要根据中国实体经济发展的阶段及实体经济资金需求指明的方向来制定并调整中国金融系统的发展规划。虽然可以适度前瞻，但一定不能脱离本国实体经济的资金需求。

第二，金融系统调整的决策依据是金融市场的现状和未来发展前景，根据金融市场的状况调整金融监管机构的设置，优化整个金融系统。随着中国金融市场的发展及金融风险的变化，中国金融监管机构的设置也可以进行适当调整。

第三，中国要以三大类金融风险防范为目标，制定中国的金融风险防范措施。目前，在牙买加国际金融系统下，各国面临的风险只有三大类：微观金融风险、系统性金融风险和跨境资金流动可能引发的外源性金融风险。在风险防范措施的选择上，要综合考虑所面临的风险和可以调动的监管资源。

总之，在市场经济下的金融系统中，效率最高的就是二级金融系统。当前条件下，各国面临的金融风险种类一定，而且所有的金融风险都是监管机构设置与金融市场协同的结果。因此，中国在金融系统建设中要以实体经济建设为基础，保持金融市场和监管机构的协同共进，避免照搬照抄，立足本国金融市场情况，针对三类金融风险的走势，分清重点，制定政策法规，调整金融监管机构设置，实施具有针对性的金融风险防范措施。

二、中国金融系统发展的基础

新中国成立以来，中国实体经济发生了天翻地覆的变化，实体经济结构的变革为中国金融系统的发展提供了根本保障，金融系统基础设施的建设为中国金融系统进一步发展奠定了坚实基础。

（一）中国金融系统发展的实体经济基础

中国实体经济的发展对金融系统发展提出了新要求。当前，根据中国国家统计局的统计数据，中国国民经济第一产业占国民收入的比重约为10%，第二产业约为40%，第三产业约为50%。而且第二产业和第三产业的企业种类繁多，地域分布广泛，资金需求差异较大。随着第二、三产业的进一步复杂化和国际化，为我国金融系统的进一步发展奠定了坚实的基础。实体经济的发展必然会推动金融系统朝满足实体经济发展需求的方向发展，力求网点多，地域分布广，服务产品种类多，而且要适应当地具体情况。根据实体经济的发展趋势以及实体经济与虚拟经济的互动规律，中国的金融系统在空间上将突破国界限制随中国企业走向世界，实现国际化；同时在功能结构上，也要求实现中国国家金融系统功能结构与国际金融系统功能结构的连接，即中国的价值网将与国际金融系统的价值网交织在一起，最终实现并网。金融系统功能结构的复杂化，要求金融监管系统做出适应性调整，以保证金融系统安全。恐怕金融系统监管机构的改革不是分业监管还是混业监管的问题，关键在于如何以全球的视野，在全球金融监管的坐标下确定中国监管机构的位置。中国应当做好向世界提供公共产品，特别是区域公共产品的准备，在区域或全球金融安全的框架下实现金融安全。

中国实体经济的复杂化、国际化发展趋势表明，中国金融系统无论是在功能结构上还是在空间结构上，都将迎来一个大的发展时期，国际化、复杂化将是其主要特征。中国的金融监管将立足区域或全球以保障自己的安全，纯粹的“阵地保卫战”既无法保障中国的金融安全，也无法适应国际形势。

（二）中国金融系统发展的金融基础设施

中国金融市场已经具备进一步国际化的基础。金融市场包括金融主体和金融运行规则两部分，前者是指从事金融业的机构或个人，后者是指金融市场运行的法律、法规和制度。如果金融主体核心竞争力强，金融市场运行机制完备而健全，那么，这个金融系统遭遇金融风险的概率就低，反之亦然。虽然中国在金融主体核心竞争力建设方面还有很多工作要做，但已经取得明显成效；虽然中国金融市场法律法规及运行机制建设还有待完善，但基本的框架体系已经构建。中国金融基础设施已经为金融系统的国际化做了一定准备。

首先，中国金融市场主体已经完成从一级金融系统下的政府机关到二级金融系统下市场主体的转变，而且，从中国金融系统发展的历程来看，在国家的推动下，我国金融系统已经具备一定的竞争实力。一是内控能力建设按照巴塞尔委员会标准进行。二是财政部通过发行特别国债向银行注资，改善了国有银行资本充足状况；成立资产管理公司，剥离银行不良资产，提高银行资产质量。三是银行上市融资，扩大了银行资产规模，提高了核心竞争力。四是证券业、保险业通过治理整顿市场秩序和重组等措施增强了微观主体的核心竞争力。可以说，在市场经济弱肉强食的规则下，中国金融市场主体增强核心竞争力的措施已经实施，形成了潜在核心竞争力。但由潜在核心竞争力转变为现实竞争力还要经历许多市场风雨的洗礼，须变行为规则为行为习惯，市场习惯还需要进一步驯化。也就是说，中国金融市场主体的各项硬指标都已经存在，关键是还要驯化出一些核心竞争力所需的软元素以及在市场中生存的实际经验，这些要在国际化的舞台上完成。

其次，就金融市场的法律法规建设来讲，中国已经进行了针对金融市场的立法工作，基本的金融市场法律法规都已经建立，如中央银行法、商业银行法等国家金融大法。但是，中国有些金融立法还亟待进行，而且，更为重要的是，中国的法律法规如何形成真正的约束力和强制力是一个亟待解决的问题。

第三，中国的金融系统，由于对微观主体的培育和推动，金融市场法律法规的初步建设，已经具备相当强的抵御金融风险的能力。但是，金融主体抵御金融风险能力的差别以及金融法律法规尚需健全，中国金融系统的潜在隐患还有很多。特别是，中国的金融主体还都生活在中国资本市场没有开放的温室环境中，是否能够应对国际金融市场上的激烈竞争还需时间的检验。

总之，中国的金融系统已经具备了市场化生存所需的基本生存本领和竞争力，已经能够抵御常规金融风险。但是，由于金融主体市场行为的非原生性，法律法规尚需完善，法律法规与行为主体之间尚需磨合，中国的金融市场主体要成为强者尚需磨炼。

三、中国金融系统功能结构与风险防范实践

中国的市场经济体制是计划与市场相结合的经济管理体制，市场是基础资源的配置手段，而计划始终是指导中国经济社会发展的红线。为了执行国民经济发展规划，国家会在不同的时期提出具体的工作重心，各个经济部门围绕这个重心开展工作。金融领域也是如此，即围绕国家发展规划配置金融资源。目前，中国金融系统采取分业经营、分业管理的方式。但是，实际经营过程中也存在混业经营的情况，正如中国人民银行原副行长吴晓灵所说，现在不是允许不允许混业经营的问题，而是混业经营如何监管的问题。中国金融系统的功能结构就是建立在这种现实基础之上的。

（一）中国金融系统的功能结构

中国的银行业、证券业、保险业已经初具规模，能够为企业提供资金支持，呈现多龙头供水的格局。因此，要分析中国金融系统的功能结构，就必须打破行业界限。但是，中国金融系统的价值链和价值网十分复杂，为了分析清楚中国金融系统的价值网，就必须从某个行业入手。就银行子系统来讲，银行是企业间接融资的主渠道，其价值应该是从储户到银行再到生产企业（广义地讲也包括政府和个人这样的资金需求者），并经过银行和企业构成一张互相连接、互相影响的价值网络。但是，企业又可以通过发行企业债券或股票从证券市场直接融资。这样，价值链就从银行子系统连接到了证券子系统。而证券子系统的资金是通过投资者直接投入或通过机构投资者融资得来的，所以，价值链就自然延伸到银行子系统或保险子系统，进一步与投保人或储户连接起来。由于 QFII 制度的实施，证券子系统又把价值链延伸到国外的机构和个人，把融资的触角伸到外汇市场，把国际投资的机构和个人也连接到中国金融系统的价值网上，即中国的金系统功能结构上。QDII 制度的出现也为国内市场资金进入国际市场打开了

通道。所以，中国的金融系统是一个四通八达的价值网络，功能结构十分复杂。各种金融控股公司①出现后，把触角伸到多个领域进行投融资活动，全方位地调动资金，更加剧了中国金融系统的复杂性。正是因为中国金融系统功能结构的复杂性，虽然某个节点的断裂可以通过其他链条补充价值的不足，但是，一个节点断裂后的波及效应也很强烈，某个金融机构的破产可能造成大面积的连带经营困难，迅速地引发系统性风险，甚至爆发金融危机。所以，金融风险防范是当前中国金融监管的重中之重，特别是在热钱大量流入的形势下。

（二）中国金融风险防范实践

所有金融风险都是由于金融主体或金融系统的结构性变化（局部大量网点同时出现危机）改变了资金链或资金网的功能而造成的，是金融系统功能结构的改变带来的系统功能的变化。从系统论的角度看，金融风险防范的本质就是金融监管机构通过调整金融系统本身的功能结构，保持价值在价值网络中的均衡分布，平衡需求和供给，使自己保持稳定，提高资金配置效率。

具体到中国金融系统来讲，金融系统功能结构时刻存在衰退的可能，同时也存在三种类型的金融风险：微观金融风险、系统性金融风险和外源性金融风险。在中国金融系统转轨的过程中，特别是东南亚金融危机之后，中国政府采取有力措施着力加强对这三个方面金融风险的防范。

首先，中国金融监管当局在党中央、国务院的领导下加强了对微观金融风险的防范。在建立二级金融系统的过程中，国家逐步把国有专业银行推向市场，把它培养成具有市场竞争力的金融市场主体。一是通过垄断的办法使它们立足，然后培育其面向市场的经营机制，由机关式管理方式逐渐培育出企业化管理方式。二是明确银行间的借贷关系，逐步强化银行的

① 金融控股公司是指金融企业或者非金融企业通过控股或设立子公司的方式，在金融行业内部提供银行、证券、保险等多种金融服务，从而形成的综合性经济实体。这种经济实体能够跨监管领域调度资金，逃避金融分业监管。

资金约束，由“统一计划，分级管理，存贷挂钩，差额包干”的信贷资金管理办法过渡到“统一计划，划分资金，实贷实存，相互融通”的信贷资金管理办法，最后将中国人民银行与专业银行的资金往来由计划指标分配关系改为借贷关系。在此基础上，国家成立了国家开发银行、中国进出口银行和中国农业发展银行三家政策性银行，承担四大专业银行的政策性金融业务。国有独资商业银行建立商业银行经营机制，与所办经济实体脱钩，强化内部管理和风险控制，改进金融服务，真正从事商业金融业务。三是强化银行资金约束，实行严格授权授信制度，取消贷款规模限制，实行资产负债比例管理，打破利益分配上的大锅饭，全面推行责、权、利相结合的企业化管理改革，将经营效益和资产质量纳入对四家银行管理者的考核，实现了由行政评价向经济评价的转变。打破银行间的业务限制，银行在金融市场自主发展，使专业银行真正成为自负盈亏的企业。国有商业银行建立经营绩效和风险内控机制，实行自主经营、自担风险、自负盈亏、自我约束。通过这一系列的措施，国有专业银行转变为能够自我应对金融市场风险的市场主体。四是进行金融市场主体多样化建设和股份制改造，按照现代企业制度的标准，着力打造具有更高竞争力的市场主体。期间，交通银行重新恢复。招商银行、中信实业银行、中国光大银行、华夏银行、广东发展银行、福建兴业银行、上海浦东发展银行等一批新兴股份制商业银行产生，增强国内金融市场竞争烈度。同时，推行董事会制度，对国有银行进行股份制改造，提高国有银行的经营管理水平。

在金融市场主体改造基本完成之后，面对入世后的国际竞争环境，中国着力打造具有国际竞争力的竞争主体。一是借鉴国际先进监管技术，预防国内金融微观风险。1996 年，中国加入国际清算银行并参加巴塞尔委员会，借鉴国际上规范的现场检查、境外稽核技术，加强商业银行内控能力建设，推行以风险为基础的贷款分类管理方法。二是进行财务重组，优化银行资产结构，增强银行的核心竞争力。1998 年，财政部通过发行特别国债向四家国有银行注资 2700 亿元，专门用于补充资本金，改善国有银行的资本充足状况。1999 年，中国政府成立了四家资产管理公司，剥离银行不良资产1.4万亿元（其中9800亿元为四家银行所有），提高银行资产质量。2003年，中国政府通过汇金公司以股本形式再次向中国银行及中国建设银行各注资225亿美元。2004年，财政部及汇金也以股本形式共向交通银行注资人民币80亿元。随后，交通银行向资产管理公司转移不良贷款约人民币530亿元。2005年，汇金以股本形式向中国工商银行注资150亿美元。通过上述种种努力，中国大型商业银行的资产质量得到大大改善。三是在银行资产结构优化和股份制改造的基础上，银监会着手四大商业银行上市工作。2004年，中国银行和建设银行在股份制改造的基础上上市，引进战略投资者，不仅给银行的发展提供了充足的资本金，而且便于借鉴国外先进管理经验，提高管理水平，增强竞争实力。当然，在银行系统夯实竞争实力，提高风险防范能力的同时，中国的证券业、保险业配合银行业的改造通过整顿市场秩序和重组等措施也完成了上述增强微观主体核心竞争力的努力。

通过上述努力，中国金融市场微观主体普遍提高了资产质量和市场生存能力，提高了核心竞争力，为提高中国金融系统抵御风险的能力打下了坚实的基础。

其次，中国金融监管当局在党中央、国务院的领导下加强了对系统性金融风险的防范。金融系统微观风险向系统风险转化必然经过两个途径：一个是单个金融主体风险爆发后的连带效应，即多米诺骨牌效应；另一个是多个微观金融主体存在的风险集中爆发导致的金融系统风险。中国金融监管当局预防这类风险所做的工作主要在加强监管上。一是摆脱地方政府的掣肘，提高央行监管效率。1998年，为减少传统的行政区划导致的地方政府对中央银行执行宏观政策的掣肘，中国人民银行改按经济区划在全国设置9大跨省市的分行（外加两个营业管理部），撤销了省级分行建制，彻底改变了按行政区划设置分支机构的框架，为提高中央银行金融监管效率，提高风险防范能力铺平了道路。二是实行监管的专业化，以及分业监管。鉴于东南亚金融危机的教训，1998年4月，中国证券监督管理委员会成立，负责证券市场监管。1998年11月，中国保险业监督管理委员会成立，负责监管全国商业保险市场。2003 年 4 月，中国银行业监督管理委员会成立，统一监管银行、金融资产管理公司、信托投资公司等金融机构。中国人民银行的主要职能转变为制定和执行货币政策，更好地发挥作为中央银行在宏观经济调控和防范与化解系统性金融风险中的作用。

这些机构设置和职能分工的调整，适应了中国金融市场的实际情况，实现了专业监管与总体监管的进一步分工，便于在区域层面实施监管，提高了防御系统性风险的能力。

再次，中国金融监管当局在党中央、国务院的领导下加强了对跨境资金流动导致的外源性金融风险的防范。资金跨境流动就是跨越国境的资金转移，其管理是由人民银行下属的专司外币管理的国家外汇管理局来执行的，属于外汇管理的范畴。所谓外汇管理，是指一国政府授权国家货币金融管理当局或其他国家机关，对外汇收支、买卖、借贷、转移以及国际结算、外汇汇率和外汇市场等实行的管制措施。而资金跨境流动既有经常项下的资金流动，也有资本项下的资金流动。并不是所有的跨境资金流动都包藏金融风险，而只是部分资金包含金融风险。经常项下的资金流动只要与国际贸易物资流价值相适应，即具有贸易真实性，就不存在金融风险；存在金融风险能够对金融系统形成冲击的是资本项下的资金流动。所以，中国已于 1996 年 12 月实现了人民币经常项目可兑换，但对资本项目外汇进行严格管理，即限制国际资本流动。国际资本流动分为三类：直接投资、证券投资和外债。直接投资一般是基于长期商业利益和战略规划，撤资时需要出售厂房和设备等的投资。与其他资本相比，外商直接投资突然发生逆转的可能性不大，稳定性强，而且能够给驻在国家带来较多就业机会，甚至可能产生技术和管理上的“溢出效应。”证券投资一般期限短，波动大。其最大风险是可能带来金融市场的突然崩溃，引发金融危机。同直接投资和证券投资相比，外债的最大特点是需要偿还。近年来，国际借贷和实际项目投资相脱离的现象越来越普遍，很多的对外借款被用于非生产性用途。短期的外债非常容易波动，甚至出现大规模流入流出，潜藏比较大的金融危险。所以，国际资本流动的证券投资资本和外债就是中国跨境资金流动外汇管理的重中之重。

针对跨境资金流动性风险，中国采取了一系列措施。

一是实行经常项下资金跨境流动真实性审核。虽然1996年中国正式接受《国际货币基金协定》第八条款，实现了人民币经常项目可兑换，但是，为了区分经常项目和资本项目交易，防止无交易背景的逃骗汇及洗钱等违法犯罪行为，中国经常项目外汇管理仍然实行真实性审核（包括指导性限额管理），保证跨境资金流动的真实性及其与交易活动的一致性。根据国际惯例，这并不构成对经常项目可兑换的限制。具体政策是实行进出口收付汇核销制度。货物出口后，由外汇局对相应的出口收汇进行核销；进口货款支付后，由外汇局对相应的到货进行核销。以出口收汇率为主要考核指标，对出口企业收汇情况分等级进行评定，根据等级采取相应的奖惩措施，扶优限劣，并督促企业足额、及时收汇。建立了逐笔核销、批量核销和总量核销三种监管模式，尝试出口核销分类管理，并推广使用了“出口收汇核查系统”，强化经常项下贸易真实性审核。

二是对资本项目实行部分管制。按照“循序渐进、统筹规划、先易后难、留有余地”的改革原则，中国逐步推进资本项目可兑换。2004年底，按照国际货币基金组织确定的43项资本项目交易中，我国有11项实现可兑换，11项较少限制，15项较多限制，严格管制的仅有6项。除国务院另有规定外，资本项目外汇收入均需调回境内。境内机构（包括外商投资企业）的资本项目下外汇收入均应向注册所在地外汇局申请在外汇指定银行开立外汇专用账户进行保留。对这些剩余项目，中国实行了严格的管制。①加强对外商直接投资的监管。外商投资企业的资本金、投资资金等须开立专项账户保留；外商投资项下外汇资本金结汇可持相应材料直接到外汇局授权的外汇指定银行办理，其他资本项下外汇收入经外汇局批准后可以结汇；外商投资企业资本项下支出经批准后可以从其外汇账户中汇出或者购汇汇出；为进行监督和管理，对外商投资企业实行外汇登记和年检制度。① 近几年，国家外汇政策及规则对相关条款进行了便利化完善，但没有改变严管的态势。②境内机构进行境外投资，需购汇及汇出外汇的，须事先报所辖地外汇分局（外汇管理部）进行投资外汇资金来源审查；全部以实物投资项目、援外项目和经国务院批准的战略性投资项目免除该项审查；境外投资项目获得批准后，境内投资者应到外汇管理部门办理境外投资外汇登记和投资外汇资金购汇汇出核准手续。国家对境外投资实行联合年检制度。② 当前，相管法规也进行了便利性完善，但依然保持严管态势。严格证券投资管制。在证券资金流入环节，境外投资者可直接进入境内 B 股市场，无须审批；境外资本可以通过合格境外机构投资者（QFII）间接投资境内 A 股市场，买卖股票、债券等，但合格境外机构投资者的境内证券投资必须在批准的额度内；境内企业经批准可以通过境外上市（H 股），或者发行债券，到境外募集资金调回使用。证券资金流出管理严格，渠道有限。除外汇指定银行可以买卖境外非股票类证券、经批准的保险公司的外汇资金可以自身资金开展境外运用外，其他境内机构和个人不允许投资境外资本市场。后来，批准了个别保险公司外汇资金境外运用，投资境外证券市场。另外，批准了中国国际金融有限公司进行金融创新试点，开办外汇资产管理业务，允许其通过专用账户受托管理其境内客户的外汇资产并进行境外运作，批准国际开发机构在中国境内发行人民币债券。2008 年

---

① 参阅:《外国投资者境内直接投资外汇管理规定》,http://www.safe.gov.cn/wps/portal/! ut/p/c5/04_SB8K8xLLM9MSSzPy8xBz9CP0os3gPZxdnX293QwMLE09nA09Pr0BXLy8PQ8swY6B8pFm8s7ujh4m5jwFQ3t3AwNPEyd_PwznQ0MDTmIDucJB9yCq8wyyAKkyDnb1CvY2MvM0h8vjMB8kb4ACOBvp-Hvm5qfoFuREGmQHpigBUDgKa/dl3/d3/L2dJQSEvUUt3QS9ZQnZ3LzZfSENEQ01LRzEwODRJQzBJSUpRRUpKSDEySTI! /? WCM_GLOBAL_CONTEXT=/wps/wcm/connect/safe_web_store/safe_web/zcfg/zbxmwhgl/zjtzwhgl/node_zcfg_zbxm_kjtz_store/931334804f92a8009c79bebabd3994e6.

② 参阅:《境内机构境外直接投资外汇管理规定》,http://www.safe.gov.cn/wps/portal/! ut/p/c5/04_SB8K8xLLM9MSSzPy8xBz9CP0os3gPZxdnX293QwMLE09nA09Pr0BXLy8PQ8swY6B8pFm8s7ujh4m5jwFQ3t3AwNPEyd_PwznQ0MDTmIDucJB9yCq8wyyAKkyDnb1CvY2MvM0h8vjMB8kb4ACOBvp-Hvm5qfoFuREGmQHpigBUDgKa/dl3/d3/L2dJQSEvUUt3QS9ZQnZ3LzZfSENEQ01LRzEwODRJQzBJSUpRRUpKSDEySTI! /? WCM_GLOBAL_CONTEXT=/wps/wcm/connect/safe_web_store/safe_web/zcfg/zbxmwhgl/zjtzwhgl/node_zcfg_zbxm_kjtz_store/2be9f6804850488cb8bbba362e8d3913.

国际金融危机之后，特别是当前美元启动加息周期之后，中国收紧对外投资的口子，强化了对境外投资的监管，对有资金转移嫌疑的项目加强监管。

三是严格外债管制，加强资金流入管理，积极防范金融风险。①对外债实行计划管理。金融机构和中资企业借用1年期以上的中长期外债需纳入国家利用外资计划。1年期以内（含1年）的短期外债由国家外汇管理局管理。外商投资企业借用国际商业贷款无须事先批准，但其短期外债余额和中长期外债累计发生额之和严格控制在其投资总额与注册资本额的差额内。所有的境内机构（包括外商投资企业）借用外债后，均需及时到外汇局定期或者逐笔办理外债登记。实行逐笔登记的外债，其还本付息都需经外汇局核准（银行除外）。地方政府不得对外举债。境内机构发行商业票据由国家外汇管理局审批，并占用其短贷指标。②对外资银行外债实行总量控制。外资银行向境内机构发放的外汇贷款按照国内外汇贷款管理。实行支付结汇制，严控资本项目资金结汇。将外商投资企业短期外债余额和中长期外债累计发生额严格控制在“投注差”内，明确规定外商投资企业的境外借款不可以结汇用于偿还国内人民币贷款。以强化真实性审核为基础，加强对出口预收货款和进口延期付款的管理。将境内机构180天（含）以上、等值20万美元（含）以上延期付款纳入外债管理；境内注册的跨国公司进行资金集中运营的，其吸收的境外关联公司资金如在岸使用，纳入外债管理；境内贷款项下境外担保按履约额纳入外债管理，由债务人逐笔登记改为债权人定期登记，并且企业中长期外债累计发生额、短期外债余额以及境外机构和个人担保履约额之和，不得超过其投资总额与注册资本的差额。同时，规范了特殊类外商投资企业的外债管理，并将境内贷款项下境外担保按履约额纳入外债管理。加强对居民和非居民个人结汇管理，严防跨境资金由个人项下流入。③加强对或有债务监管。对外担保属于或有债务，其管理参照外债管理，仅限于经批准有权经营对外担保业务的金融机构和具有代位清偿债务能力的非金融企业法人可以提供。除经国务院批准为使用外国政府贷款或者国际金融组织贷款进行转贷外，国家机关和事业单位不得对外出具担保。除财政部出具担保和外汇指定银行出具非融资项下对外担保外，外汇指定银行出具融资项下担保实行年度余额管理，其他境内机构出具对外担保须经外汇局逐笔审批。对外担保须向外汇局登记，对外担保履约时需经外汇局核准。

但是，中国并没有防止跨境非法资金流入而堵塞国内企业合法融资的渠道。中国银行已获准进行全球授信，为境外企业发展提供后续融资支持；允许境内居民（包括法人和自然人）以特殊目的公司的形式设立境外融资平台，通过反向并购、股权置换、可转债等资本运作方式在国际资本市场上从事各类股权融资活动；允许跨国公司在集团内部开展外汇资金运营；允许个人合法财产对外转移。

四是加强对金融机构外汇业务监管及外汇管理执法。目前，经常项目的外汇收支基本上直接到外汇指定银行办理；资本项目的外汇收支经外汇管理部门批准或核准后，也在外汇指定银行办理。银行在办理结售汇业务中，必须严格按照规定审核有关凭证，防止资本项目下的外汇收支混入经常项目结售汇，防止不法分子通过结售汇渠道骗购外汇。加大外汇查处力度，打击地下钱庄，整顿外汇市场秩序，积极推进外汇市场信用体系建设，遏制资金通过地下钱庄非法流入。

五是强化国际收支统计监测，加大外汇市场整顿和反洗钱力度。完善银行结售汇统计系统；升级国际收支统计监测系统，加强对跨境资金流动的监测；加快建设国际收支统计监测预警体系，建立和完善中国高频债务监测系统和市场预期调查系统，不断提高预警分析水平。建立和完善外汇反洗钱工作机制，2003 年起正式实施大额和可疑外汇资金交易报告制度，加强反洗钱信息分析工作。2008 年 7 月，针对经常项目跨境资金流动量大的情况，国家实行经常项目联网核查和外债登记制度，严格监控跨境资金流动，防范由国际资本跨境大规模流动引发的金融风险。

通过这些措施以及相关的法律法规的贯彻执行，中国外汇管理部门严把资金跨境流动的关口，保证跨境资金有序流入流出，严防资金非法流入和短期集中流出，防范由跨境资金流动引发的金融风险。

四、中国金融风险防范的经验借鉴

一般来说，治理是一个上下互动的管理过程，它主要通过多元、合作、协商、伙伴关系、确立认同和共同的目标等方式实施对公共事务的管理，其实质在于建立在市场原则、公共利益和认同上的合作。它所依赖的管理机制不只是单纯的政府权威，而更多的是合作网络的权威。[①] 治理所关注的是“如何在日益多样化的政府组织形式下保护公共利益”。[②]金融风险防范问题也就是金融风险治理的公共管理问题。通过公共管理学提供的透镜，我们发现，国家金融风险是以系统形态存在的，其防范主体不是只有一个，而是由政府、金融市场主体和个人构成的一个系列。这里面就存在两个问题：一是如何合理划分政府和非政府组织之间的治理边界，动员所有相关金融主体参与金融风险防范，以最大限度实现公共利益；二是政府如何最大限度地完成自己的使命。

（一）调动市场力量参与金融风险监管

对于第一个问题，我们应当立足中国金融系统发展的国际国内形势，以公共管理理论为指导，采取适当的对策。

首先，金融监管机构要积极推进中国金融系统市场化改革，切实处理好政府与市场主体在金融风险防范责任上的合理划分。处于金融系统发展敏感期的中国，既面临国内微观金融风险防范的任务，又面临系统性金融风险防范的任务，还面临各种外源性金融风险防范的任务。中国金融监管部门依靠部门扩张是不可能成功解决所有金融风险防范问题的，监管效率降低、机构臃肿庞大就是一个无法逾越的鸿沟。依据公共管理理论，市场主体和各种中介组织也是市场监管的重要力量，政府要充分挖掘这些市场主体的潜力，一方面规避其个体理性的缺陷，另一方面要挖掘其抵御金融

① 陈振明，薛澜．中国公共管理理论研究的重点领域和主题[J]．中国社会科学，2007(3)：141－142.

② 经济合作与发展组织．分散化的公共治理：代理机构、权力主体和其他政府实体[M]．国家发展和改革委员会事业单位改革研究课题组，译．北京：中信出版社，2004：3.

风险的潜力，分担部分监管任务，提高金融风险监管效率。对于外源性金融风险防范任务，政府无法分割给市场主体，但国内各层面的金融风险防范任务完全可以下放到市场，通过金融市场主体和民间机构解决，解放自己，以便腾出更多的精力和时间应对来自国际金融市场上的金融冲击。但是，金融市场主体既有风险防范的动力，也因利益驱使而有更高层次风险防范的惰性，无法全心全意生产公共产品。因而，政府在强化金融市场主体风险防范责任的同时，要切实采取有效措施抑制金融市场的“搭便车”行为。因此，中国金融监管机构，在未来的一段时期内，应当加强国内基础环境建设，推动法制建设，调动国内金融市场的力量积极参与国内金融风险防范工作，凡是市场能够解决的问题都交给市场，使金融市场主体更多地分担金融风险防范的任务。这样，政府金融监管部门就可以把主要精力放在应对来自国内、国际金融市场上的金融风险，加快实现由内向型监管向外向型监管转变。

其次，政府在为本国提供诸如金融安全等公共金融产品的同时，应加强与世界各国及国际组织的合作，积极参与区域乃至全球公共金融产品的生产，在造福世界的同时，实现本国经济增长。市场体制下的国际金融市场依据弱肉强食的法则运行，国际金融系统在一定程度上扮演了国家间价值分配的角色，是当今金融强国剥夺其他弱国劳动成果的工具。虽然国际金融系统的运行存在事实上的不公平，但世界绝大多数国家都渴望公平。所以，中国政府的金融监管机构要顺应国际道义的要求，积极参与国际金融系统改革，顺势利导，推动国际金融系统朝公平方向发展，积极参与区域和全球公共金融产品的生产，在保证本国利益的前提下，造福于世界各国，真正担负起世界大国的责任。

（二）借鉴他国经验，提升监管效果

对于第二个问题，中国要从巴西、印度和俄罗斯的金融风险防范实践中吸取经验教训，遵循二级金融系统发展的规律，积极稳妥地推动中国的金融风险防范。

首先，任何情况下政府决策都要立足于中国实体经济的发展。作为发展中的大国，中国今天之所以能重新回归世界舞台的中心，靠的就是实体经济发展提供的机会，而资本运作还没有给中国带来多大收益。在金融系统还没有跻身国际金融市场的中心之前，中国的发展还必须依靠实体经济的发展不断积累经济剩余。所以，中国金融监管决策必须坚持实体经济发展是第一位的原则。

其次，充分利用现代科技发展的最新成果，加强金融风险防范能力建设。系统论、信息论和控制论的发展带来了许多科技成果，这为提高监管效率、提升监管能力提供了现实基础。中国金融监管部门要积极利用先进科技成果，提升中国金融监管能力。比如，现代信息技术为监管机构利用电子监测系统加强金融监管，实行非现场监管提供了基础。因此，中国金融监管部门要充分利用信息技术最新成果，严格监管跨境资金流动，严格监测国内金融系统结构的变化，为依法监管、科学监管创造条件。

第三，要用战略眼光审视当今国际金融系统的变化，积极推动国际金融系统的改革。国际金融系统是各国金融系统赖以生存、发展的外部环境，作为一种结构性力量影响世界价值的分配格局。与此同时，牙买加国际金融系统运作会导致国际资本周期性流入流出美国市场，引发外围国家资产价格的涨落，进而引发资金进出外围国家的周期。因此，中国金融监管部门要用战略眼光审视当今国际金融系统的变化，针对其不同的周期时点采取不同的国民经济宏观调控策略，规避国际资本流动可能导致的金融风险，维护国家经济安全；针对国际体系的变化规律，制定国家金融战略，维护国家利益。与此同时，中国要积极开展金融外交，联合广大发展中国家尽最大努力推动国际金融系统的合理化改革，维护发展中国家的共同利益，为中国和平发展创造结构性有利条件。

第四，紧跟市场变化，及时防范可能的金融风险。巴西、南非等自由市场经济国家的金融风险监管，都强调对市场变化的评估，紧跟市场变化，制定防范对策。比如，2008 年国际金融危机之后，南非就开展了对国家金融监管机构在应对国际金融危机中的表现的评估活动。通过评估，南非发现，金融监管部门之间的不协调和各自为政暴露出很多监管漏洞，于是决定推动金融系统向牵头监管模式转型。中国要向这些国家学习，紧跟市场变化，及时化解可能的金融风险。

总之，中国金融系统的二级金融体制已经建立起来，而且发展到关键时期，挑战和机遇并存。作为中国金融风险防范的主要主体，中国政府一定要抓住机遇，立足国际和国内两个市场，充分调动其他金融风险防范主体的积极性，既要建设好本国金融系统的功能结构，又要适时推动本国金融系统的空间结构向全球扩展；既要生产国家公共产品，又要生产区域性和国际性公共产品；既要防范系统内风险，又要防范国际金融系统风险，确保国家和平发展战略的顺利实现。

小　结

金砖其他四国的金融系统设计和风险防范原则的经验表明，虚拟经济是由实体经济决定的；金融系统的基础是金融市场，金融市场的发展阶段和规模决定金融监管机构的结构和发展前景；金融风险防范机制的选择决定于金融市场的发育阶段以及金融监管机构的设置，即决定于存在的问题和可供选择的手段。中国在调整金融系统和进行金融风险防范机制选择时要遵循以下三大原则：①根据中国实体经济发展阶段、实体经济资金需求方向，调整中国金融系统的发展规划；②金融系统调整的决策依据是金融市场的现状和未来发展前景，根据金融市场的状况调整金融监管机构的设置，优化整个金融系统；③以三大类金融风险防范为目标配置金融风险防范措施。

中国经济发展的现实表明，中国金融系统无论是在功能结构还是在空间结构上都会迎来一个大的发展时期。中国实体经济发展呈现不断复杂化、国际化趋势；中国金融市场主体已经完成从一级金融系统下的政府机关到二级金融系统下市场主体的转变；基本的金融市场法律法规都已建立；中国的金融系统已具备相当强的抵御金融风险能力；微观金融风险、系统性金融风险、外源性金融风险的防范方面已经有了有效实践。

借鉴金砖其他四国的经验，中国金融发展要在以下几个方面继续努力：一是在调动市场力量参与金融风险监管方面，要积极推进金融系统的市场化改革，切实处理好政府与市场主体在金融风险防范责任上的合理划分；政府在为本国提供诸如金融安全等公共金融产品的同时，要加强与世界各国及国际组织的合作，积极参与区域乃至全球公共金融产品的生产，占领国际道义的制高点，在造福世界各国的同时，实现本国经济剩余的增长。二是在提升监管效果方面，中国政府的任何决策都要立足中国实体经济的发展；充分利用现代科技发展的最新成果，加强金融风险防范能力建设；要用战略眼光审视当今国际金融系统的变化，积极推动国际金融系统的改革；紧跟市场变化，及时防范可能的金融风险。

第十一章　当前人民币国际化的战略环境

在牙买加国际金融系统下，所有经济体都面临由跨境资本流动带来的外源性金融风险。2005 年汇改之前，中国实际并不存在跨境资本流动引发的外源性金融风险，因为中国对跨境资本流动实行严格的外汇管制。但随着汇率形成机制市场化改革的启动和推进，即人民币国际化，在放开经常项下资本跨境流动管制、实行自由化之后，中国资本项下市场化改革也在快速推进。随着中国外汇市场的自由化改革的不断推进，中国跨境资本双向自由流动的局面日益形成，人民币越来越国际化（见附录）。所以，在人民币国际化和资本跨境大规模流动导致的金融风险可能性增加的条件下，中国金融系统发展越来越多地受到国际环境的影响，不断评估和考察国际环境的状况和发展态势，防范金融风险，已经变得越发重要。

一、全球信息基础设施加速互联网化

当前，国际环境中的最大变化就是信息技术革命引发的各领域的变革，特别是人类基础设施的信息化升级。科学技术革命不仅推动了人类由农业社会向工业社会的变革，更推动了人类社会加速进入信息社会。当前，信息基础设施已成为当今世界最重要的新增基础设施。作为信息基础设施的表现形式，全球互联网技术和装备的应用已经深入人类社会经济生活的方方面面，推动着产业变革。随着关键技术的日趋成熟，全球信息技术的应用进入了大规模拓展期。当前，全球互联网应用已初具规模，基本实现了全球覆盖，成为当今世界最重要的新增基础设施。

（一）全球信息基础设施应用已覆盖五大洲

当前，全球信息基础设施应用规模持续扩张，虽然五大洲互联网用户数占全球总户数的比例不同，但已覆盖全球。一是全球互联网用户数在持续快速增长。如图 11－1 所示，截至 2015 年底，全球互联网用户已达 30 亿，增长平稳，每年的同比增长率都高于 9%，最高时超过 15%。虽然世界互联网用户规模增速放缓将是未来一段时期的常态，但并没有改变全球互联网用户持续增加的基本态势。根据世界互联网统计机构的数据，截至 2017 年 6 月底，全球互联网用户总计已达约 38.86 亿户。其中，互联网用户数在发展中国家的发展速度更快。如图 11－2 所示，印度互联网用户 2015 年同比增长率达到了 40%，远超世界的平均增长率 10%。2015 年 3 季度，印度已超过美国，成为继中国之后的第二大互联网用户市场。这些数据表明，互联网基础设施正快速覆盖全球。二是互联网全球覆盖率存在较大差异。根据世界互联网统计机构的数据，如图 11－3 所示，截至 2017 年 6 月底，亚洲互联网用户数占全球用户总数比例持续上升，占比 49.7%，依然保持用户数全球第一的地位；欧洲地区用户数居世界第二，占比 17.0%；拉美和加勒比海地区占比 10.4%，非洲占比 10.0%，北美地区占比 8.2%，中东地区占比 3.8%，大洋洲占比 0.7%。其中，亚欧大陆总体约占 66.7%，欧亚非总体约占 76.7%。可见，虽然各地区互联网用户数占全球总数的比例不一，但互联网用户遍布全球已经是个不争的事实，人类社会进入了信息技术引发的互联网时代。

（二）全球信息基础设施应用已覆盖全球近半数人口

首先，虽然各大洲互联网实际用户数分布不均衡，但全球信息基础设施应用规模在持续扩张。据世界互联网统计机构的数据，如图 11－4 所示，截至 2017 年 6 月底，亚洲地区互联网用户规模最大，大约为 19.38 亿户；其次是欧洲，约为 6.59 亿户；位于世界第三位的是拉丁美洲和加勒比海地区，约为 4.04 亿户；非洲约为 3.88 亿户；北美地区变化不大，用户数保持在 3.20 亿户左右；中东地区约为 1.47 亿户；大洋洲仅有约 0.28 亿户。

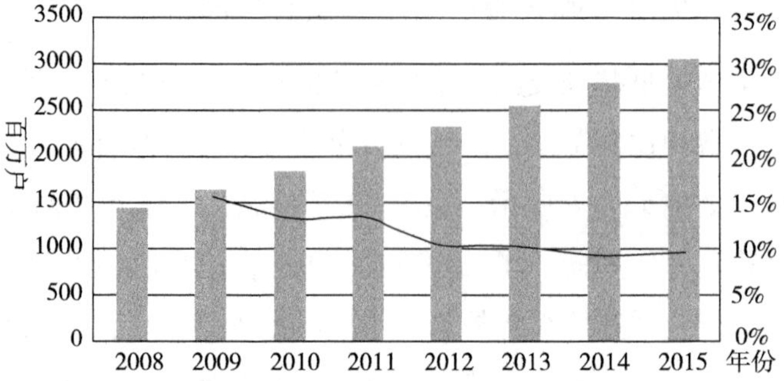

图 11－1　全球互联网用户数变化趋势（2008—2015 年）

资料来源：KPCB，Mary Meeker 2016 年度《互联网趋势报告》（*Internet Trends*）。

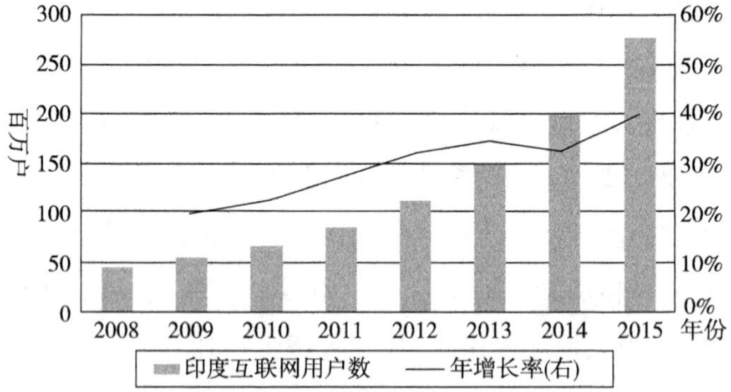

图 11－2　印度互联网用户变化趋势（2008—2015 年）

资料来源：KPCB，Mary Meeker 2016 年度《互联网趋势报告》（*Internet Trends*）。

其中，亚欧大陆总体约为 25.97 亿户，欧亚非总体约为 29.85 亿户。可见，网民全球分布十分不均匀，亚欧两大洲用户较多，中东和大洋洲网民数量相对较少。亚欧两大洲是世界互联网应用的主要地区，网民数呈现快速攀升态势。

目前，信息基础设施应用规模持续扩张，在互联网对人口的渗透率上表现为发达经济体渗透率远高于发展中国家，而后者扩张的步伐呈现不断加快的态势。据世界互联网统计机构的数据，如图 11－5 所示，截至 2017

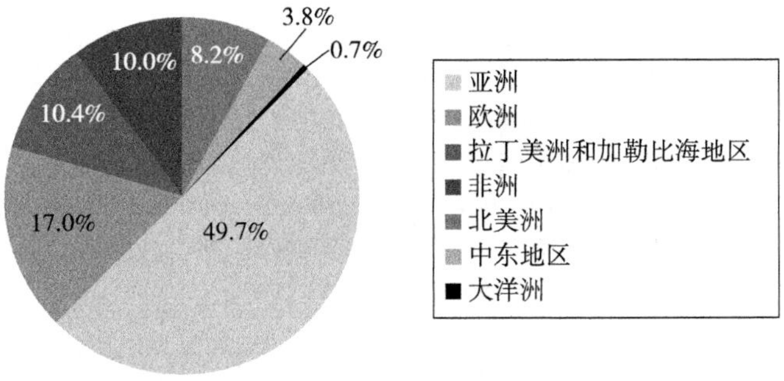

图 11－3　全球互联网用户地区分布（截至 2017 年 6 月底）

资料来源：Internet World Stats，www. Internet world stats. com/stats. htm.

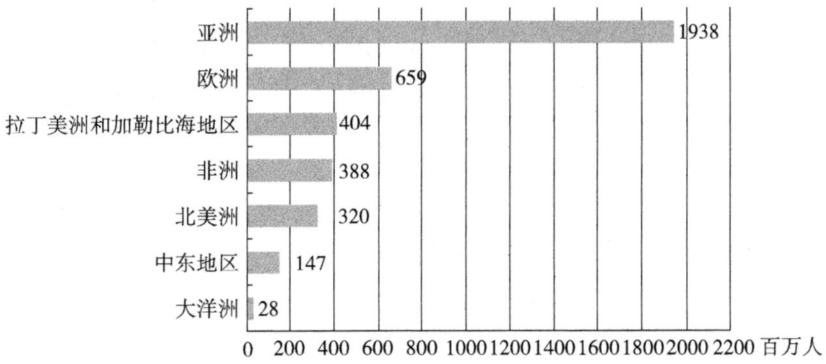

图 11－4　全球互联网用户的地理分布（截至 2017 年 6 月底）

资料来源：Internet World Stats，www. Internet world stats. com/stats. htm.

年 6 月底，互联网对北美人口的渗透率已经达到 88. 1%，位居第一；欧洲人口的互联网渗透率为 80. 2%，位居世界第二；大洋洲人口的互联网渗透率为 69. 6%，拉丁美洲和加勒比海地区人口的互联网渗透率为 62. 4%，中东地区人口的互联网渗透率为 58. 7%，亚洲和非洲人口的互联网渗透率分别仅为 46. 7% 和 31. 2%，远低于世界平均值 51. 7%。渗透率是指一国网民数占其总人口的比例，反映了互联网在该经济体的普及率。全球互联网渗透率的现状表明，与亚非发展中国家在当今世界竞争格局中的落后状态相对应，其在世界信息技术革命中也处于落后状态，但随着信息技术硬件成本的降低，其扩张步伐在加快。

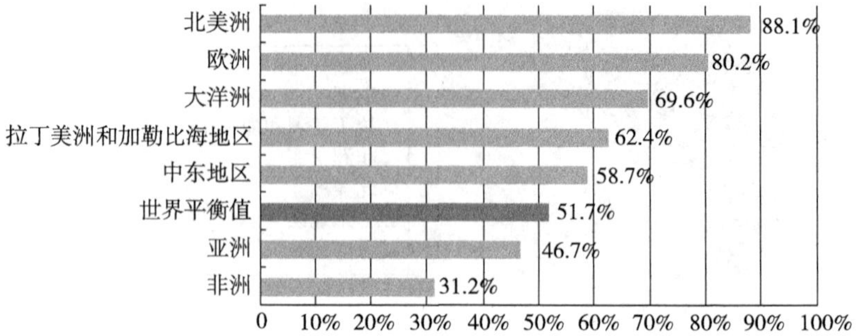

图 11－5　全球互联网用户的人口渗透率（截至 2017 年 6 月底）

资料来源：Internet World Stats，www. Internet world stats. com/stats. htm.

其次，全球互联网用户规模增速放缓，规模却在不断攀升新高度。据世界互联网统计机构的数据，世界互联网用户在以每年大约 2 亿户的规模快速增长，总规模持续扩大。然而，互联网用户增长率并不随着互联网用户规模的增加而增加，而是在下降，2012 年增长 12%，2015 年增长 9%。另据 2016 年 KPCB 的《互联网趋势报告》，2015 年，全球智能手机用户的增长率相较于 2014 年的 31%，已放缓至 21%。而且，全球智能手机单位出货量急剧下降，只有 10% 的增长，而 2014 年度为 28%。安卓手机继续抢占 iOS 的市场份额，在美国的销售价格持续下降。可见，新互联网用户获得的难度加大。KPCB 在 2014 年 5 月发布的《互联网趋势报告》认为，造成互联网用户增长率下降的主要原因是，“互联网普及率高于 45% 的经济体的网民增速在放缓，互联网普及率低于 45% 的经济体的网民增速虽然在增加，但难以抵销互联网普及率高于 45% 的经济体的互联网用户增速放缓的影响。考虑到互联网普及率低于 45% 的经济体经济发展的滞后性，经济发展收益增加难以支撑其国民购买网络设备的需求，难以形成互联网用户快速增长的局面，但增长趋势不会改变。”① KPCB 2016 年发布的《互联网趋势报告》认为，因不发达和/或欠发达和不富裕国家的新市场尚未开放，智能手机材料成本在这些国家人均收入的占比非常高。

---

① 徐长春，贾文学 . 2014 年全球互联网引发的变革研究［A］. 中国国际经济交流中心 . 国际经济分析与展望（2014—2015）［M］. 北京：社科文献出版社，2015：406.

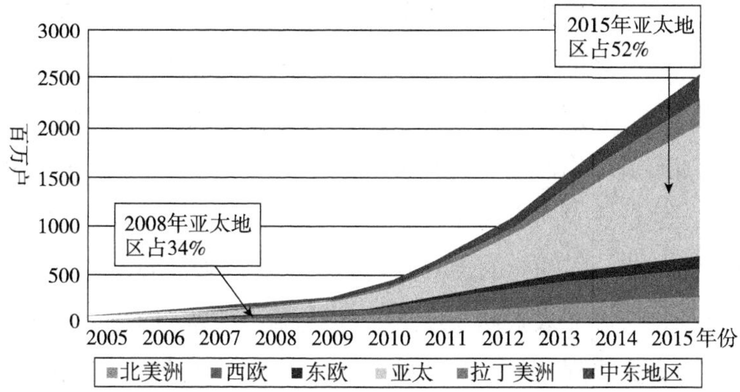

图 11－6　全球智能手机用户变化趋势（2005—2015 年）

资料来源：KPCB，Mary Meeker 2016 年度《互联网趋势报告》（*Internet Trends*）。

总之，在信息技术革命的推动下，全球信息基础设施已覆盖全球一半以上的人口，空间上已全面覆盖五大洲，成为当代人类社会经济生活的新基础设施。也就是说，当前人类经济社会活动的工具已经实现信息化升级，各国经济金融活动的国际环境也已发生根本性改变。

二、全球经济正加速信息化转型升级

随着信息基础设施成为人类最重要的规模最大的新增基础设施，人类社会三次产业的装备都呈现信息化趋势，组织方式也随着通信联络方式的改变而演变，产业运作模式为适应信息化环境而做出适应性调整。可见，全球经济正在发生重大变革。

（一）信息技术革命推动农业产业变革①

在以互联网为代表的信息技术革命成果的推动下，农业生产资料的操作方式和农业生产资料的组合方式在加速改变，农业产业正在发生非常重

① 参阅：国家发改委 2016 年委托中国国际经济交流中心课题"信息化条件下一二三产业融合的趋势和特点"；中国国际经济交流中心课题组．互联网革命与中国业态变革［M］．北京：中国经济出版社，2016.

大的变化。借助信息技术，农业正在形成从生产、流通到销售再到消费的全过程信息透明化可追溯体系，食品安全有了技术保障；在信息技术应用的推动下，农村电商正成为农民买、卖的重要渠道，订单农业加速形成。农业产业加速信息化，传统农业快速信息化升级而呈现全新的发展特点。

首先，信息技术的应用和农业互联网、物联网的应用使农业装备呈现信息化、智能化、自动化的趋势及特点。一是农业机械呈现智能化和自动化的趋势及特点。在农业机械大型化的基础上，基于 GPS、GIS 等的现代信息技术装备武装到这些农业机械上，为农业机械的自动化和远程操作管理奠定了基础，使农业机械驾驶、施肥、喷药和播种等传统操作可以实现智能化和自动化，使劳动者从繁重的劳动中解脱出来。二是基于现代信息技术的遥感、传感等先进技术装备在农业上的应用，为农业生态系统的自动化和远程操作管理奠定了基础，为农业田间动态监控和人工远程管理奠定了基础。例如，在农业灌溉方面，基于互联网、物联网提供的技术便利，利用农田土壤水分数据自动采集系统可以远程监控土壤墒情、酸碱度、养分、气象等农作物生长环境状况。根据这些数据，智能节水灌溉系统能够自动控制农田的灌溉水量、肥料量。也就是说，农业已经能够实现灌溉的智能化、可控化。另外，借助现代信息技术装备，农业病虫害防治、作物管理等传统农业生产操作也可以实现远程化、自动化管理。总之，以计算机为中心，依靠互联网、物联网的联通，集感知、传输、控制、作业为一体，基于现代信息技术综合集成的智慧农业生产装备体系已经成型，并在农业生产系统中快速应用起来。农业信息化、智能化、自动化趋势势不可当，并推动高效设施农业生产模式成为一种历史潮流。

其次，随着现代信息技术的渗透，农业营销模式呈现电商化趋势及特点。随着智能移动终端的发展，农业电商发展所需的信息技术基础条件日趋成熟。通过互联网能够有效整合农业生产者、经营者和消费者之间的关系，搭建起农业交易电子商务平台，为众多农业企业提供优质的网络交易平台。农业电商平台的兴起削弱了长期困扰市场的信息不对称问题，减少了产品到达用户的中间渠道环节，降低了购销双方大量的时间和经济成本。由于农业电商既可以有效保障农产品供销渠道的畅通，降低交易成本，增加农民收入，又可通过信息对称有效控制农产品市场风险，农业营销模式呈现快速电商化趋势。

第三，在现代信息技术创新和应用的大力推动下，农业产业整体呈现集约化、标准化和农产品质量可追溯化的趋势及特点。一是农业生产工具的信息化、智能化和自动化发展，意味着农业生产装备的现代化以及农业的设施化，要求农业生产规模化和集中化，也意味着随着农业信息化的深入发展，农业产业将呈现集约化的发展态势，将来农业企业的兼并集中不可避免，农业龙头企业引领、农业服务企业辅助将成为普遍现象。二是随着农业的信息化和集约化，农业生产将呈现标准化趋势及特点。互联网、云计算等先进的信息技术在农业中的广泛应用，使建立覆盖面广、针对性强的农业标准信息库成为可能。统一、标准、规范、精准的数据库系统，进一步推动有效的农业发展行业研究标准和相关数据产生，为农业进一步发展提供流程指导和农业标准动态数据库资源支持。这种正反馈机制，在标准化带来的经济红利的刺激下，不断推进农业标准化进程，先是在农业技术标准化的基础上刺激农业生产流程的标准化，再进一步推进农业管理的标准化，打造标准化的农业生产方式。而且，由信息化推动的农产品供给和消费的可预测性和可计划性也为农业标准化提供了助力。三是随着农业的信息化和集约化，农产品质量可追溯化趋势及特点成为现实。随着信息技术在现代农业中的应用，农产品安全保障体系——农产品质量可追溯体系借助信息识别技术得以实现。借助于互联网技术，农业企业将二维码、移动终端、物联网等先进信息技术和装备在农产品的生产加工、流通、销售等诸多环节推广应用，形成包含农副产品的产地、采摘时间、采摘人、包装日期、化肥使用、农药使用等可追溯信息的标签；在此基础上构建质量安全追溯服务平台，建立责任体系，保证质量合格、绿色环保、无公害的农产品提供给消费者。监管部门据此建立农产品上下游追溯体系，实现农产品生产全程可追溯，借助农产品质量标准建设，并辅以市场准入机制，最终形成标准化的农产品，推动知名农业品牌的打造，有效保障农产品的质量与安全。

总之，在信息化的推动下，农业生产呈现信息化、智能化、自动化趋势及特点；农业营销模式呈现电商化趋势及特点；农业产业呈现集约化、标准化和农产品质量的可追溯化趋势及特点，农业产业越来越呈现工业化的特征。

（二）信息技术革命推动制造业产业变革①

信息技术的创新与应用，推动制造业的基础装备、营销模式和生产方式信息化转型升级，使制造业装备呈现数字化、网络化、智能化的趋势及特点，使个性化定制取代标准化生产，使营销模式快速电商化，使制造业行业资源配置社会化。

首先，信息技术的应用使制造业生产装备呈现数字化、网络化、智能化和自动化发展趋势及特点。信息技术是制造业高度发达的结果，也首先推动了制造业的整体信息化。一是制造业的基础细胞企业已经快速信息物理系统（Cyber Physical Systems，简称 CPS）化，CPS 已经成为高水平企业装备的基本配置。在基础装备信息化的基础上，借助于物联网和服务网，制造企业可将生产过程中涉及的机器、存储系统、生产设施等都融入信息物理系统之中，构建起数字化物理网络系统，有效实现制造业与服务业的融合。在制造过程中，企业通过智能机器、存储系统等方面的处理，对制造企业的生产、销售、物流和服务等各个环节，都形成有效的端到端集成，进而实现信息交换、动作触发和动作控制等职能，使制造企业的制造、工程、材料、供应链等诸多环节的控制与管理得到有效优化。二是企业信息化的集体行动，推进了制造业行业整体的装备信息化。借助于制造业大数据、制造业互联网平台，制造企业不仅可以实现与单个制造企业内部的点对点链接，而且能够通过建立整个制造行业的资源共享平台，实现

---

① 参阅：国家发展改革委 2016 年委托中国国际经济交流中心课题“信息化条件下一二三产业融合的趋势和特点”。中国国际经济交流中心课题组．互联网革命与中国业态变革[M]．北京：中国经济出版社，2016.

与平台内部所有制造企业间的有效对接，从而整合所有参与制造企业的技术、资金等要素资源，增加合作的广度和深度。在互联网平台上，各参与制造企业为了能够长期从平台中获得利益，会维护自身良好信誉，主动维护整个信息平台，从而形成较为稳定的全面合作模式，逐步形成制造企业价值网络，实现行业系统流程的优化和合作，推进制造企业的共同发展。在点对点链接基础上构建的制造行业合作信息平台内，诸多互联网资源在制造企业之间的流动，并不存在先后顺序，而且不存在消耗减少的问题，能够持续地供给所有的参与企业连续使用。与此同时，互联网平台具有“规模经济”的特点，参与的制造企业越多，合作信息平台越完善，就越能准确反映整个行业的实际需求动态及其变化，从而使参与合作的制造企业得到更大的效用，体现出一种合作规模经济的特征。这样，制造业行业整体的装备也就呈现信息化的趋势及特点。三是制造业生产高度智能化和自动化。在信息化条件下，制造诸环节以一种高度柔性与集成的方式进行生产，既借助计算机模拟的人类专家的智能活动，进行分析、判断、推理、构思和决策，取代或延伸制造环境中人的部分脑力劳动，又通过收集、存储、完善、共享，继承和发展人类专家的制造智能。依托智能机器，智能制造成为制造业生产方式的基本形态。总之，在信息化的推动下，无论是单个企业内部还是包含所有企业的制造业整体，生产装备都呈现数字化、网络化、智能化和自动化的发展趋势及特点。

其次，随着现代信息技术的不断渗透，制造业生产呈现出从“硬性制造”向“软性制造”转化的柔性化趋势及特点。在信息技术装备对生产链条覆盖率越来越高的条件下，企业制造的流程发生了改变。企业首先将制造企业信息系统与客户信息系统相接，获得客户的个性化需求信息，综合客户的具体精细需求信息，然后结合自身装备状况和自身信息库中产品设计图样信息，修改调整成满足各户个性化需求的产品设计，最后利用生产装备完成产品生产。这和过去的不考虑客户个性化需求的大批量标准化生产完全不同，已经从“硬性制造”向“软性制造”转变。软性制造，是指在制造过程中，不单单追求产品本身的价值，而是通过拓展更多、更丰富的制造服务的系统解决方案力求更多的附加值。相对于硬性制造来说，软性制造更强调产品通过软性的、无形的内置软件、附带服务等解决方案谋求利润，是依靠“看不见”的、更加重要的软实力。相对于传统制造业，如今的制造业更多需要互联网等信息技术支撑的有关软件，并辅之以与这些软件相适应的信息技术硬件的大力支持。目前，发达国家还提出“硬件复兴”，实际上硬件的复兴也是通过软件功能的扩展来实现的，依靠云端计算能力等软件技术，让硬件变得更加智能。总之，软性制造不再仅将“硬件”视为影响制造的重要环节，而更加重视“软件”在制造业中发挥重要作用，通过制造服务化或提供系统服务，可为制造业创造更大的价值。面对信息革命的冲击，制造业在未来发展过程中，将逐步放弃“硬性制造”模式，更多地从软件、服务、附加值等角度，关注销售服务、提供系统解决方案等软性业务，据此推动制造企业获取更多附加价值。

第三，在信息技术应用不断强化的条件下，制造业营销模式呈现线上线下互动的市场营销电商化新趋势及特点。在信息化时代，制造企业纷纷通过打造线上线下相结合的营销模式，利用电商大大提升营销效率。一是制造企业都在积极尝试电商营销模式，利用互联网、大数据等先进技术，快速、有效地把握用户实际需求，进而针对客户偏好的用户体验流程改善营销手段和方式，重新打造企业营销环节，以更好地满足用户体验，确保制造产品和服务的内在价值被充分发掘，以低成本、高效率完成原材料采购和产品销售，利用互联网技术开展无所不在的营销，提高企业市场营销效率。二是针对网上电商营销模式还不能完全满足消费者实际需求的情况，制造企业正在形成线上线下协同营销、相互支持的新营销模式。通过实体店提供网下产品展示服务，企业让消费者通过网络了解产品及服务，然后通过线上方式预约设计师根据客户描述直接设计个性化解决方案，再通过线下门店开展与客户面对面的讨论，进一步修正之前的方案，然后签订相关合同。之后，公司将设计方案传递至工厂或其他生产者进行生产。最后，由就近实体门店配送安装，完成整个销售过程。这样，在大数据时代，制造业营销模式不仅改变了传统的实体店模式，还在继承实体店和电商营销模式优点的基础上，立足客户个性化需求，逐步形成了线上线下互动的市场营销电商化新趋势及特点。

第四，在信息技术应用不断强化的条件下，全球制造业价值链融合与重构呈现近乎同一起跑线竞争的趋势及特点。借助信息技术，互联网成为全球最重要的信息沟通基础设施。在互联网的世界里，世界各个角落的企业都是透明的。在互联网制造交易平台的支撑下，制造信息源由单一交易中心发布变为互联网制造信息服务提供商，一改过去的交易信息发布的单一性。这个全球制造业价值链大融合与重构产生了巨大影响，使其呈现新的趋势及特点。一是由于互联网平台带来的透明性，研发导致的核心技术传播呈现新的特点。由于互联网具有开放性和全球性，制造业能够更加迅速便捷地获得国外的相关技术，使基础材料、核心零部件和设计等方面技术迅速扩散，模糊了国际产业链上游依次传递的界限。二是由于互联网平台带来的信息透明性，世界各经济体制造业设计能力扩散呈现新的趋势及特点。借助互联网，制造业设计技术和成果快速在全球扩散，各经济体制造业的功能设计、结构设计、包装设计等能力差距具备了快速缩小的条件。三是互联网平台带来的信息透明性，使国际贸易呈现新的趋势及特点。互联网导致的透明性，使产品信息突破各经济体设置的贸易障碍直接抵达遍布全球的消费者，使原来由于贸易渠道限制而不得不“贴牌”销售企业的新产品获得了快速直接进入国际市场的机会，改变了国际贸易的基础。总之，信息技术的应用，模糊了国际产业链上下游的划分，使全球各经济体制造企业在大致相同的起跑线上竞争，全球制造业价值链融合与重构呈现近乎同一起跑线竞争的趋势及特点。

第五，在信息技术应用不断强化的条件下，制造业企业生产管理模式改变，使企业管理呈现扁平化和社会化的趋势及特点。一是制造企业内部互联网信息管理平台的出现，降低了企业内部人员沟通交流的成本，使企业内部人员更便于参与企业管理，侵蚀着原来金字塔形企业组织管理结构赖以存在的高度层级化的基础，使更加扁平化的组织结构更有利于企业发展，企业管理呈现民主化趋势及特点。二是企业面向外部公众信息平台的出现，方便了企业与社会的及时便捷沟通，便于企业组织社会资源参与企业生产过程，比如业务外包、聘用兼职人员、用户需求采集等，使企业生产更加社会化。总之，在传统的制造企业经营管理理念中，制造企业管理者往往是以厂商为中心，追求标准化、大规模生产，以此降低生产成本，获得竞争优势。在信息化时代，制造企业生存和发展的权利已经由制造企业转向用户，用户的需求成为制造企业生产、制造的导向，传统以厂商为中心的金字塔形管理方式，正在转变为以企业员工集体智慧为基础，管理组织扁平化，以消费者为中心，以个性化销售、柔性化生产和精准化服务为重点，以产业链上下游、合作者及竞争者共同形成利益为目标的民主化管理方式。

总之，在信息技术应用日益普遍化的今天，制造业呈现生产装备信息化，生产方式柔性化，销售模式电商化，管理方式民主化的特点，并使全球制造业价值链融合与重构呈现近乎同一起跑线竞争的趋势及特点。以互联网为代表的信息技术革命正推动传统制造业发生根本性变革，产生下一代制造业。从全球范围来看，德国的“工业 4.0”，美国的“互联网工业”，中国的“中国制造 2025”已体现这一趋势。2015 年底，中德两国签署协议共同推进制造业的智能化和互联网化，推动“中国制造 2025”与德国“工业 4.0”对接。随着制造业的不断信息化，全球制造业正以智能化、柔性化、即时传输和流程再造等方式实现制造业全程服务化。

（三）信息技术革命正推动服务业产业变革[①]

在以互联网为代表的信息技术革命成果的渗透下，服务业对信息技术应用的反应更加敏感，行业智能化、需求个性化、移动互联网化在服务业的各个环节和各个方面都有表现，呈现全新的发展趋势和特点。

首先，信息技术应用使服务业装备呈现信息化的趋势。在信息技术应

---

① 参阅：国家发展改革委 2016 年委托中国国际经济交流中心课题“信息化条件下一二三产业融合的趋势和特点”。中国国际经济交流中心课题组．互联网革命与中国业态变革［M］．北京：中国经济出版社，2016.

用的冲击下，服务业信息获取、发布、传导都越来越高度依赖现代信息技术装备。随着移动互联网的发展，平板电脑，手机，智能眼镜、手表、皮带、衣服、鞋子等可穿戴设备，汽车导航屏幕，家电操作界面，门禁显示屏等都成为信息获取和传播的载体。随着物联网技术的发展，未来泛在终端的前景是所有物品都可嵌入芯片，可以进行信息感知和发布。市场信息进一步泛在化，获取信息载体进一步多样化，服务业装备更加依赖现代信息技术装备。

其次，信息技术应用使服务业呈现去中介化、信息平台化和服务企业去中心化的趋势及特点。在信息技术应用的推动下，提供直接车货匹配对接服务的移动平台货物运输市场大量涌现，服务于干线运输的车货匹配的“卡行天下”、专注于高质量运力服务的“易流 GPS”，定位于城市配送服务的“速派得”等平台都在高速成长，传统的信息服务部、中介服务部等面临货运 APP 的挑战，传统货运中介服务受到互联网平台的巨大冲击，纷纷转型组建自己的信息平台。目前，信息平台服务企业正取代传统大垄断服务企业成为各行业主导者、组织者，服务行业传统垄断力量在不断削弱，服务行业呈现去中心化特点。传统以信息代理为盈利核心的经纪人、代理业、中介服务业、中间零售商等业态将面临转型甚至消亡，原来大垄断服务企业的中心地位被信息平台服务企业所取代，呈现信息平台化、去中介化和去中心化的趋势。

第三，信息技术应用使服务业企业提供的服务和产品呈现极致化和长尾化特点。信息化时代是买方市场时代，服务业是体验经济，即使是对生活必需品、必要服务的消费，消费者都在追求极致化体验。简洁、友好的服务界面，参与感强、趣味性高的销售和服务过程设计，创新的商业、营销模式等都可帮助商家转变传统呆板的服务模式，建立极致化的客户体验，造就客户满意和客户忠诚。客户对服务的“好评”和“差评”成为营销消费者行为的重要因素，成为影响企业经营的重要因素。这种双向信息反馈，使得企业所提供的服务产品的质量极致化，消费者个性化需求和服务体验获得服务提供者高度重视，围绕顾客极致化体验的服务产品优化、创新成为商家关注的焦点。与此同时，在信息化时代，商品储存、流通、展示的场地和渠道足够宽广，以前看似需求量极少的产品，只要有人卖，都会有人买。这种长尾化的流通展示特征使服务业产品的个性化程度进一步提升，服务体验的定制化空间进一步加大，需求极低的产品在全时、全域、市场面前也变得具有规模化需求特征。

第四，信息技术应用使得服务业产业整合呈现越来越平台化的趋势。在平台主导的服务业市场环境下，服务业企业多是轻资产企业，其整合更多地表现为平台型市场整合。信息平台是由互联网和应用终端驱动的“半开放的中间组织”，是提供交易规则和互动环境的虚拟交易市场，是企业竞合的经济生态基础。与传统联盟、并购、持股等市场整合模式不同，平台整合是一种开放的、不以产权交易为基础的市场整合模式。在信息化时代，平台整合模式越来越成为服务业企业市场整合的首选模式。

第五，信息技术应用使服务业企业盈利模式呈现间接化、多维度化的特点。信息技术的应用使传统相对直接、简单的盈利模式变得更加复杂和间接化，“羊毛出在猪身上，狗来埋单”的情形增多。在信息化时代，服务企业盈利可以利用平台经济的准中立性收取间接费用。信息平台与入驻企业及其客户可以是双边或多边市场企业，平台的盈利模式既可以采用交易分成、支付分成、流量收费、广告营销等方式，都不直接向用户收取费用，也可以利用大规模用户基础对少量用户收费。“免费”经常是互联网企业借以吸引大规模用户和流量的“引爆点”，但免费服务的平台常常在庞大免费用户中提供收费的附加或特殊服务，以改变维度收费的方式获取盈利。如免费试用的“微信”和“360 杀毒”平台，以社交游戏、软件推广等形式盈利，拥有大规模免费用户的 QQ 依靠对少量 VIP 用户的收费盈利，等等。整体来看，服务业企业盈利模式日益呈现间接化、多维度化的趋势及特点。

第六，信息技术应用使服务业企业营销模式日益呈现社会媒体化和搜索引擎优化的特点。信息技术的应用使数字媒体逐步成为信息传播的主流渠道，利用互联网和各类社交媒体、社交网络平台进行营销也逐步取代了传统平面媒体，BBS 社区、知名论坛、博客、百科、贴吧、微博、微信等自媒体和社交网络成为现代服务企业营销的主渠道。与此同时，电商平台和搜索引擎的发展使搜索引擎优化（SEO）成为企业营销领域的新宠。一些用户量巨大的搜索引擎、平台都会向企业出售关键词，企业愿意付费以便使自己的企业或产品呈现在顾客关键词搜索结果的前端，与关键词相关的搜索引擎广告也快速发展。总之，信息技术的应用，使服务业企业营销模式日益呈现社会化媒体和搜索引擎优化的趋势及特点。

总之，在信息化时代，服务业呈现装备信息化、服务去中介化、信息平台化和服务企业去中心化、服务和产品极致化和长尾化、产业整合平台化、盈利模式间接化和多维度化、营销模式日益社会媒体化和搜索引擎优化的趋势。

（四）信息技术革命推动金融业变革①

以互联网为代表的信息技术基础设施已经成为产业存在和发展的基本影响因素，重塑产业基础设施，推动产业组织演进，提升产业绩效，改变产业市场结构，调整企业组织形态，成为推动传统产业变革的引领性力量，深刻影响产业演进。通过技术渗透，信息技术正在推动传统金融业产业变革，促进下一代金融业业态的出现。

1. 信息技术革命正在推进金融业基础设施的重大变革

由于信息技术的普遍应用，金融业基础设施正在发生革命性变革，呈现加速数字化态势。

首先，金融业对外窗口呈现数字平台化趋势。当前所有的银行及证券交易所都建立了自己的网站，作为面向市场和社会的窗口。如图 11 - 7 所示，中国互联网络信息中心（CNNIC）发布的《中国互联网络发展状况统计报告（2016）》显示，我国企业互联网使用比例近年来出现快速增长态势。截至 2016 年 12 月底，全国使用互联网办公的企业比例达到 95.6%。

---

① 参阅：徐长春．信息技术革命推动下的银行业转型发展前景与对策［J］．中国经贸导刊，2017(6)．

作为特殊行业，银行业使用互联网办公比例走在了各行业的前列，已经实现了全覆盖，且都建有自己的网站。需要说明的是，金融网站最初只是作为展示和信息发布的平台。随着互联网功能的拓展，网站的展览展示功能继续得到保留，成为其面向社会的基本功能之一。

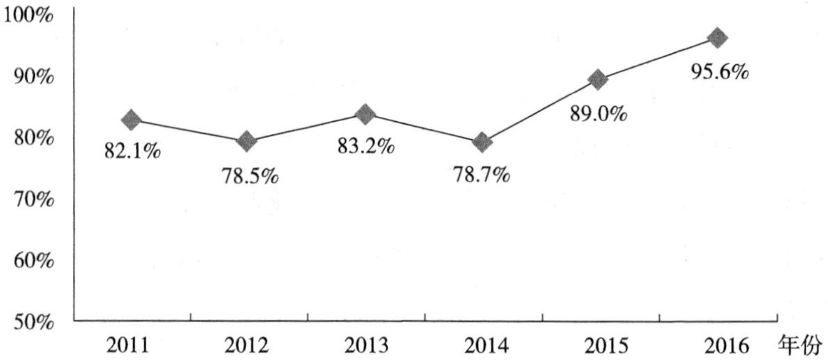

图 11－7　中国企业互联网使用比例发展趋势

数据来源：CNNIC，中国互联网络发展状况统计调查。

其次，金融业业务呈现数字平台化趋势。随着互联网金融的发展，金融类网站越来越多地呈现业务平台化的趋势，金融业传统业务越来越多地被搬上了网站，比如存款、转账等业务都可通过互联网来完成。如图11－8所示，我国银行核心业务越来越多地依靠信息系统来完成。随着互联网银行的不断出现，银行的产品设计业务也通过互联网来完成。比如，网商银行信贷的信用评估业务就通过客户的互联网大数据来完成的。当前几乎所有的证券交易都通过电子交易系统来完成，柜台交易已经成为历史。可见，金融从传统业务到新业务的拓展越来越平台化。在信息技术生态系统不断演化的条件下，数字平台化是金融业发展的必然趋势。

总之，随着信息技术的进步，金融业对信息基础设施的依赖越来越强，而银行功能的信息化反过来也会推动信息装备应用范围的进一步扩大。金融业呈现基础设施信息化、数字平台化趋势。

2. 信息技术革命正在推进金融业组织形式的变革

信息技术装备的应用正在使传统金融业务模式受到越来越多的挑战。

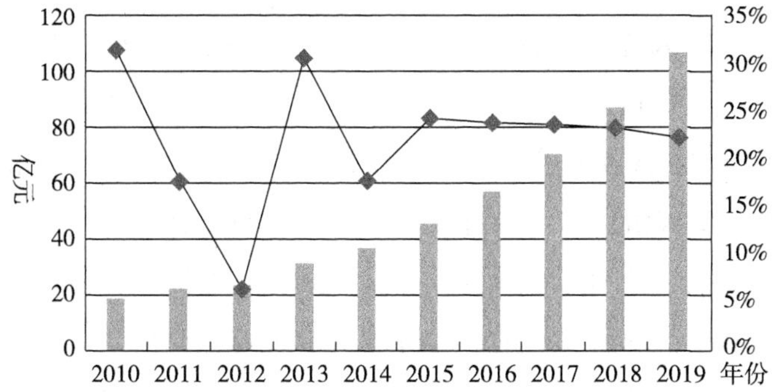

图 11－8　我国银行核心业务 IT 系统解决方案市场规模及增长率发展趋势（2010—2019 年）

资料来源：《2016—2022 年中国银行市场专项调研及投资方向研究报告》，http：//www. chyxx. com/industry/201606/423421. html.

现在，去银行办理业务时需要取号排队，然后刷卡、输入密码、核对身份信息、签字确认，必要时还要拍照，以保证银行业务的安全。但是，随着信息技术的不断进步，生物特征识别技术日臻成熟与完善，指纹识别技术、视网膜识别技术、人脸识别技术越来越多地应用到银行领域，其提供的密码安全性和无与伦比的便捷性远超传统业务方式，效率更是高于传统方式。另外，随着互联网金融的发展，人们已经不需要到银行柜台办理业务，微信支付、网上支付的普及也使传统业务方式失去了存在的必要性。优胜劣汰的市场法则作用的结果，不仅意味着传统业务模式将被取代甚至逐步消失，而且也意味着效率的提高导致金融从业人员规模将锐减。

信息技术装备的应用正在推动金融业组织模式的变革。一是信息技术装备的应用意味着现行的银行业的总分行模式将逐步被淘汰。由于信息技术装备的应用，原来总行与分行的资金池业务不再需要当地分行由人工来操作，而是通过互联网在总行就能实现；存取款业务也不再需要柜台人工实现，只需具有存取款功能的 ATM 机就能完成。随着大数据技术和云计算技术的广泛运用，个人信用评估可以通过网络画像技术就能实现，信贷产品设计和放贷业务通过互联网就能实现，原来由分行业务人员进行风险识别的业务将失去存在的意义。所以，非洲金融技术学会各专家近日在约堡进行圆桌会议讨论时表示，数字技术在金融服务领域的应用对当今银行分行的模式造成了巨大冲击，各大国际银行已经在减少银行办公室雇员人数。[①] 也就是说，现有分行将被一系列 ATM 机等信息设备所取代，现行银行业的总分行模式将逐步被淘汰，而代之以单一总行模式。二是银行业内部组织模式将演变成信息技术装备服务部门和投行业务部二级模式。由于银行存款和贷款的信息化、自动化，只要银行信息资产设备运行安全健康，就能保障银行存贷业务的正常运行，这使银行柜台等中间业务几乎失去了存在的意义。但是，银行资金的投放业务还难以被机器所取代，仍必须由人工来完成，需要高素质的投资团队保证利润来源。随着信息技术的应用，不只是银行，未来的整个金融业都将只需要信息技术装备健康安全运行的技术服务团队和保证资金回报的投行团队即可，即由后勤技术服务部门和投行部门组成的二级内部组织结构。

总之，随着信息技术的进步及其装备的应用，现有金融系统的空间组织模式和内部组织模式都将发生重大变革，而且为期不远。现有的互联网银行就是其先行者。

3. 信息技术革命正在引发金融市场结构的变化

信息技术应用带来的金融运行模式的变革，本质上是信息技术革命导致的金融业效率的跃迁。在市场优胜劣汰规则的作用下，各银行间必将进行残酷的效率竞争，从而引发银行业市场份额的变化，即银行业市场结构的变化。首先，信息技术革命引发市场份额、结构的变化。在残酷的市场竞争中，先进信息技术装备的应用成为冲击市场份额、结构的主变量。抢先应用先进信息化设备，适应市场便利化、效率化要求的银行将脱颖而出，增大市场份额。反之，对信息化对市场冲击反应迟钝的银行将失去市场份额。一个层次的技术平台对应一个层次的市场份额、结构。在新的信息化平台上，经过市场竞争，银行业将形成新的份额结构。其次，信息技

① 专家:数字技术意味着银行分行的模式可能很快淘汰[OL]. 中华人民共和国驻南非共和国大使馆经济商务参赞处,2017 -05 -02. http://za. mofcom. gov. cn/article/ztdy/201705/2017050 2568179. shtml.

术革命引发市场空间结构的变化。由于信息化网络空间的无国界性、无省界性，以及由信息化导致的信息透明性，银行业人为设定的业务空间堤坝将被打破。随着经济一体化和全球化的推进，特别是区块链技术的开发应用，资金流受到的限制将进一步减少，银行业资金来源和投向受到空间的限制将越来越少，银行业市场空间分布将呈现全球化趋势，银行将在全球范围内展开竞争，重组银行业全球市场空间结构，银行在本国内占优的格局将被打破。第三，信息技术革命引发实体经济和虚拟经济的融合，二者相对分离的格局将被打破。随着信息技术的广泛应用，全球市场融合和全球金融监管将更加规范化和透明化，金融业要想获取高额利润日益困难，第一、二、三产业中的利润高地将成为各路资本争抢的焦点，利益固化格局将出现新的调整，混业经营将成为趋势。起家路径不同的各路财团纷纷通过收购兼并等活动推进彼此间的业务并购和资源重组，以提高企业的核心竞争力。产业资本与金融资本结合、相互控股或参股将成一大趋势。其中，银行就是大型集团实现收购、重组、控股等业务的重要工具。银行通过资源整合、产业重组，加速培育出新兴产业和新型业态，从而推动三次产业融合，实现各领域的产融结合快速发展。这样，在信息技术革命的推动下，实体经济和虚拟经济相对分离的市场格局将逐步消失，实体经济向虚拟经济渗透，虚拟经济也向实体经济延伸，呈现相互交织、边界不清的格局。

总之，以互联网为代表的信息技术革命正在通过改变产业内要素间的信息传递方式来提高产业效率，重塑三次产业结构，推动产业组织形态演进，改变产业市场结构，提升产业市场绩效和调整企业组织形态，改变人类赖以存在的全球经济基础。

（五）信息化推动三次产业呈现融合趋势①

当前，信息技术和装备成为三次产业信息化改造共同的资源，各产业

① 参阅：国家发展改革委 2016 年委托中国国际经济交流中心课题“信息化条件下一二三产业融合的趋势和特点”。

都通过信息技术应用向其他产业拓展，呈现融合态势。在产业和金融资本的推动下，三次产业融合呈现如下趋势及特点。

首先，“信息技术 +”成为三次产业融合的主模式。在信息技术应用加速发展的大环境下，互联网、大数据、云计算等新技术应用不断改变传统产业业态，产生新的业态，驱动三次产业融合，即由信息技术驱动的产业结构升级带动三次产业融合。信息技术与制造业结合，促使电子商务服务业的出现，推动制造业向服务业延伸融合；信息技术在农业领域的应用，导致基于大数据采集的设施农业管理服务业的产生，如网上农技服务体系、农机服务体系，在推动农业与制造业融合的同时推动农业与服务业的融合；信息技术与服务业的结合，导致信息装备制造业深入发展的同时，如金融领域就产生了基于信息技术的互联网银行，推动制造业与服务业的融合。总之，信息技术在三次产业中的应用，导致各产业向其他产业的延伸，形成基于信息技术的农业服务业、农业制造业、制造业服务业“你中有我、我中有你”的局面，促进了三次产业的融合。

其次，“跨空间”成为三次产业融合的新趋势、新特点。信息技术的应用使产业融合不再局限于本地产业之间的融合，而是更多地呈现与周边地区“跨空间”的产业融合。这是信息化条件下现代产业融合的又一大趋势及特点。当前，农业电商进入了快速发展期，企业在郊区进行农业投资，通过网络销售把农产品通过城市配送系统送到客户家中。这样一条比较完整的产业链把农业、电商、物流和金融融合在一起，促进了城市和乡村之间的融合，是典型的“空间融合”模式。随着互联网技术对农业的渗透，“互联网 + 农业”将进一步紧密结合，推动农业现代化的同时，推动城市与乡村、农业与金融、物流等进一步融合。

第三，产业与金融资本跨产业投资是产业融合主动力。随着信息技术的应用，三次产业中的利润高地格局出现了新的调整，混业经营成为趋势。当前，产业融合是个“大融合”概念，不再只是某产业内的融合，也不只是传统产业与高新技术产业的融合，而是三次产业间的相互融合。大财团纷纷通过收购、兼并等活动推进彼此间的业务并购和资源重组，提高企业的核心竞争力。产业与金融资本结合、相互控股或参股已成为一大趋势。其中，投资银行就是大型集团实现收购、重组、控股等业务的重要工具。投资银行通过资源整合、产业重组，加速培育出新兴产业和新型业态，从而推动三次产业融合，各领域的产融结合快速发展。

第四，监管体制机制创新是产业融合的新趋势、新特点。信息技术的应用改变了传统产业的成本函数，扩大了市场规模，过去泾渭分明的产业边界模糊甚至消失，原来产业格局的监管体制机制难以适应产业发展的需要。产业融合越来越需要市场制度、政府政策甚至社会文化的改变作为支撑。产业融合要求监管体制机制创新，要求规制政策和体制的变革，以适应产业融合的发展需要。因此，适应信息化条件下三次产业融合的需要，监管创新已经成为产业融合的新趋势、新特点。2010 年，中国启动了电信、广播电视和互联网三网融合试点方案。2015 年，央行会同有关部委制定出台了《关于促进互联网金融健康发展的指导意见》，积极鼓励互联网金融平台、产品和服务创新。

第五，业态创新是产业融合的重要手段。当前，信息技术的应用为业态创新提供了技术支持，传统业态通过信息技术的植入形成新的业态，业态创新已经成为产业融合的新形式。互联网的渗透与融合使传统业态发生一系列化学变化，互联网带来了农业的精准化、智能化和自动化生产模式，基于互联网、大数据和云计算技术的新型农业交易模式得以实现，推动了供需信息的精准对接与资源的高效配置。互联网深刻改变了传统制造业生产模式与全球价值链分工体系，制造业制造开始转向大规模定制化生产，智能制造、数字制造、网络制造等新的生产组织模式大量涌现。互联网与贸易和服务业的融合带来一系列的新型服务发展模式，包括新的信息获取模式、新的产业组织模式、新的服务产品特征、新的盈利模式特征、新的产品创新特征、新的市场营销特征、新的市场竞争特征、新的市场资源组织与管理形式。在平台和大数据的支持下，线上线下的分工合作更加紧密，一系列新型业态正在快速兴起。这些基于信息化应用的业态创新已经成为产业融合的重要趋势及特点。

总之，在信息技术应用的推动下，三次产业全面呈现信息化趋势，也呈现融合趋势，并带动监管体制机制信息化。人类经济基础信息化和平台化已成为不可抵挡的历史潮流。

三、本轮美元指数周期反转突破是小概率事件

自2015年12月起，美元进入加息周期。但是，作为牙买加国际金融系统的重要价格指标之一，美元指数并没有如期而随着加息大涨，而是呈现极其郁闷的徘徊状态。当前，外围市场经济体货币紊乱现象十分突出，但美元指数却十分疲弱，没有出现与加息相适应的上扬态势。

（一）外围市场已出现货币紊乱现象

美元加息预期启动之后，经济体货币大幅贬值消息不断增多。受加息预期的影响，美联储首次加息决议宣布前，2015年内巴西雷亚尔兑美元已暴跌46%①；8月20日，哈萨克斯坦宣布允许汇率自由浮动，当日哈萨克斯坦货币坚戈大幅贬值约30%。自汇率自由浮动后的3个月内，坚戈总体贬值近40%②。墨西哥比索汇率2015年大跌14%，2016年又大跌10.5%，③ 给墨西哥经济带来沉重打击。2016年3月至10月底，埃及镑贬值已超40%。脱欧让英镑从1.5018的高点跌至现在的1.2250，跌幅达到18.4%。④

2015年12月美元首次加息之后，世界各地也不断传来经济体货币崩溃的消息。美联储宣布加息当日，阿根廷比索自9.8052跌至13.9500一

① 数据来源：巴西雷亚尔今年已下跌46% 新兴货币中贬值幅度最大[OL]. 金融界，201-12-02. http://forex.jrj.com.cn/2015/12/02202620173973.shtml.

② 谢亚宏. 哈萨克斯坦货币坚戈大幅贬值[N]. 人民日报，2015-08-21(22).

③ 唐道银."黑天鹅"风暴狂飙突进：你还在裸泳？[OL]. 财富动力网，2016-11-02. http://www.927953.com/gpncdetail_216474.html.

④ 数据来源：两镑2016年的难兄难弟[OL]. 和讯网，2016-10-27. http://gold.hexun.com/2016-10-27/186620681.html.

线，跌幅超过30%。[①] 这迫使阿根廷政府取消维持了4年的资本管制。截至12月21日，阿塞拜疆放弃本币挂钩美元的政策，货币马纳特狂泻近50%。[②] 2016年，蒙古国货币图格里克曾连续22日下挫，全年图格里克兑美元下跌20%。[③]

时隔一年后的2016年12月15日美元再次加息，世界外围经济体货币崩溃的消息不时传来。截至2017年1月11日，土耳其的法定货币新土耳其里拉兑美元已贬值11%，[④] 几近崩溃边缘。2月5日，蒙古国央行紧急加息450个基点至15%的高位，才暂时稳住了本币兑美元的崩跌势头。[⑤]

总体来看，在美元加息预期的推动下，世界各国货币习惯性普遍贬值，国家货币崩盘现象时有发生，国际金融体系紊乱程度加大。这凸显出美联储货币政策对全球经济的巨大影响力。

（二）本轮美元指数走势现“应然”与“实然”悖论

2017年3月16日，美联储第三次加息。但是，美元指数不但没有上涨，反而出现大幅下降，一度击穿99点关口，美元指数走势出现了“应然”与“实然”的悖论。这意味着，本轮美元回流出现了与以往不同的新情况、新特点。

首先，依据大周期规律的判断，美元指数应处于上升期。美元指数是反映美元汇率综合变化的指标，表征美元兑“一揽子”货币的汇率变化程度，是美元利率变化的晴雨表，与美元流向相对应，美元指数上升，对应着美元回流美国，指数下降对应着美元流出美国。截至目前，如图11－9所示，美元指数已大致经历了5个阶段的升贬周期，即总体表现为长度约

---

① 数据来源：《美联储加息阿根廷第一个倒下 比索暴跌超30%［OL］．和讯网，2015－12－18. http://forex. hexun. com/2015－12－18/181266738. html.

② 数据来源：《政府放弃挂钩美元政策，阿塞拜疆马纳特大跌［OL］．汇通网，2015－12－22. http://www. fx678. com/C/20151222/201512220857352115. html.

③ 数据来源：又有一国货币崩盘，民众砸锅卖铁还债！［OL］. Wind资讯，2017－02－05.

④ 数据来源：刘晓博．又一种货币崩溃了！这个国家正变成世界“火药桶”［OL］．微口网，2017－01－12，http://www. vccoo. com/v/6jk6t8？ source = rss. .

⑤ 数据来源：又有一国货币崩盘，民众砸锅卖铁还债！［OL］. Wind资讯，2017－02－05.

为10年的贬值周期和长度为6年的升值周期交替。自2011年以来，美元指数进入新一轮升值周期。考虑到美国救市的量化宽松政策的影响，在美元2015年启动加息之后，美元指数上行虽然延迟但仍将进入上行周期。

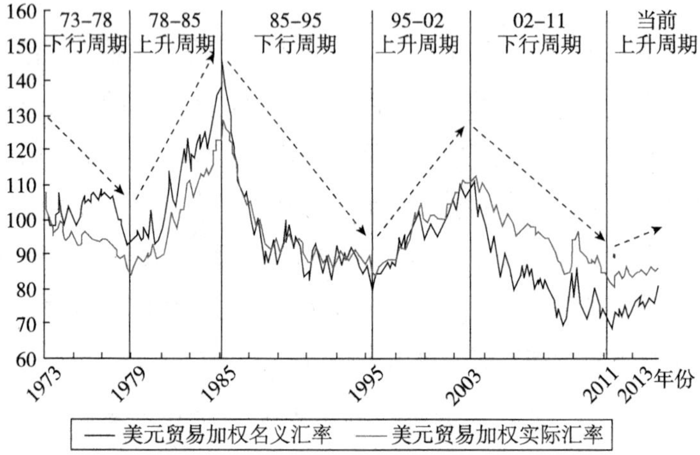

图11－9　美元指数周期变化趋势

资料来源：德意志银行。

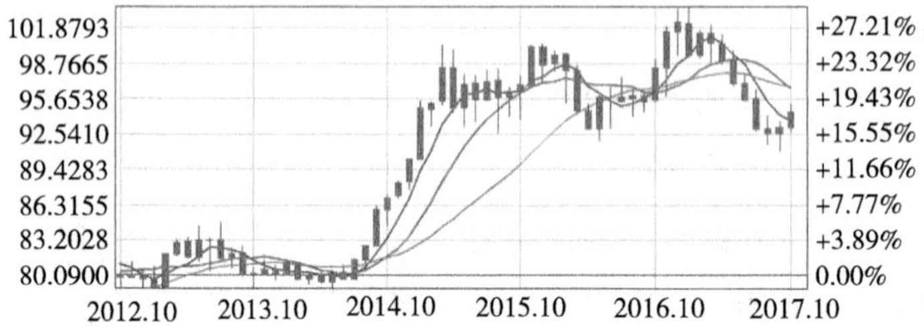

图11－10　美元指数月k线走势（2012.10—2017.10）

资料来源：和讯黄金，http://gold.hexun.com/usdx/.

其次，加息之后，美元指数实际表现却是底部箱体震荡，而不是上扬。如图11－10所示，2015年12月，美元首次加息之后，在特朗普经济的带动下，美元指数短期出现上行表现，但很快就转为下行。2016年12月15日，美国宣布联邦基金基准利率自2010年以来的第二次加息，幅度为0.25个基点。之后，在非农数据连续报喜的推动下，美元指数也进入了新一轮快速攀升，一度在1月份冲高至102.39点的本轮最高点。随后，美元指数高位又不具可持续性，再次震荡下跌，一度于2月初击破100点大关。随后，美元指数保持持续震荡大幅下行态势。2017年3月16日，美联储第三次加息。但这并未阻止美元指数下行的趋势，美元指数不断创出新低。6月14日，美联储再次加息25个基点，上调联邦基金利率至1.25%。但是，美元指数跌势依然没有阻住，持续下行，并于9月15日创出近91的低点。之后，9月21日，美联储宣布维持利率不变，但于10月开始缩表。在缩表的推动下，美元指数走势才拐头向上，加息政策对美元指数走势的作用明显减弱。可见，本轮美元加息启动回流进程后，美元指数呈现横盘箱体震荡的态势，而不是上行，美元指数走势出现了“应然”与“实然”的悖论。

总之，从外围市场出现货币紊乱的现象来看，在思维惯性引导的预期带动下，脆弱性较强的经济体资金出现了逃离现象；从美元指数“应然”与“实然”的悖论来看，美元回流的力度并不大，无法支撑美元指数持续上行。

（三）本轮美元指数横盘的原因分析

本轮美元指数上升周期始于2011年，是被国际金融危机打断了的升值周期，有其特殊性。美元指数横盘而不是上行，既有微观原因，也有宏观原因。

首先，从微观上看，美元“流动性陷阱”状态尚未打破，流入资金额度难以抵销高位套现资金额度，资金量难以支撑美元指数上行。国际金融危机之后，美联储连续多年以“货币宽松”的方式“注水”，全球美元金融市场几乎陷入“流动性陷阱”。在这种情况下，流入流出资金几近抵销，甚至流出大于流入，因此，美元指数只能横盘震荡，但不排除破位持续下行的可能。

其次，从宏观上看，国际环境的变化不支持本轮美元指数持续上行。与前几轮美元指数上升不同，无论是国际行为主体的实力对比，还是各国际行为主体的经济结构和行为能力，抑或是美国经济的状况，都发生了巨大变化，不支持美元持续回流。

一是国际经济结构发生的巨大变化难以支撑本轮美元指数持续上升。世界各国经济力量对比发生了根本性变化，美国独大格局下的体制机制基础被均等化腐蚀。从总量上看，美国经济已经失去世界第一的地位。如图11－11所示，以购买力平价为衡量标准，世界银行认为，2015年中国GDP规模已经稳居世界首位，美国GDP规模相当于中国的92%。据世界银行的数据，以购买力平价衡量，2015年中国经济增长7.97%，美国仅增长3.45%。[①] 从占比上看，虽然美国经济有所回升，但美元指数攀升并不具备国内经济基础。根据世界银行的数据，2011年，世界经济前五强占全球GDP规模的比重分别为：美国21.57%，中国10.43%，日本8.39%，德国5.10%，法国3.96%。到了2015年，世界经济前五强占全球GDP规模的比重分别为：美国24.32%，中国14.84%，日本5.91%，德国4.54%，英国3.854%。法国占3.26%，被英国超越，位居第六。[②] 所以，

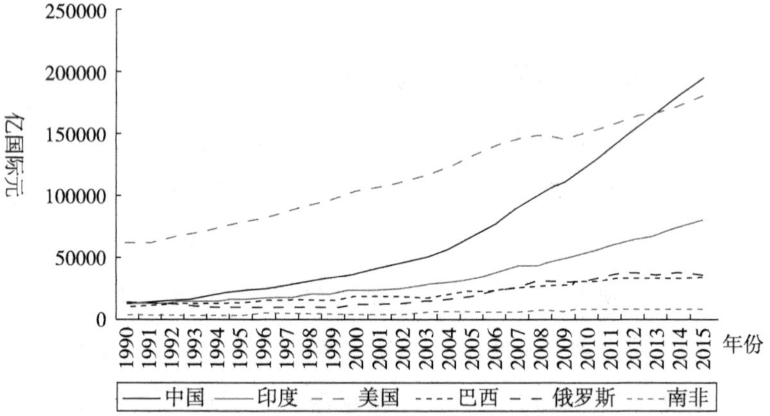

图11－11　金砖国家和美国GDP规模走势

数据来源：Wind资讯。

① 数据来源：Wind资讯。

② 数据来源：Wind资讯。

总体来看，GDP的世界分布格局已经发生根本性改变，各国经济实力日益均等化。这意味着各经济体给资本提供盈利机会的版图已经发生变化，美国独大的格局已经改变。在更多的经济体能够给国际资本提供盈利机会的条件下，里根时代的美元大规模回流条件已经不存在，资本逐利本性导致其有了更多的投资场所选择，不必回流美国。这已经并将继续削弱本轮美元指数上升的动力。二是美国基于经济实力的市场吸引力也在减弱。如图11－12所示，虽然俄罗斯、巴西、南非等国当前的人均购买力与美国的差距在拉大，但随着世界经济增长的再次启动，大宗商品价格上升，美国与金砖国家的人均购买力的差距将会不断缩小。这意味着，国际市场的吸引力格局也在快速改变。总之，经过金融危机的洗礼，世界经济运行模式正由欧美依靠金融加杠杆消费、东亚依靠廉价劳动力生产、广大发展中国家提供能源资源的大三角模式向欧盟、北美和东亚三足鼎立的模式转化。世界各国经济的差距在进一步缩小，国际经济力量对比扁平化趋势在进一步发展，世界上能为资本提供更高利润回报的提供者增多，对回流美国的资金起到分流作用。这都侵蚀着美元指数拉升的基础。三是，美国产业结构的“软化”限制了本轮美元指数攀升的高度。国际金融危机之前，美国产业结构呈现“工业型经济”向“服务型经济”转型的总趋势，形成了以服务业特别是金融服务业为主体的“三、二、一”经济结构。美国以金融服务业为主体的第三产业占GDP的比重已超过80%，而以农业为主的第一产业约占GDP的1%，以高新技术产业为主体的第二产业约占GDP总值的20%。与此相适应，美国服务业就业人口占全部就业人口的比例超过70%，居民社会消费总额占GDP总值的80%，社会财富积累率较低。在欧美发达经济体依托金融加杠杆消费、东亚依托廉价劳动力生产、广大发展中经济体提供能源资源的世界经济运行的原有大三角模式下，美国的产业结构已经“软化”。如果世界经济运行的原有大三角模式无法延续，美国产业结构就面临向第二产业“硬化”转型的需求。这个过程中，因去杠杆导致金融服务业无法提供巨大投资利润回报，以扩散性为特征的信息技术革命成果不会被美国所垄断，美国当前无法为资本提供较高回报的经济项目，对资本的吸引力大幅下降。可见，在本轮美元升值周期中，国际资本回流美国的动力机制已经发生了巨大变化，动力大幅下降，难以支撑美元指数持续走高。

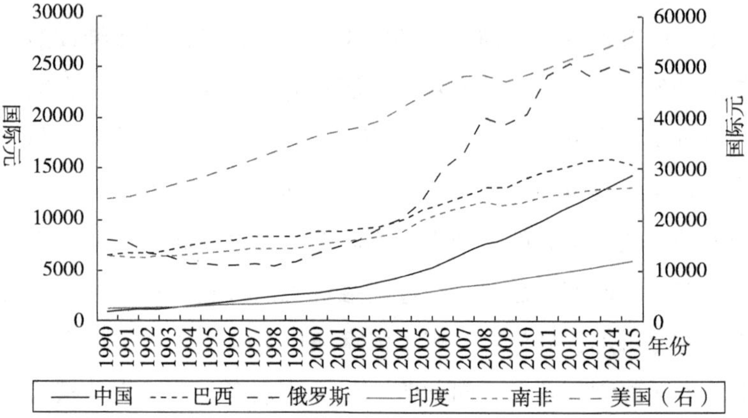

图 11－12　金砖国家与美国人均购买力发展趋势

数据来源：Wind 资讯。

第三，外围市场可回流资金规模的限制，制约了美元指数的攀升高度。特朗普当选总统之后提出“美国第一”的发展理念，致力于美国经济再次崛起。美国经济的快速发展要求丰富的流动性滋润市场主体。而国际金融危机治理过程中，中南美洲、欧盟、英国和发展中国家的中小经济体货币由于各种原因出现数次崩塌，国际游资已经被驱赶出本经济体。所以，促进美国经济快速发展的外围资金来源几近枯竭，只能更多地依靠美联储的宽松货币政策来提供。而且，美国接近 20 万亿美元的债务也不支持过紧的货币政策。因为如果美国货币政策过紧，就会导致企业经营困难，税收吃紧，引发美国政府关门等债务危机，甚至连带引发全面危机。如果再考虑到特朗普的强军计划对流动性的消耗，美元指数持续走强的态势就更加没有市场基础。

第四，世界各国对美元升值的“免疫力”限制了美元指数的高度。经过五轮的美元周期性变化，外围市场经济体对美国货币政策的变化十分敏感，已经积累了应对美元升值的经验。特别是，一些大型经济体经过多年的积累已经具备了应对国际市场急剧变化的实力，市场主体普遍把其作为应对经济危机的避风港，难以大规模从这种市场“抽血”。比如，外围经济体普遍实行严厉的宏观调控政策，在本次美元加息之前，各国货币普遍主动贬值，提前进行了价格“卧倒”，避免美联储加息可能带来的冲击。目前，外围经济体普遍实行稳健的货币政策，跟随美元加息，稳定与美国的利差，使资本外逃动力大减，也为减缓资本外流提供了政策基础。另外，针对国际金融市场的急剧变化，外围经济体普遍临时启动严格的资本管制政策，使其在当前特殊的国际经济环境中有效避免了国际资本的大进大出。

总之，当前美元指数上升的国际环境已经发生了巨大变化。这意味着，美元指数变动必然会体现出新的特点，呈现新的态势，难以再现前几轮上升的局面，只能勉强横盘。

（四）美元指数反转突破是小概率事件

面向未来，中期美元指数不具备大幅上行的条件。随着国际金融市场主体对美元信心的进一步弱化，短期内美元指数还存在较大下行压力。美元继续回流的动力不大。

首先，从大周期的角度判断，中期美元指数不具备大幅上行的条件，总体应表现为基于现有水平的箱体震荡。上一轮美元指数上升周期的高点在 110 点上下，原则上本轮美元指数的上行高点不应超过 110 点，当前美元指数已经上探过 103 点。如果考虑到美元升值的冲动较高，美元指数上行的空间也不应过 115 点左右。这种上行不足以引发外围经济体的金融危机。考虑到特朗普政府的核心目标是美国实体经济复苏，基本可以判定，未来一年内美元指数以箱体震荡为主，不具备连续拉升的基础。

其次，从美元回流的角度看，美元指数不具备大幅反转突破基础。美国经济前景严重缺少前五轮美元周期对国际游资的吸引力，国际金融市场主体对美元指数走高信心严重不足，普遍采取阶段性获利了结的投机对策。毫无疑问，美元将来还会加息，但美元指数冲高将受到市场信心的巨大挑战。美联储如果强制拉升美元指数，没有回流资金的跟进，美元指数的高位也难以维持，甚至可能引发美国金融市场的动荡。面向未来，美元主权货币的属性与世界货币属性分离的趋势将更加明显，货币政策对世界其他经济体的影响力也将进一步弱化。可见，美元指数在110点位以下呈箱体震荡的概率较大，不具备大幅反转突破的基础。

总之，鉴于美元指数攀升缺少外围市场大规模资金回流美国的支撑，可以推断，本轮美元指数变动的高点难以突破上轮美元指数的高点110点左右；在美联储加息和缩表政策的刺激下，美元指数更大的可能是围绕95点的中位线进行箱体震荡。

四、全球治理正朝公平正义方向转变

当前，随着国际金融危机治理的深化，世界经济运行模式以欧美依托金融加杠杆消费、以中国为核心的东亚依托廉价劳动力生产、广大发展中经济体提供能源资源的大三角模式向欧洲、北美和东亚三足鼎立模式持续转化。因全球产业链、价值链、商品链等国际链条体系的紊乱，特别是信息技术革命的推动，国际社会和经济体内部张力持续增大。以国际规则创设及掌控、运用和阐释为核心的全球治理不同模式的竞争大幕开启。作为国际体系的新兴力量，金砖国家要通过合作机制的建设参与全球治理变革。

（一）当前全球治理机制的现状

当前的全球治理机制是在二战后确立的体制机制基础上不断发展演化而来的，不仅推动了由战后科技革命引发的国际格局的变化，也推动了全球面临的公共问题的解决。当前的国际治理机制（体系）主要包括全球安全治理体系、国际金融治理体系、国际贸易治理机制等，都是在二战之后设立的全球治理机制的基础上演化而来的，后两者构成左右世界经济发展的“货币—金融—贸易”三位一体的机构。

首先，国际安全保障机制的龙头是联合国。联合国的前身是“国际联盟”，即“国联”。“国联”是在一战国际格局基础上由战胜国集团——协约国于1919年主导成立的，1934年9月至1935年2月处于发展高峰时期，一度曾拥有58个成员国。其运行依据是《凡尔赛和约》；宗旨是减少武器数量，平息国际纠纷，提高民众的生活水平以及促进国际合作和国际贸易，“促进国际合作和实现世界和平和安全”。由于其行动缺乏军队武力支撑而受英法两国操纵，未能防止第二次世界大战爆发。二战结束后，“国联”被联合国所取代。根据《联合国宪章》规定，联合国的宗旨是“维持国际和平及安全；并为此目的：采取有效集体办法，以防止且消除对于和平之威胁，制止侵略行为或其他和平之破坏；并以和平方法且依正义及国际法之原则，调整或解决足以破坏和平之国际争端或情势；发展国家间以尊重人民平等权利及自决原则为根据之友好关系，并采取其他适当办法，以增强普遍和平；促成国际合作，以解决属于经济、社会、文化及人类福利性质之国际问题，且不分种族、性别、语言或宗教，增进并激励对于全体人类之人权及基本自由之尊重；构成一协调各国行动之中心，以达成上述共同目的。”① 实现其宗旨的核心机构是安理会，其职责是维护国家之间的和平与安全，有权提出具有强制性的决议，并利用成员国集体的力量保证决议的执行，为维护世界和平提供全球公共产品。同时，安理会还通过向世界动乱地区派遣总共69个维持和平特派团和观察团，重新建立和平与安宁。另外，联合国还设有国际原子能机构、粮食及农业组织、联合国教科文组织、世界银行以及世界卫生组织等专门机构，负责相关专门领域国际公共产品的提供。

其次，国际金融体系功能的保障机制是国际货币基金组织和世界银行。国际货币基金组织是根据布雷顿森林会议签订的《国际货币基金协定》而设立的，于1946年5月正式成立，1947年3月1日正式运作。其

---

① 联合国宪章[OL]. 联合国，https://www.un.org/zh/sections/un-charter/chapter-i/index.html.

宗旨是促进国际货币合作，为国际货币问题的磋商和协作提供方法；通过国际贸易的扩大和平衡发展，把促进和保持成员国的就业、生产资源的发展、实际收入的高低水平，作为经济政策的首要目标；稳定国际汇率，在成员国之间保持有秩序的汇价安排，避免竞争性的汇价贬值；协助成员国建立经常性交易的多边支付制度，消除妨碍世界贸易的外汇管制；在有适当保证的条件下，基金组织向成员国临时提供普通资金，使其有信心利用此机会纠正国际收支的失调，而不采取危害本国或国际繁荣的措施；按照以上目的，缩短成员国国际收支不平衡的时间，减轻不平衡的程度等。其职责是制定成员国间的汇率政策和经常项目的支付及货币兑换性方面的规则，并进行监督；对发生国际收支困难的成员国在必要时提供紧急资金融通，避免其他国家受其影响；为成员国提供有关国际货币合作与协商等会议场所；促进国际金融与货币领域的合作；促进国际经济一体化的步伐；维护国际汇率秩序；协助成员国之间建立经常性多边支付体系等，确保全球金融机制运作正常。

世界银行是联合国经营国际金融业务的专门机构，同时也是联合国的一个下属机构，成立于1945年，1946年6月开始营业。按照《国际复兴开发银行协定条款》的规定，世界银行的宗旨是：通过对生产事业的投资，协助成员国经济的复兴与建设，鼓励不发达国家对资源的开发；通过担保或参加私人贷款及其他私人投资的方式，促进私人对外投资。当成员国不能在合理条件下获得私人资本时，可运用该行自有资本或筹集的资金来补充私人投资的不足；鼓励国际投资，协助成员国提高生产能力，促进成员国国际贸易的平衡发展和国际收支状况的改善；在提供贷款保证时，应与其他方面的国际贷款配合。可见，世界银行致力通过向成员国提供贷款和投资，助推发展中国家的私营化，推进国际贸易均衡发展。

第三，国际贸易体系功能的保障机制是世界贸易组织。世界贸易组织的前身是关税与贸易总协定。1944年7月举行的布雷顿森林会议提出，设立一个国际性贸易组织的设想。1947年联合国贸易及就业会议签署的《哈瓦那宪章》同意成立世贸组织。后来由于美国的反对，世贸组织没能成立，而代之以美国发起的关贸总协定。1994 年 4 月，在摩洛哥马拉喀什举行的关贸总协定部长级会议才正式决定成立世贸组织，取代成立于 1947 年的关贸总协定。1995 年 1 月 1 日，世界贸易组织正式成立。世界贸易组织是当代重要的国际经济组织之一，拥有 164 个成员，成员贸易总额达到全球的 98%，有“经济联合国”之称。其宗旨是提高生活水平，保证充分就业和大幅度、稳步提高实际收入和有效需求；扩大货物和服务的生产与贸易；坚持走可持续发展之路，各成员方应促进对世界资源的最优利用、保护和维护环境，并以符合不同经济发展水平下各成员需要的方式，加强采取各种相应的措施；积极努力确保发展中国家，尤其是最不发达国家在国际贸易增长中获得与其经济发展水平相适应的份额和利益；建立一体化的多边贸易体制；通过实质性削减关税等措施，建立一个完整的、更具活力的、持久的多边贸易体制；以开放、平等、互惠的原则，逐步调降各会员国关税与非关税贸易障碍，并消除各会员国在国际贸易上的歧视待遇。在处理该组织成员之间的贸易和经济事业的关系方面，以提高生活水平、保证充分就业、保障实际收入和有效需求的巨大持续增长，扩大世界资源的充分利用以及发展商品生产与交换为目的，努力达成互惠互利协议，大幅度削减关税及其他贸易障碍和政治国际贸易中的歧视待遇。其职责是监督、管理和执行共同构成世贸组织的多边及诸边贸易协定；作为多边贸易谈判的讲坛；寻求解决贸易争端；监督各成员贸易政策，并与其他制定全球经济政策有关的国际机构进行合作，致力于建立一个完整的，包括货物、服务、与贸易有关的投资及知识产权等内容的，更具活力、更持久的多边贸易体系。

总之，二战期间及以后建立的全球治理机制，依托相应的机构肩负起全球治理的责任，提供全球相应领域的公共产品，维护全球体系的安全稳定运转。

（二）当前全球治理面临的挑战

战后构建的国际治理体系是以联合国为中心的国际安全治理体系和由

布雷顿森林体系组成的世界经济治理结构两部分组成的国际治理体系，具有两个突出特点：一是国家中心治理模式。主权国家是基本治理主体，在涉及共同利益的问题上，主要靠主权国家间的协商、谈判与合作。这是一个以大国协调为中心、中小国家共同参与的治理模式。二是治理呈现“中心—外围”结构。发达国家处于治理的“中心”，是“治理者”，而发展中国家则位于“外围”，是“被治理者”，发达国家通过主导国际规则的制定和解释来维护自身利益。① 脱胎于二战之后国际格局由美国主导的“霸权稳定体系”。随着国际格局的演化，当前全球治理面临如下四大挑战。

1. 全球安全治理“失灵”日趋明显

随着科技革命推动的“颠覆性创新”和世界经济发展不平衡规律作用的发挥，全球主要力量对比越来越呈现扁平化趋势；气候变暖、网络安全等全球性新问题的不断出现，新的治理主体和治理方案不断出现，导致全球治理体系治理效率越来越低，全球治理变革已势在必行。一是全球安全治理逐步脱离了联合国安理会的体制。战后初期，世界很快进入两大阵营对峙的冷战格局，以安理会为中心的全球安全治理体系试运行相对成功。例如，1950 年，面对朝鲜半岛上的安全威胁，美国通过安理会促使联合国通过“在军事上给韩国以必要的援助”的提案，组成“联合国军”，打着联合国的旗帜处理朝鲜半岛危机。战后安排也是在联合国的框架下进行的。整个冷战期间，由于美苏两国都能有效约束自己阵营的“小兄弟”，除由美、苏两国挑起的战争之外，全球安全形势相对较好，全球安全治理有效，全球安全态势的管理大多都没有脱离联合国安理会的框架。冷战结束后，苏联解体，美国成为唯一超级大国，“单边主义”倾向急剧抬头，出现脱离联合国授权的倾向。伊拉克、59 枚导弹空袭叙利亚等战争都是未经联合国安理会授权的战争，都是脱离现有国际安全治理框架的处置。二是全球安全管理的理念逐步回归“离岸制衡”的治理理念。如果说全球安全治理体制建立之初的治理理念是世界政府的全球治理理念，此后这一理

① 卢静．当前全球治理的制度困境及其改革[J]．外交评论，2014(1)：109.

念则逐步让位于“丛林法则”时代的“离岸制衡”理念。当前，美国在亚太地区对中国的军事围堵，在中亚西亚地区的安全治理，在欧洲方向上对俄罗斯的围堵，无不体现地缘政治的全球安全治理思维。这个思维的特点是拉一方、打一方，维持对立双方的势均力敌，这不仅无法最终解决当地的冲突，还会把这个地区的人民长期置于战乱中，而充当这个平衡手的国家则不仅可以通过对双方的军火生意而大发战争财，还因远离战场而安享和平红利。正因这种全球安全治理思维和美国军事的超强地位，才使全球安全形势不断恶化，热点越治越多，治理“失灵”成为显而易见的事实。

2. 全球金融治理“失灵”日趋明显

二战后的国际金融治理机制因设计缺陷而在“失灵”“调整”，“再失灵”“再调整”中不断演进。

一是战后初期至70年代中期，黄金定值的布雷顿森林国际金融系统逐步走向崩溃，国际金融市场动荡。由于“黄金与美元挂钩，各国货币与美元挂钩”的“双挂钩”布雷顿森林国际金融系统存在天然的“特里芬难题”缺陷，在发展不平衡规律的持续作用下，加之美国深陷战争泥潭，美国经济国际竞争力锐减，贸易逆差导致黄金储备几乎消耗一空。这导致美元货币危机不断，国际金融市场危机四伏，国际金融体系不断做出修正性调整，如“黄金总库”方案、黄金价格双轨制方案等。但最终还是导致美元与黄金脱钩，各国货币也与美元脱钩，布雷顿森林国际金融系统因两大支柱倒塌而使治理完全“失灵”，不得不解体，被浮动汇率制的牙买加国际金融系统取代。

二是在牙买加国际金融系统下，美元货币政策导致外围经济体经济与美国经济呈现衰退与繁荣有规律的交替震荡现象。在牙买加国际金融系统下，由于石油美元结算协议的产生，美元在国际金融市场中的份额急剧扩大，形成独大的市场格局。牙买加国际金融系统本质上是美元垄断国际金融市场的寡头货币市场体系。在这种货币体系下，失去市场制约的美元对国际金融市场具有无与伦比的影响力。当美元进入降息周期时，外围经济体因美元流入而饱受通胀之苦；当美元进入加息周期时，外围经济体因美元回流美国而导致市场资金紧张，甚至因资金链断裂而爆发经济危机。仅1990年以来，世界范围内已先后发生了亚洲金融危机、美国次贷危机、国际金融危机、欧洲主权债务危机等影响巨大的经济危机。更重要的是，由于外围经济体的金融脆弱性特点，在总体表现为长度约为10年的贬值周期和长度为6年的升值周期交替的美元指数周期中，外围经济体辛苦积累的资产总是被国际资本在高抛低吸中“剪羊毛”，形成当前牙买加国际金融系统人人痛恨但难以治愈的痼疾。20世纪70年代，美国前财长约翰·康纳利指出：“美元是我们的货币，却是你们（世界）的问题。”这形象地描绘了资本跨境流动对全球金融市场的影响之大，也体现出牙买加国际金融系统的巨大不公平性，增加了国际社会贫困治理的成本。“2008—2009年全球经济危机暴露了金融市场运作的体制性失效以及经济决策核心的严重缺陷”①。现有国际金融体系下，国际金融危机的周期性爆发，意味着外围广大发展中经济体难以保护自己的金融经济安全，意味着现有国际金融体系全球治理的机制性“失灵”。

虽然当前全球金融治理体系已经采用自由市场机制，但因市场极度不均衡而依然处于治理“失灵”状态。美元在牙买加体系下的份额过大以致形成寡头市场，无法有效形成市场均衡，使美元成为脱缰的野马而随意超发，从而导致当前全球金融治理效率低下，乱象丛生，几近“失灵”。

3. 全球贸易治理“失灵”日趋明显

一是世界贸易治理机制产生过程中一直存在权力配置不均衡问题，全球贸易治理天然“失灵”。世界贸易组织前身是关税与贸易总协定(GATT)。1944年7月举行的布雷顿森林会议已经提出设立全球性贸易组织的设想。联合国经社理事会1946年2月的会议，呼吁召开联合国贸易与就业问题会议，起草国际贸易组织宪章，推进世界性关税削减谈判。10月，筹备委员会召开会议审查美国提交的“国际贸易组织宪章”草案。与

---

① 参阅：联合国报告：呼吁对全球金融及贸易体系进行重大改革[OL]. 凤凰网财经，2010-06-30，http://finance.ifeng.com/forex/whyw/20100630/2360135.shtml.

会各国同意，在“国际贸易组织”成立之前，先谈判削减关税和其他贸易限制问题，起草国际贸易组织宪章。1947 年 4 月至 7 月，筹备委员会召开大会，讨论关税谈判问题，修改“国际贸易组织宪章”草案。1947 年 10 月底，包括美国在内的 23 个国家在日内瓦签订“关税及贸易总协定”。1994 年 4 月，关贸总协定部长级会议决定正式成立世界贸易组织，取代关贸总协定。1995 年 1 月 1 日，世界贸易组织正式成立。由于生产资源跨境实现了在更大范围内的组合，为经济效率提高奠定了基础，关贸总协定和世界贸易组织确实推动了全球经济一体化和经济全球化，极大地增加了人类社会的财富总量，并推动了全球经济社会的繁荣。但是，从全球贸易治理机制的形成过程来看，发达经济体一直是该机制的主导力量，外围经济体力量处于被唤醒的过程之中。所以，现行全球贸易治理体系更多体现了发达经济体的利益，而忽视了发展中经济体这个“沉默的绝大多数”群体的利益，天然具有“失灵”的缺陷。

二是发达经济体一再利用规则制定权捞取战略经济利益致使全球贸易治理面临“失灵”局面。在推动全球贸易发展、规范全球经济和贸易秩序的治理过程中，外围经济体在 GATT 和世界贸易组织市场开放谈判中作用很小，处于严重弱势地位，国际贸易谈判形成的规则和协议，更多体现了主导国的利益，且责任模糊。这制约了世贸组织共赢性博弈功能的有效发挥，以致全球贸易治理机制走向“失灵”。GATT 成立之初，美国凭借世界独一无二的强大经济实力，出于快速扩大对外贸易以消化国内过剩产能的需要，打着“贸易自由化”的旗号，积极倡导并建立了尽可能对外开放的多边贸易政策框架，极大地推进了美国货物对外贸易的发展。20 世纪 80 年代，随着自身服务业的快速发展，美国扩大服务贸易的需求快速增加，迫切需要在 GATT 框架内形成有利于美国的贸易规则，在 GATT 框架内按照货物贸易的自由贸易一般原则打造服务贸易规则。在此后的乌拉圭回合谈判中，美国极力推行服务贸易自由化，并如愿以偿地签署了《服务贸易总协定》（GATS）。在 GATS 确定的有利的服务贸易规则和原则支撑下，美国服务贸易快速发展。到 1999 年，美国服务贸易进出口额位列世界第一。

20世纪90年代后，随着外围经济体工业化的推进，传统工业品的生产能力不断提升，挟劳动力成本优势的外围经济体劳动密集型产品对美国传统工业品生产形成冲击，并导致美国相关产业工人失业问题突出。在一般贸易规则已成定局的情况下，一向提倡自由贸易的美国却利用议题引领权玩起了隐性贸易保护主义。1999年，西雅图“千年回合”谈判一开始，美国打着“保护劳动和环境”的旗号，提出各贸易国必须达到美国的劳工和环境标准，否则美国将不进口其产品。虽然这次贸易保护主义博弈因广大发展中国家的抵制而泡汤，但发达国家根据自己利益的需要而设置贸易规则的用心是显而易见的。无独有偶，世界贸易组织2001年11月启动多哈回合谈判，围绕约20个议题展开谈判，农业和非农产品市场准入是最关键也是分歧最集中的两个议题，发达经济体力图通过实施巨额农业补贴和高关税壁垒保护自身农业利益，大幅挤压发展中经济体农业发展空间。由于双方互不相让，原定于2005年1月1日前全面结束的多哈谈判至今没有结束，谈判长期陷入僵局，看不到前景。① 可见，在国际贸易治理领域，发达经济体一直把持着规则制定权，主导了国际贸易规则的建立与变革，利用规则制定权为自身捞取战略经济利益。借用国际机制的解释权、滥用全球治理的权力来保证自身利益的最大化，本质上是把全球治理机制这种公共产品私有化。随着经济实力的快速提高和觉醒，外围经济体越来越自觉地参与规则谈判，利用规则谈判维护自身利益，贸易谈判制定贸易规则环节出现了僵持局面，使全球贸易治理机制出现全球贸易规则制定环节的“失灵”，并引发国际贸易发展困境。

三是贸易保护主义盛行，使全球贸易治理效率越来越低，逐渐走向“失灵”。在现有技术平台上和贸易规则条件下，随着全球市场容量几乎开发殆尽，形形色色的贸易保护主义不断出现，规模日益增大。当前，贸易保护主义手段由关税转到非关税措施，报关手续干扰、绿色环保标准、苛刻的技术标准、汇率变动、知识产权、卫生检疫规定、反倾销、反补贴、

① 案例参阅：卢静．当前全球治理的制度困境及其改革［J］．外交评论，2014（1）：111－112.

劳工标准、差异性国内消费政策、进口限制、反倾销和反补贴措施、自动出口限制、歧视性政府采购、技术和卫生标准等保护名目不一而足。英国经济政策研究中心发布的《全球贸易预警》报告显示，从 2008 年到 2016 年，美国对其他国家采取了 600 多项贸易保护措施，仅 2015 年就采取了 90 项，位居各国之首。该报告指出，美国是限制自由贸易的头号国家。新一届美国政府更是亮出“美国第一、美国优先”的口号，毫不掩饰地唱起了贸易保护主义的调子。① 这些贸易保护措施严重干扰了全球贸易治理机制正常运作，使全球贸易治理效率越来越低，并逐渐走向“失灵”。

总之，无论是全球贸易治理参与方的力量对比，贸易规则的形成，还是贸易规则实施过程中的贸易保护主义措施，都严重制约着当前全球贸易治理机制作用的发挥。

4. 新的全球性问题对现有全球治理体系能力形成挑战

全球性问题不断增生，给全球治理增加了新的治理对象。二战以来，随着人类生产生活范围的延展，向地球大气层排放的温室气体越来越多，出现了打破大气层热辐射平衡，导致地球气候变暖的危险。随着全球气候持续变暖，干旱、洪水、饥馑和瘟疫将成为 21 世纪人类的现实威胁。气候治理问题跃升为新的全球治理对象，给现有全球治理体系增加了新压力。随着信息技术的进步，信息技术装备不断向国民经济各产业渗透，改变了传统产业业态；信息技术装备不断充实人类的生活工具，改变了人类的生活方式。在此情况下，互联网成为人类社会最基本的信息基础设施。网络安全直接关系国计民生和国家稳定，成为各经济体普遍面临的综合性安全挑战。当前，各种黑客袭击事件频发，金融互联网、生产互联网成为主要攻击对象。互联网安全成为全球治理的新对象。由全球化带来的利益分配并不均衡，富国愈富、穷国愈穷，富人愈富、穷人愈穷，两极分化成为我们不愿看到的现实。这不但激化了世界上原本就存在的国家间、民族间、阶层间、宗教间的各种矛盾，还使国际恐怖主义成为世界各经济体不得不

---

① 贸易保护主义害人害己[N]. 人民日报,2017 - 02 - 26(5).

面对的全球威胁。当然，当今世界面临的全球性问题不止这些，还包括全球资源问题、全球核安全问题、全球粮食安全问题、全球贫困问题等，都给全球治理体系提出了新挑战，带来了新压力。

（三）当前全球治理“失灵”的原因

全球治理“失灵”的原因是多方面的，主要原因是国际格局变化改变了原有治理机制发挥作用的基础，也有国际社会矛盾异化的原因。

1. 美国的相对实力衰落

现存全球治理机制遇到的第一个挑战是美国的相对实力衰落。

一是国际经济结构已经发生不利于美国的巨大变化。从经济总量上看，美国经济已经失去世界第一的桂冠。世界银行认为，2015 年中国 GDP 规模已经稳居世界首位，美国 GDP 规模相当于中国的 92%。据世界银行的数据，以购买力平价衡量，2015 年中国经济增长 7.97%，美国仅增长 3.45%。[①] 从占比上看，虽然美国经济有所回暖，但美元指数攀升并不具备国内经济基础。根据世界银行的数据，2011 年，世界经济前五强占全球 GDP 规模的比分别为：美国 21.57%，中国 10.43%，日本 8.39%，德国 5.10%，法国 3.96%。2015 年，世界经济前五强占全球 GDP 规模的比分别为：美国 24.32%，中国 14.84%，日本 5.91%，德国 4.54%，英国 3.854%。法国占 3.26%，被英国超越，位居第六。[②] 所以，总体来看，GDP 的世界分布格局已经根本改变，各国经济实力日益均等化。这意味着各经济体给资本提供盈利机会的版图已经发生变化，美国独大的格局已经改变。这样，美国已无力带动全球经济增长，也没有兴趣维护自由贸易体系和全球宏观稳定。

二是美国基于经济实力的市场吸引力在减弱。虽然俄罗斯、巴西、南非等国当前的人均购买力与美国的差距在拉大，但随着世界经济增长的再次启动，大宗商品价格上升，美国与金砖国家的人均购买力的差距就会不

---

① 数据来源：Wind 资讯。
② 数据来源：Wind 资讯。

断缩小。这意味着，国际市场的吸引力格局在快速改变。美国对外经济政策的保护主义色彩日益浓厚，其关注的焦点是如何向其他国家转嫁危机，如何让盟友替自己承担更多国际责任，通过打压其他国家维持其在全球经济中的竞争力。

2. 新兴大国的崛起

新兴大国经济发展速度超强，出现群体崛起现象。冷战结束以来，特别是近10年来，世界经济中的突出现象是中国、印度、巴西、俄罗斯等新兴大国在经济上的迅速崛起。据世界银行和国际货币基金组织公布的数据，1990—2000年，中国与印度取得了10.6%与6.0%的高速经济增长，巴西、墨西哥和南非也取得了2.9%、3.1%和2.1%的增长率，只有俄罗斯出现了4.7%的经济负增长。[①] 2001—2009年，中国与印度经济持续高速增长，分别达到10%和7.1%的增长率，巴西、墨西哥、南非与俄罗斯也分别取得了3.1%、1.3%、3.4%、4.9%的经济增长。[②] 即便是爆发全球经济危机的2009年，中印依然分别取得了9.1%和5.7%的经济增长率。[③] 国际经济格局被改写。据世界银行公布的数据，2000年，G7在全球GDP中的比重约为66.75%；2009年，其份额已下降至53.22%。同期，中国、印度、巴西、俄罗斯、墨西哥、南非等新兴六国所占比重已由9.79%上升至17.49%。[④] 经济基础的变化要求上层建筑要做出相应调整。在新兴经济体实力增加，已成为世界经济发展新动力的背景下，全球治理

---

① World Bank. World Development Indicators 2006, Quoted in Manmohan Agarwal, "The BRICSAM Countries and Changing World Economic Power - Scenarios to 2050". The Center for International Governance Innovation Working Paper, No. 39, Oct. 2008, p. 5.

② IMF. World Economic Outlook 2009. Washington DC: International Monetary Fund, 2009: 169 - 176.

③ IMF. World Economic Outlook Update: An Update of the Key WEO Projections, 2010 - 07 - 07. http://www.imf.org/external/pubs/ft/weo/2010/update/02/pdf/0710.pdf.

④ World Bank. Total GDP2000: World Development Indicators Database, April 2002, http://www.pdwb.de/archiv/weltbank/gdp00.pdf.

World Bank. Gross Domestic Product 2009: World Development Indicators Database. July 1, 2010. http://siteresources.world-bank.org/DATASTATISTICS/Resources/GDP.pdf.

机制改革调整的压力变得越来越大，并成为全球公共产品提供领域的新挑战。

3. 国际体系的失序和紊乱

2008年国际金融危机后，逆全球化抬头，被经济快速增长的现实与预期所掩盖的经济发展不平衡、社会不平等等矛盾凸显，并向社会和政治领域溢出，国际社会呈现混乱的态势，“动荡”成为时下的关键词。近年来，随着美欧与俄罗斯以反恐名义分别在军事上卷入叙利亚内战，国际反恐格局有新的发展。其中最大事态是国际恐怖主义力量的聚集效应急剧发酵，历史上第一次在中东成立了以恐怖主义袭击为主要手段的极端伊斯兰教国家IS。今天，以中东为大本营的伊斯兰国正成为吸引世界各国极端伊斯兰教徒和恐袭分子前往顶礼膜拜的“圣地”。这些新的事态激发国际反恐力量与以伊斯兰国为代表的极端恐怖组织展开更加深广的政治、军事与文化博弈，国际反恐斗争呈现新的格局。一方面，随着美、俄、欧及中东各国以不同心态和不同形式参与以叙利亚内战为掩护的反恐战争，其规模和打击力度都在不断加大。在可预期的将来，叙利亚反恐战争仍将持续。中东战火与恐袭相互交织沦为人间地狱。另一方面，处于下风的伊斯兰极端势力策划以难民形式向西方及全球其他地区渗透。未来全球反恐斗争的范围势将有所扩展，形势也将更加复杂。欧美成为恐怖主义外溢的重灾区。另外，世界上很多人对全球化不满乃至愤怒：美国出现了特朗普现象，英国出现了“脱欧”公投，发展中国家的各种不满更甚。还有，迄今为止的全球化导致的问题日益凸显。受益于全球化的主要是少数西方国家，而不是大多数发展中国家；但即使在少数西方国家内部，主要受益者不是普通百姓，而是跨国公司，多数百姓的实际收入和家庭资产过去20年来鲜有增加。

总之，随着发展不平衡规律作用的发挥和“华盛顿共识”负面效应的显现，传统全球治理机制的弊端不断暴露出来，全球公共产品提供面临重大挑战。

（四）全球经济治理走势

全球治理机制要顺应全球体系的变化做出调整，提供与变化了的国际体系相适应的全球公共产品。因此，国际体系的变化为全球公共产品提供机制指明了发展方向。

当今全球公共产品需求将向更加强调公平、正义的方向转化。正如经济学的主体是效率和公平的轮换一样，全球公共产品需求在一个时期更加强调效率，而另一个时期则更加强调公平。从大历史观来看，匈牙利经济史学家、经济人类学家、社会学家卡尔·波兰尼指出，近现代人类社会的发展在两股思潮的交替起伏下波动式地前进，一种思潮强调释放市场，另一种思潮强调保护社会。[①] 在强调释放市场的阶段，自由、平等、竞争效率居于观念的主导位置，强调不同市场主体之间彼此平等、自由竞争，相应的公共产品提供也围绕着如何通过竞争将经济增长潜力最大限度地挖掘出来进行。以自由竞争来释放市场潜能能够带来经济水平的提升，但也带来很多社会问题。在自由放任的市场上，监管不足的市场主体会产生行为失当，诱惑、嫉妒、怨恨、幻觉会引发并扩大危机。缺乏公平正义约束的自由平等，最终会带来社会内部张力的扩大，使经济失序乃至崩溃。这个时候，公共产品提供的主题就要向公平正义转化，更强调公平。

当前，全球公共产品提供机制朝公平正义方向变革已经成为大势所趋。当前国际体系的失序就是崇信市场竞争机制、缺乏道义约束和制度监管的结果。面对效率与公平之间的选择，人们权衡取舍的天平开始倾向于公平。人们不再担心竞争及生产的不足，而更加关注分配和消费的不义。追求公平正义越来越成为人心所向、大势所趋。因此，当前全球公共产品提供机制的变革方向是公平正义。

---

① 高柏．日本经济的悖论[M]．刘耳，译．北京：商务印书馆，2004：14.

小　结

在信息技术革命的推动下，全球基础设施在全面信息化升级，信息基础设施已经变成人类最大的新增基础设施，为人类社会在更高基础上的发展搭建了平台。这构成当前人民币国际化和中国金融发展的国际战略环境。

三次产业的信息化转型升级总体有利于人民币国际化。在这个不断扩展的基础设施之上，世界经济基础正在全面信息化升级，三次产业都在信息化转型升级，呈现产业装备信息化、营销模式电商平台化、管理模式扁平化的特征，改变了人类赖以生存发展的经济基础。这总体有利于人民币国际化。

美元指数的发展趋势有利于人民币国际化。受国际发展不平衡的影响，国际格局正在从寡头市场向均衡自由竞争市场转变，牙买加国际金融系统的最重要价格指标——美元指数大幅反转将是小概率事件，其最大可能是在低于110点位下的箱体中震荡横盘。这不仅对人民币空间国际化有利，也对人民币功能国际化有利。

全球治理走势构建了有利于人民币国际化的道义氛围。全球治理体制机制整体出现“失灵”，正朝更加强调公平正义的方向转化。全球治理体制改革的道义价值取向有利于人民币国际化。

第十二章　新时期人民币国际化战略前瞻

与美国金融系统相比，中国的金融系统只有主权货币的国际化还没有完成，其他的功能结构基本都已具备。所以，中国金融系统进一步发展的核心问题之一就是如何推进人民币国际化，其发展战略环境就是信息技术革命导致的全球基础设施环境、经济环境、国际金融环境和全球治理环境。根据前文所述的全球战略环境的变化情况，本章尝试立足当前国际战略环境现实，探讨新时期人民币国际化战略问题。

一、人民币国际化战略的重要地位

顺应全球经济一体化和市场化的历史潮流，2005 年 7 月汇率形成机制市场化改革以后，中国开始实行以“一篮子”货币为参照的有管理的浮动汇率体系，推进资本项下改革，实施人民币国际化战略，即人民币的国际使用战略，目标就是把人民币变成世界货币。该战略又叫作“三步走”战略：在地域上，人民币由周边化到区域化，再由区域化推向国际化；在货币职能上，人民币实现由结算货币到投资货币，再由投资货币到储备货币的转变。人民币国际化战略具有极其重要的意义。

（一）战略的内涵和特点

战略原本是个军事术语，指军事将领为取得胜利而对战争全局的谋划，是指导战争获取全局性胜利的方略。后来，战略被广泛借用到政治、经济等各个领域，泛指一个较长历史时期为实现全局性目标而进行的总体谋划。从一定意义上来讲，战略是博弈参与方的策略和规划。广义上的战略是当前应用最多的内涵。本研究所指的战略即是在这个层面上的应用。

战略具有以下三方面特点。一是战略具有全局性特点。战略是对事关全局问题的谋划，是建立在对参与博弈各方情况综合考虑基础上的谋划，要考虑国内外形势，参与博弈各方军事、政治、经济、地理、科学技术等力量对比，考虑博弈性质、可能爆发的冲突、特点和发展趋势，以及博弈方针、任务、主攻方向、阶段和主要博弈形式；要考虑空间划分、局部准备、力量配置、指导思想和博弈技术；要考虑战略资源的开发、储备和战略后方建设、后备资源布局，博弈资源动员体制、博弈指挥体制建设、博弈序列、博弈资源协同和战略预备资源的使用和调配，等等。可见，战略不是某一领域的谋划，而是全局的谋划，是事关整体的谋划，不是瞄准局部的战术，具有全局性特点。二是战略具有利益再分配性。战略是战略主体为达到某个战略目标而进行的整体谋划，都是有目的指向性的，需要通过对各方面情况的科学分析评估，在目标事项规律性认识的指导下，有针对性地建设和利用好实现战略目标的资源，采取组合拳式方式方法，扬长避短，达到预期目的。新的战略主体介入后，战略主体目标的实现必然导致目标领域战略利益的再分配。战争领域的战略，利益分配是零和游戏，其他领域的利益再分配既可能是零和游戏，也可能是互利多赢的利益再分配游戏。所以，总体来讲，战略具有利益再分配性。三是战略具有预见性。战略的制定都建立在广泛调查研究的基础上，通过全面分析科学预测国际国内战略环境和相关利益方关系以及博弈诸因素可能的发展变化趋势，明确现实的和潜在的博弈对手，判明威胁的性质、方向和程度，科学预测博弈未来发展的路径、样式、方向、规模、进程和结局，揭示未来博弈的特点和规律。所以，作为参与博弈的主体对自己参与的博弈方案的设计，战略实际上具有预见性的特点。预见性是博弈的前提，是决策的基础。四是战略具有谋略性。战略是博弈主体基于客观情况而提出的克敌制胜的斗争策略。它是在限定的时间、空间等客观条件下，博弈主体变被动为主动，化劣势为优势，以少胜多，以弱制强，乃至不战而屈人之兵的重要策略。博弈要求博弈主体尊重博弈的特点和规律，多谋善断，料敌定谋，灵活多变,高敌一筹，以智谋胜。所以，战略是谋略的运用，具有谋略性。

总之，战略是博弈主体为达到一定历史时期的战略目标，而对具有全局性、整体性影响的事项进行的谋划，是历史议程的总体实施方案，具有全局影响力。

（二）人民币国际化战略的重要地位

经过30多年的改革开放，中国已经成为一个开放的经济体，成为世界第一贸易大国，是全球资本输出国俱乐部的重要一员。因此，人民币不得不随着实体经济的国际化走上国际化的道路。中国金融系统发展的历史任务决定了人民币国际化是个战略性问题。

1. 人民币国际化是事关中国实体经济发展的战略问题，也是事关世界经济发展的重大战略问题

一是中国已经是世界货物贸易第一大国。在欧美依靠金融加杠杆消费、以中国为核心的东亚依靠廉价的劳动力生产、广大发展中国家提供能源资源的世界经济运行大三角模式下，中国通过改革开放，依靠加工贸易参与世界经济大循环，依靠国际贸易盘活了整个国民经济，积累了巨大的经济剩余，快速成为世界货物贸易第一大国。当前，中国经济已经全面融入世界经济体系，成为世界经济不可或缺的重要组成部分；国际贸易也成为中国经济发展的重要动力。如果失去国际贸易这个重要动力，由世界经济大三角模式培育出来的国际产业链要么萎缩要么停摆，这将严重影响中国经济的发展。而且，中国质优价廉的商品也已经成为世界各国难以替代的选择，成为各国降低发展成本的重要支撑。中国廉价商品的缺席将严重拖累世界经济发展。因此，无论从自身发展还是从世界经济发展的角度考虑，优化国际贸易环境，强化国际贸易基础设施成为中国的不二选择。其中，支撑国际贸易发展的国际结算就成为最重要的优化选项之一。也就是说，中国需要通过本国金融系统与国际金融系统融合，即通过人民币的国际化优化国际结算环境，降低国际贸易成本，支撑国际贸易发展。所以，中国金融系统的未来发展（人民币国际化）事关中国贸易发展成本降低，

事关中国实体经济发展动力，是个战略问题。二是中国已经是全球资本输出国重要成员。经过30多年的改革开放，中国积累了大量资本，3万亿的国际储备使中国跻身世界第一储备大国。这些闲置资金不仅给国内宏观调控带来巨大压力，造成巨大浪费，降低了中国经济发展效率，还因对国际资金需求方的配置效率较低而拖累了世界经济发展。所以，中国面临资金国际化配置需求的挑战。这需要中国金融系统推进国际化，打通资金国际配置渠道，实现中国与世界的互利双赢，因此，人民币国际化势在必行。总之，无论是国际贸易资源的优化配置，还是国际资本的优化配置，都需要中国金融系统进行国际化拓展（人民币国际化），优化国际商品链、国际产业链、国际价值链。

2. 人民币国际化是事关牙买加国际金融系统朝更加公正合理方向发展的战略问题

牙买加国际金融系统的最大缺陷就是由于美元独大造成国际金融市场的动荡以及由此引发的对发展中经济体“剪羊毛”现象。在这种国际金融系统下，美元缺少其他国际货币的制约，国际金融市场是美元寡头市场，无法形成博弈均衡。寡头市场格局决定了美元“剪羊毛”的结局。当美联储货币政策发生变化时，美元流动机制就被启动。美元在任何经济体的进出都会引起其内部市场资金供给的变化，从而导致该经济体宏观经济形势发生变化。当美联储进入货币升值周期即加息周期时，美元指数进入上升轨道，外围市场进入衰退期，美国市场进入繁荣期。在美元指数上升周期中，美元的加息政策吸引外围市场资金追逐息差而纷纷回流美国证券市场，金融市场繁荣，并流向美国相关产业，推动美国经济走向繁荣。与此相反，外围市场因资金规模萎缩而进入资产价格的下跌期，金融市场衰退，相关产业融资困难，甚至导致部分产业的资金链断裂，引发金融危机，出现衰退局面。当美联储进入货币贬值周期即降息周期时，美元指数进入下降轨道，美国市场进入衰退期，外围市场进入繁荣期。在美元指数的下降周期，美元的降息政策驱赶资金向外围市场寻求高回报项目进行投资，纷纷逃离美国市场，金融市场衰退，流向外围市场购买地板价资产，退出相关产业，并拉低美国资产价格，导致美国经济进入衰退期。与此相反，外围市场因资金规模暴增而进入资产价格的上升期，金融市场繁荣，相关产业资金充裕，出现投资景气局面。客观地讲，外围市场和美国市场图景的直接描绘者是国际金融市场主体。利用这种规律，有实力的国际市场主体（主要是跨国公司）随着美联储货币政策周期的变化而变换投资场所，在价格洼地买入，在价值高地抛出，在获得高收益的同时通过资本跨境流动创造出美国市场与外围市场截然相反的图景。从超宏观的角度看，这就形成跨国公司对广大发展中后发经济体的不合理剥夺。中国金融系统的未来发展，即人民币国际化，能够增加国际金融市场的博弈主体，推动形成美元、欧元和人民币三足鼎立的均衡博弈，形成国际货币均衡价格，减少国际金融市场的动荡，规避对中小经济体的不合理剥夺，推进世界经济更好地发展，造福世界各国人民。所以，人民币进一步国际化有利于国际金融系统的优化，推动国际金融系统更加公正合理，是个世界性战略问题。

3. 人民币国际化是中国金融系统发展的逻辑必然，是中国金融系统优化的战略问题，是事关经济全球化进一步发展的战略问题

一是人民币国际化是中国金融系统合乎市场化逻辑的必然结果。实体经济的国际化必然要求虚拟经济也要国际化，跟随实体经济的脚步提供金融服务。所以，中国金融系统的未来发展必然推动人民币国际化，是经济体发展逻辑的必然结果。二是人民币国际化是推进中国经济进一步市场化的战略问题。当前，中国金融系统已经完成了由一级金融系统向二级金融系统结构的转型，金融主体已经改造成市场化的金融主体，各主体之间按照市场交易规则进行交易，形成了金融市场。要巩固和发展中国金融系统市场化的成果，借鉴人类市场经济发展的成功经验，中国金融系统需要通过进一步融入国际金融系统，熟悉国际金融市场游戏规则，完善国内金融市场体制机制。也就是说，人民币国际化是巩固中国经济已有发展成果的必然选择。三是人民币国际化是推进全球经济一体化的战略问题。随着信息技术的进步，各国市场的不断融合，人类组织能力的不断提升，世界各国已经形成“你中有我，我中有你”的互利共赢格局，倒退只能使人类付

出更大发展成本。所以，实体经济市场的全球融合必然要求虚拟经济的同步融合，中国金融系统的未来国际化发展即人民币国际化是推动世界经济进一步融合的动力，是事关全球经济一体化的战略问题。总之，人民币国际化发展是中国金融系统发展的逻辑必然，是中国金融系统优化的战略问题，是事关经济全球化进一步发展的战略问题。

中国金融系统的全球化，即人民币国际化，不仅是事关中国经济发展的战略问题，也是事关全球经济发展的战略问题，不应受个体理性与集体理性悖论的掣肘，应大力推进。

二、人民币国际化不断取得新进展

在“三步走”战略指导下，人民币国际化进程开启。时至今日，借助中国实体经济在全球的不断扩展，人民币国际化取得了巨大成绩。

（一）人民币国际化取得新进展

首先，2016 年人民币支付使用稳步推进，人民币在全球货币体系中保持稳定地位。据环球银行金融电信协会（SWIFT）的统计，2016 年 12 月，人民币成为全球第六大支付货币，市场占有率为 1.68%。2016 年 10 月 1 日，人民币正式纳入国际货币基金组织特别提款权（SDR）货币篮子。人民币正式加入 SDR 货币篮子标志着人民币国际化进入新的发展阶段。

其次，人民币稳居中国跨境收付第二大货币。2016 年，跨境人民币收付金额合计 9.85 万亿元，占同期本外币跨境收付金额的比重为 25.2%，人民币已连续六年成为中国第二大跨境收付货币。其中，经常项目人民币收付金额 52274.7 亿元，对外直接投资（ODI）人民币收付金额 10618.5 亿元，外商直接投资（FDI）人民币收付金额 13 987.7 亿元。截至 2016 年末，使用人民币进行跨境结算的境内企业约 24 万家。

第三，人民币国际使用稳步发展。截至 2016 年末，中国境内（不含港、澳、台地区，下同）银行的非居民人民币存款余额为9154.7亿元，主要离岸市场人民币存款余额约为 1.12 万亿元。截至 2016 年末，非居民持有境内人民币金融资产余额为3.03万亿元，其中，境外机构持有的股票市值和债券托管余额分别为6491.9亿元和8526.2亿元；境外机构对境内机构的贷款余额为6164.4亿元；非居民在境内银行的人民币存款余额为9154.7亿元，包括同业往来账户存款、境外机构和境外个人存款。截至2016年末，共有18个国家和地区获得人民币合格境外投资者（RQFII）额度，合计人民币1.51万亿元；共有407家境外机构获准进入银行间债券市场，入市总投资备案规模为1.97万亿元。按照国际清算银行（BIS）狭义统计口径，截至2016年末，以人民币标价的国际债券余额为6987.2亿元，其中境外机构在离岸市场上发行的人民币债券余额为5665.8亿元，在中国境内发行的人民币债券余额为1321.4亿元，人民币国际债券未偿余额为7132.9亿元。据不完全统计，截至2016年末，共有60多个国家和地区将人民币纳入外汇储备。根据国际货币基金组织（IMF）"官方外汇储备货币构成"（COFER）季度数据，截至2016年12月末，人民币储备约合845.1亿美元，占标明币种构成外汇储备总额的1.07%。

第四，人民币资本项目可兑换稳步推进。2016年，将全口径跨境融资宏观审慎管理试点范围扩大至全国；进一步开放和便利境外机构投资银行间债券市场，简化人民币合格境外机构投资者管理，完善沪港通机制，取消总额度限制，启动深港通。

第五，人民币国际合作成效显著。截至2016年末，人民银行与36个国家和地区的中央银行或货币当局签署了双边本币互换协议，协议总规模超过3.3万亿元人民币；在23个国家和地区建立了人民币清算安排，覆盖东南亚、欧洲、中东、美洲、大洋洲和非洲等地，便利了境外主体持有和使用人民币。

第六，人民币国际化的空间范围不断扩大。截至2016年底，与我国发生跨境人民币收付业务的国家和地区就达到239个；包括阿联酋、匈牙利、智利、卢森堡、瑞士、英国、法国、德国、美国、卡塔尔、加拿大等在内的18个国家和地区获得人民币合格境外投资者（RQFII）额度。2016年，与中国香港地区的人民币收付金额占比为53.6%，比2015年上升0.7个百分点。与德国、日本、韩国、澳大利亚、开曼群岛、越南等地人民币收付金额占比较2015年均有所上升。

第七，人民币跨境使用基础设施进一步完善。2016年，进一步推动人民币跨境支付系统（CIPS）建设和直接参与者扩容。截至2016年末，CIPS共有28家直接参与者，512家间接参与者，覆盖六大洲80个国家和地区。系统累计运行312个工作日，共处理支付业务722849笔，金额48427亿元。进一步规范和完善人民币跨境收付信息管理系统（RCPMIS）业务规则，提高数据报送质量。①

总之，立足中国实体经济全球化发展的基础，借助人民币国际化的惯性，2016年人民币国际化继续呈现进一步发展态势。

（二）人民币跨境流动体制机制改革取得新进展

首先，资本项目可兑换改革取得新进展。2016年，按照“服务实体，循序渐进，统筹兼顾，风险可控”的原则，人民币资本项目可兑换继续稳步推进。在全国范围内实施全口径跨境融资宏观审慎管理；进一步开放和便利境外机构使用人民币投资银行间债券市场，更多类型境外主体可在境内发行人民币债券；简化人民币合格境外机构投资者管理；优化沪港通机制，取消总额度限制，启动深港通。目前人民币在7大类共40项资本项目交易中，已实现可兑换、基本可兑换、部分可兑换的项目共计37项，占全部交易项目的92.5%。这提升了跨境投资和交易的便利性，促进了资源的全球配置。②

其次，人民币汇率形成机制市场化改革有了新进展。2016年以来，以市场供求为基础，参考“一篮子”货币进行调节的人民币汇率形成机制有序运行，“收盘汇率+一篮子货币汇率变化”的人民币兑美元汇率中间价形成机制进一步完善。人民币兑美元双向浮动弹性显著增强，兑“一篮

① 资料来源：中国人民银行，2017年人民币国际化报告[R]. 中国人民银行，http://www.pbc.gov.cn/huobizhengceersi/214481/214511/214695/3398597/2017101710035015721.pdf.

② 资料来源：中国人民银行，2017年人民币国际化报告[R]. 中国人民银行，http://www.pbc.gov.cn/huobizhengceersi/214481/214511/214695/3398597/2017101710035015721.pdf.

子”货币汇率在保持基本稳定的同时也显现出明显的双向波动态势，市场供求在人民币汇率决定中的作用进一步显现。根据国际清算银行的计算，自2005年人民币汇率形成机制改革以来，截至2016年末，人民币名义有效汇率和实际有效汇率分别升值37.34%和47.14%。人民币兑美元汇率有所贬值，兑欧元、日元、英镑等其他国际主要货币汇率有升有贬。人民币兑美元、欧元、日元分别较2015年末贬值6.39%、2.90%和9.59%，兑英镑升值11.51%。①

总之，人民币国际化战略稳步实施，呈现稳步拓展态势。中国经济持续稳中向好，人民币汇率形成机制不断完善，跨境人民币业务政策框架不断优化，人民币的支付货币功能不断强化；随着“一带一路”战略的实施效果不断显现，人民币国际地位持续提升，金融基础设施进一步完善，将有越来越多的市场主体接受人民币，人民币的投资货币功能和储备货币功能不断强化。

三、国际环境变化对人民币国际化的影响

人民币国际化进程是在国际金融危机之前的2005年启动的，在国际金融危机中颠簸前行，化世界经济之“危”为“机”，全面打开人民币世界货币化的局面。在后危机时代，国际环境在信息技术革命的推动下发生了巨大变化，这给中国人民币国际化战略的实施带来重大影响。

（一）信息基础设施普及对人民币国际化的影响

信息基础设施的普及是对原有基础设施的信息化升级，对人民币的国际化既有正面影响，也有负面影响，总体上利大于弊。

首先，信息基础设施的全球普及有利于跨境资金流动规模增大，有力地推进了人民币国际化。互联网的全球化发展，信息基础设施的普及，使

---

① 资料来源：中国人民银行，2017年人民币国际化报告［R］．中国人民银行，http://www.pbc.gov.cn/huobizhengceersi/214481/214511/214695/3398597/2017101710035015721.pdf.

生产、流通、消费等社会生产主体的沟通交流更加便利快捷。这使相距遥远的供需双方能迅速达成交易，也使原来不可能的需求得到满足，潜在跨境交易变为现实交易，经常项下跨境贸易收支规模潜力得到前所未有的挖掘。由于互联网金融和第三方支付的发展，不同国家和地区之间的商品贸易、消费、国际结算、货币互换被有机地整合到同一个平台上，能够更精确地进行供需关系的确认和匹配，节约了交易成本和时间，提高了交易效率。这进一步加大了国际收支经常项下的资金收付规模。作为世界第一货物贸易大国，中国是世界的工厂，商品物美价廉。信息基础设施的全球普及实际上推动了中国与世界各国的贸易，电商既有利于中国商品销往世界各地，也有利于中国国际收支经常项下收付资金规模的扩大，即有利于人民币的国际使用。同样，在国际收支的资本项下，信息基础设施全球普及导致投资者更容易在全球各地找到投资标的，并推动资金跨境流动，实现全球有效配置。中国经济环境安全稳定，稳健中高速发展，吸引国际资本争相投资中国。这导致中国国际收支资本项下资金收付规模不断扩大，也不断加大了人民币国际使用频率和地域范围。总之，信息基础设施的全球普及，便利了资金跨境流动，对推进人民币国际化极其有利。

其次，信息基础设施的全球普及使资金流动速度和频率飞速加快，也给人民币国际化带来较大不利影响。互联网金融使资金收付可以在瞬间完成，资金转移几乎不需要时间，跨境资金的流动也呈现这样的特点。可以说，信息基础设施的全球普及，加快了全球资金流动速度，增大了资金在途流动的频率。这样，作为世界第一大货物贸易大国，具有投资潜力的目的地之一，中国的跨境资金流动速度、规模和频率都会大幅增加，这无形中也增加了资本跨境流动风险发生的可能。所以，在这种情况下，中国资本项目可兑换改革就要考虑经济安全和资本项目开放“谁先谁后”的问题、“谁轻谁重”的问题。如果以资本项目可兑换改革为先、以便利资本跨境流动为重，资本项下资本自由流动与信息基础设施普及导致的资本流动速度加快、规模加大相叠加，就极有可能导致资本跨境大规模快速流动引发的金融危机。这就给资本项目可兑换改革增加了巨大压力，也就间接地延缓了人民币国际化进程，因为资本项目可兑换是为人民币国际化扫除障碍的，资本项目可兑换速度放缓意味着人民币国际化变慢。

第三，以比特币为代表的虚拟货币将推动人民币的国际化进程。作为信息化、网络化的产物，以比特币为代表的虚拟货币实际上是一种加密网络程序。在网络空间里，这种虚拟货币具有类似货币的属性，可以作为一般等价物，通过虚拟货币交易市场连通传统货币体系。这样，虚拟货币也就成为各国货币通过互联网在国家间转移的绝好媒介。虚拟货币的出现，一方面，提升了全球范围内价值转移的速度，为人民币国际化加速推进提供了支撑，因为借助虚拟货币，货币在全球流转的速度加快了，人民币流转到世界各地的速度也就加快了，即国际化的速度迅速提升。另一方面，虚拟货币的出现也给各国外汇管理和反洗钱工作带来巨大挑战，许多资金可以绕开国家的外汇管理渠道直接跨境流动。这给各国金融监管出了道难题，必然通过各种方法和渠道严控资金跨境非法流动，降低了各国货币跨境流动的速度。可见，虚拟货币的出现对人民币国际化既有有利的一面，也有不利的一面。

总之，信息技术革命推动的信息基础实施全球化普及是当前国际环境的一个重要特征，实质性地改变了国际资本流动的规模、速度和频度，在便利资本流动、降低交易成本的同时，也增加了爆发跨境资本流动引发外源性经济危机的概率。

（二）三次产业信息化对人民币国际化的影响

在信息技术革命的推动下，三次产业都出现了信息化趋势，是全球经济结构的升级。这实质性地改变了商品生产、流通和交易的方式和效率，提升了资金流动的效率，对人民币国际化产生重大影响。

首先，三次产业信息化对人民币国际化的空间范围产生有利影响。三次产业信息化使得各种商品都通过电子平台进行售卖，打破了距离对这种交易的限制。通过互联网上的电子交易平台，人们可以看到地球另一端的人们所生产和销售的商品，并通过电子支付购买到这些商品。同样，住在极其偏远的单位或个人，只要有互联网，就可以把原来无法销售的产品通过互联网接入世界大市场，卖到世界的任何角落。在全球互联网时代，商品交易者分布空间的扩大，不仅扩大了人民币可以到达的空间范围，还突变性地扩大了人民币国际化的空间范围。随着时间的推移，这种效应会不断显现。

其次，三次产业信息化会加快各国特别是中国的产业信息化转型升级，提升综合国力，有利于推进人民币货币功能方面的国际化。虽然信息技术不是原创于中国，但中国是世界上互联网应用走在前列的少数几个国家之一，因为中国人口众多，而且是“世界工场”。在信息化技术的推动下，中国三次产业弯道超车变身为高度信息化的国民经济三次产业。这必然会提升中国商品的国际竞争力，进而提升国家的综合实力。进一步讲，这将增强各国对中国的信心，提高人民币的信用度。将会有越来越多的国家和人民持有人民币，并将其作为投资货币、储备货币。

可见，三次产业的信息化是经济基础结构性升级的表现，将通过跨境电商突变性地推进人民币在空间上的国际化；还可以通过改变国家国际竞争力进一步实质性地改变人民币的国际信用度，推进人民币功能上的国际化进程。

（三）美元指数运行趋势对人民币国际化的影响

当前，国际金融系统的最新进展就是美元指数的持续低迷，而且反转突破的可能极小。美元是牙买加国际金融系统的最主要的世界货币，美元指数是牙买加国际金融系统最主要的价格指标。

首先，美元指数持续低迷为人民币国际化提供了有利条件。美元指数持续低迷，为美联储通过加息回收流动性提供了基础。市场预期，2017 年年内美联储还要加息一次，预期 2018 年美联储将加息三次。如果美联储加息，就意味着人民币相对贬值，有利于中国商品出口。这样，中国质优价廉的商品将快速走向世界各国，带动各国对中国商品的消费，增强对中国及人民币的信心。这种局面的形成，不仅在空间上，而且也在功能上都有利于人民币的国际化。另外，美元指数反转突破 110 点位的可能较小，这意味着美元加息以大规模调动资金回流美国的可能性也极小。那么外围国家特别是大型集团因美元加息而发生经济危机的可能性也极小。所以，中国可以大胆地把更多资源放在推进人民币国际化上，把更多资源放在推进中国国际贸易市场空间开发上，加快推进新时期人民币国际化进程。

其次，美元指数的最终走势将有利于人民币国际化。按照美元指数历史规律，本轮美元指数难以反弹到 110 点以上。这是美国霸权逐步走下神坛的先兆。所以，即使在美联储持续加息猛药的支持下，美元指数反弹到 110 点左右之后下跌是大概率事件。由此，世界市场主体就会进一步对美元及美国经济失去信心，反而对人民币的信心增强。可见，美元走高下跌的最终走势对推进人民币全方位国际化十分有利。

总之，牙买加国际金融系统以美元指数的紊乱为代表的最新进展是美元独大体制的式微表现，有利于推动代表多元世界货币竞争均衡格局的人民币国际化。

（四）全球治理环境变化对人民币国际化的影响

当前，随着新兴经济体的崛起及美国实力的衰退，全球安全紊乱，恐怖主义四起；全球金融市场动荡，金融危机威胁成为常态；全球贸易保护主义猖獗，反全球化思潮抬头。全球治理机制的“失灵”，推动国际治理体制变革的思潮成为主流，全球治理机制朝公平正义方向变革已经成为大势所趋。

这种全球治理机制的变革有利于人民币国际化战略的落实。当前，全球治理“失灵”的根本原因是，国际格局的演化使原来的超级大国美国主导建立的国际治理机制无法聚合各国力量共同应对全球性挑战和问题，实质是要求建立与势力均衡的国际格局相适应的公正合理的国际治理体制，也就是剥夺霸权特权，实行民主共治，表现在国际金融领域就是打破美元独大的寡头体制，建构美元、欧元、人民币三足鼎立的均衡制约体制。因此，在全球治理环境变化的趋势下，绝大多数国家都会鼓励欧元、人民币世界货币化，以尽快建立国际金融市场上的三足鼎立制衡价格形成体制，实现国际金融领域的公正、合理。当前，国际道义价值取向营造的国际氛围有利于人民币国际化。

总之，全球治理领域的“失灵”推动全球治理朝公正合理方向转化。在这个过程中，人民币国际化是符合全球治理变革潮流的，是大势所趋、“民心”所向，受到各方鼓励和支持。

四、新时期推进人民币国际化的对策

人民币国际化是中国金融系统合乎逻辑发展的必然结果，是世界经济发展的必然趋势。人民币国际化与资本项目可兑换改革是一个硬币的两面，推进人民币国际化必然要实现资本项目可兑换，推进资本项目可兑换将导致人民币国际化。但是，资本项目可兑换涉及经济体资本跨境流动，隐藏着金融危机的“胚胎”。协调好人民币国际化与资本项目可兑换之间的关系，是推进新时期人民币国际化的根本原则。

（一）夯实根基，全力推进国民经济又好又快发展

在金融市场上，各种金融主体行为的根本动机都是牟利，哪里有利可图，资本就会想方设法流向哪里。而资本本身并不创造财富，只能通过参与实体经济发展过程而分享财富。所以，只有夯实中国实体经济根基，使本国经济稳定有效地成为财富的摇钱树，成为资本不断追逐的对象，才不会发生大规模流出导致的外源性金融风险。

为此，中国要坚定不移地执行科技优先的创新发展战略，不断把自己的发展建立在国际产业高端的位置上，通过产业高附加值吸引资本争相追逐，而不是逃离；中国要坚定不移地落实好“一带一路”战略，为产业发展创造广阔的市场空间；坚定不移地走绿色可持续发展之路，使中国成为宜居之地。

总之，中国要通过夯实自己的经济根基，促进国民经济又好又快发展，把自己打造成资金的“吸铁石”，为推进人民币国际化创造良好的资

金环境。这是人民币国际化的战略根基。

（二）安全为先，统筹推进资本项目可兑换

在人民币国际化进程中，国际化和经济安全孰轻孰重是监管者不断思考的一个重大基础性问题。当今是金融国际化和一体化的时代，各国金融系统正走上“你中有我，我中有你”的融合道路，跨境资金流动不仅规模大，而且流动速度不受限制。因此，在这个由金融抑制政策向金融自由化转变的过渡期，各国金融系统如果还不适应新的政策环境，就极易形成由于跨境资金流动导致的资金链断裂，进而危及金融系统的功能结构。特别是那些稳定性差、发育相对落后的第三世界国家金融系统，更是极易形成金融危机。所以，中国在金融系统发展战略选择上一定要把安全问题放在首位，在安全的前提下以最快的速度发展自己。与此同时，要统筹资本项目可兑换，做到留有余地，既保证国家经济安全，又兼顾资本项目有效可兑换，在保证国家经济安全的前提下，尽可能快速开放资本项目，推进人民币国际化。

总之，鉴于牙买加国际金融系统汇率波动性强，国际资本流动性大，防范措施准备不充分等特点，我国在探索性不断扩大开放的过程中，要统筹兼顾资本项目开放的各种要素，统筹各种监管和防范资源，强化监测和预测，积极有为，保持稳妥、适宜的开放速度，牢牢把握跨境资本流动的主动权，在保证国家经济安全的前提下推进人民币国际化进程。

（三）科技先行，强化跨境资本流动监测和预测

当前，跨境资本流动速度加快、规模增大、频度增加，是信息技术基础设施应用的结果。要掌握跨境资金动态，有效防范人民币国际化过程中的金融风险，就要利用好信息技术装备，搭建好信息收集平台，强化跨境资本流动监测，及时掌握跨境资本动向；就要利用好大数据分析技术，及时做好跨境资金流动预测预报工作，做到料敌于先。人民币国际化条件下的金融风险防范是资本项目可兑换越来越开放的金融风险防范，是资本跨境流动越来越自由、越来越无监管约束的跨境流动，仅靠人工统计是难以

应付海量数据的，只有依靠信息技术建立信息收集处理系统，应对日益自由化、复杂化的跨境资本流动。要有效防范人民币国际化条件下的金融风险，科技先行是关键。

（四）加强国际合作，互利共赢推进人民币国际化

人民币国际化的过程，也是各国相互借重，优势互补，进行互利共赢合作的过程。因此，在推进人民币国际化的过程中，中国要加强国际合作，在互利双赢中推进人民币国际化。首先，要加强与金砖国家等广大发展中国家的金融安全合作，通过构建共同防范金融风险的外汇储备库，一方面构建共同的金融风险防范网，另一方面扩大人民币的国际使用。其次，加大货币互换力度，加强与各国在贸易和往来中的合作。通过货币互换，一方面便利两国贸易中的结算，保护两国的贸易利益，便利双方面国民的交往，另一方面也实现了扩大人民币国际使用的目的，而且通过双方信任的培育，不断推动人民币从结算货币向投资货币、储备货币转化，进一步扩大人民币的国际使用。第三，加大货币市场合作力度，在互利共赢的基础上推动人民币不断国际化。加大证券交易所、银行间市场、债券市场的合作，通过两国相关市场的联手加大市场影响力和生存发展能力，并借此推进双方货币的国际化。

（五）破解瓶颈，夯实人民币国际化贸易投资基础

人民币国际化是国际贸易投资发展的要求，是贸易投资便利化的必然结果。所以，统筹推进贸易投资有利于夯实人民币国际化基础。一是通过互利合作，推进人民币成为贸易投资伙伴国的结算货币。这不仅有利于双方的贸易和投资，更有利于规避因第三方货币币值过度波动导致的经济和安全损失。二是积极推进人民币成为国际大宗商品的结算货币。大宗商品贸易涉及规模巨大的资金跨境流动。成为大宗商品的结算货币，意味着人民币的国际使用得到质的突破，能够加快人民币国际化进程。但是，这个措施要从本国贸易和投资利益出发，统筹兼顾各方利益，选择好适当时机，协调好与相关各方的关系。

总之，当前人民币国际化的推进期，既是资本项目开放和金融风险高发的并行期，也是国家金融脆弱性的敏感期，中国要借助信息技术革命最新成果，加强跨境资本流动的监测和预测，把经济安全放在首位，积极有为，统筹资本项目开放和金融风险防范，稳妥推进人民币国际化进程，提升中国金融系统的国际竞争力。

小　结

战略被广泛借用到政治、经济等各个领域，泛指一个较长历史时期为实现全局性目标而进行的总体谋划。从一定意义上来讲，战略是博弈参与方的策略和规划。人民币国际化问题是个战略性问题。

当前，人民币在支付使用、跨境收付、国际使用、资本项目可兑换、国际合作、国际化空间范围、跨境使用基础设施建设等各个方面都取得了重大进展。资本项目可兑换改革、人民币汇率形成机制市场化改革等人民币跨境流动体制机制改革方面也取得了重大成果，总体进展良好。

全球基础设施环境、经济环境、国际金融环境和全球治理环境等战略因素构成人民币国际化的战略环境。这些环境要素对人民币国际化既有有利的一面，也有不利的一面。中国要统筹兼顾，趋利避害，推进人民币国际化进程。

新时期人民币国际化的推进，要注重夯实根基，全力推动国民经济又好又快发展；要注重科技先行，强化跨境资本流动监测和预测；要注重安全为先，统筹推进资本项目可兑换；要注重加强国际合作，互利共赢推进人民币国际化；要注重破解瓶颈，夯实人民币国际化贸易投资基础。

附　录

人民币国际化大事记

一、国际金融危机爆发前阶段

国际金融危机爆发前，人民币国际化是对中国实体经济发展的反映，是实体经济外溢导致的虚拟经济外溢的表现。在实体经济外溢的条件下，人民银行根据实体经济国际化的需要推出了一系列货币政策改革，推进人民币国际化。

1996 年底，我国在实现了人民币经常账户自由兑换后，迟迟没有推出人民币资本账户自由兑换措施，主要担心国内改革尚不具备较强的支撑条件。

2005 年 7 月汇改以后，中央下决心推进资本项下改革，宣布实行以“一篮子”货币为参照的有管制的浮动汇率体系，开启了人民币国际化进程。中央决定，实行“三步走”的策略推进人民币国际化进程：在地域上，低层次上的国际化：坚持人民币周边化，中层次的上国际化：区域化，高层次的国际化：国际化；在货币职能上，坚持人民币结算货币、人民币投资货币和人民币储备货币。在“三步走”战略指导下，人民币国际化进程开启。

1993 年，中国人民银行先后与越南、蒙古、老挝、尼泊尔、俄罗斯、吉尔吉斯斯坦、朝鲜和哈萨克斯坦等 8 个周边经济体央行签署了边贸本币结算协定。

2000 年 5 月，在泰国清迈召开的第九届东盟与中日韩“10 + 3”财长会议上，与会各国共同签署了建立区域性货币互换网络的协议——《清迈协议》（Chiang Mai Initiative）。《清迈协议》包括两部分内容：扩大了东盟互换协议（ASA）互换货币的规模；达成中日韩三国与东盟国家的双边互换协议。

2001 年 12 月，中国人民银行与泰国达成规模为 20 亿美元的单边货币互换协议。

2002 年 3 月，中国人民银行与日本央行达成规模为 60 亿美元的双边货币互换协议；6 月，中国与韩国达成规模为 80 亿美元的双边货币互换协议；10 月，中国与马来西亚达成规模为 15 亿美元的单边货币互换协议；8 月，中国与菲律宾达成规模为 20 亿美元的单边货币互换协议。

2003 年 12 月，中国与印度尼西亚达成规模为 40 亿美元的单边货币互换协议；2003 年，中国人民银行分别为香港和澳门的银行的个人人民币业务提供清算安排；截至 2003 年 12 月底，东亚“10 + 3”货币互换机制取得了实质性进展，中日韩与东盟 10 国共签署了 16 个、累积金额达 440 亿美元的双边互换协议。

2004 年，中国人民银行出资 2. 22 亿美元储备资产，认购亚洲债券基金二期，投资中国债券市场，启动了国外央行间接对人民币债券投资的历程。

2005 年，印度储备银行将人民币纳入了汇率指数一篮子货币。2007 年 6 月，首只人民币债券登陆香港，此后内地多家银行先后在香港推出两年或三年期人民币债券，总额超过 200 亿元人民币。

2008 年 5 月，中日韩与东盟建立规模为 800 亿美元多边储备货币基金；12 月 4 日，中国与俄罗斯就加快在两国贸易中改用本国货币结算问题进行了磋商；12 日，中韩两国签署了双边货币互换协议，通过本币互换可相互提供 1800 亿元人民币的短期流动性支持。25 日，国务院决定，对广东和长三角地区与港澳地区、广西和云南与东盟的货物贸易进行人民币结算试点；期间，中国与蒙古、越南、缅甸等周边 8 国签订了自主选择双边货币结算的协议，人民币区域化的进程大步加快。

截至国际金融危机爆发，人民币国际化所做的工作主要根据国际贸易发展的需要集中在人民币的周边化上下功夫，并取得了引人注目的成绩。

二、国际金融危机爆发后阶段①

2008 年，起源于华尔街的国际金融风暴席卷全球，世界经济陷入低谷，主要国际货币发行国货币都遭受重挫，人民币因其币值超强的稳定性成为世界各经济体，特别是中国周边和东南亚各国选择的避险货币。人民币国际化进一步提速。

2009 年

1 月 20 日，中国人民银行与香港金融管理局签署了规模为 2000 亿元人民币/2270 亿港元的双边本币互换协议。

2 月 8 日，中国人民银行与马来西亚国家银行签署了规模为 800 亿元人民币/400 亿林吉特的双边本币互换协议。

3 月 11 日，中国人民银行与白俄罗斯共和国国家银行签署了规模为 200 亿元人民币/8 万亿白俄罗斯卢布的双边本币互换协议。

3 月 23 日，中国人民银行与印度尼西亚银行签署了规模为 1000 亿元人民币/175 万亿印度尼西亚卢比的双边本币互换协议。

4 月 2 日，中国人民银行与阿根廷中央银行签署了规模为 700 亿元人民币/380 亿阿根廷比索的双边本币互换协议。

4 月 20 日，中国人民银行与韩国银行签署了规模为 1800 亿元人民币/38 万亿韩元的双边本币互换协议。

6 月 29 日，中国人民银行与香港金融管理局就内地与香港跨境贸易人民币结算试点业务签订《补充合作备忘录（三）》。

7 月 1 日，中国人民银行、财政部、商务部、海关总署、国家税务总局和中国银行业监督管理委员会联合发布《跨境贸易人民币结算试点管理

① 资料来源：中国人民银行，2017 年人民币国际化报告［R］. 中国人民银行，http://www.pbc.gov.cn/huobizhengceersi/214481/214511/214695/3398597/2017101710035015721.pdf.

办法》（中国人民银行 财政部 商务部 海关总署 国家税务总局 中国银行业监督管理委员会公告〔2009〕第10号）。

7月3日，中国人民银行与中国银行（香港）有限公司签署了修订后的《香港人民币业务清算协议》，配合跨境贸易人民币结算试点工作的开展。

7月3日，为贯彻落实《跨境贸易人民币结算试点管理办法》，中国人民银行发布《跨境贸易人民币结算试点管理办法实施细则》（银发〔2009〕212号）。

7月6日，上海市办理第一笔跨境贸易人民币结算业务；人民币跨境收付信息管理系统（RCPMIS）正式上线运行。

7月7日，广东省4城市启动跨境贸易人民币结算试点工作。7月14日，中国人民银行、财政部、商务部、海关总署、国家税务总局、中国银行业监督管理委员会联合向上海市和广东省政府发布了《关于同意跨境贸易人民币结算试点企业名单的函》（银办函〔2009〕472号），第一批试点企业正式获批开展出口货物贸易人民币结算业务，共计365家。

9月10日，中国人民银行和国家税务总局签署《跨境贸易人民币结算试点信息传输备忘录》。

9月15日，财政部首次在香港发行人民币国债，债券金额共计60亿元人民币。

12月22日，中国人民银行发布《跨境贸易人民币结算试点相关政策问题解答》。

2010年

2月11日，香港金融管理局发布《香港人民币业务的监管原则及操作安排的诠释》。

3月8日，中国人民银行发布《人民币跨境收付信息管理系统管理暂行办法》（银发〔2010〕79号）。

3月19日，中国人民银行和海关总署签署《关于跨境贸易以人民币结算协调工作合作备忘录》。

3 月 24 日，中国人民银行与白俄罗斯共和国国家银行签署了《中白双边本币结算协议》。

6 月 9 日，中国人民银行与冰岛中央银行签署了规模为 35 亿元人民币/660 亿冰岛克朗的双边本币互换协议。

6 月 17 日，中国人民银行、财政部、商务部、海关总署、国家税务总局和中国银行业监督管理委员会银监会联合发布《关于扩大跨境贸易人民币结算试点有关问题的通知》（银发〔2010〕186 号），扩大跨境贸易人民币结算试点范围。

7 月 19 日，中国人民银行与香港金融管理局在香港签署《补充合作备忘录（四）》，与中国银行（香港）有限公司签署修改后的《关于人民币业务的清算协议》。

7 月 23 日，中国人民银行与新加坡金融管理局签署了规模为 1500 亿元人民币/300 亿新加坡元的双边本币互换协议。

8 月 17 日，中国人民银行发布《关于境外人民币清算行等三类机构运用人民币投资银行间债券市场试点有关事宜的通知》（银发〔2010〕217 号）。

8 月 19 日，经中国人民银行授权，中国外汇交易中心在银行间外汇市场完善人民币对马来西亚林吉特的交易方式，发展人民币对马来西亚林吉特直接交易。

8 月 31 日，中国人民银行发布《境外机构人民币银行结算账户管理办法》（银发〔2010〕249 号）。

11 月 22 日，经中国人民银行授权，中国外汇交易中心在银行间外汇市场完善人民币对俄罗斯卢布的交易方式，发展人民币对俄罗斯卢布直接交易。

2011 年

1 月 6 日，中国人民银行发布《境外直接投资人民币结算试点管理办法》（中国人民银行公告〔2011〕第 1 号），允许跨境贸易人民币结算试点地区的银行和企业开展境外直接投资人民币结算试点，银行可以按照有关规定向境内机构在境外投资的企业或项目发放人民币贷款。

4月18日，中国人民银行与新西兰储备银行签署了规模为250亿元人民币/50亿新西兰元的双边本币互换协议。

4月19日，中国人民银行与乌兹别克斯坦共和国中央银行签署了规模为7亿元人民币/1670亿乌兹别克斯坦苏姆的双边本币互换协议。

5月6日，中国人民银行与蒙古银行签署了规模为50亿元人民币/1万亿蒙古图格里克的双边本币互换协议。

6月3日，中国人民银行发布《关于明确跨境人民币业务相关问题的通知》（银发〔2011〕145号）。

6月9日，昆明富滇银行与老挝大众银行共同推出人民币与老挝基普的挂牌汇率。

6月13日，中国人民银行与哈萨克斯坦国家银行签署了规模为70亿元人民币/1500亿坚戈的双边本币互换协议。

6月23日，中国人民银行与俄罗斯联邦中央银行签订了新的双边本币结算协定，规定两国经济活动主体可自行决定用自由兑换货币、人民币和卢布进行商品和服务的结算与支付。

6月28日，中国工商银行广西分行和中国银行新疆分行相继推出人民币兑越南盾、哈萨克斯坦坚戈挂牌交易。

6月30日，交通银行青岛分行、韩国企业银行青岛分行推出人民币对韩元的柜台挂牌交易。

7月27日，中国人民银行、财政部、商务部、海关总署、国家税务总局、中国银行业监督管理委员会发布《关于扩大跨境贸易人民币结算地区的通知》（银发〔2011〕203号），明确将跨境贸易人民币结算境内地域范围扩大至全国。

10月13日，中国人民银行发布《外商直接投资人民币结算业务管理办法》（中国人民银行公告〔2011〕第23号）。

10月24日，中国人民银行发布《关于境内银行业金融机构境外项目人民币贷款的指导意见》（银发〔2011〕255号）。

10 月 26 日，中国人民银行与韩国银行续签双边本币互换协议，互换规模由原来的 1800 亿元人民币/38 万亿韩元扩大至 3600 亿元人民币/64 万亿韩元。

11 月 4 日，根据中国人民银行公告〔2003〕第 16 号确定的选择香港人民币业务清算行的原则和标准，中国人民银行授权中国银行（香港）有限公司继续担任香港人民币业务清算行（中国人民银行公告〔2011〕第 25 号）。

11 月 22 日，中国人民银行与香港金融管理局续签双边本币互换协议，互换规模由原来的 2000 亿元人民币/2270 亿港元扩大至 4000 亿元人民币/4900 亿港元。

12 月 16 日，中国证券监督管理委员会、中国人民银行、国家外汇管理局联合发布《基金管理公司、证券公司人民币合格境外机构投资者境内证券投资试点办法》（证监会令第 76 号）。

12 月 22 日，中国人民银行与泰国银行签署了中泰双边本币互换协议，互换规模为 700 亿元人民币/3200 亿泰铢。

12 月 23 日，中国人民银行与巴基斯坦国家银行签署了中巴双边本币互换协议，互换规模为 100 亿元人民币/1400 亿卢比的双边本币互换协议。

12 月 29 日，人民币对泰铢银行间市场区域交易在云南省成功推出，这是我国首例人民币对非主要国际储备货币在银行间市场的区域交易。

12 月 31 日，中国人民银行发布《关于实施〈基金管理公司、证券公司人民币合格境外机构投资者境内证券投资试点办法〉有关事项的通知》（银发〔2011〕321 号）。

2012 **年**

1 月 17 日，中国人民银行与阿联酋中央银行在迪拜签署了规模为 350 亿元人民币/200 亿迪拉姆的双边本币互换协议。

2 月 6 日，中国人民银行、财政部、商务部、海关总署、国家税务总局和中国银行业监督管理委员会联合发布《关于出口货物贸易人民币结算企业管理有关问题的通知》（银发〔2012〕23 号）。

2月8日，中国人民银行与马来西亚国家银行续签了中马双边本币互换协议，互换规模由原来的800亿元人民币/400亿林吉特扩大至1800亿元人民币/900亿林吉特。

2月21日，中国人民银行与土耳其中央银行签署了规模为100亿元人民币/30亿土耳其里拉的双边本币互换协议。

3月20日，中国人民银行与蒙古银行签署了中蒙双边本币互换补充协议，互换规模由原来的50亿元人民币/1万亿图格里克扩大至100亿元人民币/2万亿图格里克。

3月22日，中国人民银行与澳大利亚储备银行签署了规模为2000亿元人民币/300亿澳大利亚元的双边本币互换协议。

4月3日，经国务院批准，香港地区人民币合格境外机构投资者（RQFII）试点额度扩大500亿元人民币。

6月1日，经中国人民银行授权，中国外汇交易中心在银行间外汇市场完善人民币对日元的交易方式，发展人民币对日元直接交易。

6月26日，中国人民银行与乌克兰国家银行签署了规模为150亿元人民币/190亿格里夫纳的双边本币互换协议。

6月29日，中国人民银行发布《关于明确外商直接投资人民币结算业务操作细则的通知》（银发〔2012〕165号）。

7月31日，中国人民银行发布《境外机构人民币银行结算账户开立和使用有关问题的通知》（银发〔2012〕183号）。

8月31日，中国人民银行与台湾方面货币管理机构签署《海峡两岸货币清算合作备忘录》。

9月24日，中国人民银行与中国银行澳门分行续签《关于人民币业务的清算协议》。

11月13日，经国务院批准，香港地区人民币合格境外机构投资者（RQFII）试点额度扩大2000亿元人民币。

12月11日，中国人民银行授权中国银行台北分行担任台湾人民币业务清算行。

2013 **年**

1 月 25 日，中国人民银行与中国银行台北分行签订《关于人民币业务的清算协议》。

2 月 8 日，中国人民银行授权中国工商银行新加坡分行担任新加坡人民币业务清算行，并于 4 月与其签订《关于人民币业务的清算协议》。

3 月 1 日，中国证券监督管理委员会、中国人民银行、国家外汇管理局联合发布《人民币合格境外机构投资者境内证券投资试点办法》（证监会令第 90 号）。

3 月 7 日，中国人民银行与新加坡金融管理局续签了规模为 3000 亿元人民币/600 亿新加坡元的双边本币互换协议。

3 月 13 日，中国人民银行发布《关于合格境外投资者投资银行间债券市场有关事项的通知》（银发〔2013〕69 号）。

3 月 26 日，中国人民银行与巴西中央银行签署了规模为 1900 亿元人民币/600 亿巴西雷亚尔的双边本币互换协议。

4 月 10 日，经中国人民银行授权，中国外汇交易中心在银行间外汇市场完善人民币对澳元的交易方式，发展人民币对澳元直接交易。

4 月 25 日，中国人民银行发布《关于实施〈人民币合格境外机构投资者境内证券投资试点办法〉有关事项的通知》（银发〔2013〕105 号）。

6 月 21 日，两岸签署《海峡两岸服务贸易协议》，允许台资金融机构以人民币合格境外机构投资者（RQFII）方式投资大陆资本市场，投资额度考虑按 1000 亿元掌握。

6 月 22 日，中国人民银行与英格兰银行签署了规模为 2000 亿元人民币/200 亿英镑的双边本币互换协议。

7 月 9 日，中国人民银行发布《关于简化跨境人民币业务流程和完善有关政策的通知》（银发〔2013〕168 号）。

8 月 23 日，中国人民银行办公厅发布《关于优化人民币跨境收付信息管理系统信息报送流程的通知》（银办发〔2013〕188 号）

9 月 9 日，中国人民银行与匈牙利中央银行签署了规模为 100 亿元人民币/3750 亿匈牙利福林的双边本币互换协议。

9 月 11 日，中国人民银行与冰岛中央银行续签了规模为 35 亿元人民币/660 亿冰岛克朗的双边本币互换协议。

9 月 12 日，中国人民银行与阿尔巴尼亚银行签署了规模为 20 亿元人民币/358 亿阿尔巴尼亚列克的双边本币互换协议。

9 月 23 日，中国人民银行发布《关于境外投资者投资境内金融机构人民币结算有关事项的通知》（银发〔2013〕225 号）。

10 月 1 日，中国人民银行与印度尼西亚银行续签了规模为 1000 亿元人民币/175 万亿印度尼西亚卢比的双边本币互换协议。

10 月 8 日，中国人民银行与欧洲中央银行签署了规模为 3500 亿元人民币/450 亿欧元的双边本币互换协议。

10 月 15 日，第五次中英经济财金对话宣布给予英国 800 亿元人民币合格境外机构投资者（RQFII）额度。

10 月 22 日，中新双边合作联合委员会第十次会议宣布给予新加坡 500 亿元人民币合格境外机构投资者（RQFII）额度。

12 月 31 日，中国人民银行发布《关于调整人民币购售业务管理的通知》（银发〔2013〕321 号）。

2014 年

3 月 14 日，中国人民银行、财政部、商务部、海关总署、国家税务总局和中国银行业监督管理委员会联合发布《关于简化出口货物贸易人民币结算企业管理有关事项的通知》（银发〔2014〕80 号）。

3 月 19 日，经中国人民银行授权，中国外汇交易中心在银行间外汇市场完善人民币对新西兰元的交易方式，发展人民币对新西兰元的直接交易。

3 月 26 日，中法联合声明宣布给予法国 800 亿元人民币合格境外机构投资者（RQFII）额度。

3 月 28 日，中国人民银行与德意志联邦银行签署了在法兰克福建立人民币清算安排的合作备忘录。

3 月 31 日，中国人民银行与英格兰银行签署了在伦敦建立人民币清算安排的合作备忘录。

4 月 25 日，中国人民银行与新西兰中央银行续签了规模为 250 亿元人民币/50 亿新西兰元的双边本币互换协议。

6 月 11 日，中国人民银行发布《关于贯彻落实〈国务院办公厅关于支持外贸稳定增长的若干意见〉的指导意见》（银发〔2014〕168 号）。

6 月 17 日，中国人民银行授权中国建设银行（伦敦）有限公司担任伦敦人民币业务清算行。

6 月 18 日，中国人民银行授权中国银行法兰克福分行担任法兰克福人民币业务清算行。

6 月 19 日，经中国人民银行授权，中国外汇交易中心在银行间外汇市场完善人民币对英镑的交易方式，发展人民币对英镑的直接交易。

6 月 28 日，中国人民银行与法兰西银行签署了在巴黎建立人民币清算安排的合作备忘录，与卢森堡中央银行签署了在卢森堡建立人民币清算安排的合作备忘录。

7 月 3 日，中国人民银行与韩国银行签署了在首尔建立人民币清算安排的合作备忘录，给予韩国 800 亿元人民币合格境外机构投资者（RQFII）额度；4 日，授权交通银行首尔分行担任首尔人民币业务清算行。

7 月 7 日，在德国总理默克尔来华访问期间，李克强总理宣布给予德国 800 亿元人民币合格境外机构投资者（RQFII）额度。

7 月 18 日，中国人民银行与阿根廷中央银行续签了规模为 700 亿元人民币/900 亿阿根廷比索的双边本币互换协议。

7 月 21 日，中国人民银行与瑞士国家银行签署了规模为 1500 亿元人民币/210 亿瑞士法郎的双边本币互换协议。

8 月 21 日，中国人民银行与蒙古银行续签了规模为 150 亿元人民币/4.5 万亿蒙古图格里克的双边本币互换协议。

9 月 5 日，中国人民银行授权中国银行巴黎分行担任巴黎人民币业务清算行，授权中国工商银行卢森堡分行担任卢森堡人民币业务清算行。

9月16日，中国人民银行与斯里兰卡中央银行签署了规模为100亿元人民币/2250亿斯里兰卡卢比的双边本币互换协议。

9月28日，中国人民银行办公厅发布《关于境外机构在境内发行人民币债务融资工具跨境人民币结算有关事宜的通知》（银办发〔2014〕221号）。

9月30日，经中国人民银行授权，中国外汇交易中心在银行间外汇市场完善人民币对欧元的交易方式，发展人民币对欧元的直接交易。

10月11日，中国人民银行与韩国银行续签了规模为3600亿元人民币/64万亿韩元的双边本币互换协议。

10月13日，中国人民银行与俄罗斯联邦中央银行签署了规模为1500亿元人民币/8150亿卢布的双边本币互换协议。

11月1日，中国人民银行发布《关于跨国企业集团开展跨境人民币资金集中运营业务有关事宜的通知》（银发〔2014〕324号）。

11月3日，中国人民银行与卡塔尔中央银行签署了在多哈建立人民币清算安排的合作备忘录，签署了规模为350亿元人民币/208亿里亚尔的双边本币互换协议，给予卡塔尔300亿元人民币合格境外机构投资者（RQFII）额度；4日，授权中国工商银行多哈分行担任多哈人民币业务清算行。

11月4日，中国人民银行、中国证券监督管理委员会联合发布《关于沪港股票市场交易互联互通机制试点有关问题的通知》（银发〔2014〕336号）。

11月5日，中国人民银行发布《关于人民币合格境内机构投资者境外证券投资有关事项的通知》（银发〔2014〕331号）。

11月8日，中国人民银行与加拿大银行签署了在加拿大建立人民币清算安排的合作备忘录，签署了规模为2000亿元人民币/300亿加元的双边本币互换协议，并给予加拿大500亿元人民币合格境外机构投资者（RQFII）额度；9日，授权中国工商银行（加拿大）有限公司担任多伦多人民币业务清算行。

11 月 10 日，中国人民银行与马来西亚国家银行签署了在吉隆坡建立人民币清算安排的合作备忘录。

11 月 17 日，中国人民银行与澳大利亚储备银行签署了在澳大利亚建立人民币清算安排的合作备忘录，给予澳大利亚 500 亿元人民币合格境外机构投资者（RQFII）额度；18 日，授权中国银行悉尼分行担任悉尼人民币业务清算行。

11 月 22 日，中国人民银行与香港金融管理局续签了规模为 4000 亿元人民币/5050 亿港元的货币互换协议。

12 月 14 日，中国人民银行与哈萨克斯坦国家银行续签了规模为 70 亿元人民币/2000 亿哈萨克坚戈的双边本币互换协议；15 日，经中国人民银行批准，中国外汇交易中心正式推出人民币对哈萨克斯坦坚戈银行间区域交易。

12 月 22 日，中国人民银行与泰国银行签署了在泰国建立人民币清算安排的合作备忘录，并续签了规模为 700 亿元人民币/3700 亿泰铢的双边本币互换协议。

12 月 23 日，中国人民银行与巴基斯坦国家银行续签了规模为 100 亿元人民币/1650 亿巴基斯坦卢比的双边本币互换协议。

2015 年

1 月 5 日，中国人民银行授权中国银行（马来西亚）有限公司担任吉隆坡人民币业务清算行，授权中国工商银行（泰国）有限公司担任曼谷人民币业务清算行。

1 月 21 日，中国人民银行与瑞士国家银行签署合作备忘录，就在瑞士建立人民币清算安排有关事宜达成一致。给予瑞士 500 亿元人民币合格境外机构投资者（RQFII）额度。

3 月 18 日，中国人民银行与苏里南中央银行签署了规模为 10 亿元人民币/5.2 亿苏里南元的双边本币互换协议。

3 月 25 日，中国人民银行与亚美尼亚中央银行签署了规模为 10 亿元人民币/770 亿亚美尼亚德拉姆的双边本币互换协议。

3月30日，中国人民银行与澳大利亚储备银行续签了规模为2000亿元人民币/400亿澳大利亚元的双边本币互换协议。

4月10日，中国人民银行与南非储备银行签署了规模为300亿元人民币/540亿南非兰特的双边本币互换协议。

4月17日，中国人民银行与马来西亚国家银行续签了规模为1800亿元人民币/900亿马来西亚林吉特的双边本币互换协议。

4月29日，人民币合格境外机构投资者（RQFII）试点地区扩大至卢森堡，初始投资额度为500亿元人民币。

5月10日，中国人民银行与白俄罗斯共和国国家银行续签了规模为70亿元人民币/16万亿白俄罗斯卢布的双边本币互换协议。

5月15日，中国人民银行与乌克兰国家银行续签了规模为150亿元人民币/540亿乌克兰格里夫纳的双边本币互换协议。

5月25日，中国人民银行与智利中央银行签署了在智利建立人民币清算安排的合作备忘录，并签署了规模为220亿元人民币/2.2万亿智利比索的双边本币互换协议。给予智利500亿元人民币合格境外机构投资者（RQFII）额度。同日，授权中国建设银行智利分行担任智利人民币业务清算行。

6月1日，中国人民银行发布《关于境外人民币业务清算行、境外参加银行开展银行间债券市场债券回购交易的通知》（银发〔2015〕170号）。

6月11日，中国人民银行发布《人民币国际化报告（2015）》。

6月27日，中国人民银行与匈牙利中央银行签署了在匈牙利建立人民币清算安排的合作备忘录和《中国人民银行代理匈牙利中央银行投资中国银行间债券市场的代理投资协议》。给予匈牙利500亿元人民币合格境外机构投资者（RQFII）额度。28日，授权中国银行匈牙利分行担任匈牙利人民币业务清算行。

7月7日，中国人民银行与南非储备银行签署了在南非建立人民币清算安排的合作备忘录。8日，授权中国银行约翰内斯堡分行担任南非人民币业务清算行。

7 月 14 日，中国人民银行印发《关于境外央行、国际金融组织、主权财富基金运用人民币投资银行间市场有关事宜的通知》（银发〔2015〕220号），对境外央行类机构简化了入市流程，取消了额度限制，允许其自主选择中国人民银行或银行间市场结算代理人为其代理交易结算，并拓宽其可投资品种。

7 月 24 日，发布中国人民银行公告〔2015〕第 19 号，明确境内原油期货以人民币为计价货币，引入境外交易者和境外经纪机构参与交易等。

8 月 11 日，中国人民银行发布关于完善人民币兑美元汇率中间价报价的声明。自 2015 年 8 月 11 日起，做市商在每日银行间外汇市场开盘前，参考上日银行间外汇市场的收盘汇率，综合考虑外汇供求情况以及国际主要货币汇率变化向中国外汇交易中心提供中间价报价。

9 月 3 日，中国人民银行与塔吉克斯坦中央银行签署了规模为 30 亿元人民币/30 亿索摩尼的双边本币互换协议。

9 月 7 日，中国人民银行印发《关于进一步便利跨国企业集团开展跨境双向人民币资金池业务的通知》（银发〔2015〕279 号）。

9 月 17 日，中国人民银行与阿根廷中央银行签署了在阿根廷建立人民币清算安排的合作备忘录。18 日，授权中国工商银行（阿根廷）股份有限公司担任阿根廷人民币业务清算行。

9 月 21 日，中国人民银行批复同意香港上海汇丰银行有限公司和中国银行（香港）有限公司在银行间债券市场发行金融债券，这是国际性商业银行首次获准在银行间债券市场发行人民币债券。

9 月 26 日，中国人民银行与土耳其中央银行续签了规模为 120 亿人民币/50 亿土耳其里拉的双边本币互换协议。

9 月 27 日，中国人民银行与格鲁吉亚国家银行签署了双边本币互换框架协议。

9 月 29 日，中国人民银行与赞比亚中央银行签署了在赞比亚建立人民币清算安排的合作备忘录。30 日，授权赞比亚中国银行担任赞比亚人民币业务清算行。

9月29日，中国人民银行与吉尔吉斯共和国国家银行签署了加强合作的意向协议。

9月30日，发布中国人民银行公告〔2015〕第31号，开放境外央行（货币当局）和其他官方储备管理机构、国际金融组织、主权财富基金依法合规参与中国银行间外汇市场。

10月8日，人民币跨境支付系统（一期）成功上线运行。

10月20日，中国人民银行在伦敦采用簿记建档方式成功发行了50亿元人民币央行票据，期限1年，票面利率3.1%。这是中国人民银行首次在中国以外地区发行以人民币计价的央行票据。

10月20日，中国人民银行与英格兰银行续签了规模为3500亿元人民币/350亿英镑的双边本币互换协议。

11月2日，为满足境外中央银行、货币当局、其他官方储备管理机构、国际金融组织以及主权财富基金在境内开展相关业务的实际需要，中国人民银行办公厅发布《关于境外中央银行类机构在境内银行业金融机构开立人民币银行结算账户有关事项的通知》（银办发〔2015〕227号）。

11月6日，中国人民银行、国家外汇管理局发布《内地与香港证券投资基金跨境发行销售资金管理操作指引》（中国人民银行 国家外汇管理局公告〔2015〕第36号）。

11月9日，经中国人民银行授权，中国外汇交易中心宣布在银行间外汇市场开展人民币对瑞士法郎直接交易。

11月18日，中欧国际交易所股份有限公司举行成立仪式，并挂牌首批人民币计价和结算的证券现货产品。

11月23日，人民币合格境外机构投资者（RQFII）试点地区扩大至马来西亚，投资额度为500亿元人民币。

11月25日，首批境外央行类机构在中国外汇交易中心完成备案，正式进入中国银行间外汇市场。

11月27日，中国银行间市场交易商协会接受加拿大不列颠哥伦比亚省在中国银行间债券市场发行60亿元人民币主权债券的注册。

11 月 30 日，国际货币基金组织执董会决定将人民币纳入特别提款权（SDR）货币篮子，SDR 货币篮子相应扩大至美元、欧元、人民币、日元、英镑 5 种货币，人民币在 SDR 货币篮子中的权重为 10.92%，新的 SDR 货币篮子将于 2016 年 10 月 1 日生效。同日，中国人民银行授权中国建设银行苏黎世分行担任瑞士人民币业务清算行。

12 月 7 日，中国银行间市场交易商协会接受韩国政府在中国银行间债券市场发行 30 亿元人民币主权债券的注册。

12 月 14 日，中国人民银行与阿联酋中央银行续签了规模为 350 亿元人民币/200 亿阿联酋迪拉姆的双边本币互换协议。同日，双方签署了在阿联酋建立人民币清算安排的合作备忘录，并同意将人民币合格境外机构投资者（RQFII）试点地区扩大至阿联酋，投资额度为 500 亿元人民币。

12 月 17 日，人民币合格境外机构投资者（RQFII）试点地区扩大至泰国，投资额度为 500 亿元人民币。

2016 年

1 月 20 日，中国人民银行办公厅印发《关于调整境外机构人民币银行结算账户资金使用有关事宜的通知》（银办发〔2016〕15 号）。

1 月 22 日，中国人民银行印发《关于扩大全口径跨境融资宏观审慎管理试点的通知》（银发〔2016〕18 号）。

2 月 24 日，中国人民银行发布 2016 年第 3 号公告，便利符合条件的境外机构投资者投资银行间债券市场（中国人民银行公告〔2016〕第 3 号）。

3 月 7 日，中国人民银行与新加坡金管局续签双边本币互换协议，协议规模为 3000 亿元人民币/640 亿新加坡元，有效期为 3 年。

4 月 29 日，中国人民银行印发《关于在全国范围内实施全口径跨境融资宏观审慎管理的通知》（银发〔2016〕132 号）。

5 月 11 日，中国人民银行与摩洛哥中央银行签署双边本币互换协议，协议规模为 100 亿元人民币/150 亿迪拉姆，有效期为 3 年。

6 月 7 日，中国人民银行与美国联邦储备委员会签署了在美国建立人民币清算安排的合作备忘录，并给予美国2500亿元人民币合格境外机构投资者（RQFII）额度。

6月17日，中国人民银行与塞尔维亚中央银行签署双边本币互换协议，协议规模为15亿元人民币/270亿塞尔维亚第纳尔，有效期为3年。

6月20日，经中国人民银行授权，中国外汇交易中心在银行间外汇市场完善人民币对南非兰特的交易方式，发展人民币对南非兰特直接交易。

6月25日，中国人民银行与俄罗斯中央银行签署了在俄罗斯建立人民币清算安排的合作备忘录。

6月27日，经中国人民银行授权，中国外汇交易中心在银行间外汇市场完善人民币对韩元的交易方式，发展人民币对韩元直接交易。

7月11日，中国银行（香港）有限公司以直接参与者身份接入人民币跨境支付系统（CIPS），这是CIPS的首家境外直接参与者；同日，中信银行、上海银行、广东发展银行、江苏银行、三菱东京日联银行（中国）有限公司、瑞穗银行（中国）有限公司、恒生银行（中国）有限公司等以直接参与者身份接入CIPS，CIPS直接参与者数量增加至27家。

8月10日，中国人民银行办公厅印发《关于波兰共和国在银行间债券市场发行人民币债券有关事项的批复》，同意受理波兰共和国在银行间债券市场发行人民币债券的注册申请（银办函〔2016〕378号）。

8月30日，中国人民银行、国家外汇管理局联合发布《关于人民币合格境外机构投资者境内证券投资管理有关问题的通知》（银发〔2016〕227号）。

9月12日，中国人民银行与匈牙利央行续签双边本币互换协议，协议规模为100亿元人民币/4160亿匈牙利福林，有效期为3年。

9月20日，中国人民银行发布2016年第23号公告，授权中国银行纽约分行担任美国人民币业务清算行（中国人民银行公告〔2016〕第23号）。

9月23日，中国人民银行发布2016年第24号公告，授权中国工商银行（莫斯科）股份有限公司担任俄罗斯人民币业务清算行（中国人民银行公告〔2016〕第24号）。

9月26日，经中国人民银行授权，中国外汇交易中心开始在银行间外汇市场开展人民币对沙特里亚尔直接交易。

9月26日，经中国人民银行授权，中国外汇交易中心开始在银行间外汇市场开展人民币对阿联酋迪拉姆直接交易。

9月27日，中国人民银行与欧洲中央银行签署补充协议，决定将双边本币互换协议有效期延长三年至2019年10月8日。互换规模仍为3500亿元人民币/450亿欧元。

11月4日，中国人民银行、中国证券监督管理委员会联合发布《关于内地与香港股票市场交易互联互通机制有关问题的通知》（银发〔2016〕282号）。12月5日，正式启动深港通。

11月14日，经中国人民银行授权，中国外汇交易中心在银行间外汇市场完善人民币对加拿大元的交易方式，开展人民币对加拿大元直接交易。

11月29日，中国人民银行印发《中国人民银行关于进一步明确境内企业境外放款业务有关事项的通知》（银发〔2016〕306号）。

12月6日，中国人民银行与埃及中央银行签署双边本币互换协议，协议规模为180亿元人民币/470亿埃及镑，有效期为3年。

12月9日，中国人民银行发布2016年第30号公告，授权中国农业银行迪拜分行担任阿联酋人民币业务清算行（中国人民银行公告〔2016〕第30号）。

12月12日，经中国人民银行授权，中国外汇交易中心开始在银行间外汇市场开展人民币对墨西哥比索直接交易。

12月12日，经中国人民银行授权，中国外汇交易中心开始在银行间外汇市场开展人民币对土耳其里拉直接交易。12月12日，经中国人民银行授权，中国外汇交易中心开始在银行间外汇市场开展人民币对波兰兹罗提直接交易。

12月12日，经中国人民银行授权，中国外汇交易中心开始在银行间外汇市场开展人民币对丹麦克朗直接交易。

12月12日，经中国人民银行授权，中国外汇交易中心开始在银行间外汇市场开展人民币对匈牙利福林直接交易。

12月12日，经中国人民银行授权，中国外汇交易中心开始在银行间外汇市场开展人民币对挪威克朗直接交易。

12月12日，经中国人民银行授权，中国外汇交易中心开始在银行间外汇市场开展人民币对瑞典克朗直接交易。

12月21日，中国人民银行与冰岛央行续签双边本币互换协议，协议规模为35亿元人民币/660亿冰岛克朗，有效期为3年。

12月26日，中国人民银行办公厅印发《中国人民银行办公厅关于境外机构境内发行人民币债券跨境人民币结算业务有关事宜的通知》（银办发〔2016〕258号）。

2017年

1月13日，中国人民银行发布《关于全口径跨境融资宏观审慎管理有关事宜的通知》（银发〔2017〕9号）。

3月20日，中国人民银行与中国银行纽约分行签署《关于人民币业务的清算协议》。

3月20日，中国人民银行与中国工商银行（莫斯科）股份有限公司签署《关于人民币业务的清算协议》。

3月20日，中国人民银行与中国农业银行迪拜分行签署《关于人民币业务的清算协议》。

5月19日，中国人民银行与新西兰央行续签双边本币互换协议，协议规模为250亿元人民币/50亿新西兰元，有效期为3年。

5月23日，中国人民银行发布《关于印发〈人民币跨境收付信息管理系统管理办法〉的通知》（银发〔2017〕126号）。

5月27日，中国人民银行发布《关于完善人民币跨境收付信息管理系统银行间业务数据报送流程的通知》（银办发〔2017〕118号）。

6月29日，中国人民银行与中国银行（香港）有限公司续签《关于人民币业务的清算协议》。

7 月 6 日，中国人民银行与蒙古中央银行续签双边本币互换协议，协议规模为 150 亿元人民币/5.4 万亿蒙古图格里克，有效期为 3 年。

7 月 21 日，中国人民银行与瑞士中央银行续签双边本币互换协议，协议规模为 1500 亿元人民币/210 亿瑞士法郎，有效期为 3 年。

总之，人民币国际化立足我国实体经济外溢发展需要，适应国际经济环境的变化，抓住有利时机，满足国际贸易和投资需求，完善人民币跨境流动渠道，推进离岸金融市场建设，构建在岸市场和离岸市场联动机制，全力推进人民币国际化，推进人民币从国际结算货币向国际投资货币再向国际储备货币转变，打造全能型国际储备货币。

（资料来源：中国人民银行官网，http：//www.pbc.gov.cn/huobizhengceersi/214481/214511/index.html.）

参考文献

一、主要著作

[1][英]迈克·巴克尔,约翰·汤普森.英国金融体系[M].陈敏强,译.北京:中国金融出版社,2005.

[2]宋玉华,江振林,等.新兴大国——历史性崛起的博弈与前景[M].北京:人民出版社,2004.

[3]黄荣护.公共管理[M].台湾商鼎文化出版社,1999.

[4]陈振明.公共管理学[M].北京:中国人民大学出版社,1999.

[5]刘钧.风险管理概论[M].北京:中国金融出版社,2005.

[6]国家外汇管理局.金融脆弱性分析[M].北京:中国商务出版社,2005.

[7][奥]L.贝特兰菲.一般系统论[M].北京:社会科学文献出版社,1987.

[8]苗东升.系统科学精要[M].北京:中国人民大学出版社,1998.

[9]张振江.从英镑到美元:国际经济版权的转移(1933—1945)[M].北京:人民出版社,2006.

[10]埃德温·H.尼夫.金融体系:原理和组织[M].曲绍光,等,译.北京:中国人民大学出版社,2005.

[11]樊勇明.西方国际政治经济学[M].上海:上海人民出版社,2006.

[12]董小君.金融风险预警机制研究[M].北京:经济管理出版社,2004.

[13]胡日东,赵林海.新编国际金融理论与实务[M].北京:清华大学出版社,2006.

[14]戎生灵.金融风险与金融监管[M].北京:中国金融出版社,2007.

[15]王爱俭,主编.国际金融理论研究:进展与评述[M].北京:中国金融出版社,2005.

[16]李成,主编.金融监管学[M].北京:科学出版社,2006.

[17][美]米歇尔·科罗赫,丹·加莱,罗伯特·马克.风险管理[M].曾刚,罗晓军,卢爽,译.北京:中国财政经济出版社,2005.

[18]孙刚,陆妍,齐佩金,王志强.当代国际金融体系演变及发展趋势[M].大连:东北财经大学出版社,2004.

[19]李江,主编.金融发展学[M].北京:科学出版社,2005.

[20]张振江.从英镑到美元:国际经济霸权的转移[M].北京:人民出版社,2006.

[21]李早航.现代金融监管[M].北京:中国金融出版社,1999.

[22][美]查尔斯·P.金德尔伯格.世界经济霸权1500—1990[M].高祖贵,译.北京:商务印书馆,2003.

[23]陈其人.世界经济发展研究[M].上海:上海人民出版社,2002.

[24]李德,张红地.金融运行中的洗钱与反洗钱[M].北京:中国人民公安大学出版社,2003.

[25]白钦先,王伟.各国开发性政策性金融体制比较[M].北京:中国金融出版社,2005.

[26]谢平,陈超.谁在管理国家财富?[M].北京:中信出版社,2010.

[27]李峰.主权财富基金的兴起:经济效应与中国的战略选择[M].杭州:浙江大学出版社,2011.

[28]高洁.主权财富基金论[M].北京:中国金融出版社,2010.

[29]黄中文,刘向东,朱芳芳,孙海程.主权财富基金[M].北京:中华工商联合出版社,2011.

[30]韩世隆,等,主编.世界经济简明教程[M].成都:四川大学出版社,1992.

[31]梅新育.国际游资与国际金融体系[M].北京:人民出版社,2004.

[32]刘光溪.供应性博弈论——多边贸易体制的国际政治经济学分析[M].上海:上海财经大学出版社,2007.

[33]中国国际经济交流中心课题组.互联网革命与中国业态变革[M].北京:中国经济出版社,2016.

[34][美]查尔斯·R.莫里斯.周晟,译.金钱 贪婪 欲望——金融危机的起因[M].北京:经济科学出版社,2004.

[35]莫里斯·戈尔茨坦,格拉谢拉·L.凯宾斯基.金融脆弱性实证分析——新兴市场早期预警体系的构建[M].北京:中国金融出版社,1995.

[36]任碧云.货币、资金与经济协调运行研究[M].北京:中国财政经济出版社,2005.

[37][日]富井博夫.国际金融与经营环境[M].宛金章,译.北京:中央编译出版社,2005.

[38]鲁世巍.美元霸权与国际货币格局[M].北京:中国经济出版社,2006.

[39][美]迈克尔·赫德森.金融帝国——美国金融霸权的来源和基础[M].嵇飞,林小芳,译.北京:中央编译出版社,2008.

[40][法]让·梯若尔.陈志俊,闻俊,译.金融危机、流动性与国际货币体制[M].北京:中国人民大学出版社,2003.

[41]殷孟波,主编.货币金融学[M].北京:中国金融出版社,2005.

[42][美]P·金德尔伯格.西欧金融史[M].徐子健,何建雄,朱忠译.北京:中国金融出版社,1991.

[43][巴西]博勒斯·福斯托.刘焕卿,译.巴西简明史[M].北京:社会科学文献出版社,2006.

[44]王然.美国与巴西经济发展比较研究[M].北京:经济科学出版社,2008.

[45]杨国庆.危机与霸权[M].上海:上海人民出版社,2008.

[46]高德步.主编.世界经济通史(上下卷)[M].北京:高等教育出版社,2005.

[47]罗荣渠.现代化新论[M].北京:北京大学出版社,1993.

[48]王珏.世界经济通史(上、中、下卷)[M].北京:高等教育出版社,2005.

[49][巴西]塞尔索·富尔塔多.巴西经济的形成[M].徐亦行,张维琪,译.北京:社会科学文献出版社,2002.

[50]王元龙.中国金融安全论[M].北京:中国金融出版社,2005.

[51]高柏.日本经济的悖论[M].刘耳,译.北京:商务印书馆,2004.

[52]杨胜刚.比较金融制度[M].北京:北京大学出版社,2005.

[53][美]斯·罗博克.巴西经济发展研究[M].唐振彬,译.上海:上海译文出版社,1980.

[54]徐向梅.俄罗斯银行制度转轨研究[M].北京:中国金融出版社,2005.

[55]许新.叶利钦时代的俄罗斯(经济卷)[M].北京:人民出版社,2001.

[56]徐忠,孙国峰,姚前.金融科技:发展趋势与监管[M].北京:中国金融出版社,2017.

[57]程伟,等.后金融危机时代俄罗斯转型战略调整研究[M].北京:经济科学出版社,2016.

[58]王志远.金融转型——俄罗斯及中东欧国家的逻辑与现实[M].北京:社会科学文献出版社,2012.

[59]程亦军.俄罗斯确立大金融监管体制[C].李永全.俄罗斯发展报告(2014)[M].北京:社会科学文献出版社,2014.

[60]王思宇.对外投资与旅游地指南(南非卷)[M].北京:经济日报出版社,2017.

[61]徐策.风口的大象——印度金融业改革研究[M].北京:经济科学出版社,2016.

[62]约翰·梅纳德·凯恩斯.印度的货币与金融[M].北京:商务印书馆,2013.

[63][印]迪帕克·拉尔.印度均衡[M].赵红军,主译.北京:北京大学出版社,2008.

[64]文富德.印度经济:发展、改革与前景[M].成都:巴蜀书社 2003.

[65]孙培钧,主编.中印经济发展比较研究[M].北京:经济管理出版社,2007.

[66]吴仪,主编.世界各国贸易和投资指南[M].北京:经济管理出版社,1995.

[67]陶玲琴,王振龙,等,编.比较金融学[M].北京:科学出版社,2005.

［68］吴晓玲，主编. 中国外汇管理［M］. 北京：中国金融出版社，2001.

［69］吕进中. 中国外汇制度变迁［M］. 北京：中国金融出版社，2006.

［70］剑桥现代史（第六册）［M］. 伦敦：剑桥大学出版社，1909.

［71］刘光灿，孙鲁军，管涛. 中国外汇体制与人民币自由兑换［M］. 北京：中国金融出版社，1997.

［72］程极明，李结. 五大国经济与社会发展比较研究（1990—2005）［M］. 北京：经济科学出版社，2006.

［73］经济合作与发展组织. 分散化的公共治理：代理机构、权力主体和其他政府实体［M］. 国家发展改革委课题组，译. 北京：中信出版社，2004.

［74］个别经济体分析：印度［A］. 汇丰 2008 年亚太区资金及财资管理指南［G］. PPP Company Limited.

二、研究报告

［1］中国国际经济交流中心课题组："信息化条件下一二三产业融合发展趋势及特点"，国家发展和改革委员会委托课题，2016 年 8 月。

［2］中国国际经济交流中心课题组："'E 国际贸易'的理论与政策框架研究"，国家发展和改革委员会委托课题，2017 年 11 月。

［3］中国人民银行：《人民币国际化报告（2017）》。

三、主要期刊文章

［1］陈庆云，鄞益奋，曾军荣，刘小康. 公共管理理论研究：概念、视角与模式［J］. 中国行政管理，2005（2）.

［2］李军鹏. 公共管理：政府权力与公民权利关系的新范式［J］. 北京行政学院学报，2002（4）.

［3］陈振明，薛澜. 中国公共管理理论研究的重点领域和主题［J］. 中国社会科学，2007（3）.

［4］季明明. 当代公共行政的改革实践与公共管理学的崛起［J］. 北京行政

学院学报,1999(3).

[5]段小茜.金融稳定界说:定义、内涵及制度演进[J].财经科学,2007(1).

[6]张礼卿.国际金融体系:历史、现状与趋势[J].求是,2003(22).

[7]钟伟.国际货币体系的百年变迁和远瞻[J].国际金融研究,2001(4).

[8]Benedict Clements.巴西的雷亚尔计划、贫困和收入分配[J].国际货币基金组织和世界银行(季刊),1997(9).

[9]黄红珠.拉美国家的金融体系(下)[J].拉丁美洲研究,2001(4).

[10]谢振.被逼出来的巴西金融改革及其启示[J].南方金融,2003(5).

[11]杨宏宇,林剑云.巴西银行业评析及对我国银行业的启示[J].世界经济情况, 2005 (2).

[12]刘军梅.俄罗斯金融制度的变迁[J].复旦学报(社会科学版),2003(2).

[13]凌激.俄罗斯金融体制面面观[J].国际经济合作,2001(12).

[14]郭连成.俄罗斯银行体制改革及其效应分析[J].国外社会科学,2003(6).

[15]张养志.俄罗斯银行体系的重组和发展趋势[J].兰州商学院学报,2001(5).

[16]A股需要怎样的监管:美德日印证券业监管启示[N].国际金融报,2007-09-13.

[17]庞锦.资本账户开放:泰国与印度的做法比较[J].济南金融,2000(9).

[18]曹勇.20世纪90年代以来印度资本账户开放的经验与启示[J].石家庄经济学院学报,2005(10).

[19]曹芳.巴西应对金融危机的经验与借鉴[J].西部金融,2012(3).

[20]宋朋来.金融危机后巴西实施“托宾税”的经验及启示[N].中国经济导报,2014-06-16.

[21]程亦军.俄罗斯的金融体制与金融政策[J].中国金融,2011(5).

[22]王莺,赵坤.俄罗斯保险业的发展历史和现状[J].俄罗斯中亚东欧市场,2012(12).

[23]林明恒.印度金融联结的经验及其启示[J].农村经济与科技,2016(4).

[24]王战峰.南非银行业的发展变迁对中国银行业的启示[D].浙江师范大学,2013.

[25]杨立华.南非的经济金融制度[J].中国金融,2011(5).

[26]张小峰,沈虹.南非金融发展新动态与中南金融合作[J].国际观察,2015(3).

[27]银行外部监管与内部控制培训团.南非金融及外汇监管经验借鉴[J].中国外汇,2013(13).

[28]张华强,等.南非金融监管改革新框架及其启示[J].海南金融,2017(1).

[29]洪永红.南非《金融情报中心法》评析[J].西亚非洲(双月刊),2003(6).

[30]卢静.当前全球治理的制度困境及其改革[J].外交评论,2014(1).

[31]Bruni,F. Financial Stability Policiesas Challenges for Modern Central Banking. ONB 28th Economics Conference, June 15 – 16,2003.

三、主要参考网站

[1]中华人民共和国外交部网站,http://www. fmprc. gov. cn/web/.

[2]巴西中央银行网站,http://www. bcb. gov. br.

[3]西证券委员会网站,http://www. cvm. gov. br.

[4]俄罗斯中央银行网站,http://www. cbr. ru.

[5]印度储备银行网站, www. rbi. org. in.

[6]印度保险监管和发展局网站,https://www. irdai. gov. in.

[7]南非储备银行网站,https://www. resbank. co. za/Pages/default. aspx.

[8]约翰内斯堡证券交易所网站,https://www. jse. co. za/.

[9]中国人民银行网站,http://www. pbc. gov. cn/.

[10]国家外汇管理局网站,http://www. safe. gov. cn/.

[11]Wind 资讯网站,http://www. wind. com. cn/.

后 记

本研究成果是以我在复旦大学公共管理博士后流动站的工作报告为基础，通过后续研究、补充而形成的。首先，博士后工作报告奠定了本研究的基础。经过两年多的博士后苦心钻研，终于拿出了这个研究成果，心中倍感欣慰，觉得所有的付出都是值得的。这个课题的选择使我有机会跟随樊勇明教授依托国际关系知识，深入研究公共经济管理的问题，而且，跳出了就国内公共问题论国内公共问题的限制，在不同国家处理相似问题的视野间来回切换、比较，为国内问题的解决寻找参照坐标。更为重要的是，金融风险防范问题原本是个金融学的问题，但由于其具有公共管理的根本属性，因而又是个公共管理学问题。所以，该研究课题的选择实际上打破了金融学对金融风险防范问题研究的垄断，提供了新的研究视角、新的分析工具。作为公共管理学研究的选题，金融风险防范研究本身就具有很大的创新意义，是研究工具的创新。其次，在博士后工作报告的基础上，根据当前形势的变化，对该课题进行了深入的补充性研究，形成了这个研究成果。自毕业至今的8年时间里，世界经历了一场国际金融危机的洗劫，国际国内金融形势都发生了巨大变化：南非加入金砖国家，金砖国家阵营增加到五个，并快速发展成为影响世界格局的重要国际政治组织；俄罗斯的金融监管机构发生了巨大变化，由分业监管模式变成了集中统一监管模式；各国金融市场和国际环境发生了很大变化。对此，本书增加了相关研究内容，是对博士后工作报告的重要补充。另外，根据中国金融发展战略的最新进展和战略重心转移的国内形势，本书还增加了对中国金融系统发展环境的最新考察，以及对人民币国际化战略落实过程中金融风险防范问题的相关研究内容。虽然整个研究过程比较辛苦，但心中充满喜悦，毕竟这种努力使以往的研究成果更加丰满了！

在做博士后课题研究的时光里，日子是紧张的。每天直到深夜的灯光，是我日程安排里最熟悉的点缀。如今，每每回想起在复旦求学的那段时光，心里倍感温暖、轻松。复旦大学公共管理流动站和国际关系与公共事务学院老师们的言传身教，无微不至的关怀，使我受益匪浅，深感师生情谊的真挚和温暖！在这里，首先要感谢我的博士后导师樊勇明教授。每当我接听导师的指导电话时，在宾馆与导师促膝长谈时，聆听导师畅谈学术前沿时……都被樊教授的人格魅力所感染！我从导师那里学到的不仅仅是知识，更重要的是做人的道理！这个研究报告，从选题设计到研究提纲的拟定，从整体逻辑到每个段落，都渗透了导师的心血，见证了导师严谨的治学作风！在这里，我还要感谢复旦大学公共管理博士后流动站的其他几位教授，他们的谆谆教导、细心关爱和大力支持，使我能够顺利完成课题研究。竺乾威教授对本课题的严谨论证，中期考核的细心指导，使本课题的研究少走很多弯路；林尚立教授严密的逻辑论证给本课题提供了很多全新的思路；浦兴祖教授的严谨推导给本课题的精确论证提供了很大帮助。当然，还有曹沛霖、孙关宏、陈友琴等几位教授的支持和关爱都使我受益匪浅！我还要感谢复旦大学国际关系与公共事务学院和中央党校战略研究所的老师们！他们的培养开阔了我的眼界，他们传授的知识为我的学术研究奠定了基础。还要感谢的是李瑞昌老师和施莹老师，他们在行政岗位上不厌其烦地帮助我处理琐碎事情，为我节省了许多时间。在这里，我对他们的关心和帮助表示衷心的感谢！

我还要特别感谢曾经工作过的国家外汇管理局的领导和同事们！他们的管理思路和操作方式为我做了最直接、最鲜活的金融风险防范演示，使我能够站在经济金字塔的塔尖俯视整个金融系统，形成国际金融体系下的发展新理念。他们的战略思维品质给我分析和解决问题的方式打上了深深的审慎烙印！

在本课题的后续研究中，我当前所在的工作单位中国国际经济交流中心的领导和同事们给予了我很多指导和帮助，为我牺牲了很多宝贵的时间。他们的主动关照为我的科研提供了很大便利，他们在专业领域的许多思想启迪了我国的思维。可以说，这份报告里也有他们的智慧和贡献。在此，我要向他们表示诚挚的感谢！

本书文后虽然列出了许多参考文献，但限于篇幅，还有很多文献无法一一列出。在此，我对那些未曾提及但曾启发过我的文献作者表示感谢！

最后，我要向我的家人表示感谢！由于我把大部分业余时间都放在了课题研究上，很少过问家务事，对此家人给予了理解和宽容，使我能够集中精力做课题研究，为我提供了无忧的后勤保障！

谨以此书献给所有关心过我、培养过我、支持过我，以及期待本书面世的人们；献给从中宏观甚至全球的角度审视中国金融发展战略的人们；献给为中国金融发展默默奉献的人们！